Karl-Heinz Brodbeck

Entscheidung zur Kreativität

Karl-Heinz Brodbeck

Entscheidung zur Kreativität

Wissenschaftliche Buchgesellschaft
Darmstadt

Bestellnummer 14454-6

2., um ein Vorwort ergänzte Auflage

Gedruckt auf säurefreiem und alterungsbeständigem Werkdruckpapier
Elektronische Manuskripterstellung: Karl-Heinz Brodbeck
Printed in Germany

Inhalt

Abbildungsverzeichnis

Vorwort

Dieses Buch verdankt seine Entstehung den Vorlesungen und Seminaren, die ich an der Universität München, der Hochschule für Politik in München, der Bayerischen Akademie der Werbung in München und der Fachhochschule Würzburg-Schweinfurt in den vergangen Jahren gehalten habe. Das erklärt vielleicht den Stil des Textes: die Darstellung und Diskussion zentraler Probleme einer Theorie der Kreativität wechselt ab mit Passagen, die im Seminarstil gehalten sind und deren Charakter ich absichtlich nicht verändert habe. Obgleich es mir um einen relativ leicht nachvollziehbaren Text gegangen ist, der die Leserinnen und Leser zur Entdeckung der je *eigenen* Kreativität anleiten möchte, handelt es sich bei diesem Buch nicht um eine der zahlreichen Einführungen in Kreativitätstechniken. Die zentrale Aussage der nachfolgenden Seite besteht vielmehr in der These, daß es so etwas wie universelle »Kreativitätstechniken« gar nicht geben *kann*. Mein Schwerpunkt in Seminaren besteht vor allem darin, die Funktion von *Denkmodellen* und deren unbeachtete und unbewußt lenkende Kraft aufzudecken. Dies kann durch intensive Gruppenarbeit ebenso erreicht werden wie durch die Arbeit mit Texten großer Autoren. Das 12. Kapitel bietet einige Beispiele für die letztere Methode. Dieser »Ansatz« der Analyse von Denkmodellen zieht sich wie ein roter Faden durch die nachfolgenden Seiten.

Elisabeth Müller-Brodbeck, Esther Schuhbauer und Gabriele Becker haben wichtige Anstöße zu diesem Buch gegeben und seine Entstehung vielfältig angeregt, kommentiert, unterstützt und mit mir diskutiert - danke! Ferner danke ich Lama Sogyal Rinpoche und den Freunden von Rigpa, Wolfgang Ullrich, Claudia Hörter, Yardena Alotin, Yochanan Rywerant, Francisco Varela, Karl Pribram und meinen Kollegen und Studenten der Universität München, der Hochschule für Politik in München, der Bayerischen Akademie der Werbung in München und der Fachhochschule Würzburg für zahlreiche Anregungen, Gespräche und Hinweise. Last but not least möchte ich meinen Eltern Wiltrudis und Karl Brodbeck herzlich danken, die meine Forschungsarbeit für viele Jahre inspiriert und unterstützt haben; sie lehrten mich, daß man Kreativität eigentlich Kre-aktivität zu buchstabieren hätte.

Gröbenzell, im August 1994

Zur zweiten Auflage

Kreativität ist weder dem *Genie* vorbehalten, noch kann man Kreativität *technisch* herstellen. Ich will Hilfen bieten, sich die Kreativität, über die jeder verfügt, *bewußt* zu machen. Die *Entdeckung der eigenen Kreativität* ist nicht schwer, man muß sich nur für kreative Veränderungen entscheiden. Allerdings benötigt man eine *Landkarte* für das kreative Gelände. Eine solche Landkarte bietet dieses Buch, das nun in zweiter Auflage als Taschenbuch erscheint.

Ich möchte mich bei den Rezensenten der ersten Auflage bedanken. Sie nannten meinen Text »hervorragend und umfassend« (*Publik Forum*); ein Buch, wie er »erschöpfender und eindringlicher wohl kaum möglich ist« (*Technische Rundschau*); ein »ebenso fundiertes wie vielseitiges, theoretisch anspruchsvolles wie zu einer Vielzahl von Übungen unmittelbar anleitendes Buch« (*lesenswert*); in »verständlicher Sprache« (*Ratgeber Methoden*), dennoch »eingebunden in einen durchdachten philosophischen Diskurs« (*Jahrbuch für Psychodrama*); »ein Plädoyer für die Offenheit des Denkens« (*Göttinger Tageblatt*); der Autor »gibt Anleitungen zur Entwicklung eigener Kreativitätstechniken« (*Handelsblatt*), »eine Einladung, sich auf ernsthafte und tiefgehende ... Arbeit an sich selbst einzulassen« (*pro zukunft*).

»Wie für Cszikszentmihalyi ist auch für Karl-Heinz Brodbeck Kreativität kein Vorrecht begnadeter Geister. Auf die Frage, wo man die Kreativität suchen soll, gibt er eine einfache wie einleuchtende Antwort: bei den Gewohnheiten.« (*Gesundheits-Nachrichten*) Er macht »deutlich, daß sich Kreativität als Folge von Reflexionen über Alltagsroutine und Gewohnheiten ergeben kann. Wenn man über eine Handlungskette, einen Denkmechanismus oder eine Reaktionsweise nachdenkt, verliert vieles seine scheinbare Selbstverständlichkeit; so wird Raum für neue Möglichkeiten und alternative Ideen frei. Kreativität als Achtsamkeit - das ist die Botschaft dieses Buches« (*lesenswert*).

Ich wünsche mir, daß auch viele Leser dieser zweiten Auflage den Weg zu *ihrer eigenen* Kreativität entdecken.

Gröbenzell, im Januar 1999

Einleitung

Grundgedanken

Die ansehnliche Literatur über »Kreativität« läßt sich, trotz ihrer erstaunlichen Fülle, bei gründlicher Lektüre auf wenige Grundmuster reduzieren: Die traditionelle Theorie der Kreativität[1] und die traditionellen Kreativitätstechniken unterstellen, daß Kreativität durch Faktoren des Denkens *kausal* hervorgebracht wird und objektivierend beschrieben werden kann. Es gibt, so lautet eine weitgehend akzeptierte These, für kreative Leistungen je besondere Faktoren oder meßbare Eigenschaften, die sie erzeugen. Kreativitätstechniken gehen meist davon aus, daß diese Faktoren durch negative Ursachen gehemmt werden und freigelegt werden müssen.[2] Ich denke, dieses objektivierende Denkmodell ist irreführend und wenig hilfreich: Kreativität ist in ihrem Wesen ein *situativer* Prozeß, in dem sich erlebte *Bedeutungen* verändern.[3] Was heißt das? Das, was ein Kunstwerk, einen neuen Gedanken, einen neuen technischen Prozeß als *kreativen* auszeichnet, kann weder gemessen noch allgemein beschrieben werden; es hängt ausschließlich ab von der Bedeutung, die eine Sache für eine Person oder eine Gruppe in einer bestimmten Situation besitzt. Das Neue *unterscheidet* sich vom Alten, jeder Unterschied aber ist eine Wahrnehmung. Das handicap der Messung von Kreativität liegt in der einfachen Frage: Nach welchen Kriterien beurteilt der Experimentator eine Leistung *als* kreative? Woher soll ein Experimentator wissen, welcher Gedanke an einer Managementkonzeption »kreativ« ist, welche Akkordfolge in einer Komposition oder welche mathematische Gleichung in einer Theorie?[4] Es kommt jeweils auf die *Bedeutung* einer Sache in einer besonderen Situation an, wenn von Kreativität die Rede ist. Bedeutung aber ist nicht objektivierend zu beschreiben, weder positiv noch negativ. Bedeutung wird nicht verursacht, sie wird *erlebt und erkannt.*[5]

Die herkömmliche Kreativitätspsychologie teilt mit den Vertretern verschiedener Kreativitätstechniken die Auffassung, daß Kreativität erstens überhaupt auf das *Denken* zu reduzieren sei und zweitens auf ein ganz besonderes, eben das kreative Denken (laterale Denken usw.).[6] Derartige »geniale« Strukturen in den Denkprozessen zu entdecken und sie durch Techniken »freizulegen«, ist das Kerndogma der traditionellen Kreativitätstheorie. Noch viele Anhänger des NLP[7] (der neurolinguistischen Programmierung) sind dieser Auffassung. Sicherlich können solche Kreativitätstechniken hilfreich sein, doch nur darin, daß sie die *Achtsamkeit* desjenigen aufwecken, der sie anwendet, ihn veranlassen, tatsächlich etwas zu verändern. Erst wenn man sich zur Kreativität *entscheidet* - die angewandte Technik ist dagegen zweitrangig -, wird etwas Neues entdeckt, erst dann kann entschieden werden, *was* in einer Situation *als* kreative Leistung bewertet wird. Entscheidungen über die *Bedeutung* einer Sache, einer Handlung, eines Produkts werden aber stets in bestimmten Situationen getroffen, und Situationen sind mehr als nur Denken. Wenn Kreativität nicht *kausal* bestimmt wird und auch nicht einfach durch äußerliche Ursachen verhindert wird, wenn also Kreativität wesentlich auf Änderungen der Bedeutung in jeweils spezifischen Situationen beruht, dann heißt »kreativ sein« vor allem, aufzuwachen und sich für die Kreativität zu entscheiden.

Entscheidung zur Kreativität - das heißt Entscheidung für etwas, das bereits *da* ist. Weil es *immer* da ist, wird es nicht beachtet, ganz so, wie Pythagoras von den Sphärenharmonien behauptete, die wir seit Geburt an hören und deshalb *überhören*. Kreativität wird weder verursacht noch *gemacht*, sie kann aber dennoch wirksam *eingeschränkt* werden. Wodurch? Durch *Un-Achtsamkeit*, durch die Routinen des Denkens, Fühlens und Handelns. Kreativität beruht auf Änderungen der Bedeutung, die beachtet werden; deshalb ist Unachtsamkeit, unbewußtes und routiniertes Verhalten das wirksamste Kreativitätshemmnis. Kreativität entfaltet sich dann, wenn diese Routinen *beachtet*, *erkannt* und *verändert* werden. Hierbei ist die Kreativität keine besondere, nur wenigen zugängliche Eigenschaft des menschlichen Geistes oder des Gehirns. Kreativität ist alltäglich. Jede unscheinbare Handlung birgt und verbirgt einen kreativen Aspekt, den es zu entdecken gilt. Kurz und paradox gesagt: Man *wird* kreativ, wenn man sich *zur* Kreativität *entscheidet*, wenn man *weiß*, daß man kreativ *ist*. Durch Kreativität wird niemals etwas *völlig* Neues erschaffen. Das Neue wird im Alten entdeckt, wenn man es *beachtet*. Diese *Kraft der Achtsamkeit* ist das Hauptthema meines Buches.

Es ist deshalb viel wichtiger zu entdecken, *was* der *kreative Spiel-Raum* ist, als die eine oder andere Kreativitätstechnik zu erlernen. In einer mechanischen Metapher gesagt: Es geht mir nicht darum, eine Gebrauchsanweisung für ein bestimmtes Werkzeug (»Kreativitätstechnik«) zu liefern, es geht mir vielmehr darum, bewußt zu machen, daß wir bereits über alle nötigen Werkzeuge verfügen (die unbewußt gewordenen Gewohnheiten); man muß sich nur *entscheiden*, sie neu zu verwenden. Kreative Prozesse sind immer auf spezifische Situationen bezogen, die jeweils ihre Individualität und Besonderheit besitzen. Es gibt, genau betrachtet, keine völlig unkreative Denk- oder Handlungsweise. Deshalb ist die Kreativität ebenso vielfältig wie die menschliche Lebenswelt. Jeder Mensch muß seine, jede Gruppe ihre eigene Kreativitätstechnik entwickeln. Das gelingt dadurch, daß man sein eigenes kreatives Potential, die Möglichkeiten der eigenen Situation durch *Achtsamkeit* entdeckt und verändert. Diese geheimnisvolle Kraft der Achtsamkeit ist in jeder Situation gegenwärtig. Der Weg zur *Befreiung* von ihren Einschränkungen ist die *Erkenntnis* ihrer Schranken. *Dann* können die Beschränkungen, d. h. die Routinen und Gewohnheiten *genutzt* und verwandelt werden. Sie sind nicht länger Hindernisse, sie sind Helfer. Die Achtsamkeit erschafft das Neue aus dem Material des Alten, formt es um und verwandelt es. Durch Achtsamkeit verwandeln sich die Beschränkungen in die Diener der Kreativität.

Einen Schlüssel oder eine Landkarte zur Entdeckung der jeweils eigenen kreativen Möglichkeiten bieten die nachfolgenden Kapitel. Wir klären hierbei zunächst einfache Fragen, beschreiben die Struktur der kreativen Situation und wenden uns dann schrittweise etwas komplexeren Problemen wie Denkprozessen oder Emotionen zu. Obgleich die Betrachtung der einschränkenden Funktion verschiedener *Denkmodelle* einen Schwerpunkt meines Buches darstellt, wird die Kreativität nicht auf das Denken allein reduziert. Im Zentrum steht die kreative Verwandlung *ganzer* Situationen. Zur Einleitung wollen wir, nach einer kurzen Klärung des Wortes »Kreativität«, zunächst einige Zeugnisse besonders kreativer Menschen hören. Sie können uns in vielfacher Hinsicht einen wichtigen Wink geben.

Das Wort »Kreativität«

»Kreativität« ist auch in der *deutschen* Sprache ein Alltagswort geworden.[8] Dieser Wortgebrauch von »kreativ« ist relativ neu. Noch im Duden-Fremdwörterbuch aus dem Jahre 1966 lesen wir: »kreativ (lat.-nlat.): *selten* für: schöpferisch«. Gut zwanzig Jahre später würde man eher schreiben: »schöpferisch: selten für kreativ.« In Eislers viel gebrauchtem

»Handwörterbuch der Philosophie«[9] fehlt das Wort noch ebenso wie in Hoffmeisters »Wörterbuch der philosophischen Begriffe«.[10] In den philosophischen Sprachgebrauch ist »Creativität« durch Henry Bergsons »L'évolution créatrice«[11] und Alfred North Whiteheads »Process and Reality«[12] vorgedrungen - Ausdruck einer sich verbreitenden Wortverwendung. Im Englischen und Französischen war »creativ« Ende des vorigen Jahrhunderts bereits allgemein in die Alltagssprache und die Wörterbücher (in der Bedeutung von »schöpferisch«, »erfinderisch«) eingegangen. Auch die Modesalons der 20er Jahre verliehen ihren Produkten das französische Parfüm »creativ«. In der psychologischen *Kreativitätsforschung* wird häufig Guilfords Vortrag vor der American Psychological Association 1950 als Auslöser des »Kreativitätsbooms« bezeichnet. Äußerer Anlaß für diesen Kreativitätsboom der Nachkriegszeit war der politische Schock des ersten Sputnik-Starts:

> »Der Auftakt zum Wettrennen um die Erforschung der Kreativität war ein technisches Ereignis, nämlich die Entsendung des ersten Sputniks ins Weltall. Der Bedarf an kreativen Wissenschaftlern brachten Staat und Industrie vor allem in Amerika dazu, psychologische Untersuchungen zum Thema der Kreativität zu finanzieren und zu fördern. Dieser Beginn stand unter dem Motto: um als Nation zu überleben, muß das Individuum kreativ denken«.[13]

Bekannt wurde vor allem Guilfords »Würfel«, ein dreidimensionales Modell der Struktur des Intellekts. Wie in der Genie-Theorie wird Kreativität als Bündel bestimmter Merkmale verstanden. Ich möchte diese Denkmodelle nicht näher beschreiben; vor allem Guilfords Theorie ist ebenso oft angeführt wie kritisiert worden.[14] Wenden wir uns dem alltäglichen Wortgebrauch zu.

»Kreativität« oder »kreativ« wird heute meist als Ersatz für »das Schöpferische« oder »schöpferisch« gebraucht. Gleichwohl ist ein Unterschied unübersehbar. »Schöpfung« ist ein Titel, der *herausragenden* Leistungen zuerkannt wird. Das Genie schöpft Kunstwerke. Dagegen kann man kreativ Töpfern, Basteln, Malen und ist dennoch nicht »genial«. Die Kreativität ist - negativ formuliert - die »Vermassung« des Schöpferischen, positiv gedeutet dessen Demokratisierung. Die *Schöpfung des Genies* ist das Leitmotiv des europäischen Kunstadels, das *kreative Handeln* das Schlagwort einer (Welt-)Gesellschaft, die durch die Konkurrenz der Staaten, Firmen und Personen gekennzeichnet ist. Gleichwohl ist unabhängig von solchen Wertungen ein sachlich verwandtes Phänomen bezeichnet. In der Verbreitung des neuen Wortes »Kreativität« wird schöpferisches Tun auch in unscheinbaren Winkeln des Alltags entdeckt. Ein neues Gericht zu kochen ist trotz seiner einfachen Schlichtheit in einigen Grundzügen zur Komposition einer der großen Sinfonien analog.

Andere Wörter weisen eine gewisse Verwandtschaft mit »kreativ« auf: originell, produktiv, gestaltend, künstlerisch, kunstvoll, erfinderisch, innovativ, ingeniös, ideenreich, einfallsreich, phantasievoll, bahnbrechend, musisch, richtungsweisend. Ich möchte hiervon vor allem die ersten drei verwandten Begriffe aufgreifen. *»Originell«* hat, anders als »kreativ«, eine fast ausschließlich *statische oder einmalige* Bedeutung; originell ist ein Produkt oder eine neue Verhaltensweise. Man kann andauernd »kreativ« sein; »originell« ist man immer *wieder*. Jemand hat eine oder viele originelle Ideen, weil er kreativ, erfindungsreich oder schöpferisch ist. Das Original ist das je einmalige Produkt oder der einmalige Aspekt kreativen Tuns. Den dynamischen Aspekt des Handelns umschreiben wir auch wahlweise und mit anderem Akzent also »innovativ«, »phantasievoll«, »einfallsreich« und »erfinderisch«.

Das Wort »produktiv« wurde in der älteren psychologischen Literatur noch alternativ zu »kreativ« gebraucht - wie dies z. B. an Wertheimers Buch »Productive thinking«[15] kenntlich ist. Allerdings wird »produktiv« in einem umfassenderen Sinne verwendet: Die Wiederholung derselben Handlung kann produktiv, kaum aber kreativ genannt werden. Produktiv ist jeder Prozeß, der etwas hervorbringt; neu braucht dieses Produkt nicht zu sein. Man kann sagen: »Er produziert immer noch ganz das Alte.« - nicht aber: »Er kreiert das Alte«. Man kann auch, dem alltäglichen Sprachgebrauch entsprechend, »ein Chaos produzieren«, nicht aber »kreativ« genannt werden, weil man ein Chaos erzeugt. »Kreativität« bezeichnet eine *gestalterische* Qualität. Auch »gestalterisch« enthält (wie das Wort »produktiv«) nicht notwendig das Moment der Neuheit; ein Kunsthandwerker kann nach alten Regeln gestalterisch tätig sein, ohne deswegen notwendig »kreativ« sein zu müssen. Allerdings kann man kein Chaos gestalten, da Chaos das Gestaltlose ist. Für den verbreiteten Sprachgebrauch können wir zusammenfassend sagen: *Der Unterschied zwischen »produktiv« und »gestalten« ist die Ordnung; zwischen »gestalten« und »kreativ« das Moment der Neuheit.*

Die Bedeutung »kreativ« taucht in aktiver und passiver Form, als Adjektiv »kreativ« und als Verb »kreieren« auf. Ist mit »Kreativität« damit ein Tun oder Leiden, ein dynamischer Prozeß oder eine statische Eigenschaft gemeint? Auch hier gibt die alltägliche Wortverwendung einen Hinweis. Man sagt von *Ergebnissen*, sie seinen »kreativ«: »Dies ist eine kreative Lösung.« - wenngleich hier eher die Wörter »originell«, »neuartig«, »einzigartig«, »genial« angebracht wären. Meist steht »kreativ« neben einem lebendigen Subjekt (Mensch, Gott, Natur, »Evolution«), einer *Handlungsweise.* So erscheint »kreativ« als Prädikat einer *besonderen* Handlung oder eines besonderen Produktes und erhält von dort her seinen konkreten Inhalt. Das »Kreieren« ist keine besondere Tätigkeit; man kann nicht sagen »Er kreiert« ohne die Frage zu ernten *»Was?«*.[16] Tatsächlich werden wir aber sehen, daß *jede* Handlung in ihrem Wesen kreativ ist. Die Besonderheit tritt dann hervor, wenn Beschränkungen durch Routinen und mechanisches Verhalten erkannt werden. Die achtsame Wiederholung einer Handlung kann zu einen Ritual mit hoher Bedeutung, das belangloseste Produkt zu einem Gegenstand der Kunst werden. Es wäre also unzulässig, von der gewöhnlichen Wortbedeutung der »kreativen Handlung« auf einen besonderen kreativen Handlungs*typus* zu schließen - doch ich möchte den nachfolgenden Kapiteln nicht vorgreifen.

Selbstzeugnisse kreativer Menschen

Künstler und Wissenschaftler sind auf *herausragende* Weise kreativ. Sie bieten gleichsam einen deutlich vergrößerten Einblick in kreative Prozesse; vor allem Kunst und Wissenschaft gelten als das *Paradigma menschlicher* Kreativität. Selbstzeugnisse von Künstlern und Wissenschaftlern haben deshalb ein besonderes Gewicht. »Solche Berichte haben größere Bedeutung als alle Hypothesen über das produktive Denken.«[17]

Goethe umschreibt das, was wir heute »kreativ« nennen, mit den Worten »genial« und »produktiv«. Ein *produktiver* Mensch ist für Goethe jemand, der Werke schafft, »die vor Gott und in der Natur sich zeigen können«, die »von Geschlecht zu Geschlecht fortwirken«.[18] Ob es sich hierbei um die Wissenschaft, den Krieg und die Staatsverwaltung oder ein Lied handelt, »es ist alles gleich und kommt bloß darauf an, ob der Gedanke, das Aperçu, die That lebendig sei und fortzuleben vermöge.«[19] Als Quelle für die »Produktivität« des Genies nennt Goethe eine »göttliche Erleuchtung, wodurch das Außerordentliche entsteht«.[20] Das »Genie« ist »jene produktive Kraft, wodurch Thaten entstehen«.[21] Es gibt auch »eine Produktivität der Thaten«[22]; nicht nur ein Künstler und Wissenschaftler, »selbst der Arzt muß produktiv sein«.[23] Bemerkenswert ist *Goethes* Feststellung, daß »Genie« und »Produktivität« nicht allein Sache des Geistes sei; es hat auch »der Körper darauf den größten Einfluß.«[24] Insgesamt ist Kreativität, als »Produktivität höchster Art« verstanden, für Goethe jedoch ein transzendentes Geschehen, »über aller irdischen Macht erhaben. Dergleichen hat der Mensch als unverhoffte Geschenke von oben« zu betrachten. Es ist »dem Dämonischen verwandt, das übermächtig mit ihm thut wie es beliebt, und dem er sich bewußtlos hingiebt«.[25] Allerdings gibt es auch »eine Produktivität anderer Art, die schon eher irdischen Einflüssen unterworfen ist und die der Mensch schon mehr in seiner Gewalt hat«.[26] Goethe rechnet hierzu die Ausführung eines Plans, die Mittelglieder einer Gedankenkette, kurz der »sichtbare Leib und Körper eines Kunstwerkes«.[27] Auch Ratschläge für »produktives Thun« finden sich beim Dichterfürsten: Er rät, »nichts zu forcieren und alle unproduktiven Tage und Stunden lieber zu vertändeln und zu verschlafen«;[28] auch der Wein kann, wie »Ruhe und Schlaf«, je nach den Umständen »produktivmachende Kräfte sehr bedeutender Art« entfalten. Vor allem aber benötigt ein produktiver Mensch »die frische Luft des freien Feldes«, »der eigentliche Ort, wo wir hingehören«.[29] In einem Brief an Zelter ergänzt Goethe, daß das »urständig Produktive« zutiefst einfach ist. Es fehlt uns nicht an Erfahrung, »aber an Gemütsruhe, wodurch das Erfahrene ganz allein klar, wahr, dauerhaft und nützlich wird.«[30] In der Gemütsruhe reift unbewußt, was das Genie, »welches alles in sich aufnimmt«, dann bewußt erlebt und darstellt. Hier treten »die mannigfaltigen Bezüge ein zwischen dem Bewußten und Unbewußten.«

Ich habe Goethe ausführlich zu Wort kommen lassen; in seinen Formulierungen finden sich - wie es einem Klassiker gebührt -, nahezu all jene Elemente, die später als *»Theorien der Kreativität«* hervortraten. Obgleich dem Schöpferischen ein dunkler, unbewußter, unergründlichgöttlicher Geschmack anhaftet, spielt das Wissen, die Erfahrung, die Stimmung und sogar der Körper eine unübersehbare Rolle im kreativen Prozeß. Auch das, was die Psychologie »Inkubation« nennt (das unbewußte, langsame Reifen eines Gedanken) findet sich bei Goethe. Der Gedanke, daß das kreative Produkt einen Wert für viele haben muß, um kreativ genannt zu werden, ist ein Element vieler moderner Definitionen der Kreativität. Wie auch Nietzsche scheint Goethe jedem Gedanken zu mißtrauen, der nicht in der offenen Weite, im Freien gedacht wurde.[31] »Das Genie ist *bedingt* durch trockene Luft, durch reinen Himmel«.[32] Das »freie Feld« ist - wörtlich und metaphorisch - der Ort der Kreativität. »Sage mir, wo du wohnst, so will ich dir sagen, wie du komponierst« sagt Robert Schumann.[33] Gemeint ist hier mehr und anderes, als eine bloße Summe vorhandener Umstände; der kreative Ort ist der Ort des Erlebens, die *Situation.*

Obgleich viele Künstler den plötzlichen Einfall erleben, betonen sie doch die Fähigkeit, solch einen Einfall überhaupt gewahren und umsetzen zu können. »Niemand kann mehr als er weiß. Niemand weiß mehr, als er kann.«[34] Es handelt sich bei kreativem Tun weniger um faktisches Wissen, als um die Kenntnis von *Prozessen.* Schumann beschreibt die spezifische Struktur seines kreativen Denkprozesses. Höchste Vollkommenheit erlangt, wer »ein zum erstenmal Gehörtes, auch komplizierteres Orchesterwerk wie in lebhaftiger Partitur vor sich (.) sehen kann.«[35] Diese Fähigkeit zur Visualisierung ist für Schumann die Bürgschaft einer guten Komposition: »Fängst du an zu komponieren, so mache alles im Kopf. Erst wenn du ein Stück ganz fertig hast, probiere es am Instrumente.«[36] Man mag ahnen, von welcher Fähigkeit hier die Rede ist. Allerdings betont Schumann (in nur scheinbarem Gegensatz) auch die Notwendigkeit, seine Komposition zu notieren: »die Kraft klarer Gestaltung gewinnst du nur durch das feste Zeichen der Schrift. Schreibe also mehr, als du phantasierst.«[37] Nur durch die Veräußerung der Phantasie gewinnt diese auch eine klare innere Gestalt. Das Genie erwächst hier aus der Arbeit: »Durch Fleiß und Ausdauer wirst du es immer höher bringen.«[38]

Goethe schreibt an Wilhelm v. Humboldt: »Die Tiere werden durch ihre Organe belehrt, sagten die Alten. Ich setze hinzu: die Menschen gleichfalls, sie haben jedoch den Vorzug, ihre Organe wieder zu belehren.«[39] Es gibt nicht nur ein kreatives *Tun*, man kann auch kreativ *wahrnehmen.* Nur wer *hören* kann, kann auch komponieren. »Worüber die Künstler tage-, monate-, jahrelang nachgedacht haben, das wollen die Dilettanten im Husch weghaben?«[40] »Vielleicht versteht nur der Genius den Genius ganz.«[41] In diesem Satz liegt keine Arroganz, denn das »Genie« hat in langer Arbeit das Hören erlernt. Fast alle Künstler sind deshalb auch leidenschaftliche Schüler. Cézanne geht wieder und wieder in den Louvre und äußerte sich zu Gasquet in hymmnischen Formulierungen über seine Vorbilder. Debussy schreibt z. B. über Bach: »Die Schönheit des Andante von Johnann Sebastatian Bachs Violinkonzert ist so groß, daß man, aufrichtig gesagt, außer Fassung gerät und nicht mehr weiß, wie man sich verhalten soll, um sich ihrer würdig zu erweisen.«[42] Bruckner spricht von Richard Wagner als »dem heißgeliebten Meister«.[43] Selbst Karl Marx, der in der Kritik seiner Vorläufer ebensowenig zimperlig war wie in der Einschätzung eigener Größe,[44] verneigt sich tief vor Hegel und bekennt sich »offen als Schüler jenes großen Denkers«.[45] *Schüler* zu sein, das heißt von Lehrern zu lernen, aber auch (in Kunst und Wissenschaft gleichermaßen) die *Wahrnehmung* zum Lehrmeister zu machen.

Cézanne war vor aller Kunst des Malens ein Meister des Sehens. Er sah die Landschaft, er sah auch Bilder anders. »Man sieht ein Bild sofort, oder man sieht es nie. Die Erklärungen dienen zu nichts.«[46] Ähnliches sagt Debussy: »Wenn man Musik richtig hört - scheiden wir Übung und zweckbestimmtes Studium aus -, hört man sofort, was zu hören ist.«[47] »Zuletzt kann niemand aus den Dingen, die Bücher eingerechnet, mehr heraushören, als er bereits weiß.«[48] Man kann indes lernen; doch wirkliche Wahrnehmung geschieht dann nur im Augenblick. Charlie Parker erzählt, daß ihm das Spielen stereotyper Swingharmonien immer langweiliger wurde und er »ununterbrochen darüber nachdachte, daß es doch noch etwas anderes geben müßte. Ich konnte es manchmal hören, aber ich konnte es nicht spielen. Ja, und an dem Abend nahm ich mir ›Cherokee‹ vor, und als ich so darüber nachdachte, merkte ich, daß ich all das, was ich gehört hatte, auch spielen konnte, wenn ich die höheren Intervalle eines Akkordes als Melodielinie benutzte und dieser neuen Melodie auch neue, sinnvoll abgeleitete Akkordfolgen unterlegte.«[49]

Parkers Bemerkung erhellt, daß das achtsame Wahrnehmen, zunächst auch ohne begreifende Theorie, schließlich zu gänzlich neuen Produkten führen kann. Cézanne macht hierzu eine bedenkenswerte Anmerkung über die Wahrnehmung einer Landschaft: »Der Mensch soll nicht da sein, aber ganz eingegangen in die Landschaft. Die große buddhistische Erfindung, das Nirwana, der Trost ohne Leidenschaften, ohne Anekdoten, die Farben!«[50] Was Cézanne »realisieren« nennt, erfolgt in einer Weite und *Offenheit* (das »freie Feld« bei Goethe), aus dem erst ein Kunstwerk entspringen kann. Diese Weite wird durch die Fähigkeit der Wahrnehmung und der *Erinnerung an die Wahrnehmung* gewonnen, die Schumann als Fähigkeit zur Visualisierung des Gehörten beschreibt. Die Wahrnehmung ist insofern zugleich Theorie, wenn auch keine »Theorie« im linearen Sinne, keine Ableitung aus *gedachten* Prinzipien. Für Cézanne gewinnt »Theorie« wieder den griechischen Klang des »reinen Schauens« (griech. *theorein* = »schauen«). Das Schauen selbst ist Theorie, die »Kunst ist eine Harmonie parallel zur Natur«.[51] »Alles, besonders in der Kunst, ist Theorie, entwickelt und angewandt im Kontakt mit der Natur.«[52] Diese Theorie kann nachträglich als gesonderte Struktur bewußt oder im kreativen Tun impliziert sein: »wenn ich beim Malen denke, wenn ich dazwischenkomme, dann stürzt alles ein und ist verloren.«[53] »Die Landschaft spiegelt sich, vermenschlicht sich, denkt sich in mir.«[54] In diesen Bemerkungen hat Kreativität den Beigeschmack des *Produzierens* nahezu völlig verloren. Der Kreative ist kein Ich, das etwas macht; er ist eher ein Fokus des kreativen Prozesses. Ein Gedanke, sagt Nietzsche, »kommt, wenn ›er‹ will, und nicht wenn ›ich‹ will; so daß es eine Fälschung des Tatbestandes ist zu sagen: das Subjekt ›ich‹ ist die Bedingung des Prädikats ›denke‹.«[55]

Beethoven, dem Schindler in seiner Biographie ein sehr schlechtes Gedächtnis attestiert,[56] scheint die plötzliche, überwältigende Macht von Einfällen sehr stark verspürt zu haben. Auf die Frage, woher seine Gedanken kommen, antwortet Beethoven in einem Brief an Schlosser: »Woher ich meine Ideen nehme? Das vermag ich mit Zuverlässigkeit nicht zu sagen; sie kommen ungerufen, mittelbar, unmittelbar, ich könnte sie mit Händen greifen, in der freien Natur, im Walde, auf Spaziergängen, in der Stille der Nacht, am frühen Morgen, angeregt durch Stimmungen«.[57] Auch Mozart formuliert eine ähnliche Erfahrung: »Wenn ich recht für mich bin und guter Dinge, etwa auf Reisen oder beim Spazieren oder in der Nacht, wenn ich nicht schlafen kann, kommen mir die Gedanken stromweise und am besten. Woher und wie, das weiß ich nicht; kann auch nichts dazu.«[58] Helmholz, kein Künstler, ein nüchterner Naturwissenschaftler, sagt: »Günstige Zufälle und Einfälle sind da, ohne daß man weiß, woher. In anderen Fällen treten sie plötzlich ein, ohne Anstrengung, wie eine Inspiration.«[59]

Wir besitzen aber auch zahlreiche Zeugnisse, die das genaue Gegenteil zu besagen scheinen. Darwin hat in vielfachen, verwickelten und immer wieder erneuerten Versuchen an seiner Theorie gearbeitet. Howard Gruber, der die Vorstellung eines plötzlichen Einfalls, des »göttlichen Funkens« (ein bekannter Buchtitel von Arthur Köstler[60]) ablehnt, betont in der Entwicklung der Darwinschen Theorie die entscheidende Rolle einer *leitenden Vorstellung*, eines Bildes - ein Bild, das schließlich als einzige Abbildung in Darwins Hauptwerk »Die Entstehung der Arten« auftaucht (⇒ Kapitel 12, Beispiel 9).[61] Viele Schriftsteller bekennen, daß sie ihre Werke vielmals überarbeiten. Gleichzeitig ist aber auch bei ihnen oft eine »leitende Idee« kenntlich. Trotz der Entwicklung sehr bewußt eingesetzter Techniken bleibt eine ursprüngliche »Eingebung« wirksam. Einstein träumte im Alter von 16 Jahren, er reite auf einem Lichtstrahl; der Chemiker August Kekulé (der Entdecker des Benzolringes) hatte einen Traum vom »Uroboros«, einer Schlange, die sich selbst in den Schwanz beißt - das entscheidende Leitbild zur Lösung eines chemischen Problems.

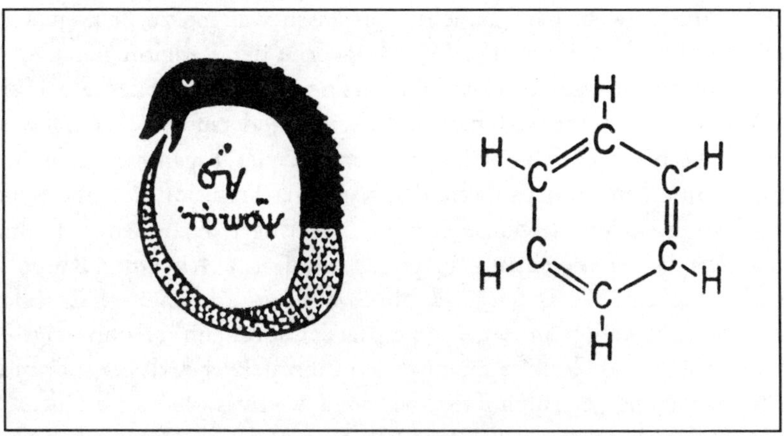

Abb. 1 **Uroboros und Benzolring**

Zahlreiche Physiker erlebten Augenblicke der klaren Formulierung ihrer Theorien als Momente religiöser Ergriffenheit, die sich in bleibender Ehrfurcht vor dem, was sie »sahen«, ausdrückte. Das »leitende Bild« ist keineswegs eine fertige Gestalt, sondern vielfacher Veränderung unterworfen. Es besitzt ursprünglich eine ganz andere Form als jene, in der die Theorie oder das Werk schließlich erscheint. Dieses *transrationale* Moment des kreativen Prozesses hat immer wieder dazu geführt, »Genie und Irrsinn« derselben Quelle zuzuordnen.[62] Daß tatsächlich Geisteskranke merkwürdige, zum Teil von uns als sehr kunstvoll empfundene »Produkte« hervorbringen, ist ein hinlänglich bekannter Sachverhalt: »Fast alle Anstalten und Kliniken besitzen eine Sammlung solcher Objekte.«[63]

Ob die ursprüngliche Anregung großer Gedanken als singuläres Ereignis auftritt, das fortan methodisch (im Sinne der »Produktivität anderer Art« bei Goethe) ausgearbeitet wird, oder als überwältigender Strom erlebt wird, ändert an der Dunkelheit der Herkunft wenig. Von Schubert berichtet Anita Silverstrelli: »Er bedachte ja nie, was er schrieb. Er sah aus, als schriebe er, ohne zu denken. Das bezeugen alle, die ihn je komponieren sahen. Er schrieb so rasch nieder, als seine Hand gehorchte, als das Diktat kam, das unsichtbare, geheimnisvolle Diktat.«[64] Rilke schreibt an Marie Taxis über die Fertigstellung des zweiten Teiles seiner »Duineser Elegien«: »Alles in ein paar Tagen, es war ein namenloser Sturm, ein Orkan im Geist (wie damals auf Duino), alles, was Faser in mir ist und Geweb, hat gekracht, - an Essen war nie zu denken, Gott weiß, wer mich genährt hat.«[65] Viele Werke der Religion scheinen in solcher Inspiration geschrieben worden zu sein. Angelus Silesius schreibt im Vorwort zu seinem »Cherubinischen Wandersmann«, er habe das erste Buch, bestehend aus 302 Versen, in nur vier Tagen niedergeschrieben.[66] Von einem hohem Lama der Nyingma-Tradition des tibetischen Buddhismus, Dilgo Khyentse Rinpoche, existiert die Video-Aufnahme einer sehr langen Belehrung in poetischer Form. Khyentse Rinpoche spricht wie ein Wasserfall und ohne jede Unterbrechung. Er blickt scheinbar unbeteiligt in den Reihen der Zuhörer umher und zeigt ein völlig entspanntes Gesicht; man hat den Eindruck, er rezitiere sehr rasch einen auswendig gelernten Text, während er etwas Neues mitteilt.

Es hat den Anschein, daß solche Fähigkeiten des »automatischen Sprechens, Schreibens oder Komponierens« eher einen Sonderfall darstellen. Von zahlreichen Künstlern wissen wir, wie sehr sie methodisch und systematisch bei ihrer Arbeit vorgingen. Man entdeckt auch nicht selten nahezu einen *Zwang*, zu produzieren. »Mir tut not zu *produzieren*, und ich werde es«, sagt Adalbert Stifter.[67] Kreativität erweist sich darin keineswegs als passives Empfangen göttlicher Eingebungen, vielmehr als besonders wache und achtsame Arbeit. Edgar Allen Poe führt detailliert seine Vorgehensweise zur Konstruktion seines Gedichtes »The Raven« vor. Zuerst bestimmt er die Stimmung, sucht einen Refrain, der diese Stimmung festigt; er wählt hierzu dunkle Vokale; selbst das »Handlungssubjekt« (The Raven) ergibt sich aus dem erwünschten »Effekt«. Poe sagt, daß sein »Werk Schritt um Schritt mit der Präzision und strengen Folgerichtigkeit eines mathematischen Problems seiner Vollendung entgegenging.«[68] Allerdings setzt auch Poe den »Effekt« voraus: »Ich dagegen ziehe es vor, mit der Wahl eines *Effekts* zu beginnen.«[69] Was ist dieser Effekt? Er ist die Vision einer bestimmten Wirkung, die erzielt werden soll. In seiner Erzählung »Der Mord in der Rue Morgue« sagt Poe: »Man wird tatsächlich finden, daß der Verstandesmensch wohl immer auch Phantasie hat, der wahrhaft imaginativ Begabte aber in jedem Fall über analytische Fähigkeiten verfügt.«[70]

Arnold Schönbergs Zwölftontechnik versucht, das musikalische Material durch strenge Regeln zu organisieren - eine Methode, die von den seriellen Komponisten noch viel strenger gehandhabt wurde. Der eigentlich kreative Akt scheint (auf den ersten Blick) in der Wahl der ursprünglichen Reihe aus zwölf Tönen zu bestehen. Diese Reihe soll nun »die Leistung einer Tonleiter und gleichzeitig die eines Motives« erfüllen.[71] Die Durchführung ist dann eine kunstreiche Anwendung von Regeln und Techniken. Doch Schönbergs Selbstbezeugungen verraten auch etwas ganz anderes. Zu der Komposition seiner »Variationen für Orchester« bemerkte er, daß er nach einer Lösung für eine Variation suchte, die auf bestimmte Weise »in allen ihren Gewichts- und Maßverhältnissen festzulegen« sei.[72] Er suchte wiederholt und ohne Glück eine Lösung zu Papier zu bringen. Schließlich, schreibt Schönberg, »fand ich ein Blatt, das ich hunderte Male gesehen hatte, ohne es zu beachten, und auf diesem befand sich ... die Lösung, nach der ich so lange gesucht hatte und die vollkommen mit derjenigen übereinstimmte, die sich aus dem neuaufgestellten Prinzip ergab.«[73] Die Reihentechnik hilft, bestimmte Alternativen zu entwickeln, doch der eigentlich kreative Akt liegt, wie Schönberg sagt, darin, daß eine Alternative *beachtet* wird. Die Achtsamkeit spielt die Schlüsselrolle. Die rationale Analyse des Schöpfungsprozesses - die Reihentechnik - ist vom *transrationalen* Akt der Entdekkung und Auswahl verschieden. Es ist damit nicht anzunehmen, daß »der Charakter des Stückes bereits in der ersten Form der Reihe vorhanden« ist[74] - sagt doch Schönberg zugleich: »wäre nicht eine Art unbewußten Gedächtnisses im Spiel, das mich unwillkürlich, musikalisch und textlich, immer wieder in die rechten Denkgeleise zurückführt, so verstünde ich nicht, wie das Ganze dann organischen Zusammenhang haben soll.«[75] So bezeugt Schönbergs Kreativität etwas anderes, als seine Reihentechnik postuliert - eine Methode, die Adorno »die totale Rationalität der Musik«[76] nannte und sie so umschrieb: »Jeder Ton der gesamten Komposition ist durch diese ›Reihe‹ determiniert: es gibt keine ›freie‹ Note mehr.«[77] Thematische Arbeit in der Komposition sei nur mehr »Tautologie«.[78] Rudolf Stephan hat in detaillierten Analysen gezeigt, wie sehr das, was Schönberg das »unbewußte Gedächtnis« nennt, wie also eine transrationale Kreativität jede Komposition Schönbergs und seiner Schüler durchwirkt.[79] Der *rationale* Akt der Auswahl zwischen gegebenen Alternativen setzt die *transrationale* Entdeckung dieser Alternativen voraus.[80]

Eine weitere Beobachtung läßt sich bei besonders kreativen Menschen machen. Wir konnten die besondere Bedeutung des Lehrer-Schüler-Verhältnisses auch für den kreativen Prozeß schon einigen Zeugnissen entnehmen. Diese Beziehung zwischen Menschen ist aber sicherlich nicht das einzig leitende Moment der Kreativität: Der kreative Schüler *übertrifft* gelegentlich seinen Lehrer, wenigstens fügt er den Vorstellungen des Lehrers einige neue hinzu. Wichtiger noch sind oft Beziehungen zwischen Personen, die sich mitunter auf undurchschaubare und dunkle Weise anregen und beeinflussen. Es gibt auch zweifellos persönlichen Wettbewerb zwischen Künstlern und Wissenschaftlern, der ihre Arbeit befruchtet und belebt. Ravel kämpfte gegen den Vorwurf, Debussy kopiert zu haben,[81] Schönberg war, wie Eisler berichtet, besessen von der Idee, »daß es eine internationale Konspiration von Autographenjägern gibt«; sie »bestechen die Dienstmädchen«, die seine Manuskripte stehlen sollen.[82] Die Zwölfton-Komposition Leverkühns nannte Schönberg »12-Ton Gulasch« und gestand damit zugleich, daß die Technik doch nicht den Komponisten ausmacht, wenn dieser glaube, »das Komponieren mit zwölf Tönen bedeute nichts weiter als die fortgesetzte Anwendung der Grundreihe oder ihrer Umkehrungen.«[83] Der Streit um das Erstrecht von Erfindungen und Entdeckungen (man kann hier nochmals an Schönberg und dessen Auseinandersetzung mit Hauer erinnern, der eine ganz ähnliche Reihentechnik entwickelt hat), im bürgerlichen Geschäftsleben durch das Patentrecht und das Urheberrecht institutionell geregelt, ist in Kunst und Wissenschaft weit verbreitet. Was wäre Goethes Farbenlehre ohne die denkende Auseinandersetzung mit der Newtons? Es ist aber nicht der *Streit*, der *als* Streit produktiv wirkt, sondern das Überdenken dessen, was ein »Konkurrent« sagt und vollbringt.

Wir kennen vor allem in der Wissenschaft sehr häufig den »Teamgeist«, tiefe Freundschaften, Zuneigung und Liebe als beherrschende Stimmung einer Situation, in der Geniales gelang. Kein Vorwort zu einem *bedeutenden* Buch ohne Danksagung - eine Sitte, die keineswegs nur eine Zeremonie des Schreibens bekundet. Wir kennen berühmte Fälle von »Forschungspaaren« wie Marie und Pierre Curie, Bärbel Inhelder und Jean Piaget, Karl Marx und Friedrich Engels, Bertrand Russell und Alfred N. Whitehead, Pablo Picasso und Georges Braque, Theodor W. Adorno und Max Horkheimer, Wassily Kandinsky und Gabriele Münter usw. Gelegentlich schlugen solche Freundschaften in Distanziertheit, Konkurrenz oder Feindschaft um, wie die Beziehung zwischen Wagner und Nietzsche oder zwischen Jaspers und Heidegger. Die Vermutung, daß Platons erhebliche Modifikation seiner Ideenlehre in seinen Spätdialogen auf den Einfluß seines Schülers Aristoteles zurückzuführen sei (der die Ideenlehre ablehnte), erscheint durchaus glaubwürdig. Das Tübinger Stift, mit Schelling, Hegel und Hölderlin als Studenten, ist ein Musterbeispiel für eine Gruppe von Denkern, die einstmals - im »Systemprogramm des deutschen Idealismus« (das für die Gesamtausgaben aller drei Denker reklamiert wird)[84] - zu *einem Gedanken* fähig waren, späterhin getrennte und nicht minder einflußreiche Wege gingen. Allein diese Beispiele können zeigen, daß die kreative Situation nicht *personal* zurechenbar ist, wie dies im Genie-Kult der Romantik, in den Vererbungstheorien des Sozialdarwinismus oder der »The Selfish Gen«-Ideologie[85] postuliert wird.

Neben kreativen Paar- oder Gruppenbildungen ist der Austausch zwischen Ideen ganz unterschiedlicher Gebiete auffallend. Für Charles Darwin war die Lektüre des Ökonomen Thomas Robert Malthus von ausschlaggebender Bedeutung;[86] Paul Cézanne war tief beeindruckt von Honoré Balzac's »Le Chef-d'oeuvre inconnu«, das die Wahrnehmungslehre der Impressionisten antizipierte;[87] William Harveys Entdeckung des Blutkreislaufes regte den Arzt und Ökonomen François Quesnay an, den Wirtschaftsprozeß als Kreislauf darzustellen (»Tableau économique«);[88] die Darstellung der Hexagramme aus dem chinesischen I Ging veranlaßte Gottfried Wilhelm Leibniz, sein duales Zahlensystem zu entwickeln, die Grundlage der modernen Datenverarbeitung; die deutsche Post war Lenins Vorbild einer geplanten Gesellschaft;[89] der Lauf der Gestirne regte den Bau zahlloser Planetarien an, die ihrerseits das Vorbild der mechanischen Uhren wurden (⇒ Kapitel 11, (19)); zahllos sind die Imitationen der Natur durch die Technik, der Naturlaute durch Musik. Anton Bruckner beschreibt z. B. das Finale seiner Sinfonie Nr.3 d-moll in einem Brief an den Hofkapellmeister Felix Weingartner wie folgt: »Finale. Unser Kaiser bekam damals den Besuch des Czaren in Olmütz; daher Streicher: Ritt der Kosaken; Blech: Militärmusik; Trompeten: Fanfare, wie sich die Majestäten begegenen.«[90] Es dürfte kaum einem Hörer der Gegenwart gelingen, *das* zu hören. Hier offenbart sich ein Grundmuster kreativen Tuns überhaupt: Eine Wissensform, eine Beschreibung, eine Situation wird zum *Modell* für andere Situationen und entfaltet darin eine produktive Macht (mag auch das »Vorbild« noch so kurios sein wie im Falle der dritten Sinfonie Bruckners). Selbst das Tier- und Pflanzenreich ist erfüllt von Mimesis, der anpassenden Nachahmung. Es besteht kein Zweifel, daß das binäre Zahlensystem etwas anderes ist als die Hexagramme des I Ging, daß Input-Output-Tabellen der Volkswirtschaftlichen Gesamtrechnung etwas anderes sind als der Blutkreislauf, daß Cézannes Bilder etwas anderes sind als die Erzählung Balzacs - kurz, es besteht kein Zweifel, daß sich in solcher Mimesis tatsächlich Kreativität offenbart, obwohl wir formal von einer Wiederkehr, einer Wiederholung sprechen können - dem scheinbaren Gegenteil der Gestaltung von Neuem. Wieviele Menschen haben, jenseits der Wälder, im Gebirge die Stille erlebt - doch erst ein Goethe konnte dies sagen: »über allen Gipfeln/ ist Ruh.« Das Gleiche ist nicht das Selbe. Die Mimesis ist zudem eng verwandt mit der *Ironie*,[91] die das kreative Spiel sehr oft kennzeichnet. Im »etwas-als-etwas-anderes-nehmen«, in der Verwechslung, findet sich nicht nur ein beliebtes Motiv der Komödien, es liegt darin (nach Freuds Einsicht) das Prinzip der »Technik des Witzes«. Leonardo da Vinci, der Archetypus des kreativen Menschen, notierte eine Vielzahl von »Witzen« nach diesem Prinzip des »Umdeutens«, die er »Prophezeiungen« nannte.[92]

Auf einen letzten Punkt möchte ich hinweisen. Der Umstand, daß eine Komposition publiziert und gedruckt wird, ein wissenschaftlicher Aufsatz in einer Zeitschrift erscheint, daß Bilder verkauft werden, suggeriert, das kreative *Produkt* sei etwas Fertiges, Vorhandenes. Dieser Schein trügt. Kaum je hat sich ein Künstler oder Wissenschaftler mit irgendeinem Resultat wirklich zufrieden gezeigt. Bruckner überarbeitete einige seiner Sinfonien mehrmals, so daß sich noch heute seine Anhänger um den »wahren Bruckner« streiten (der eben in jeder Version »steckt«). Ein Sonett scheint eine relativ feste lyrische Form zu sein. Kann es gleichwohl, fragt Valéry, jemals »ein vollendetes Sonett« geben? Und er antwortet, es gibt höchstens »ein im Stich gelassenes Sonett.«[93] »Wir sind nichts, was wir suchen, ist alles«, sagt Hölderlin im Fragment zum Hyperion[94]. Jeder Ingenieur ist mit einer Konstruktion immer nur vorläufig zufrieden, weil die kaufmännische Abteilung Termine und ein Budget festlegt. Gottfried Benn sah den inneren Widerspruch der Künstler darin, in einem stetigen Prozeß dennoch »hinterlassungsfähige Gebilde« zu schaffen.[95] Vor diesem Zwang stehend, bekennt der Dichter einmal: »Ich weiß im Augenblick nicht, wer es war, der seine eigenen Kinder verschlang, aber ich jedenfalls verschlinge seit langem nicht nur meine Produkte, sondern schon die Bleistifte und Kugelschreiber, die ihre Erzeugung vorbereiten könnten.«[96] Vom Gedicht sagt Paul Celan: »Es ist einsam und unterwegs.«[97] Das heißt nicht, daß nicht wenige Zeilen einen Moment, eine Stimmung auf unwiederholbare Weise zu bannen vermögen. René Char, in kenntlichem Gegensatz zu dem »Techniker« Poe, nennt das Gedicht ein »Sein«, das nicht »auf eine Bedeutung und ein Vorhaben herabzumindern« ist.[98] Damit haftet nicht nur dem Prozeß, sondern auch dem Produkt der Kreativität jene transrationale Dunkelheit an, die an ihrem Fragmentcharakter kenntlich ist. Es scheint, als falle die Kreativität in jene offene Leerheit zurück, der sie entspringt - in unaufhörlichem Werden.

1 Was ist Kreativität?

Aspekte des Kreativitätsbegriffs

»Kreativität« ist zunächst nur ein *Wort*. Es wird in vielfachem Sinne gebraucht: Man kann die Evolution ebenso »kreativ« nennen wie einen Schöpfergott, eine Köchin ebenso wie einen großen Maler. Ursprünglich sprach man in der christlichen Tradition sogar *nur* Gott (= creator) die Eigenschaft zu, *er-schaffen* zu können. Der Begriff wurde dann schrittweise auf »geniale Menschen« übertragen, die als Genie an der göttlichen Kreativität Anteil haben sollen. Erst nach dem Zweiten Weltkrieg (in den 50er und 60er Jahren) wurde »Kreativität« auch ganz unscheinbaren Handlungen des Alltags zugebilligt (⇒ Einleitung).

Der *Begriff* »Kreativität« bezieht sich auf das Handeln. Als Adjektiv verwendet kennzeichnet »kreativ« die besondere Eigenschaft einer Handlung. Wir kommen der Kreativität näher, wenn wir fragen: Was ist das *Gegenteil* von Kreativität? Ein Stein ist offenbar schon deshalb *nicht* kreativ, weil er nicht handelt. Tiere dagegen scheinen mitunter durchaus kreativ zu sein (ich komme gleich darauf zurück). Was zeichnet eine Handlung aus, die *nicht* kreativ genannt wird? Eine bloße *Routinehandlung* (z. B. das Öffnen einer Haustüre mit dem Hausschlüssel) werden wir nicht »kreativ« nennen. Weshalb? Es fehlt ihr augenscheinlich etwas, das sie zu einer kreativen Handlung macht: Das Moment der *Neuheit*. Eine Handlung heißt also »kreativ«, wenn durch sie etwas Neues *geschaffen* wird. Nicht zufällig bezeichnete man noch im 19. Jahrhundert das, was man heute »Kreativität« nennt, mit dem Wort »Produktivität«. Kreativität ist *schöpferisch*, sie bringt Neues hervor. Doch nicht nur das. Wir sprechen auch dann von Kreativität, wenn ein durchaus bekanntes Resultat auf ganz neuartigen Wegen erreicht wird. Kreativität umfaßt also nicht nur das Produkt, sondern auch den Weg, der zu seiner Verwirklichung führt. Doch auch damit noch nicht genug. Ein »Produkt« kann neuartig sein, auf völlig neuartige Weise hervorgebracht werden - und dennoch sträubt sich unser Sprachempfinden, solch ein Produkt »kreativ« zu nennen. Das ist dann der Fall, wenn das Resultat (oder der Weg, der zu ihm führt) auf uns abstoßend oder negativ wirkt, wenn wir das Produkt ablehnen. *Destruktives* Handeln kann sehr wohl neuartig sein; dennoch wehren wir uns dagegen, es »kreativ« zu nennen.

Ich möchte diese Überlegungen an einem sehr einfachen Beispiel erläutern: N.N., leidenschaftlicher (Hobby-)Koch, hat ein neues Gericht »erfunden« (z. B.: in Lachs gerollte Seezungenfilets auf Spinat mit Champagner-Soße). Er kocht es zwar auf ganz konventionelle Weise, doch das *Produkt* (das Fischgericht) ist neu. Wenn die Gäste, denen N.N. dieses Gericht vorsetzt, es auch noch mit verzücktem »Mmmm!« verzehren, können wir sagen: N.N. war »kreativ«. Er hat ein *neues*, auf irgendeine Weise *wertgeschätztes* Produkt hervorgebracht. Hätten die Gäste von N.N. mit einem »Brrr!« reagiert und den Verzehr des neuen Gerichtes abgelehnt, so wäre die »Neuheit« des Produkts kein hinreichender Grund, N.N. auch »kreativ« zu nennen. *Schlechte* Neuerungen kann schließlich jeder erfinden. Die Wertschätzung der Neuerung, die uns veranlaßt, von »Kreativität« zu sprechen, hängt offenbar damit zusammen, daß sie auf irgendeine Weise unsere *Erwartungen* übertrifft oder überrascht (und dies auf positive, angenehme, wertvolle Weise). Die Gäste von N.N. sind überrascht vom guten oder neuartigen Geschmack des Fischgerichtes. Hätte N.N. nur Spaghetti mit gemischtem Salat serviert, so wären seine Gäste vielleicht auch glücklich gewesen; doch dieses Gericht wäre ihnen nicht sonderlich neuartig erschienen.

Weder die Wertschätzung noch die Neuartigkeit allein machen also ein kreatives Produkt aus; vielmehr ist es die Kombination aus beidem. Wir nennen ein Handeln kreativ, das solch ein neues und wertvolles (nützliches) Produkt hervorbringt. Das Wort »Handlung« kann hierbei in einem sehr eingeschränkten Sinne verstanden werden. Wenn ein Maler auf einem Spaziergang einen seltsamen, überraschend geformten Stein entdeckt und ihn (in geeignetem Arrangement) neben anderen Kunstwerken präsentiert, dann werden wir seiner *Wahrnehmung* durchaus Kreativität zubilligen. Der kreativ Handelnde braucht also keineswegs die Ursache aller Eigenschaften seines Produktes zu sein; es genügt, wenn irgendein *Aspekt* am Produkt neu ist.

Wir hatten aber gesagt, daß auch dann von Kreativität gesprochen werden kann, wenn nur der *Weg* neu ist, auf dem ein Produkt hergestellt oder produziert wurde. Kehren wir nochmals in die Küche von N.N. zurück. Wenn N.N. entdeckt, daß frisch geschälte Kartoffeln, in Wasser gelegt und mit etwas Essig versehen, lange Zeit frisch bleiben ohne auszutrocknen oder Geschmack und Farbe zu verändern, dann kann diese »Entdeckung« den Ablauf seiner Kochkünste erheblich erleichtern oder verändern. Das Gericht, zu dem diese Kartoffeln gereicht werden, mag bereits eine lange Tradition in der Kochkunst haben. Gleichwohl ist ein Schritt zu seiner Herstellung neuartig. In diesem Fall leitet sich die *positive* Wertung vom ohnehin als wertvoll anerkannten Produkt ab. Neuartig ist das Verfahren. Der Bereich der Kreativität läßt sich noch erheblich genauer beschreiben; ich möchte es für den Augenblick mit dieser vorläufigen Skizze genug sein lassen und mich dem »kreativen Prozeß« näher zuwenden.

Der kreative Affe

Daß nicht nur Menschen kreativ sind, wissen wir spätestens durch das Bekanntwerden der Verhaltensforschung. Konrad Lorenz erzählt von einem Experiment, das ich für eine genauere Betrachtung des kreativen Prozesses heranziehen möchte. Es handelt sich um einen Affen (ein Orang), der in einem Raum mit versteckter Kamera eingeschlossen ist. In diesem Raum hängt in der Mitte an einer Schnur eine Banane von der Decke, gerade so hoch, daß der Orang auch durch Hüpfen nicht an sie heranreicht. In einer Ecke des Raumes steht eine Holzkiste, hinreichend hoch, die Banane leicht ergreifen zu können. Konrad Lorenz schildert nun folgenden Verlauf des Experiments: Nachdem der Affe die Banane entdeckt hat, versucht er sie durch Hochhüpfen zu erreichen. Das mißlingt, und der Affe gerät darüber in heftige Wut; er tobt herum und schreit. Er kehrt ruckartig der Banane den Rücken und kauert (wie beleidigt) auf dem Boden. Plötzlich dreht er sich herum, blickt auf die Banane, dann zur Kiste, dann wieder zur Banane; der Vorgang wiederholt sich mehrmals. Auf einmal lacht er, tollt herum, schlägt Purzelbäume und klatscht mehrmals mit den Händen auf den Boden. Dann springt er in die Ecke, zieht die Kiste unter die Banane, klettert hinauf und verzehrt sie mit sichtlichem Vergnügen.

Diese Beobachtung kann uns auf durchaus heitere Weise mit wichtigen Elementen des kreativen Prozesses auch bei Menschen bekannt machen. Zu Beginn des kreativen Prozesses steht eine Frage, ein Problem, ein Wunsch. Die Frage oder das Problem veranlaßt uns zu einigen Versuchen: Wir probieren Handlungsstrategien aus, die wir bereits kennen - und wir scheitern. Das Problem, die Frage, der Wunsch verlangt von uns etwas Neuartiges. Auf solch ein Erfordernis reagieren wir sehr oft wie der Orang: Wir setzen uns in eine Ecke und grollen, sind sauer auf uns selbst und den Rest der Welt. Anders als der Affe bleiben viele Menschen bei dieser Strategie. Sie gehen lieber zu Gleichgesinnten und tauschen ihre Klagen aus. Die etwas Klügeren suchen jemand auf, von dem sie hoffen, daß er die Frage beantworten, das Problem lösen könne. (Man kann dies auch dadurch erreichen, daß man in Büchern nachblättert.) All dies ist sehr normal und kennzeichnet unseren Alltag eben als einen *Routine-Alltag*. Man muß erkennen, daß das Jammern über die eigene Unfähigkeit, ein Problem lösen zu können, durchaus eine sinnvolle Strategie sein kann. Wenn man fünf Jahre alt ist und die Limo-Flasche nicht öffnen kann, dann ist Jammern eine sehr hilfreiche Strategie: Die Mutter wird kommen und unser Problem lösen. Viele Menschen haben diese Strategie beibehalten und gar nicht bemerkt, daß sie nebenbei erwachsen wurden. Dieses kindliche Verhalten geht soweit, daß man auch im öffentlichen Leben heute gerne laute Klagen vorträgt. Meist enden diese Klagen damit, daß die Verantwortung an eine Instanz namens »man« delegiert wird (»man« müßte dies tun; »man« sollte endlich jenes tun), die nicht selten mit dem »Staat« identifiziert wird.

Hier fehlt etwas, das offenbar der Orang in der Beschreibung von Konrad Lorenz beherrschte: Er beendet das Jammern durch Nachdenken. Der Affe hat sich *angesichts des Problems für die Kreativität entschieden*. Wir sehen auch, daß das Nachdenken über Lösungen ein unerläßliches Element des kreativen Prozesses ist. Das Nachdenken ist offenbar eine *Quelle* der Kreativität. Dennoch dürfen wir die Kreativität nicht voreilig auf das Denken reduzieren. Der Affe konnte ungestört »nachdenken«, ehe er die Lösung (die Verwendung der Kiste) gefunden hat. Das Denken benötigt also Ruhe, Stille, aus der erst die Lösung des Problems erwächst. Hätte man den Affen nach seinem Wutanfall beständig durch Klingeln, Hupen, Poltern usw. gestört, so wäre er wohl kaum auf die Lösung seines Problems gekommen. Es ist fraglich, ob er überhaupt die Kiste *gesehen* hätte. Für den kreativen Prozeß ist also gerade das, was wir an dem geschilderten Experiment *nicht* finden, von besonderer Bedeutung: Die Abwesenheit von Lärm, Ablenkung, Störung *ermöglicht* Kreativität.

Ein weiteres Element können wir entdecken. Der Orang spielt (seine wandernden Blicke belegen dies) die neue Handlung vorher »in Gedanken« durch. Er überprüft seine Lösung des Problems durch mehrmaliges

Nachdenken (kenntlich am hin- und herwandernden Blick). Dann ist er sich seiner Lösung *sicher* - und dies löst offenbar eine starke emotionale Reaktion aus. Die bloße Betätigung der Kreativität (bereits vor der Erlangung des Resultats), das *kreative Erleben*, bereitet ein Vergnügen. Kreativität ist etwas, das dem menschlichen Wesen ebenso entspricht, wie dem eines Orang. Wir entdecken hier eine bemerkenswerte emotionale Komponente der Kreativität: Vor Probleme gestellt zu sein und keine Lösung zu finden, löst offenbar »Unlustgefühle« aus; Lösungen zu finden dagegen macht auf irgendeine Weise Spaß. Wir fühlen uns gut, wenn wir eine Aufgabe erledigt haben (selbst dann, wenn von der Lösung kein unmittelbarer Nutzen für uns abfällt).

Alltäglichkeit der Kreativität

Kreativität ist ein Erlebnis. Wir wissen aus zahlreichen Berichten von Künstlern, daß dieses Erlebnis oft »schubweise« auftritt. Ein Strom von Ideen beflügelt den Geist, und oftmals scheint es, als käme der Komponist im Schreiben, der Maler im Malen nicht nach, um die rasche Folge der Einfälle zu Papier oder auf die Leinwand zu bringen. Wir eher »normalen« Menschen leiden selten unter solch einem Überschwang an Ideen; aber so ganz fremd ist uns dieses Phänomen nicht. Es gibt Tage, an denen wir viele Einfälle haben (vielleicht ganz gewöhnliche: zu unserer Freizeitgestaltung, bei der Arbeit); an anderen Tagen fühlen wir uns »zu«, »verschlossen«. Wir sind dann zugleich »wie tot«, »wie gelähmt«. Das kreative Leben und Erleben ist auf gewisse Weise sehr »eigensinnig«. Es erscheint uns als ein gehobener Zustand, als gute Stimmung. Auch die Umkehrung ist richtig: In guter Stimmung, in entspannter Atmosphäre sind wir eher in der Lage, Ideen zu entwickeln.

Zweierlei können wir aus dieser einfachen Beobachtung schließen. *Erstens* ist »Kreativität« offenbar etwas, das wir nicht einfach »machen« können. Es ist eher so, daß uns die Ideen gleichsam überfallen. Man sagt: »Mir *kommt* eine Idee« (nicht: Ich *mache* eine Idee). *Zweitens* aber kommen diese Ideen nur, wenn wir es zulassen, wenn wir ihnen Raum geben. Wir müssen *offen* sein für die Idee. Anders ausgedrückt: Kreativität ist nicht etwas, das wir *bewußt* herstellen können. Sie hat tatsächlich ein wenig den Duft von etwas Besonderem (auch wenn wir vielleicht nicht mehr sagen: »Göttlichem«). Sie ist ein Geschenk. Andererseits können wir aber sagen: Wenn wir eng, verbohrt, aufgeregt, im Stress, verschlossen, engstirnig sind, dann kann sich Kreativität nicht ereignen. *Man kann Kreativität wirksam einschränken.* Wodurch? Durch *mechanisches* Verhalten - aber auch durch Untätigkeit. Kreativität fällt mit dem Lebensprozeß zusammen. Trägheit, Schläfrigkeit und Stumpfheit sind ebenso Einschränkungen der Kreatitivität wie mechanisches Tun. *Drittens* gilt damit auch: Obgleich große Ideen ein Geschenk sind, so empfängt man sie doch nicht durch *Untätigkeit*, durch bloßes Warten. Man muß *viel* denken, um etwas Neues denken zu können, man muß Vieles tun, um etwas Neues zu vollbringen.

Nun könnten wir dazu neigen, folgenden Gedanken zu hegen: »Es mag sein, daß bei einem genialen Menschen, einem Künstler, einem Wissenschaftler oder Philosophen, Kreativität eingeschlossen ist und ›befreit‹ werden kann. Wir, die gewöhnlichen Sterblichen, ohne Kontakt zu den Göttern und Musen, wir *sind* eben nicht oder nur sehr selten kreativ, wir haben wenigstens nicht die nötige Kraft.« - Tatsächlich hat man um die Genies seit jeher einen Kult gemacht, hat sie bewundert, verehrt und gefürchtet. Als die UdSSR ihren ersten Sputnik auf Erdumlaufbahn brachten, zeigte sich in den USA eine große Bestürzung; man glaubte, hinter dem Eisernen Vorhang würden kreativere Köpfe stecken als diesseits des Atlantik. Es setzte ein wahrer Boom zur Erforschung der Kreativität ein. Der Hauptansatzpunkt in der Kreativitätsforschung war das Modell der »kreativen Persönlichkeit«. Man versuchte durch geeignete psychologische Testverfahren jene Faktoren, die einen »kreativen Menschen« ausmachen sollen, frühzeitig zu entdecken und zu fördern. Um es gleich zu sagen: Dieser Ansatz ist gescheitert. Offenbar gibt es keine *besonderen* Faktoren, die die Menschen in zwei Klassen teilen: kreative und nichtkreative. Auch in den »Kaderschmieden des Geistes« mußte die bittere Pille geschluckt werden: Ein Absolvent der Universitäten Cambridge oder Harvard ist nicht *prinzipiell* kreativer als eine Hausfrau oder ein Verkäufer für Herrenoberbekleidung. Sie sind nur *auf andere Weise* kreativ. Leider ist das Vorurteil vom »Genie« sehr hartnäckig. In schwächerer Form verbirgt es sich in dem Glauben, es gäbe so etwas wie einen *besonderen* kreativen Prozeß, in dessen Geheimnisse nur wenige Menschen eingeweiht sind. Dies ist eine Diskriminierung, die zahlreiche Menschen an sich selbst vollziehen. Sie sagen sich: »Ich bin einfach nicht so klug, so kreativ, habe nicht so viele Einfälle, wie diese oder jene Person.« Der Grund, weshalb diese Menschen nicht »so klug«, »so kreativ« sind, ist einfach darin zu suchen, daß sie genau dies von sich glauben und »normales Verhalten« als Routine festhalten. *Ein* wichtiges positives Ergebnis hat die Kreativitätsforschung erbracht: Kreative Menschen *glauben* an ihre Fähigkeiten. Sie wissen, daß sie *leben* und deshalb kreativ sind.

Nun mag man dennoch resigniert die Schultern zucken und sagen: »Mag sein. Ich *glaube* eben nicht an mich.« Die so ausgedrückte Bescheidenheit ist achtenswert. Ich möchte auch nicht dafür plädieren, daß sich jeder mit Beethoven, Van Gogh oder Heisenberg verwechselt. Es wäre sicherlich völlig unsinnig zu bestreiten, daß es »Talente« gibt, d. h. Menschen, denen von Kindesbeinen an auf irgendeinem Gebiet Meisterleistungen glücken. Aber angesichts der Tatsache, daß wir nicht in der Lage sind (auch durch kein Kreativitätstraining), wie Beethoven zu komponieren, braucht uns nicht davon abzuhalten, Klavier zu spielen oder Musik zu hören und auf tiefe Weise zu erleben. Wir dürfen nicht in die beiden Extreme verfallen: Weder ist jeder auf besondere Weise kreativ, noch gibt es jemand, der völlig unkreativ wäre. Übrigens sind es ganz besonders die kreativen Menschen, die Leistungen auf *anderen* Gebieten als jenen, für die sie ein besonderes Talent haben, mit tiefer Bewunderung anerkennen. Es ist die eigene Kreativität, die den Blick für die Kreativität anderer öffnet. Wenn wir also bei anderen deren Einfälle oder Fähigkeiten bewundern, so verrät dies nur: Wir sind selbst auf irgendeine Weise kreativ. »Gleiches kann nur durch Gleiches erkannt werden«, wußten unsere griechischen Vorväter zu sagen.

Es wird viele Menschen geben, die das bestreiten werden. Dennoch könnte niemand auch nur diesen Text hier lesen, wenn er nicht in seinem tiefsten Wesen kreativ wäre. Was geschieht, wenn wir einen Text lesen? Betrachten wir einen ganz einfachen Kriminalroman oder eine Liebesgeschichte. Die Wörter, die in einem Krimi vorkommen, kennen wir alle ganz genau. Wir kannten sie schon lange bevor wir den Text in die Hände genommen haben. Dennoch geschieht nun beim *Lesen* etwas ganz Merkwürdiges. Die Folge der Wörter und Sätze ruft in uns Bilder, Stimmungen, Gefühle und Gedanken hervor; wir *erzeugen* einen Handlungsablauf. Jeder von uns macht dies sicherlich anders. Den einen macht das Happy End eines Liebesromans unglücklich, den anderen euphorisch. Die Elemente einer Geschichte (Häuser, Autos, Bäume usw.) werden von uns völlig verschieden im Geist aufgebaut und kombiniert. Jeder erschafft beim Lesen *seine* Geschichte.

Wer noch nicht gänzlich durch das Fernsehen abgestumpft und aus der Übung ist, der erweist sich beim einfachen Lesen als eine höchst kreative Persönlichkeit. Chomsky, einer der bekanntesten Sprachforscher, sagt aus diesem Grund, daß der bloße Gebrauch der Sprache ein zutiefst kreativer Akt ist. Wir können diese Einsicht noch erweitern. Denken wir an folgende Situation: Wir steigen ins Auto, fahren in die Stadt, parken, bummeln die Schaufenster entlang und kaufen vielleicht irgend etwas. Hierbei treffen wir viele Menschen auf dem Gehsteig, in den Geschäften. Eine ganz alltägliche Handlung. Uns erscheint dies alltäglich. Wenn wir dieselbe Aufgabe von einem Roboter ausführen lassen wollten, so würde uns klar, wie ungeheuer kreativ wir Menschen sind. Allein unsere Gehbewegung stellt ein subtiles, fein abgestimmtes Bewegungsmuster dar, das wir selbstverständlich als Fähigkeit gebrauchen - auch wenn wir es oft auf die eine oder andere Weise einschränken (durch besonderen Hüftschwung oder das genaue Gegenteil). Die Situationen, mit denen wir konfrontiert sind, sind vielleicht ähnlich, dennoch aber in irgendeiner Hinsicht neu. Das fällt uns dann auf, wenn unsere kreative Fähigkeit einmal versagt. Bekannt ist z. B. die Situation auf der Straße oder in einer Tür, wenn zwei Personen aufeinander zugehen und mehrmals gleichzeitig in dieselbe Richtung ausweichen. Sie schaffen es nicht, aneinander vorbeizukommen. An diesem sehr einfachen Beispiel sehen wir, daß die alltäglichen Leistungen, die wir ganz automatisch zu vollbringen scheinen, höchst komplexe Aufgaben sind. Nur Mathematiker ahnen, wie kompliziert die Programmierung eines Roboters sein müßte, der fähig wäre, ohne anzustoßen einen Gehsteig entlang zu gehen.

Was will ich mit solch alltäglichen Beispielen sagen? Offenbar gehört die einfache Form kreativen Handelns so sehr zu unserer ureigensten Natur, daß wir es gar nicht bemerken. Unser Geist (unser Gehirn) agiert unentwegt »kreativ«. Die bloße Tatsache, daß wir leben, ist schon die Entfaltung unserer natürlichen Kreativität. Noch kürzer gesagt: *Leben* und *kreativ-sein* ist dasselbe. Die Situationen des Lebens sind immer wieder neu; wir finden beständig (wenn auch in kleinem Umfang) neue Lösungen und diese Lösungen erscheinen uns sinnvoll und wertvoll. Genau das aber hatten wir als »Definition« der Kreativität entdeckt.

Auswahl zwischen kreativen Leistungen

Wir haben bislang zu klären versucht, was man eigentlich meint, wenn man von »Kreativität« spricht. Wir konnten auch sehen, daß Kreativität nicht etwas ist, das nur auserwählten, von den Musen geküßten Menschen zufällt. Kreativität ist vielmehr etwas sehr Alltägliches. Sicherlich nicht die herausragenden Leistungen, die sich unverkennbar von anderen abheben. Eine große Sinfonie zu schreiben, das gelingt ebenso selten wie einen wirklich neuen Gedanken zu denken. Doch die kleine Kreativität des Alltags ist für jeden von uns nicht minder von großer Bedeutung. Ich hatte gesagt, daß die Neuartigkeit offenbar ein unabtrennbares Kennzeichen für schöpferisches Tun oder kreative Produkte darstellt. Wir sollten hierbei aber die Frage stellen: *Neu für wen?* Es mag durchaus nicht das erste Mal auf der Erde sein, daß es einem Menschen gelingt, quadratische Gleichungen aufzulösen. Doch für den Schüler, der diese Leistung erstmals vollbringt, ist es eine ganz neue Einsicht. Er hat tatsächlich für sich selbst ein Problem gelöst und eine neue Einsicht gewonnen, die ihm wertvoll und nützlich erscheint.

Wir müssen also unterscheiden, für wen etwas neu und wertvoll ist. Vor einer großen Gruppe von Menschen, einem Land oder der ganzen Erde als ein »schöpferischer Mensch« zu gelten, erfordert etwas hervorzubringen oder etwas zu tun, das in der bekannten Geschichte noch niemand so vollbracht hat. Der *Ruhm*, der zu einem kreativen Produkt hinzukommt, ist jedoch sehr oft nur Zufall. Wir alle finden alltäglich im kleinen und großen neue Lösungen; sie sind vielleicht nur für uns, möglicherweise für andere nützlich. Die hierbei erbrachte »Leistung« ist nicht deshalb geringer, weil sie nicht zufällig eine Leistung ist, die *erstmals* erbracht wurde. Ich würde deshalb vorschlagen, die Einzigartigkeit und Erstmaligkeit aus dem Kreativitätsbegriff ganz zu streichen. Wie groß der Kreis ist, für den eine Handlung oder ein Produkt neuartig ist, spielt für die Kreativität keine Rolle. Vielmehr ist dies dann ein *nachgelagerter* Prozeß der Selektion, der *Auswahl* aus vielen alltäglich hervorgebrachten Leistungen und ihrer Bewertung durch eine Gruppe, einen Markt, eine Nation.

Umgekehrt kann man aber sagen: Besitzt jemand den Ehrgeiz etwas hervorzubringen, das für viele Menschen Bedeutung hat, dann muß er seine Aktivitäten vervielfachen und in seinem kreativen Prozeß sehr

»effizient« vorgehen. Er muß in der Lage sein, zahllose Produkte - gleichsam spielerisch - hervorzubringen und zu »testen«. Von Einstein wird gesagt, er habe in der Zeit vor der Ausarbeitung der Allgemeinen

NIETZSCHE ÜBER
DIE AUSWAHL ZWISCHEN KREATIVEN LEISTUNGEN

»Die Künstler haben ein Interesse daran, daß man an die plötzlichen Eingebungen, die sogenannten Inspirationen glaubt; als ob die Idee des Kunstwerks, der Dichtung, der Grundgedanke einer Philosophie wie ein Gnadenschein vom Himmel herableuchte. In Wahrheit produziert die Phantasie des guten Künstlers oder Denkers fortwährend, Gutes, Mittelmäßiges und Schlechtes, aber seine *Urteilskraft*, höchst geschärft und geübt, verwirft, wählt aus, knüpft zusammen; wie man jetzt aus den Notizbüchern Beethovens ersieht, daß er die herrlichsten Melodien allmählich zusammengetragen und aus vielfachen Ansätzen gewissermaßen ausgelesen hat. Wer weniger streng scheidet und sich der nachbildenden Erinnerung gern überläßt, der wird unter Umständen ein großer Improvisator werden können; aber die künstlerische Improvisation steht tief im Verhältnis zum ernst und mühevoll erlesenen Kunstgedanken. Alle Großen waren große Arbeiter, unermüdlich nicht nur im Erfinden, sondern auch im Verwerfen, Sichten, Umgestalten, Ordnen.«

F. Nietzsche, Menschliches, Allzumenschliches, I, § 155

Relativitätstheorie alle paar Minuten eine andere Idee entwickelt und sogleich wieder verworfen. Auch gewöhnliche Menschen haben im Laufe ihres Lebens zu allen möglichen Gegenständen »Ideen«. Von wirklich »Kreativen« unterscheidet sie nur, daß sie es bei diesen gelegentlichen Ideen belassen. Ein wirklich großer Künstler oder Wissenschaftler ist von einem bestimmten Bereich menschlichen Wissens, Wahrnehmens oder Erkennens »besessen«. Es gelingt ihm auf irgendeine Weise, zahllose Hypothesen, Vermutungen, Ideen zu entwickeln - und auch wieder zu verwerfen. Der Mut, Produkte zu verwerfen, ohne sich *entmutigen* zu lassen, ist vielleicht das tiefste Geheimnis der »schöpferischen Menschen«. Enttäuschungen werden von ihnen als Ent-Täuschungen aufgefaßt, d. h. als Erweiterung der Einsicht. Durch jedes Mißlingen einer Handlung erspart man sich künftig, einen falschen Schritt zu tun. Man kann also sagen: Nicht die bloße »Betätigung« der Kreativität kennzeichnet die schöpferischen Menschen; vielmehr ihre unaufhörliche, wiederholte, konzentrierte und selbstkritische Betätigung.

Noch ein Element fällt bei Menschen auf, die wir als »kreativ« bezeichnen. Sie lassen sich vielfach von einem Bild, einer Idee, einer Vision (wie immer wir es nennen wollen) leiten. Das ist meist ganz wörtlich zu nehmen. Vielen Wissenschaftlern schwebte ein »Bild« vor, das sie fortan oft mit Leidenschaft zu erkennen versuchten. »Manchmal ist es«, sagt Wittgenstein, »als sähe man einen Gedanken, eine Idee, als undeutlicher Punkt fern am Horizont; und dann kommt er oft mit überraschender Geschwindigkeit näher.«[99] Bei Darwin kann man in seinen Aufzeichnungen feststellen, wie sich der »Abstammungsbaum« (⇒ Kapitel 12, Beispiel 8) wie ein Leitstern durch seine Forschungsarbeit zieht, immer wieder verwandelt, um schließlich die endgültige Form zu erreichen. Hans Otte, ein zeitgenössischer Komponist, erzählt, er habe als Kind »Klangerlebnisse« gehabt und immer versucht, in seinen Kompositionen diese Klangerlebnisse wiederzufinden; solange, bis es ihm in seiner Komposition »Buch der Klänge« endlich gelungen ist. C. G. Jung hat darauf hingewiesen, daß solche Bilder sehr häufig aus Träumen herrühren. Wir hatten es schon in der Einleitung erwähnt: Kekulé, der Entdecker des Benzolringes, träumte von einer Schlange, die sich selbst in den Schwanz beißt; Einstein sah sich im Alter von 16 selbst auf einem Lichtstrahl reiten.[100]

Wenn wir derartige Berichte hören, dann neigen wir zur Resignation und sagen vielleicht: »Mir ist das nicht passiert.« Sehen wir einmal ab von der Tatsache, daß auch wir träumen und von bestimmten Bildern, Gestalten oder Tönen besonders angezogen werden: Einsteins oder Kekulés Traum haben erst *nachträglich* jene Bedeutung erhalten, die wir ihnen heute zuschreiben. Ich will nicht bestreiten, daß die Kreativität auch sehr geheimnisvolle, tiefe und dunkle Seiten besitzt. Doch auch diese Seiten sind uns vertraut (wie könnten sie uns sonst faszinieren?). Auch hier gilt eher das Umgekehrte: Die großen »Kreativen« *konnten* sich faszinieren lassen, sie waren offen genug, einer Begeisterung (Be-Geisterung!) Raum zu lassen. Sie ließen sich nicht von Schablonen, Konventionen, üblichen Meinungen usw. *begrenzen*.

Damit kann ich zu dem zurückkehren, was wir *gewöhnlich* unter »Kreativität« verstehen. Gewöhnlich gebrauchen wir das Wort nur für

Leistungen, die in irgendeiner Weise über das Normalmaß hinausreichen. Es sind dies gleichsam nur die besonders hohen Wellenberge im Ozean der Kreativität des alltäglichen Lebens. Damit entfällt aber die Antwort auf eine offene Frage: Woher kommt die Kreativität? Diese Frage entfällt für uns deshalb, weil wir darauf nur eine Antwort geben könnten: Die Quelle der Kreativität ist das alltägliche Leben, seine vielfältigen Beziehungen, Einflüsse, Motive und Fähigkeiten. Jede unserer Handlungen ist bereits eine Äußerung der Kreativität (wovon wir uns durch so einfache Beispiele wie »lesen«, »gehen«, »einkaufen« überzeugt haben). Niemand kann genau sagen, wie wir das »machen«, einen Roman zu lesen. Eine schier unendliche Vielfalt von Einflüssen ist hier am Werke: Unsere Körperhaltung, die Bewegung unserer Augen und Hände (beim Umblättern der Seiten), vor allem aber die durch unsere Phantasie erzeugten Bilder und Gefühle. Wie machen wir das? Offensichtlich *können* wir es; das ist entscheidend. Wir können es dann, wenn wir es zulassen: Im Urlaub, wenn wir an einem See oder Meer liegen; an einem verregneten Sonntag, wenn wir einfach im Bett bleiben; sogar in der U-Bahn gelingt es uns vorübergehend. Unsere Kreativität wird immer dann entfaltet, wenn wir ihr Raum geben. Beim »Gehen« ist dies wörtlich zu nehmen: Wir brauchen Platz, um uns bewegen und die natürlich-kreative Intelligenz unserer Bewegungen entfalten zu können. Beim Denken ist es nicht anders. Wenn jemand ununterbrochen auf uns einredet, an uns herumzerrt, wenn irgendwelcher Lärm durchs Fenster dringt, dann können wir keinen Roman lesen und uns keiner Phantasie hingeben. Körperliche Bedingungen kommen hinzu. Bei starken Kopfschmerzen können wir kaum gehen, weil uns jeder Schritt weh tut (von einem gebrochenen Bein ganz zu schweigen). Auch wenn wir von Gefühlen aufgewühlt sind, dann ist es uns unmöglich, einen Roman zu lesen und uns auf einen Text zu konzentrieren. Kreativität entfaltet sich spontan und natürlich, wenn sie nicht eingeschränkt wird.

Zusammenfassung

(1) Kreativität ist unser lebendiges Potential. Die positive Quelle der Kreativität ist immer »vorhanden«. Leben heißt: kreativ sein.

(2) Kreativität kann durch Gewohnheiten und Routinen eingeschränkt werden. Hindernisse können auf inneren oder äußeren Einflüssen beruhen.

(3) Kreativität bezieht sich auf das Denken und Handeln, sowie das Produkt dieses Denkens und Handelns. Wir bezeichnen eine Handlung oder ein Produkt aus folgenden Gründen als »kreativ«:

- *wenn das Produkt neuartig und »wertvoll« ist;*
- *wenn der Weg, der zum Produkt führt, neuartig ist;*
- *wenn wir etwas auf neuartige Weise wahrnehmen, fühlen, erkennen oder denken;*

(4) Eine kreative Leistung ist eine beobachtete, bewertete und mit anderen verglichene Leistung. Ihre Bedeutung (nämlich die, »kreativ« zu sein) hängt aber nicht ab von der Zahl derer, die sie anerkennen.

(5) Der Rang einer kreativen Leistung für eine Gruppe von Menschen ist das Resultat einer Auswahl. Es gibt also Bewertungsskalen, die zwischen kreativen Leistungen auswählen; doch diese Bewertungsskalen machen nicht eine Einzelleistung oder Handlung zu einer kreativen.

(6) Kreative Personen zeichnen sich in der Regel durch zwei (neben anderen) Eigenschaften aus: Sie können erstens ihre Aktivitäten stark konzentrieren, und sie unternehmen zweitens sehr viele Versuche, ein bestimmtes Produkt oder eine bestimmte Handlung zu vollbringen. Ferner haben sie den Mut, Entwürfe oder Produkte auch zu verwerfen. Kurz: Kreative entscheiden sich für die Kreativität, gegen die Gewohnheit.

(7) Kreative Produkte sind oftmals die Folge des Versuchs, ein bestimmtes »Ideal« zu realisieren, einem »Leitbild« zu folgen.

2 Die Struktur der kreativen Situation

Problemlösungen

Kreativität ist, wie wir gesehen haben, nicht etwas, das wir erst erlernen müßten; wir müssen sie *zulassen*, uns für kreative Veränderungen entscheiden. Es kann Techniken geben, die Schranken beseitigen, Barrieren aufheben und kreativen Prozessen auf diese Weise Raum geben. Bevor wir mögliche (in diesem Sinne verstandene) »Kreativitätstechniken« betrachten, möchte ich die *Formen*, in denen sich Kreativität zeigt, genauer unter die Lupe nehmen. Wenn wir wissen wollen, wie Hindernisse beseitigt werden sollen, dann müssen wir zunächst verstehen, was sie überhaupt behindern. Die Tatsache, daß es einiger Textseiten und zahlreicher Argumente bedurfte, um uns klarzumachen, daß wir (wenn schon nicht Beethoven oder Einstein, so doch) kreative Menschen sind, deutet schon auf eine Haupthindernis hin: Eine Behinderung durch das *Denken*. Doch hier müssen wir sorgfältig vorgehen. Wenn man von »kreativem Denken« spricht, dann denkt man zumeist an das *Problemlösen*. Zweifellos: Ein Problem zu lösen ist eine sehr wichtige Form der Kreativität. Ich sollte aber gleich an dieser Stelle betonen: »Problemlösen« ist eine, nicht die *einzige* Form, in der sich menschliche Kreativität äußert. Was ist ein »Problem«? Dieses Wort wird zwischenzeitlich so allgemein und *etwas* verwaschen verwendet, daß eine eingrenzende Definition wenig sinnvoll ist. Wir sprechen ebenso von einem »mathematischen Problem« wie vom »Problem der Arbeitslosigkeit« oder von »persönlichen Problemen«. In jedem Fall hat das Wort »Problem« eine andere Bedeutung. Mathematische oder wissenschaftliche Probleme haben oft nur *eine*

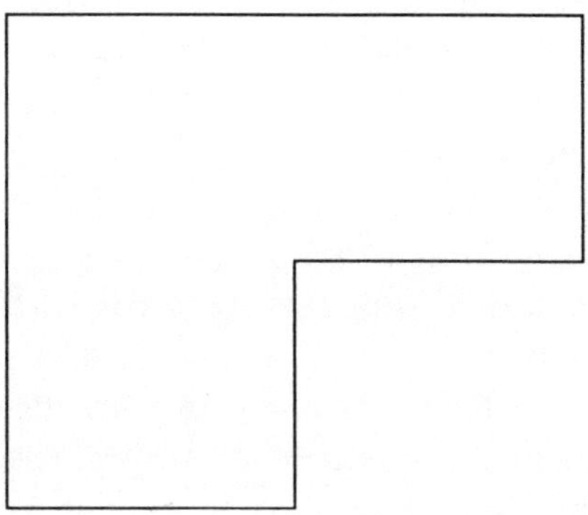

Abb. 2 **Rätsel**

Lösung, persönliche tausend Lösungen oder auch keine. Ich möchte zunächst als einführendes Beispiel ein eher formales Problem vorstellen und Sie bitten, es zu lösen: Ein Bauer besitzt ein Grundstück, das er an seine *vier* Söhne vererben möchte (Abbildung 2). Er hat im Testament festgelegt, daß dieses Grundstück in vier gleiche Teile von gleicher Form zu teilen sei und jeder der vier Söhne ein Stück davon erhalte. Leider hat der Bauer nicht vermerkt, wie dieses Grundstück zu teilen ist. So ist der Leser eingeladen, den vier Söhnen beim Nachdenken (Problemlösen) zu helfen. Das Grundstück besitzt die in Abbildung 2 wiedergegebene Form (ich sollte noch hinzufügen: Es gibt nur eine Lösung).

Wer mit der Lösung dieser Aufgabe Schwierigkeiten hat, ist sicher noch kein »nichtkreativer« Mensch. Was geschieht eigentlich, wenn wir versuchen, solch ein Problem zu lösen? Fast jeder fühlt sich irgendwie in die Schulbank zurückversetzt, kurz vor einer Schulaufgabe oder einer Klausur. Vielleicht beginnt sogar unser Herz schneller zu schlagen; wenigstens dann, wenn uns jemand zusieht und auf eine Lösung *wartet*. Kurz: Wir zeigen die Symptome von *Stress*. Was ist Stress? Stress ist ein in bestimmten Situationen ausgelöstes »biologisches Programm«. Die Verhaltensforscher sagen, daß dieses biologische Programm in der freien Natur durchaus sinnvolle Funktionen erfüllt: Ein Tier sieht sich mit einem Feind konfrontiert, dem es nicht gewachsen ist. Der tierische Organismus bereitet daraufhin eine Flucht vor: Er erhöht den Herzschlag, zugleich wird aber auch das Blut aus den Extremitäten abgezogen, um bei möglichen Verletzungen den Blutverlust möglichst gering zu halten. Auch für uns Menschen gilt das: Wir werden sprichwörtlich »weiß wie eine Wand«. Eine andere Reaktion ist das typische Angstmuster: Wir halten den Atem an, Beugemuskeln ziehen sich zusammen (unser »Magen verkrampft sich«), wir drücken die Schultern vor und ziehen den Kopf ein. Auch das ist (in freier Wildbahn) eine sinnvolle Reaktion.

Aber beim Lösen der obigen Aufgabe, wo es doch auf ruhiges Nachdenken und spielerisches Ausprobieren von Lösungen ankommt, ist die Aktivierung angeborener Verhaltensweisen einigermaßen unsinnig, ja sogar sehr hinderlich. Unversehens sind wir vom Problemlösen auf ein ganz anderes »Problem« gestoßen: Auf unsere körperliche Reaktion, sobald wir mit Problemen konfrontiert sind. Wenn wir einem geübten Mathematiker dieses Problem vorlegen, so wird er (sofern er die Aufgabe nicht schon kennt) auch nicht sofort eine Lösung parat haben. Doch es lohnt sich, *ihm* zuzusehen. Vor allen Dingen wird uns auffallen, daß er ganz ruhig bleibt. Es gelingt ihm, die hinderlichen biologischen Mechanismen auszuschalten. Er hat schon sehr oft derartige Probleme gelöst und weiß: Man kann sie lösen; es ist nur eine Frage der Zeit. Gelingt es nicht, sie zu lösen, so kann man versuchen, die Unlösbarkeit zu beweisen. In beiden Fällen liegt kein Grund für Stress vor. Wir entdecken aber noch mehr bei diesem Mathematiker. Er wird nicht blind Striche ziehen und zusehen, ob die Teile zufällig gleich und auch noch gleich 4 sind. Er wird die Sache etwas gründlicher überlegen: Wir haben ihm die Information gegeben, daß das Problem lösbar ist. Damit braucht er sich mit der Unlösbarkeit gar nicht zu befassen. Auch auf den Einfall *»Ich kann es nicht lösen«* kommt er nicht; er weiß, das ist eine Frage der Zeit. Problemlösen erfordert Zeit. Weiter wird unser Mathematiker vielleicht wie folgt überlegen: Die Figur ist zweiseitig symmetrisch. Wenn man sie in zwei Teile teilt, dann ergeben sich zwei gleiche Hälften (die Diagonale von der Ecke links oben zur inneren Ecke), die sich aber nicht mehr auf symmetrische Weise teilen lassen. Es ist also unwahrscheinlich, daß die Lösung durch Diagonallinien zustande kommt. Da die vier Teile ferner jeweils gerade Außenkanten haben (wie das gesamte Grundstück) werden die inneren Linien auch Geraden sein. Um es abzukürzen: Vielleicht denkt unsere »Versuchperson« wie folgt weiter: Teile von Figuren können der ursprünglichen Figur ähnlich oder nicht ähnlich sein. Versuchen wir es mit einer ähnlichen Figur. Das Grundstück hat eine L-Form. Lassen sich vier L-förmige Teile in diesem Grundstück unterbringen? Wie wir sehen, ist das bereits die Lösung.

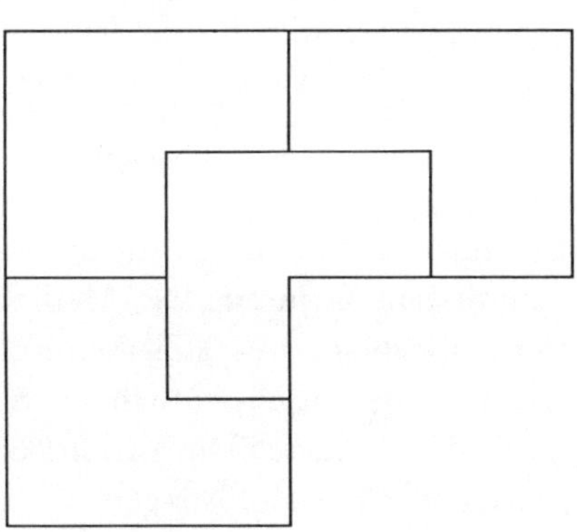

Abb. 3 **Rätsel: Lösung**

Nun kann man (als Nichtmathematiker) natürlich sagen: *So* werde ich nie denken. Das mag sein. Wir werden vielleicht viel länger brauchen; aber irgendwann werden wir vermutlich die Lösung zufällig entdecken, vielleicht, weil jemand, den wir fragen, sagt: »Das sieht aus wie ein L«. Es gibt in diesem Fall keine Methode, aus der Problemstellung die Lösung gleichsam abzuleiten oder herauszufiltern. Für zahlreiche andere Probleme aber gibt es solche Methoden. Die Mathematik ist eine Sammlung solcher Methoden. In der italienischen Renaissance war der »Dreisatz« (die Regula de tri = Regeldetri) ein universelles Hilfsmittel, die Rechenaufgaben des Kaufmannsalltags zu lösen. Wir kennen dies wohl alle aus unserer Schule: Wenn sechs Ballen Stoff neun DM kosten, wieviel kosten dann fünf halbe Ballen? Der Dreisatz ergibt: (9/6)*2,5 = 3,75. Der Dreisatz ist eine Methode, derartige Probleme zu lösen. Noch heute müssen wir hierbei konzentriert nachdenken (besser noch auf einem Zettel oder Taschenrechner rechnen). Man kann das Problem auch als einfache Gleichung mit einer Unbekannten auffassen. Es ist aber lehrreich nachzulesen, wie in einem Rechenbuch der Renaissance diese Regel erklärt wurde. Piero della Francesca erklärt die Regeldetri im 15.Jahrhundert wie folgt:

> »Die Regeldetri besagt, daß man die Größe, über die man etwas wissen möchte, mit der multiplizieren muß, die von ihr verschieden ist, und dann teilt man das Produkt durch die verbleibende Größe. Die Zahl, die sich daraus ergibt, ist von derselben Art wie die, welche von der ersten Größe verschieden ist; und der Teiler ist immer der Größe gleich, über die man etwas wissen will.«[101]

Wir lesen solch eine Anleitung entweder mit einigem Grausen oder mit vergnügtem Grinsen. Die Methode, ein einfaches Rechenproblem zu lösen, erscheint uns äußerst umständlich erklärt. Die Problemlösung schleppt hier offensichtlich noch eine Menge Ballast mit sich herum (z. B. die Frage der Dimension der Größe). Es zeigt uns aber auch, daß *irgendeine* Problemlösung noch keineswegs die beste sein muß. Selbst wenn ein Problem (ich erinnere an das Feld und die vier Erben) nur *eine* Lösung besitzt, kann man bei seiner Lösung viele Umwege gehen. Gibt es zur Lösung eines Problems eine Methode (z. B. die Regeldetri), so ist die Darstellung der *Methode* wieder ein neues Problem, das viele Lösungen erlaubt.

Das kann mitunter weitgehende Konsequenzen haben. Nehmen wir an, jemand sei in eine Grundschule geraten, deren Lehrer einfache Rechenaufgaben so erklärt, wie Piero della Francesca seinen Zeitgenossen die Regeldetri. (Ich will gerecht sein: Seine Erklärung war ein Fortschritt und schon sehr einfach, verglichen mit früheren Abhandlungen.) Es wäre nicht verwunderlich, daß ein Schüler solch eines Lehrers Mathematik für eine äußerst frustrierende und sogar unbehagliche Sache auffassen wird. Wann immer nach solch einer schulischen Prägung jemand die Regeldetri anwenden müßte, er würde all seinen Frust und sein Unbehagen mit-anwenden. Dies wäre offensichtlich ebenso überflüssig wie der Abruf angeborener biologischer Programme bei Stress oder Angst. Auch einfaches Problemlösen, das für einen durchschnittlich in Mathematik geschulten Leser äußerst einfach ist und völlig ruhig und ganz spielerisch erfolgen kann, bietet für Menschen, die *diese* Art Problem sehr kompliziert durch die Einbeziehung von Stress- und Angstmustern oder erlernten Verkrampfungen noch aus der Schule lösen, ein weites Betätigungsfeld. Wem es gelingt, Routineaufgaben entspannt und leicht zu lösen, der löst zwar nur eine Routineaufgabe, er hat aber eine ganz andere, neue Form, er hat »Kreativität« entfaltet. Er hat sein Denken, Fühlen und Handeln bei der Lösung einer Routineaufgabe verändert.

Aspekte der kreativen Situation

Ich will mit diesen Beispielen einfach sagen: Wir können nicht eine Form der Kreativität isolieren und uns auf bestimmte Methoden festlegen. Jedes Problem hat eine *individuelle* Wirklichkeit, die ihrerseits ein weites Betätigungsfeld für kreative Umgestaltung darstellt. Kreativität ist nicht einfach durch die Art der Aufgabe oder der Fragestellung einzugrenzen. Kreativität ist etwas, das sich immer in einer bestimmten Situation vollzieht. Um von »Kreativität« und ihren »Formen« zu sprechen, müssen wir uns also klarmachen, was das ist: »eine *Situation*«. So zu fragen, scheint fast müßig. Doch nur auf den ersten Blick. Es ist für einen freien Umgang mit der eigenen Kreativität von unerhörter Bedeutung zu begreifen, daß der »Ort«, an dem Kreativität sich »ereignet«, nicht einfach der Kopf ist, sondern etwas grundlegend anderes. *Kreativität ereignet sich in unserem Erlebnisraum.* Wie der physikalische Raum drei Dimensionen besitzt, so besitzt auch der Erlebnisraum eigene Dimensionen. Die Dimensionen des Erlebnisraumes, der jeweiligen Situation, sind zugleich die grundlegenden *Modalitäten*[102], in denen sich Kreativität vollzieht. Ich möchte dies verdeutlichen.

Eine Situation ist das, was unser Erleben im Alltag in seinen unterschiedlichen Aspekten charakterisiert. Situationen sind nicht einfach »objektiv« oder »subjektiv« zu beschreiben. Das erste Wort, das sich hier aufdrängt, ist das der »Ganzheit«. *Eine Situation ist etwas Ganzes.* In diesem Ganzen gibt es nun aber nicht einfach Teile, die auf irgendeine Weise »gleichberechtigt« nebeneinander stehen. Das Ganze einer Situation ist *zentriert*. Meist ist der Mittelpunkt mit uns selbst identisch; doch bei einem faszinierenden Gespräch, in der Liebe oder bei einem spannenden Vortrag können wir uns auch selbst vergessen und alle Aufmerksamkeit auf jemand anders richten. Ein Maler kann seinen Blick völlig in eine Landschaft versenken, ein Musiker in den Klang seines Instruments. Uns ist also wenig geholfen, wenn wir als Schema das sehr gebräuchliche Begriffspaar »subjektiv/objektiv« verwenden. Das Auffällige an einer Situation ist die Achtsamkeit,[103] die Achtsamkeit auf irgendetwas. Und in unserem Erleben verschmilzt die Achtsamkeit ganz mit dem, worauf sie gerichtet ist. Vor einem spannenden Fernsehkrimi sind wir ganz »selbstvergessen«.

Es mag scheinen, als bewegten wir uns hier völlig abseits unserer Frage nach den Formen der Kreativität. Doch dieser Schein trügt. (Ich möchte den Leser um etwas Geduld für einen notwendigen »Umweg« bitten.) Das, worauf unsere Achtsamkeit gerichtet ist, ist der Ort der Kreativität: *die kreative Situation.* Dort können wir etwas Neues entdecken. Worauf können wir unsere Achtsamkeit richten? Zweifellos fallen uns hierbei sogleich zahllose Dinge ein. Es ist aber sinnvoll, diese Möglichkeiten zu gruppieren. *Fünf Gruppen* zu unterscheiden, hat sich als ebenso vollständig wie nützlich erwiesen. Ich möchte diese fünf Gruppen als die *fünf Modalitäten der kreativen Situation* (»situative Modalitäten«) bezeichnen (vgl. Abbildung 4).

Fünf Aspekte der kreativen Situation (situative Modalitäten)

(1) *Sinnesgegenstände.* In jeder Situation sind wir von Dingen umgeben; genauer betrachtet sind das Formen oder Gegenstände in unserer Sinneswahrnehmung, das, was wir sehen, hören, tasten, schmecken und rie-

chen können. Auch unser Körper gehört dazu: Wir sehen unsere Arme und Beine, hören unsere Stimme. Es gibt noch Sinne, die über die fünf nach außen gerichteten Formen unserer Aufmerksamkeit hinausgehen: Z. B. den kinästhetischen Sinn (wir fühlen, wie wir einen Arm bewegen und spüren unsere Kraft) oder den Gleichgewichtssinn. Es kommt *hier* nicht darauf an, daß wir eine Vollständigkeit der Einteilung erreichen; das läßt sich gegebenenfalls nachholen. Die erste Gruppe, worauf sich in einer Situation unsere Achtsamkeit richtet, sind also Sinnesgegenstände.

(2) *Gefühle, Emotionen, Stimmungen.* Die zweite Gruppe von Phänomenen, die in einer Situation wichtig sind, sind unsere Gefühle, unsere Emotionen, unsere Stimmungen. Die moderne rationale Weltsicht hat diese Gruppe meist etwas herablassend behandelt. Unsere Achtsamkeit ist sehr selten auf unsere Gefühle gerichtet. Sie sind im Alltag oftmals nur eine Art Begleitmusik. Erst wenn sie sehr stark werden, wenden wir ihnen unsere Achtsamkeit zu und sagen: »Ich fühle mich unwohl«, »ich bin traurig« usw. Es ist manchmal üblich, Gefühle auf eine ziemlich verlogene Art zu artikulieren (»ich bin betroffen« usw.). Ich spreche hier von ehrlichen, d. h. *empfundenen* Gefühlen; solche Gefühle, die uns z. B. beschleichen, wenn wir ein Problem nicht lösen können.

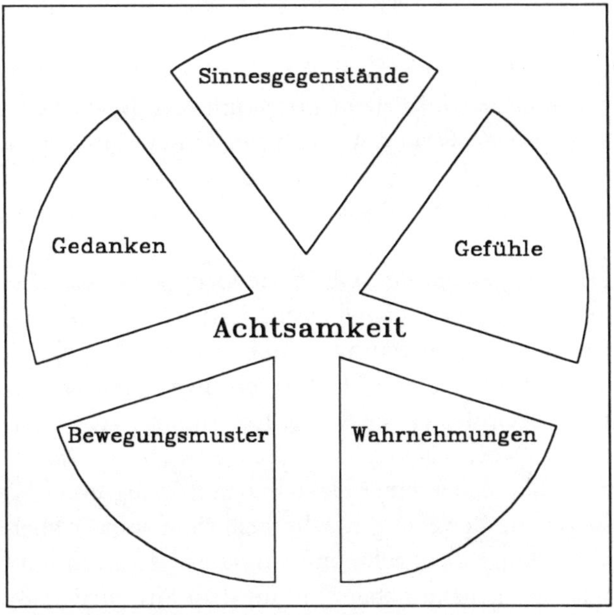

Abb. 4 Die Struktur der kreativen Situation

(3) *Wahrnehmungen*. Die dritte Gruppe ist etwas schwierig zu unterscheiden; gleichwohl müssen wir sie getrennt anführen: Wahrnehmen und Beoachten. In dcr Wahrnehmung ist unsere Achtsamkeit auf ein Sinnesobjekt gerichtet; sie kann aber auch gleichzeitig ganz von einem Gefühl gefesselt sein. Dies läßt sich oftmals nicht genau zuordnen. Offenbar aber ist uns allen klar, daß wir beständig wahrnehmen. Man erkennt diese Tatsache meist erst dann, wenn uns das Wahrnehmen mißlingt, wenn wir uns also »täuschen«. Dann sehen wir *genauer* hin und nehmen »bewußt« oder »aufmerksam« wahr. Das heißt aber nicht, daß wir, wenn wir abgelenkt sind von unseren Gedanken oder Gefühlen, *nicht* wahrnehmen. Man kann dies an einem ganz einfachen Experiment überprüfen: Wenn während eines intensiven Gesprächs ein Auto vorbeifährt und wir plötzlich innehalten, um unseren Gesprächspartner zu fragen: »War das nicht eben ein Auto?«, dann wird er/sie sich *erinnern* und unsere Frage bejahen. Wahrnehmung ist also etwas, das auch unbewußt geschieht. Sie ist weder identisch mit den Wahrnehmungsobjekten, noch ist sie identisch mit dem Bewußtsein. Man kann in physiologischer Terminologie sagen: Unsere Sinne und unser Gehirn nehmen beständig wahr. Sie verarbeiten unentwegt »Informationen«; doch nur ein Teil davon gelangt in den »Lichtkegel« unserer Achtsamkeit.

(4) *Bewegungsmuster*. Die vierte Gruppe umfaßt alle von uns ausgeführten Bewegungen, Handlungen, Aktivitäten, Denk- und Handlungsmuster (»pattern« sagt man im Englischen sehr treffend). Wenn wir gehen, läuft gleichsam in unserem Gehirn ein Bewegungsprogramm ab, das wir gar nicht beeinflussen müssen; es funktioniert von selbst. Wir können Bewegungen aber auch sehr achtsam ausführen: Wenn ein Ingenieur eine Schraube neben einer elektrischen Leitung unter Strom öffnet, wird er in seinen Bewegungen sehr behutsam sein. Andere Bewegungen sind eher plump. Man achte nur einmal bei der nächsten U-Bahnfahrt darauf, wie sich jemand neben uns auf dem Sitz niederläßt. Einige setzen sich äußerst vorsichtig, andere sehr natürlich und dennoch weich, wieder andere lassen sich einfach plumpsen. Es gibt aber auch Bewegungsmuster unseres Denkens. Wie oft kreisen wir nicht um denselben Gedanken, dasselbe Problem. Es scheint uns, jemand hätte einen Kassettenrecorder in unserem Gehirn angestellt. Wieder etwas anderes sind die Muster der Sprechens. Es gibt Sätze, die sehr aufmerksam und einfühlend gespro-

chen werden, andere schnurren ab wie Schablonen. All dies sind Handlungs- oder Aktivitätsmuster auf verschiedenen Ebenen.

(5) *Gedanken*. Damit erreichen wir die fünfte und vielleicht wichtigste Gruppe: Unser Denken. Außer im Tiefschlaf, einer Ohnmacht oder kurzen, sehr intensiven Momenten (in der Liebe, bei Angst, freudiger Überraschung usw.) gibt es kaum »Situationen«, in denen wir nicht denken. Das Denken begleitet all unser Tun: Wir stellen uns etwas vor (»machen uns ein Bild«), wir plappern still mit uns selbst und durchforsten unsere Erinnerungen nach bestimmten Inhalten. Obgleich uns das Denken am nächsten zu sein scheint, ist es uns doch am wenigsten bewußt. Hier kann man ein einfaches Experiment machen: Setzen Sie sich ruhig auf einen Stuhl und versuchen Sie, Ihre Gedanken zu beobachten. Was stellen sie fest? Sicherlich, daß das alles andere als leicht ist. Ehe wir uns versehen, »sind wir woanders«. Unsere Gedanken tragen uns rasch irgendwohin, doch sie selbst bleiben uns verborgen. Hier sollten wir genau zwischen »Denken« und »Achtsamkeit« unterscheiden. Die Achtsamkeit ist wie ein beweglicher Lichtkegel. Wir können auch auf unsere Gedanken achten; doch dies geschieht eher selten. Gedanken denken etwas *als* etwas, die Achsamkeit läßt etwas einfach erscheinen. Gedanken können somit beachtet oder unbeachtet, bewußt oder unbewußt sein.

Die Achtsamkeit, das *Zentrum* der kreativen Situation, ist eine sehr geheimnisvolle und magische Kraft; obgleich sie jede Form und Gestalt beobachten kann und dadurch zum Erscheinen bringt, besitzt sie selbst keine Gestalt. Sie ist wie das Licht, das etwas schlagartig erhellt. Nicht zufällig sprach man früher vom »Licht des Geistes« oder vom »Licht des Bewußtseins«. Wir können unsere Achtsamkeit z. B. auf unseren Atem lenken und den Atemrhythmus verändern. Wenden wir uns einem anderen Objekt zu, dann fällt der Atem in einen unbewußten Rhythmus zurück. Ähnliches gilt von vielen unserer Bewegungsmustern, Denkbewegungen oder Handlungen. Sie können sowohl achtsam als auch unbewußt ausgeführt werden. Und damit kommen wir zurück zur Kreativität: Wenn unsere Achtsamkeit sich von etwas abwendet, wenn eine Handlung unbewußt wird (man spricht dann besser von »Verhalten«), dann wird sie zugleich automatisch, routiniert, gleichförmig.

Unser Verhalten ist also besonders dann unkreativ, wenn es unbewußt, genauer: ohne Achtsamkeit abläuft. Hier sehen wir, wie wichtig es ist, zwischen »Achtsamkeit« und »Denken« zu unterscheiden. Auch unser Denken kann mechanisch ablaufen. Das gilt immer dann, wenn wir an irgendetwas mit gewohnter Routine herangehen: »Ich weiß, wie man so etwas macht«. Es ist gleichgültig, ob es um die Zubereitung von Spiegeleiern, das Lösen einer quadratischen Gleichung oder um das Autofahren geht. All diese Handlungen sind angefüllt von Routinemustern: Standardbewegungen unserer Hände, Füße oder unseres Gehirns. Dennoch sind auch diese Routinehandlungen immer gekennzeichnet durch kleine Problemlösungen, eine Entfaltung unserer Kreativität. An jeder Situation gibt es neue Aspekte, auf die wir mit neuen Denk- und Bewegungsformen reagieren müssen. Das kann nur marginal zutreffen; dennoch ist diese Tatsache unübersehbar.

Aha-Erlebnisse

Nun sind wir im Verständnis der Kreativität ein erhebliches Stück weiter gekommen. Die Kreativität entfaltet sich in Situationen im »Lichtkegel« der Achtsamkeit. Das Neuartige kann durchaus schon vor unseren Augen liegen: Wir müssen es aber *beachten*. In dem Augenblick, in dem wir durch unsere Achtsamkeit etwas Neues entdecken, ereignet sich »Kreativität«. Dies ist das »Aha-Erlebnis«, das Hüpfen und die Freude des Orang, den wir oben kennengelernt haben. *Worauf* bezieht sich dieses »Aha-Erlebnis«? Auch dies können wir jetzt beantworten: Es bezieht sich auf die genannten fünf Aspekte jeder Situation: Auf irgendeine Form, eine Stimmung, eine Wahrnehmung, eine Bewegung/Handlung oder einen Gedanken. Unsere Achtsamkeit pendelt zwischen diesen fünf Aspekten; und dies kennzeichnet unseren Umgang mit Situationen, unser Erleben und Handeln als »normalen« Alltag.

Die Gestaltpsychologie hat entdeckt, daß unser Wahrnehmen und Unterscheiden nicht kontinuierlich ist. Wir unterscheiden sehr genau zwischen einem männlichen und einem weiblichen Gesicht. Dennoch gibt es hier Übergänge - und plötzlich »kippt« eine Gestalt in eine andere um. Im Licht unserer Achtsamkeit springt ein Gegenstand, eine Form plötzlich in eine andere um. Dies ist bekannt geworden durch die Kippfiguren (vgl. Abbildung 5). Wenn wir plötzlich in einer bekannten

Umgebung ein neues Muster »sehen«, dann vollzieht sich solch ein Umschlag. Auch bei Gedanken kennen wir dieses Umschlagen von einer Form in eine andere; ebenso bei Bewegungen (»plötzlich« können wir schwimmen oder radfahren). Die »langsamste« von diesen Gruppen ist jene des Gefühls. Doch auch hier vollzieht sich oft ein plötzlicher Umschlag. »Die Stimmung schlägt um«, und wir wissen nicht weshalb. Das Neue, das Andere tritt also meist plötzlich hervor. Weshalb? Weil unsere Achtsamkeit plötzlich eine neue Richtung erhält. War sie ursprünglich auf jene Gestalt »gerichtet«, so schlägt dies plötzlich um, und wir entdecken eine neue Gestalt. Man kann beim obigen Würfel nicht sagen, daß sich die Druckerschwärze geändert hat oder auch nur die äußere Form, wenn wir ihn in einer anderen räumlichen Positionen wahrnehmen. Was sich ändert, ist die *Bedeutung*, die etwas für uns hat.

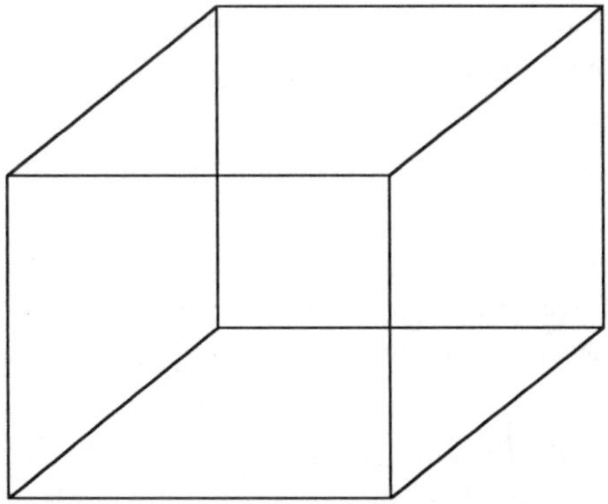

Abb. 5 Kippfigur

Hier entdecken wir ein Grundmerkmal der Kreativität wieder: Wir hatten Kreativität als etwas bezeichnet, das sich in neuartigen und auf irgendeine Weise »bedeutsamen«, »wertvollen« Produkten oder Handlungen zeigt. Nun kommt aber eine neue Einsicht hinzu: Das Neuartige und Bedeutsame kommt aus uns; es stellt eine Umänderung, eine Umpolung, eine Umwertung unserer *Achtsamkeit* dar. Wir sehen auf einmal etwas nicht mehr als *dies*, sondern als *jenes*. Kreativität ist also ein *Entdecken*. Worauf richtet sich dieses Entdecken? Auf jene Gruppen, auf jene *Modalitäten einer Situation*, die ich oben skizziert habe. Die *Formen der Kreativität* können damit durch die *Modalitäten der kreativen Situation* charakterisiert werden.

Zu einigen Thesen über Kreativität

Dieser Begriff von »Kreativität« und ihren Formen unterscheidet sich von jenem, der in der psychologischen »Kreativitätsforschung« verwendet wird. Dort spricht man meist von »kreativem Prozeß« und »kreativem Produkt«. Mir scheint diese Unterscheidung für gewisse Formen der Kreativität durchaus zweckmäßig und fruchtbar; insgesamt grenzt sie jedoch unnötig ein. Einmal erkennt man dies schon daran, daß es viele »Produkte« gibt, die gar nicht vom Prozeß zu trennen sind. Die Improvisation eines Jazzmusikers ist kreativer Prozeß und Produkt in einem. Er kann für eine Schallplattensitzung diesen Prozeß mehrmals wiederholen; doch jede Improvisation ist Einheit von Produkt und Prozeß. Zudem begrenzt diese Aufspaltung den Kreativitätsbegriff auf die erste Gruppe der fünf situativen Modalitäten, die ich soeben vorgestellt habe. Man denkt z. B. an einen Künstler, der ein Bild malt. Das Bild ist das kreative Produkt, die Entwürfe, das Nachdenken, das Scheitern ist der Prozeß (in diesem erwähnten Schema). Hier scheint die Trennung durchaus sinnvoll; auch bei Produkten der Wissenschaft oder Technik. Doch die Erfahrung und Empfindung der Künstler und Wissenschaftler deutet auf die Untrennbarkeit von Prozeß und Produkt hin (⇒ Einleitung). Würde die kaufmännische Abteilung einer Unternehmung nicht einen Riegel vorschieben, die Ingenieure und Entwickler in einem Labor wären mit einem technischen Produkt nie ganz fertig. Es könnte ihnen nur als *Spiel* langweilig werden. Das kreative Produkt ist also immer so etwas wie ein *Fragment*. Nur sehr wenige große Werke werden von uns als vollkommen betrachtet. Die Trennung von »kreativer Prozeß/kreatives Produkt« ist aber vor allem dann wenig brauchbar, wenn es gerade der Prozeß ist, der verändert werden soll. Kann man nicht einem Streichquartett trotz exakten Aufführungshinweisen in der Partur immer neue Aspekte abgewinnen? Mit einem Wort: »Produkt« erweckt den Eindruck von »Endgültigkeit«. Die Kreativität ist in ihrem Wesen aber ebenso offen, wie die Achtsamkeit endlos neuer Perspektiven fähig ist. Genau betrachtet, kann nicht *ein* Prozeß verschiedene Produkte hervorbringen. Die Verschiedenheit des Produktes muß sich an verschiedenen Operationen, Prozeßstrukturen zeigen. Dies wiederum ist nur ein anderer Ausdruck für die Einsicht, daß eine *allgemeine Theorie* des kreativen Prozesses *logisch* unmöglich ist. *Das, was einen Prozeß zu einem kreativen macht, ist genau das, was ihn von anderen Prozessen unterscheidet.* Ich werde deshalb nur in diesem spezifischen Sinne von »kreativem Prozeß« sprechen.

Eine andere Beschränkung besteht darin, daß man Kreativität auf das Denken eingrenzt. Bekannt ist hier das Begriffspaar »rationales/kreatives Denken«. Sicherlich ist auch hieran etwas Richtiges. Doch stellt sich die Sache nicht so dar, als gäbe es *nebeneinander* zwei völlig verschiedene Formen des Denkens. Rationales Denken *entscheidet*, wählt zwischen gegebenen, bekannten Alternativen die beste oder die befriedigende aus. Doch die »Alternativen selbst« sind nicht einfach »gegeben«. Vielfach ist es besser, eine *neue* Alternative zu entwickeln, als die beste der vorgegebenen Möglichkeiten zu wählen. Andererseits werden neue Alternativen, neue Gedanken nicht (oder doch sehr selten) durch Musen und Götter zugeflüstert. Sie sind die Frucht langer, vielfach harter, bisweilen sogar verzweifelter Arbeit. Alternativen zu *verwerfen*, d. h. rational zu denken, ist hierbei ein unabtrennbares Element der Kreativität. Die Rationalität ist, wenn man so will, ein unabtrennbares Element des »kreativen Prozesses«, auch wenn niemand anzugeben vermag, *wieviel* Rationalität erfordert ist. Auch hierbei gibt es nicht »den« kreativen oder »den« rationalen Denkprozeß. Wichtig ist es allerdings zu verstehen, daß *rationale* Strukturen vielfach automatisch ablaufen und deshalb auch automatisierbar sind. Man kann rationale Entscheidungen mathematisch formulieren (Entscheidungstheorie[104]), nicht aber kreatives Denken - wir werden dies im nächsten Kapitel genauer diskutieren.

Vielfach reduziert man Kreativität auch auf Gehirnprozesse und ersetzt das Begriffspaar »rationales/kreatives Denken« durch Gehirnhemisphären. Solch eine Spezialisierung der Gehirnhemisphären (rechte/ linke Gehirnhälfte) ist nicht von der Hand zu weisen. Doch daraus eine Art moderner Gehirnmetaphysik der Gehirnhälften zu machen, scheint mir wenig zweckmäßig. Besonders kreative Personen sind z. B. oftmals Linkshänder, und bei vielen Linkshändern hat man eine weitaus kompliziertere Spezialisierung der Gehirnhälften festgestellt.[105] Ob man sagt: »Ich denke kreativ« oder »Ich muß meine linke Gehirnhälfte trainieren«, bleibt nur eine Veränderung des sprachlichen Ausdrucks. Wichtig ist: *Wie* »trainiert« man die »kreative Hälfte«? Übrigens ist der Sitz der Achtsamkeit unter Neurologen eine sehr umstrittene Frage. Ich möchte mich auf diesen Streit nicht einlassen; kein Neurologe wird vermutlich behaupten, er könne durch seine Kenntnisse der Gehirnstruktur »Kreativität« erzeugen. Einer meiner Philosophielehrer (Reinhard Lauth) brachte die Sache durch folgende Bemerkung auf den Punkt: »Ich denke mit dem Gehirn« ist auch nur ein Gedanke. Man vergißt allzuleicht, daß ein Gehirnmodell auch nur ein Denkmodell ist. Es wäre sehr naiv zu glauben, die jeweils zeitgenössische Version sei »die Wirklichkeit«.

Der Vorschlag, die Formen der Kreativität anhand von *fünf situativen Modalitäten* (Sinnesgegenstände, Emotionen, Wahrnehmung, Gewohnheitsmuster und Gedanken) zu beschreiben, jeweils »aktiviert« durch die Achtsamkeit, setzt unmittelbar am situativen Erleben an. Auch hier handelt es sich um ein Denkmodell. Es beansprucht aber nicht, unabhängig von seiner jeweiligen Anwendung *sinnvoll* zu sein. Die Hauptaufgabe dieses Denkmodells besteht darin, den Kreativitätsbegriff nicht voreilig einzuschränken. Zudem erlaubt dieses Denkmodell, Kreativität auf Bereiche auszudehnen, die bislang erst spärlich unter diesem Aspekt gesehen wurden. Gefühle erscheinen den meisten Menschen als Schicksal (obgleich sie beständig daran arbeiten, sich »gute« Gefühle zu »machen«). Tatsächlich *machen* wir unsere Gefühle durch unser Handeln, dadurch, wie wir uns in Situationen verhalten. Doch dies ist uns meist gar nicht bewußt. Wir wenden einige Routinestrategien an, die vielleicht einmal funktioniert haben, viel öfter aber versagen und uns dann hilflos machen. Ein Fersehkrimi kann uns tatsächlich von lästigen Gedanken ablenken, ein Glas Wein unsere Stimmung heben oder das Liegen in der Sonne uns entspannen. Doch leider funktioniert das sehr oft auch nicht. Meist reagiert man darauf nicht durch eine kreative Veränderung, sondern durch eine Vervielfachung der Routinehandlung. Auf diese Weise werden Menschen fernsehsüchtig, alkoholabhängig oder bekommen Hautkrebs. Wenn die gewohnten Handlungsmuster nicht mehr funktionieren, tritt in neuerer Zeit eine anderes Handlungsmuster in Kraft: Man geht zum Arzt, weil man ein Problem hat.

Die fünf situativen Modalitäten sind nicht getrennt; es sind Modalitäten *einer* Situation. Das bedeutet, daß die Kreativität einer Form, bezogen auf eine situative Modalität (z. B. das Denken), durch eine andere behindert werden kann (z. B. die Gefühle). Auch aus diesem Grund ist es wichtig, nicht mit vereinfachten Kreativitätsmodellen zu arbeiten, die mit zwei Kategorien auszukommen glauben (»Prozeß/Produkt«, »rational/kreativ«, »rechte/linke Gehirnhälfte«, usw.). Andererseits sind die situativen Modalitäten keine Ursache. Auch dies unterscheidet den hier vorgeschlagenen Ansatz von anderen Modellen. Man hat immer wieder versucht, bestimmte psychische Faktoren als Ursachen der Kreativität zu isolieren (Kausalmodell). Mir scheint, daß dies ein grundlegendes Mißverständnis von Kreativität darstellt. *Kreativität hat keine Ursache. Es gibt aber Ursachen, die sie wirksam einschränken.* Kreativität ist das, was sich als Prozeß der situativen Modalitäten vollzieht. In einer Situation kommen immer äußere Gegenstände, Gefühle, Handlungen und Gedanken *zusammen* vor. Es mag für bestimmte Zwecke nützlich sein, von einigen situativen Modalitäten abzusehen. In der Neuzeit reduziert man die Menschen gerne auf das Kategorienpaar »Geist/Körper«, manchmal ergänzt durch »Seele«. Aber sonderlich klar oder für jeden als Phänomen nachvollziehbar sind diese Einteilungen allesamt nicht. Ist nun mein Gefühl etwas körperliches oder gehört es zum Geist? Vollbringt die Wahrnehmungsleistung der Geist oder das Gehirn oder beides? Ist das Gehirn kreativ oder der Geist, der es benützt? Diejenigen unter den Lesern/Leserinnen, die sich die Mühe gemacht haben, sich durch einige Meter philosophischer Bücherregale hindurchzulesen, werden unschwer alte und neue Varianten dieser Gedanken entdecken. Bei allen Vorzügen haben diese Gedanken aus der Geschichte der abendländischen Philosophie einen Mangel: Es sind Modelle, die meist nur eine oder zwei situative Modalitäten beachten. Zudem wird gern vergessen, daß Gedanken zwar anderes *meinen*, darin aber doch *Gedanken sind.* Wie sollte uns z. B. der Gedanke, daß der Geist auf Materie zu reduzieren sei, praktisch weiterhelfen, wenn er doch nur ein Gedanke ist? Oder was könnte für unsere Kreativität die Einsicht nütztlich sein, daß die Kreativität in unserer linken Gehirnhälfte steckt, wenn auch dies nur ein Gedanke ist? Umgekehrt ist die nachdrückliche Aussage eines Philosophen, der sagt, letztlich löse sich alles (auch die Kreativität) in Bewußtsein auf, wenig hilfreich, wenn dieser Philosoph dennoch auf Papier und Bleistift angewiesen ist und durch seine verkrampfte Körperhaltung verrät, daß die Hypothese, er habe auch einen Körper, doch nicht ganz unbegründet scheint.

Ich möchte durch diese boshaften Bemerkungen nicht beweisen, daß dieser Text mit Leidenschaft geschrieben wurde, sondern auf ein Hindernis aufmerksam machen: Die erwähnten Modelle des Denkens haben für bestimmte Situationen alle ihren Nutzen. Es sind aber immer nur Modelle, die das Denken *eingrenzen*. Ein Materialist begrenzt sein eigenes Denken dadurch, daß er sich immer wieder versichern muß, Materialist zu sein. Das gilt nicht nur in der Philosophie. Wer sich »als Frau« fühlt, begrenzt sich nur durch das Verbot, auch einmal ein typisch männliches Verhalten an den Tag zu legen. All dies sind nur Modelle, mit denen wir uns selbst einschränken. Wenn ich vorschlage, die Welt etwas anders zu sehen (durch die fünf situativen Modalitäten) und darin Kreativität zu studieren und zu praktizieren, so ist dies (formal betrachtet) auch nur ein Modell. Es wird dem Leser allerdings aufgefallen sein, daß ich keinerlei Aussagen darüber gemacht habe, wie nun Sinnesobjekte auf Gefühle, Gedanken auf die Wahrnehmung, Gedanken auf Handlungen usw. wirken. Ich möchte anregen, die fünf situativen Modalitäten als *Hinweisschilder* zur Selbstbeobachtung zu begreifen. Man kann dann durchaus einige Gruppen zusammenfassen oder die Einteilung weiter differenzieren. Die Zahl spielt keine Rolle. Wichtig ist die Haltung, die Blickrichtung, die jeder selbst einnimmt.

Ich habe einige Philosophien boshaft kommentiert. Dies läßt sich vielleicht dadurch ausgleichen, daß ich (abschließend in diesem Abschnitt) eine bestimmte Philosophie erwähne, die in unserem Zusammenhang sehr hilfreich ist. Die hier angewandte Blickrichtung wurde in der *Phänomenologie* vielfach geübt.[106] Die Phänomenologen weigern sich, der phänomenalen Welt vorkonstruierte Modelle überzustülpen. Modelle sind sinnvoll und zweckmäßig, aber immer nur für *bestimmte* Handlungen. Die Physik, speziell die Elektrodynamik, ist unerläßlich als Modell, wenn man elektronische Schaltungen entwirft oder Hochspannungsleitungen konstruiert. Es gibt aber Situationen, in denen dieses Modell nur ein Hindernis ist: Wenn man schon nicht auf zwei Liebende verweisen möchte, so kann man an einen geselligen Weinabend denken. Zu sagen, daß doch auch der Wein physikalische Eigenschaften habe, ist ebenso richtig wie überflüssig. Modelle sind immer nur wahr für ganz bestimmte Situationen. Daß auch am Badestrand physikalische Gesetze »gelten«, ist nur ein Gedanke, d. h. ein situativer Aspekt, der den Genuß von Wind, Sand, Sonne und Wasser stört. Kreativität wird vor allem behindert durch Denkmodelle, die wie eine Kontamination durch Situationen mitgeschleppt werden, in denen sie nichts zu suchen haben. Doch (und so zu denken ist bereits eine Kreativitätstechnik) auch das genaue Gegenteil ist zutreffend: Die Übertragung eines Modells in eine ganz andere Sitatuation kann erlauben, darin völlig neue Aspekte zu entdecken. In diesem Fall erlaubt die Übertragung eines Modells aus einer Situation auf eine andere, die Achtsamkeit dort gleichsam »umzupolen« und auf diese Weise etwas Neues zu entdecken. Es kommt darauf an, *welche* situative Modalität achtsam umgestaltet werden soll. Wer am Badestrand nicht »abschalten« kann, weil er fortfährt damit, physikalische Aufgaben zu lösen, hat ein ganz anderes Problem als jemand, dem es Spaß macht, über die Entsalzung von Meerwasser am selben Strand nachzudenken. Auch hier zeigt sich, daß die situativen Modalitäten den Blick auf die tatsächlichen Phänomene schärfen können.

3 Was sind »Kreativitätstechniken«?

Kann es Kreativitätsmaschinen geben?

Die Beschreibung der Kreativität, ihrer Formen und Modalitäten, ist bereits eine »Kreativitätstechnik«. Wenn man weiß, wie etwas »funktioniert«, dann kann man damit spielen - und das Spielen ist eine Entfaltung der Kreativität. Ganz allgemein formuliert, ist eine Kreativitätstechnik eine Hilfe, von einer Situation in eine andere zu gelangen. Diese Feststellung ist von kaum zu überbietender Einfachheit (um nicht zu sagen »Trivialität«). Und dennoch steckt darin das wirkliche Geheimnis. Eine Kreativitätstechnik ist (und deshalb steht das Wort in Anführungsstrichen als Kapitelüberschrift) keine Technik, die etwas *hervorbringt.* »Technik« geht auf das griechische Wort »techne« zurück, das ein Wissen darum bezeichnet, *wie* etwas zu tun ist. »Technik« ist also *erstens* ein Wissen, eine Denkform (nicht etwa eine Maschine, die nur ein *Resultat* technischen Wissens ist); *zweitens* ein Wissen zur Erreichung eines Handlungszieles. Wer über eine Technik verfügt, der weiß, wie und was er zu tun hat. Das Wort »Kreativität« verwenden wir aber, wenn etwas *Neues* entsteht oder wenn etwas auf neue Weise gemacht wird. Wenn wir über eine Technik zur Herstellung von etwas Neuem verfügen würden, dann müßten wir bereits wissen, was dieses Neue ist. Wenn wir das aber wissen, dann ist es entweder nicht mehr neu oder der kreative Prozeß ist bereits abgeschlossen. *Etwas Neues erklären heißt: es entdekken.*[107]

Auch wenn die Spielarten der neuen Kognitionswissenschaften vielfältig sind, scheint mir dies der Hauptpunkt zu sein, der gegen den Versuch, Kreativität maschinell nachbilden zu wollen, vorgebracht werden kann. Für die Hoffnung, Computer könnten eines Tages Bruckner, Wittgenstein oder Heisenberg vollständig ersetzen, ergibt sich damit ein etwas frustrierendes Ergebnis: Es kann keine Theorie oder Technik geben, die kreative Produkte erzeugt. Wer so etwas behauptet, hat entweder den Kreativitätsbegriff unzulässig weit definiert oder die logischen Fallstricke einer Kreativitätsmaschine übersehen. Nehmen wir an, es gäbe irgendwo auf unserer Erde einen Computer, der tatsächlich »kreativ« ist, der also auf irgendeine Weise kreative Produkte erzeugt (Kunstwerke, neue wissenschaftliche Theorien, neue Managementtechniken oder neue Computer, die noch kreativer sind). Was könnte das heißen?

Um kreativ zu sein, müßte dieser Computer *Informationen* erzeugen, die neuartig und wertvoll sind. Nun kann kein Zweifel darüber bestehen, daß sich Programme oder Hardwarekonfigurationen denken lassen, die *neuartige* Informationen erzeugen und Roboter steuern, die anhand dieser neuartigen Informationen auch neuartige Produkte herstellen. Ein Computer könnte aber niemals »selbst« entscheiden, ob eine neuartige Information für den Auftraggeber auch *wertvoll* oder *sinnvoll* ist. Um dies zu entscheiden, müßte sich der Computer oder das Programm in die Situation dessen begeben, der ihm einen Auftrag erteilt hat. Einfach gesagt: Um im vollen Wortsinne kreativ zu sein, müßte ein Computer *ersatzweise* für seinen Auftraggeber *leben*. Ich kann noch einen Schritt weiter gehen. Nehmen wir an, dieser Computer (oder ein durch Gentechnik erzeugtes neuartiges Lebewesen) wäre von überragender »Kreativität«. Das könnte nur bedeuten: Die von ihm hervorgebrachten Produkte sind *für ihn* kreativ, nicht notwendig aber für uns. Solch ein Computer oder ein Homukulus könnte sich vielleicht reproduzieren und eine neue Lebensform erzeugen, die dann ihr eigenes Leben führen würde (immer vorausgesetzt, es gelänge, solche Maschinen zu bauen oder solche Lebewesen zu züchten), mit ihren eigenen Wertvorstellungen und ihrer eigenen Form der Kreativität. Es wäre dann aber nicht mehr *unsere* Kreativität; sie wäre für uns bedeutungslos. Schon zwischen uns Menschen differiert die Auffassung darüber, was eine »neuartige und wertvolle« Leistung ist - auch wenn unsere gemeinsamen Situationen verhindern, daß wir in unserer Auffassung gänzlich auseinander gehen.

Nun ist die Voraussetzung des obigen Gedankenexperiments natürlich völlig unrealistisch. Auch Autoren, die sich hier sehr optimistisch geben, reichen am Ende Steine statt Brot und lehren uns *hoffen*. Um ein Beispiel zu nennen: Langley, Simon, Bradshaw und Zytkow - US-amerikanische Autoren, die in reinster Form den Optimismus vortragen, Problemlösen (als einfache Form der Kreativität) sei durch Maschinen oder Programme ersetzbar, trösten ihre Leser in ihrem Buch »Scientific Discovery« am Ende doch nur mit dem Konjunktiv, ein Programm, das Probleme zu lösen vermöge, »*würde* eine wissenschaftliche Revolution bedeuten«.[108] Bücher über die Simulation von Problemlösungen durch Computer zeichnen sich *immer* dadurch aus, daß sie längst gelöste Probleme nachträglich nochmals lösen, gemachte Entdekkungen »nachvollziehen«. Es wurde kein Fall bekannt, bei dem ein Computer als

Autor einer neuen Entdeckung, als Urheber einer erfolgreichen Komposition oder als erfolgreicher Firmengründer bekannt wurde. Das ist, wie wir sehen konnten, kein Zufall.

Diese vielleicht etwas bissigen Bemerkungen können trotz (oder gerade wegen) ihres negativen Resultats vieles klar machen: *Kreativität ist von »Leben« nicht zu trennen.* Wir können aus der Beobachtung natürlicher Vorgänge lernen, sie können unsere Kreativität *anregen*. Mit den Produkten kreativer Computer werden wir ganz analog verfahren: Wir werden eine *Auswahl* treffen und das Ausgewählte auf unsere Verhältnisse übertragen. Doch es bleibt zuletzt immer eine unübersteigbare Hürde menschlicher Kreativität: Natürliche (oder künstlich simulierte) »Techniken« zu adaptieren heißt, sie auf geeignete Weise in das menschliche Leben zu *übersetzen* - und dies erst ist ein kreativer Akt. Mit einem Wort: Niemand und nichts kann uns unsere Kreativität abnehmen. *Kreativitätstechniken* können nicht *für uns* etwas herstellen; sie können uns nur bei *unserer* Kreativität helfen und unterstützen.[109]

Das Dunkel der Zukunft

Eine Kreativitätstechnik verhilft, von einer begrenzten und beschränkten Situation in eine andere zu gelangen; in eine neue Situation, die sich von der alten Situation auszeichnet durch eine *erwünschte Neuerung.* Wir stolpern beständig von einer Situation in die nächste, wir »geraten hinein«. Wie dies geschieht, ist uns meist ziemlich schleierhaft. Ich überhöre natürlich nicht den lauten Protest, der sich bei solch einer Behauptung erhebt: »Wir sind doch keine Tiere; wir planen, verfolgen Ziele und sind rationale Wesen«. Sicherlich sind wir das, und es ist seit den Tagen der griechischen Philosophie üblich, den Menschen als »denkendes Lebewesen« zu definieren. Aber mit den Plänen, Zielen und Strategien ist das so eine Sache. Sie wollen alle in die Zukunft reichen, und dennoch wird jeder zugestehen, daß die Zukunft »dunkel« ist, daß das helle Licht der Vernunft sie nicht erreicht.

Es lohnt, über diesen Widerspruch nachzudenken. Wir sind unentwegt damit beschäftigt, unsere Zukunft zu gestalten, wir schmieden Pläne (im Kleinen und Großen) und dennoch *erwarten* wir beständig das Unerwartete: Wir fürchten und hoffen, aber wir *wissen* wenig. Weshalb reicht unsere Rationalität nicht in die Zukunft? Die Prognose: »Auf längere Sicht sind fast alle Prognosen falsch« ist noch immer die zuverlässigste. Nach unserer bisherigen Diskussion dürfte die Antwort nicht mehr schwer fallen: Der Grund dafür ist vor allem die Kreativität (nicht nur der Menschen, sondern der gesamten Natur). Wir haben über die Zukunft kein *sicheres* Wissen, weil sich immer wieder völlig neue Situationen ergeben. Weshalb ergeben sich aber neue Situationen? Weil die anderen Menschen auch beständig ihre Situationen verändern. Wenn ich *meine* Situation kreativ verändere, dann schaffe ich für den *anderen* Unsicherheit. Auch die Natur ist kreativ, doch sie ist dies in sehr viel längeren Zeitabständen. Hinzu kommt, daß natürliche Änderungen zufällig sind; jedenfalls sprechen wir immer dann von Zufall, wenn es uns nicht gelingt, etwas »Vernunftähnliches« (z. B. ein Naturgesetz) für eine Veränderung verantwortlich zu machen. Da die Natur in erheblichem Umfang in unsere menschlichen Situationen hineinreicht (nicht nur durch das Wetter), verändern sich Situationen auch auf völlig zufällige, unvorhersehbare Weise. Auch das Handeln anderer Menschen kann auf diesen natürlichen Aspekt reduziert sein. Wenn jemand die Kontrolle über sein Auto verliert, so hat dies für einen Mitfahrer oder ein entgegenkommendes Auto durchaus denselben Charakter wie ein zufälliger Steinschlag.

Was ist wie veränderbar?

Situation gehen also ineinander über, ausgelöst von vielfältigen Faktoren. Ein Teil dieser Faktoren entzieht sich gänzlich unserer Kontrolle - hier ist es durchaus richtig zu sagen: »Ich bin in diese Situation hineingeraten«. Andere Faktoren sind durch andere Menschen verursacht; auch über sie haben wir keine »Macht«, doch es bieten sich Wege der Kommunikation an, um darauf Einfluß zu nehmen. Wieder andere Elemente einer Situation unterliegen unserer »Kontrolle«. Und sie sind es vor allem, die wir hinsichtlich kreativer Veränderungen näher untersuchen sollten. Hier kann das Schema der fünf situativen Modalitäten erstmals seine Fruchtbarkeit erweisen. Auch die Änderungsmöglichkeiten lassen sich in fünf Gruppen einteilen.

(1) Die erste Modalität umfaßt die Sinnesobjekte. Sie sind im eigentlichen Sinne das, was man mit »äußerer Natur« bezeichnen könnte. Es ist

ein Charakteristikum, daß wir die Sinnesobjekte nicht *unmittelbar* beeinflussen können. Wir sprechen deshalb auch von »objektiver Wirklichkeit«, »äußerer Realität« usw. Wenn wir diese Ausdrücke schlicht begreifen, dann besagen sie: Sinnesobjekte sind, wie *sie* sind. Sie zeigen sich uns in ihrer Eigentümlichkeit. Ob sie nur ein »Bild« sind, das unserer Gehirn autopoietisch erzeugt, ob sie eine transzendentale Illusion oder verarbeitete Informationen über die auch unabhängig von unserem Bewußtsein existierenden Dinge an sich sind - all dies spielt eigentlich keine Rolle. Es sind dies *nachträgliche* Interpretationen oder Gedanken. Tatsache ist, daß die Sinnesobjekte und ihre Formen nicht *unmittelbar* von uns kontrolliert werden können. Das ist der Kern ihres »Ansichseins«.

Ich sagte »unmittelbar«. Mittelbar können wir natürlich diese Sinnesobjekte (Gegenstände, Dinge) verändern. Hier ist uns allerdings ein großes »Aber« davorgestellt. Dies besagt: Wir können die Dinge beeinflussen, verändern, aber nur mit anderen Dingen. Unser Körper ist ein Ding unter Dingen (wir nehmen ihn wie etwas anderes wahr, auch wenn wir zu ihm noch eine ganz andere Beziehung haben). Mit unserem Körper können wir auf andere Körper einwirken. Das ist es, was wir gewöhnlich mit »Handeln« meinen. Wir können Sinnesgegenstände verändern, können Ziele verwirklichen, Zwecke realisieren, *aber* immer um den Preis der Anwendung von Mitteln. Um einen Apfel zu pflükken, müssen wir unsere Hände bewegen oder auf den Baum klettern, um einen Nagel in Wand zu schlagen, benötigen wir einen Hammer, um eine mathematische Gleichung zu lösen, Bleistift, Papier oder einen Taschenrechner.

Wir sind nicht machtlos gegenüber den Sinnesgegenständen; allerdings zwingt uns, wie die Dinge nun einmal stehen, unsere Existenzweise dazu, immer Mittel einsetzen zu müssen, um *andere Dinge* verändern zu können, und das »erste Mittel« hierzu ist unser Körper. Uns ist dies so vertraut, daß wir aus diesem Grund auch von »Wirklichkeit« (Lat.: actualitas) sprechen und damit das meinen, was sich nur durch ein *Wirken* »be-greifen« läßt. Die Kreativität kann sich also in der ersten *situativen Modalität*, in der Welt der Dinge, *nur* betätigen, wenn sie sich die Hände schmutzig macht und einwilligt in die Anwendung äußerer, dinglicher Mittel. Meist denken wir nur an diese Modalität. Wir sind »nach außen« ausgerichtet. Auch uns selbst begreifen wir rückwirkend von den Sinnesgegenständen her. Dies äußert sich an den Wörtern: »mein«, »nicht mein«. Das Bild, das wir von uns selbst haben, ist von außen geliehen (»mein Körper«, »mein Haus«, »mein Freund«, etc.). Unsere Kreativität »klebt« an den Sinnesobjekten. Wir »operieren« meist nur mit Blick- und Zielrichtung auf die erste situative Modalität.

(2) Ganz anders zeigt sich uns die zweite situative Modalität, das Reich der Gefühle und Emotionen. Auch Stimmungen und Gefühle haben mitunter einen beinahe »objektiven« Charakter. Man betritt einen Raum und fühlt die eisige Stimmung, die unter den Menschen dort herrscht; in einem anderen Raum ist es dagegen warm und angenehm. Emotionen hängen also durchaus auf irgendeine Weise mit Sinnesgegenständen zusammen. Sie sind aber auch auf gewisse Weise autonom. Oftmals ist uns völlig unklar, weshalb sich eine Stimmung verändert hat; wir können keinen Grund entdecken. Die Auskunft, daß dies von »Hormonen« oder vom »Nervensystem« gesteuert wird, hilft uns hier wenig weiter. Diese Antwort ist nur für jemand interessant, der uns als äußeren Gegenstand betrachtet und auf naturwissenschaftliche Weise untersucht. Das *Erlebnis* der Stimmung ist niemals durch Naturwissenschaft oder Medizin zu »erklären«. Man kann, mit anderen Worten, nicht die zweite situative Modalität (die Gefühle, Emotionen, Stimmungen) auf die erste Modalität reduzieren. J. P. Sartre spricht von der »magischen Welt der Emotion«.[110] Doch wir scheinen ein wenig verlernt zu haben, Zauberer und Magier zu sein.

Wir glauben aus irgendeinem Grund, daß Emotionen nur durch *äußere* Ursachen, ausschließlich durch die erste situative Modalität (durch Sinnesgegenstände und Dinge) verursacht sind. Emotionen scheinen uns kein »Objekt« zu sein, das man kreativ umgestalten kann. Wir kennen andererseits sicherlich Menschen, denen es meistens »gut« geht. Sie tun das, was wir auch tun, erleben - wie wir - Entäuschungen. Und dennoch geht es ihnen meistens gut. Wir fragen uns nie: Wie machen die das? Eher schon verwandeln wir uns in Metaphysiker und sagen: A ist eben ein Optimist; B ist unter einem Glücksstern geboren usw. Dieses unscheinbare Wörtchen »ist« überlistet uns. Denn A »ist« nicht einfach Optimist, und B unterhält keine magischen Beziehungen zum gestirnten Himmel: Sie *machen* nur irgendetwas anders als andere.

Das Vorurteil, Emotionen könnten *nur* auf dem Umweg über äußere Formen (Güter, Dienstleistungen, Medien) beeinflußt werden, ist sehr tief verwurzelt. Unsere Hochachtung vor dem Umfang des Sozialprodukts ist ein praktischer Ausdruck davon. Wenn ein Vorurteil besonders tief verwurzelt ist, dann hat das sicherlich auch einen Grund. Tatsächlich sind die Emotionen auf sehr sensible Weise von den anderen situativen Modalitäten abhängig: Aufmerksames Beobachten kann unsere Stimmung ebenso verändern wie eine Änderungen unserer Bewegungen oder unseres Denkens. Einschlägige Therapien machen sich dies auch zunutze. Aber müssen wir erst *krank* werden (oder uns als krank definieren), um an der Art und Weise, wie wir mit unseren Emotionen umgehen, *kreativ* etwas zu ändern? Ist es nicht höchst erstaunlich, daß einerseits die *Gefühle* als oberste Ziele gelten (»Glück«, »Wohlstand«, »Zufriedenheit«), daß ihnen aber getrennt von anderen situativen Modalitäten *als* Gefühlen nicht einmal jene Achtsamkeit entgegengebracht wird, die man problemlos für ein Kreuzworträtsel, eine Straßenampel oder die Fernsehnachrichten aufbringt? Hier steckt tatsächlich das »magische Geheimnis« der Kreativität.

(3) Die *Wahrnehmungen* sind für eine bestimmte Gruppe von Menschen immer schon Gegenstand hoher Aufmerksamkeit und kreativer Lösungen gewesen. Alle großen Maler waren große Beobachter. Filmregisseure haben mitunter den legendären »Linsenblick«; sie sehen alles so, als ob es als Ausschnitt auf einer Leinwand erschiene. Musiker sind Hörexperten und gewinnen dem Summen eines Hotellifts ebenso etwas ab wie dem Zwitschern von Spatzen. Hier zeigt sich etwas für diese situative Modalität sehr Eigentümliches: Die Wahrnehmung, mit der Achtsamkeit »verschmolzen«, ruht in sich selbst und fördert sich selbst. Man *hört* um so genauer, je öfter man *aufmerksam* hört. Die Wahrnehmung gelingt umso besser, je weniger sie von anderen situativen Modalitäten »gestört« wird. In ihr hat die Kreativität eine *Tiefendimension*: Sie erschafft nicht völlig neue Dinge, sie dringt tiefer in sie ein. Allerdings gibt es auch darin dynamische Aspekte. Wer einmal, wie notdürftig auch immer, auf einem Klavier sich an einer Bachfuge versucht hat, der wird künftig Bachs Musik ganz anders hören; wer schon einmal gemalt hat, wird Farben und Bilder ganz anders sehen. Es ist weniger das Tun, das die

Wahrnehmung vertieft, eher schon die durch das Tun erzwungene Achtsamkeit, die uns immer tiefer blicken läßt.

(4) **und** (5) Die letzten beiden Gruppen der fünf situativen Modalitäten möchte ich hier nur ganz kurz anreißen: Wir werden uns ihnen noch ausführlich zuwenden. Tatsächlich sind das Denken und die Gewohnheitsmuster im Alltag jene »Kräfte«, die Kreativität am stärksten einschränken. Dies klingt, gemessen an der Literatur über »kreatives Denken«, paradox. Ist es nicht vorrangig das Denken, dem man die Fähigkeit zuschreibt, kreativ sein zu können? Das ist sicherlich richtig. Doch es ist eben auch das Denken, das auf wirksamste Weise *verhindert*, daß wir unsere Kreativität entfalten können. Es sind die *Denkgewohnheiten*, die neue Ideen abblocken. Und eben diese Denkgewohnheiten und ihre Einbettung in die situativen Modalitäten sind es, die »Kreativitätstechniken« verändern. Das Denken (ich vermeide das Wort »Bewußtsein«, weil es sowohl »Achtsamkeit« als auch »Gedanke« umfaßt und uns somit in die Irre führen kann) ist aufs Engste mit den anderen situativen Modalitäten verknüpft; es begleitet und lenkt deren Prozeß. Die Gedanken sind »der Chef«. Derselbe Sinnesgegenstand kann uns abhängig von unserem Denken in eine mißliche oder eine fröhliche Stimmung versetzen. Zudem kann das Denken die anderen situativen Modalitäten verdoppeln. Man spricht dann von »Phantasie« oder »innerer Repräsentation«. Die Phantasie hat kreative Macht. Ihr werden wir uns deshalb noch besonders zuwenden.

Einteilung von »Kreativitätstechniken«

»Kreativitätstechniken« sollen Hindernisse zur *Entfaltung der Kreativität* beseitigen. Wir werden nachfolgend mehrfach »Kreativitätstechniken« vorstellen. Vier Arten lassen sich unterscheiden, die in den nachfolgenden Kapiteln vertieft behandelt werden. (Hinweise auf die einzelnen Kapitel werden in Klammern angefügt).

(1) Zunächst sind die Hindernisse zu klären. Hierzu ist die Erkenntnis dessen, *was* überhaupt Hindernisse sein können, unerläßlich (⇒ Kapitel 6, 7, 9). Hindernisse entstehen dadurch, daß eine situative Modalität eine andere in ihrer Funktion behindert (Gedanken die Wahrnehmung ⇒

Kapitel 5; Gefühle die Gedanken oder Gedanken die Gefühle ⇒ Kapitel 13; unbewußt wirkende Denkmodelle den Denkprozeß ⇒ Kapitel 10/11).

(2) Hindernisse wirken durch unbewußte, mechanische Strukturen (unbeachtete Bewegungsmuster). Solange wir wach sind, ist zwar unsere Achtsamkeit immer mit irgendeinem Objekt beschäftigt, meist jedoch wechselt dieses »Objekt« sehr rasch. Die Achtsamkeit flackert unruhig zwischen verschiedenen Sinnen bzw. den situativen Modalitäten hin und her. Wir sollten uns deshalb mit unserer Achtsamkeit selbst beschäftigen und die Frage stellen: Wie gelingt es, den »Lichtkegel« der Achtsamkeit konzentriert auf einen Gegenstand zu lenken? Wie gelingt es, Achtsamkeit zu »sammeln« (⇒ Kapitel 4)? Diese Entfaltung der Achtsamkeit ist, neben der Beseitigung von Hindernissen, der zweite wichtige Schritt in der Entfaltung der Kreativität; er braucht allerdings keineswegs dem ersten Schritt *nachzufolgen.* Ich spreche hier nicht von einer zeitlichen Reihenfolge, sondern nur von Unterschieden, auf die ich die Aufmerksamkeit des Lesers lenken möchte.

(3) Die dritte Gruppe von Kreativitätstechniken (neben dem Erkennen und Beseitigen von Hindernissen und der Sammlung der Achtsamkeit) basiert auf einem ganz anderen Prinzip. Wir haben gesehen, daß ein kreatives Produkt, eine kreative Handlung erst dann diesen Namen verdient, wenn sie von uns auf irgendeine Weise als *nützlich* und *wertvoll* erkannt ist. In der dritten Gruppe von Kreativitätstechniken möchte ich beide Elemente voneinander trennen. Wir werden versuchen, durch bestimmte »Tricks« neue Elemente zu erzeugen, *zufällig* zu erzeugen. Dies ist der erste Schritt. (In der Biologie würde man hier von »Mutation« sprechen.) In einem zweiten Schritt wählt man dann zwischen den so erzeugten neuen Alternativen aus (»Selektion«). Das ist etwas, das jeder für sich selbst ausführen muß, denn niemand kann für jemand anders kreativ sein. Man kann andere mit fertigen Resultaten und Lösungen versorgen, nicht aber mit »Kreativität«. Diese Trennung von Neuheit und Wert, von Mutation und Selektion läßt sich prinzipiell auf alle situativen Modalitäten anwenden; diese Technik kopiert in der Tat ein wenig die Natur, denn die Evolution verfährt im Bereich der Körper und Dinge nicht anders. Eigentlich ist all unser Denken nur eine un-

geordnete, unsystematische Form dieser Kreativitätstechnik. Man könnte auch sagen: Wir verhelfen unserer Phantasie systematisch, Modelle zu entwerfen, die dann bestätigt oder verworfen werden können (⇒ Kapitel 8).

(4) Bislang bezogen wir die Kreativitätstechniken stillschweigend auf *private* Aspekte. Jeder kann dies auf die eine oder andere Weise allein ausführen. Sehr häufig operiert unsere Kreativität jedoch in Gruppen. Die »Bewegungsform« der Kreativität ist dann die Kommunikation, der Dialog. Tatsächlich wurden für diesen Bereich schon zahlreiche Techniken formuliert (z. B. »Brainstorming«). Ich möchte versuchen, hier einen anderen Blickwinkel zu entwickeln, der sehr eng mit den »privaten« Techniken verknüpft ist; das »kreative Gespräch« (so möchte ich es nennen) ist nur eine Potenzierung jener Möglichkeiten, über die wir allein verfügen (⇒ Kapitel 14).

Damit schließe ich diese kurze Vorausschau auf die »technischen« Aspekte in der nachfolgenden Diskussion menschlicher Kreativität ab.

4 Achtsamkeit[111]

Nichtbeachten der Achtsamkeit

Wir haben gesehen, daß die Achtsamkeit in unserer Kreativität eine Schlüsselrolle spielt. Selbst dann, wenn die Lösung für ein Problem buchstäblich »vor unseren Augen liegt«, braucht sie *für uns* noch keine Lösung zu sein. Erst wenn wir sie beachten, wird sie zur Lösung. Die Achtsamkeit ist nicht einer der fünf situativen Modalitäten eindeutig zuzuordnen. Wir können von einem Sinnesgegenstand, einem Gefühl oder einem Gedanken völlig »absorbiert« werden. Unsere Achtsamkeit ist modal dann mit dem identisch, worauf sie sich richtet. Andererseits können wir uns selbst (auf solche Weise in einen Gedanken »vertieft« oder ein Gefühl »versunken«) auch »herausreißen«. Diese Tatsache deutet darauf hin, daß die Achtsamkeit nicht von dem »erzeugt« wird, worauf sie sich richtet. Wenn wir uns aber umwenden und die Achtsamkeit *selbst* »betrachten« wollen, so stoßen wir auf erhebliche Schwierigkeiten: Wir können »die Achtsamkeit« nicht entdecken. Sie ist nicht von uns verschieden. Wir können sagen: Dies ist mein Gedanke, mein Fuß, mein Gefühl - aber wir können nicht sagen: *Dies* ist meine Achtsamkeit. Es gibt keine Möglichkeit, auf die Achtsamkeit zu deuten, sie zu fühlen oder zu beobachten. Sie ist kein Sinnesgegenstand, kein Gefühl, keine Wahrnehmung, keine Handlung, aber auch kein Gedanke. Mit dem Wunder der eigenen Achtsamkeit vertraut zu werden, dieses Wunder zu bemerken, ist die wichtigste »Kreativitätstechnik«. Kann man überhaupt die »Achtsamkeit« *nicht* »beachten«? Wenn wir diesen Satz nur *logisch* zerlegen, dann scheint das ein Widerspruch zu sein. Aber die Umkehrung ist ebenso unmöglich: Man kann die Achtsamkeit (wie wir eben schon sagten) auch nicht »beachten«, d. h. beobachten, entdecken, wahrnehmen, denken, erkennen. Die Achtsamkeit macht offenbar den Kern dessen aus, was wir unser »Bewußtsein« nennen - und dennoch ist es uns unmöglich, diesen Kern zu entdecken. Andererseits aber *sind* wir dieser Kern.

Wenn man etwas nicht erkennen kann oder *noch* nicht erkennt, dann ist es zweckmäßig, nach etwas zu suchen, was dem Gesuchten *entgegensteht* oder mit ihm *verwandt* ist. Tatsächlich gab es Psychologen, die die Existenz einer »Aufmerksamkeit« einfach bestritten haben.[112] Auch Philosophen haben die Existenz von so etwas wie »Bewußtsein« bestritten. Ich möchte diese Diskussion weitgehend vermeiden - nicht, weil es keine Antwort gäbe; vielmehr deshalb, weil diese Antwort jeder selbst herausfinden muß. Es genügt, in einem ersten Schritt, sich klarzumachen, daß offenbar zwischen »wachen« und »schlafen« ein Unterschied besteht. Wir würden nicht sagen, daß wir im Tiefschlaf »achtsam« sind; das Träumen stellt einen merkwürdigen Zwischenzustand dar, auch dies möchte ich hier ausklammern. Also hat »Achtsamkeit« etwas mit »Wachheit« zu tun. Es gibt offenbar Grade von Wachheit: Wir können auch dämmern, dösen, träumen. Diese Zustände mögen angenehm sein, sie sind in den seltensten Fällen »kreativ«. Zwar sprechen Künstler oft von einer Art »Kreativitätsrausch« - aber dies ist ein »Rausch der Wachheit«, nicht mit einem Alkoholrausch zu vergleichen.

Gewöhnlich versuchen wir »Wachheit« durch Kaffee oder Zigaretten, gelegentlich ein kaltes Bad oder einen Spaziergang zu »erzeugen«. Dies ist die gewöhnliche »Kreativitätstechnik« zur Erzeugung von Wachheit. Diese Techniken funktionieren jedoch nur auf einem sehr niedrigen Niveau und besitzen viele unangenehme Nebeneffekte. Jeder Kaffeetrinker oder Raucher weiß das. Hier sind zwei Beobachtungen nützlich: Wenn uns irgendetwas fasziniert (eine Idee, eine Person, eine Aufgabe), dann *wachen* wir auf; wir sind begeistert, beflügelt und angeregt. Ein Hochgefühl vermag unsere Achtsamkeit und Konzentrationsfähigkeit auf etwas, das uns dieses Hochgefühl hervorzurufen scheint, erheblich zu steigern. Wir staunen dann oft, zu welchen Leistungen wir fähig sind. Es gibt die Möglichkeit, ein Hochgefühl *künstlich* zu erzeugen (durch Medikamente oder Rauschmittel); doch meist lenkt dies die Achtsamkeit mehr auf unsere Gefühle, vom nachfolgenden »Kater« ganz zu schweigen. Immerhin können wir sehen, daß die Achtsamkeit durch dumpfe Gefühle behindert, durch heitere Gefühle beflügelt oder verstärkt wird.

Flackernde Achtsamkeit

Weit wichtiger noch ist folgende Beobachtung: Wenn wir uns *während* unseres Alltags (oder auch rückblickend) selbst beobachten, dann bemerken wir sehr oft eine beständig wechselnde Achtsamkeit. Wir wandern von einem Gegenstand zu einem anderen, von einem Gedanken zu einem Gefühl usw. Kurz: Die »normale« Funktionsweise unserer Achtsamkeit ist ein beständiges *Flackern*, Oszillieren, Herumschweifen. Der

»Lichtkegel« der Achtsamkeit vollführt in unserem Alltag hektische Bewegungen. Es genügt, die Augen oder die Atmung von jemandem zu beoachten (untrügliche Hinweise auf innere Vorgänge). *Das Flackern der Achtsamkeit ist eine Form der Kreativität.* Allerdings eine Form, die eine Vergeudung unserer Möglichkeiten darstellt und die wir deshalb nicht besonders schätzen. Denn was geschieht eigentlich? Die Achtsamkeit ergreift beständig neue Objekte, neue situative Modalitäten (und Submodalitäten), sie wechselt zu stets neuen Aspekten der Situation. Sie befindet sich in einem Zustand unaufhörlicher Suche. Kommen wir wirklich einmal zur Ruhe, so werden wir meist sofort *müde.* Wir sind so sehr daran gewöhnt, daß unsere Achtsamkeit nur dann »funktioniert«, wenn sie zwischen den situativen Modalitäten flackert, daß uns dies zu einer *Gewohnheit* geworden ist. Man verwechselt »Wachsein« oft mit dem *Flackern* der Achtsamkeit. Die flackernde Achtsamkeit ist »anstrengend«, denn sie ist meist begleitet von allerlei unbewußten Nebeneffekten. Wir blicken dorthin (und halten den Atem an), denken an dies (und spannen unwillkürlich die Bauchmuskeln an), sagen jenes (und verspannen dabei unseren Nacken). Jeder kann das ganz leicht bei sich selbst beobachten. Niemand gleicht hierin dem anderen; wir sind ungeheuer kreativ darin, uns auf unbefriedigende Weise durch die Situationen unseres Alltags zu bewegen. Auch wenn wir nicht genau wissen, was »Achtsamkeit« ist, ihre alltägliche, flackernde oder verwirrte Form kennen wir nur zu genau.

Sicherlich, es geht auch anders. Gelegentlich werden wir auch ganz ruhig und können uns sehr gut auf etwas konzentrieren. Wir sind dann ganz bei einer Sache, sind »ganz vertieft« und lassen uns »nicht ablenken«. Hinter diesen Formulierungen des Alltags verbirgt sich eine sehr wichtige Einsicht: Wenn die Achtsamkeit nicht flackert, wenn sie ihren »Lichtkegel« auf einen Aspekt, eine situative Modalität richtet, dann gelingt uns etwas, dann können wir »produktiv« sein, dann sind wir »kreativ«: Wir konzentrieren unsere kreative Kraft und erhöhen so ihre Wirkung. Im »flackernden Modus« hat die Achtsamkeit dieselbe Kraft, zerstreut sie aber zufällig auf die situativen Modalitäten. Es ist meist ziemlich unklar, wie wir in einen konzentrierten Zustand gelangen. Offenbar aber machen wir etwas; wir sind es selbst, die diesen Zustand herbeiführen, in dem die Achtsamkeit konzentriert bei einem Objekt verharrt und in der Vertiefung ihre schöpferische Kraft entfaltet. Wir wissen nur nicht, wie wir es machen. Es ergibt sich damit eine erste und wichtige Folgerung: »Kreativität« (woran immer sie sich entfaltet) erwächst aus einem Zustand, in dem die Achtsamkeit konzentriert, fokussiert ist.

Gibt es eine Möglichkeit, auch ohne chemische Hilfsmittel die Achtsamkeit zu sammeln und das Flackern zu beenden? Es gibt diese Möglichkeit; doch muß ich gleich (aus langer eigener und der Erfahrung anderer) sagen: Die Achtsamkeit zu *sammeln* ist das Schwierigste überhaupt. Allerdings kann man es üben, wie man auch das Klavierspielen üben kann oder das Bruchrechnen. Ein erster Schritt zu solch einer Übung ist bereits vollzogen: *Durch das Nachdenken darüber, was Achtsamkeit ist.* Ich kann den Leser nur dazu ermuntern: Versuchen Sie untertags *möglichst oft* sich selbst »aufzuwecken«. Machen Sie sich einfach das klar, was Sie jeweils gerade eben tun. Vor allem aber: Achten Sie dabei auf alle fünf situativen Modalitäten. Das ist besonders wichtig bei dieser Übung. Sie brauchen hierbei Ihre augenblickliche Tätigkeit, Ihren augenblicklichen Zustand in gar nichts zu verändern. Die Übung besteht einfach darin, die *ganze Situation*, in der Sie gerade sind, zu »beachten«.

Ausweitung der Achtsamkeit[113]

Wir können das noch konkreter machen durch ein kleines Experiment zur *Ausweitung der Achtsamkeit.* Sie lesen jetzt gerade diesen Text. Versuchen Sie, während Sie ruhig weiterlesen, zu »sehen«, welche Gegenstände, Menschen, was auch immer noch in Ihrem Gesichtsfeld sind. Wenden Sie dabei den Blick nicht ab und sehen Sie nicht auf diese Dinge. Das wäre bereits wieder ein Flackern der Achtsamkeit, denn ihre Augen würden *diesen* Text kurzzeitig verlassen. Vielleicht haben Sie genau das getan, als Sie die Aufforderung gelesen haben, das Gesichtsfeld zu beachten. Lesen Sie also ruhig weiter, *ohne* die Augen auf andere Dinge zu richten. Sie werden bemerken, daß Sie unbewußt viel mehr wahrnehmen, als das, worauf Sie konzentriert sind. Sie können diese Erweiterung ihres »Blickgefühls« nun beibehalten und dennoch alles klar verstehen, was Sie hier lesen. Achten Sie, ohne das Lesen aufzugeben, nun auf ihre Stimmung, ihr Gefühl. Bemerken Sie eine Änderung, während Sie ihr Blickfeld beim Lesen ausweiten? Vielleicht entdecken Sie, daß Sie sich irgendwie auch weiter fühlen, weniger eingeengt.

Das ist eine bemerkenswerte Tatsache. Offenbar ist Ihre Achtsamkeit durch das Lesen zu eng am Text »geklebt«. Sie haben viel von dem Sie umgebenden Raum »ausgeblendet«. Dies hat aber zugleich ihr Raumgefühl eingeengt. Wenn Sie nun bemerken, daß sich Ihr Blick *während des Lesens* gleichsam ausweitet, öffnet, daß sich ihr Gefühl (ganz langsam, ganz sanft und behutsam) mit ausweitet, dann hat sich zugleich »ihr Bewußtsein« erweitert, ihre Wahrnehmung. Noch etwas: Wenn Sie ruhig weitergelesen und das, was im Text stand, auch tatsächlich nachvollzogen haben, dann konnten Sie bemerken, daß Sie auch wacher, aufmerksamer, achtsamer geworden sind. Wir können diese Wachheit noch steigern. Lesen Sie ruhig und kontinuierlich weiter. Nun fühlen Sie bitte während des Lesens ihre Augen. Sie bemerken vielleicht, wie sich die Augen bewegen, nicht ganz so kontinuierlich, wie man eigentlich meint. Sie fassen ganze Wortgruppen zu einer Einheit zusammen, bleiben vielleicht bei ***diesem*** Wort stehen (weil es hervorgehoben ist) usw. All dies kann Ihre Achtsamkeit mit aufnehmen, ohne den Sinn des Gelesenen zu verfehlen. Sie können ganz ruhig dabei bleiben. Weiten Sie nun Ihre Achtsamkeit (ohne irgendetwas an ihrer Haltung zu verändern) auf Ihren Atem aus. Bemerken Sie, daß [wenn etwas in eckigen Klammern steht] Sie den Rhythmus des Atems ganz leicht, kaum merklich dem Rhythmus der Sprache anpassen? Bemerken Sie, daß Sie vielleicht während des Lesens Ihren Rücken, Ihre Füße oder Ihre Hände gar nicht gespürt haben - jetzt aber spüren Sie Ihren Rücken, Ihre Füße, Ihre Hände?

Gehen wir noch weiter. Hören Sie, ob Sie während des Lesens die gelesenen Wörter innerlich »mitsprechen«? Wenn Sie nicht »hören«, dann können Sie folgendes Experiment machen: Stellen Sie Ihr Radiogerät an und suchen Sie einen Sender, auf dem gerade gesprochen wird. Drehen Sie nun das Radiogerät so laut auf, daß Sie die Stimme sehr deutlich verstehen können. Kehren Sie dann hier zum Text zurück.

(Pause)

Lesen Sie nun einfach weiter. Was bemerken Sie? Sicherlich, der Sprecher stört Sie irgendwie beim Lesen; sie können nicht oder kaum dem

Text und dem Sprecher zugleich folgen. Was tun Sie? Vielleicht beginnen Sie leise vor sich das Gelesene zu sprechen, um es zu verstehen. Drehen Sie nun das Radiogerät wieder ab (-). Lesen sie ruhig weiter und hören Sie nun auf Ihre innere Stimme. Bemerken Sie jetzt, daß Sie innerlich beim Lesen mitsprechen? Wenn Sie es nicht tun, achten Sie darauf, was sonst bei Ihnen geschieht. Vielleicht lesen Sie ein Stück weit, halten dann inne und versuchen, sich das Gelesene »vorzustellen« (d. h. sie versuchen es zu *fühlen* oder machen sich ein inneres Bild). Wenn dies der Fall ist, dann sprechen Sie einfach einmal den Text still mit und lesen dann (innerlich mitsprechend) weiter. Sofern Sie ohnehin auf diese Weise lesen, dann versuchen Sie innezuhalten und sich vorzustellen, wie es aussieht, wenn jemand beim Lesen innehält. Versuchen Sie zu fühlen, wie sich jemand fühlt, der beim Lesen unterbricht, um sich das Gelesene »vorzustellen«.

Ich möchte Sie bitten, diese Übungen *wirklich auszuführen*; kehren Sie gegebenenfalls einfach im Text ein Stück zurück.

(Pause)

Welche Erfahrung konnten wir hier gewinnen? Vielleicht ist Ihnen klar geworden (oder klarer, als es zuvor war), daß beim Lesen der ganze Körper beteiligt ist, daß Sie währenddessen Ihre Augen bewegen, atmen, innerlich sprechen oder Bilder erzeugen und zugleich das Buch vor Ihren Augen gegen eine Vielzahl anderer Dinge im Raum unterscheiden und wahrnehmen. All diese höchst erstaunlichen Leistungen vollbringt Ihre Achtsamkeit. Indem Sie diesen Text gelesen und die Übungen ausgeführt haben, hat sich aber zugleich Ihre Achtsamkeit geändert. Sie ist viel weiter, offener geworden; vielleicht verspüren Sie Appetit, dies im Alltag bei anderen Tätigkeiten auch auszuprobieren. Wenn das der Fall ist, dann haben Sie ganz nebenbei entdeckt, daß die *achtsame Betätigung der Achtsamkeit* auf Ihre Gefühle eine beruhigende Wirkung ausübt. Je weiter der Lichtkegel der Achtsamkeit ist, desto ruhiger, offener, weiter und entspannter sind auch unsere Emotionen. Es sind dies ganz unscheinbare, unbedeutende Änderungen. Sie werden nichts besonderes spüren. Es ändert sich aber der Geschmack, das Aroma, die Aura Ihrer Gefühle.

Was haben wir gemeinsam, Autor und Leser, getan? Wir haben uns gemeinsam daran erinnert, daß wir achtsam sind und die Achtsamkeit durch sich selbst steigern und ausweiten können. Das ist vielleicht ihre erstaunlichste Eigenschaft. Die Achtsamkeit wird um so stärker, je »bewußter« sie zum »Einsatz« kommt. Es empfiehlt sich auch, kürzere oder etwas längere Pausen zu machen und irgendeinen Gegenstand auszuwählen, auf den man sich konzentriert. Man kann das in der U-Bahn, bei langweiligen Passagen eines Spielfilms vor dem Fernsehapparat, beim Autofahren - bei jeder alltäglichen Tätigkeit tun. Ich kann das mit gutem Gewissen empfehlen, nicht nur weil ich es ausprobiert habe und praktiziere. Nein, ich kann diese Übung (sogar beim Autofahren) deshalb empfehlen, weil ein Achten auf die Achtsamkeit uns immer weiter aufweckt und wacher, offener macht. Diese Übung ist geradezu eine Art zusätzlicher Lebensversicherung. Sie werden weniger Gläser verschütten, Leute anrempeln, stolpern, usw. Sie können sogar entdekken, daß es im Alltag einen großen Spiel-Raum gibt, von dem Sie vorher gar nicht ahnten, daß er existiert. Es gibt Methoden, die einen ausgeklügelten Zeitplan für den Alltag erstellen, um noch das letzte Quäntchen Zeit herauszuquetschen. Mir scheint das keine besonders effiziente Methode zu sein. Was wird geschehen, wenn wir Zeitpläne machen? Wir denken beständig an den Zeitplan und erzeugen damit nur ein zusätzliches Flackern unserer Achtsamkeit. Mehr nicht. Sicherlich, jeder muß bestimmte Termine einhalten. Aber sich selbst Termine *zu schaffen* ist (mit Verlaub) ziemlicher Quatsch. Der Grund ist einfach: Ein Zerstückeln unserer Achtsamkeit schränkt unsere Kreativität nur ein; davon, daß man so die Wahrscheinlichkeit für Bluthochdruck und Herzinfarkt auf »kreative« Weise steigert, ganz zu schweigen.

Die Quelle der Kreativität

Ich möchte diesen Abschnitt nicht ohne den Hinweis schließen, daß die Achtsamkeit durch traditionelle *Meditationstechniken* erheblich gesteigert werden kann. Aber ich weiß auch, daß viele Menschen hier Esoterik wittern und dies deshalb ablehnen. Meditation ist keine Wundermaschine; wer das erzählt, will ein Buch verkaufen oder seine Kurse füllen. Auch wenn man ziemlich rasch eine positive, beruhigende Wirkung durch Meditationspraxis erreichen kann, sie ist und bleibt ein sehr langwieriges Geschäft, das nur für Geduldige geeignet ist. Wer sich entschließt, täglich eine bestimmte Zeit (z. B. 20 bis 40 Minuten) einfach still zu sitzen und seine Gedanken oder seinen Atem zu beobachten, der

> MARTIN HEIDEGGER ÜBER DENKEN UND ACHTSAMKEIT
>
> »Denken ist die Achtsamkeit auf das Wesenhafte. In ihr besteht das wesentliche Wissen.«
>
> »Das wesentliche Wissen dagegen, die Achtsamkeit, ist das Zurücktreten vor dem Sein. Bei diesem Zurücktreten sehen wir und vernehmen wir wesentlich mehr, nämlich ganz anderes als bei dem merkwürdigen Vorgehen der neuzeitlichen Wissenschaft, das immer ein technischer Angriff auf das Seiende und ein Eingriff ist zu Zwecken der handelnden, ›schaffenden‹, geschäftigen und geschäftlichen ›Orientierung‹. Die denkende Achtsamkeit bleibt dagegen ein Aufmerken auf einen Anspruch, der nicht aus den vereinzelten Tatsachen und Vorgängen des Wirklichen kommt und den Menschen auch nicht in den Vordergründen seiner alltäglichen Umtriebe angeht.«
>
> M. Heidegger, Parmenides, GA Bd. 54, S. 4 u. 5

wird seine Achtsamkeit dadurch selbst aufwecken in einem Maße, die in den Alltag diffundiert. All das hat mit Esoterik, Mystik oder Religion überhaupt nichts zu tun. Zur Meditation bedarf man keiner speziellen Anleitung oder Technik (wenigstens nicht in ihrer einfachen Form). Es genügt, einfach mit gerader Wirbelsäule auf dem Boden oder einem Stuhl zu sitzen und auf entspannte Weise den eigenen Atem, das Körpergefühl, die sich einstellenden Gedanken zu beobachten. Meditation ist sozusagen »Achtsamkeit im Leerlauf«.

Die *Achtsamkeit auf die Achtsamkeit* ist die Quelle der Kreativität, ihr Spiel-Raum. Sie ist ein wesentliches Element aller anderen Kreativitätstechniken; ich werde deshalb nicht jeweils gesondert darauf hinweisen. Eigentlich ist die Achtsamkeit, die Wachheit und die einhergehende Ruhe und Offenheit auch das Ziel, das wir *in* allen anderen Zielen suchen: Achtsamkeit ist *Quelle* und *Ziel* der Kreativität. Sie ist auch unser »Kern« als Menschen, unsere grundlegende Freiheit und Offenheit. Deshalb ist die *Betätigung* dieser Freiheit als Kreativität auch in höchstem Maße befriedigend. Man könnte sagen: Das Ziel der Kreativität ist die Kreativität. Das Aufwachen zum *Weg* der Kreativität ist ihr *Ziel*. Gemeint ist: Da durch Achtsamkeit, durch Kreativität die möglichen »Ziele« beständig neu entworfen und neu entdeckt werden, gibt es überhaupt kein Ziel. Die Freiheit setzt sich Ziele, verfolgt *hierin* aber kein Ziel. Freiheit ist ihr eigenes Ziel: Befreiung zu sich selbst.

5 Die Kunst der Wahrnehmung

Wandel der Gestalt

Wenden wir uns der dritten der fünf situativen Modalitäten, der *Wahrnehmung*, zu. Die Beobachtung eines Affen hatte uns einige Einsichten in die Natur der Kreativität vermittelt (⇒ Kapitel 1). Vielleicht können wir durch die Beobachtung von *Kindern* noch viel mehr lernen. (Kreativität ist tatsächlich etwas, das man auch verlernen kann.) Sehen wir einfach Kindern beim Spielen zu. Da sind z. B. zwei kleine Mädchen. Eines sagt: »Du sollst jetzt die Mutter sein und ich bin das Kind.« Darauf nimmt das andere Mädchen einen Stock und einen leeren Joghurtbecher, füllt ihn mit etwas Sand und sagt: »Gut Kind. Ich koche Dir jetzt einen Brei.« Sie rührt den Sand im Joghurtbecher um und streckt dann den Stock zum anderen Mädchen hinüber: »Schmeckt's?« Das andere Mädchen verdreht die Augen, macht Schmatzbewegungen und sagt »Hmmmm!«. - Gewiß, wir lächeln. Aber es lohnt sich, genauer zuzusehen.

Offenkundig ist weder eines der Mädchen eine Mutter noch der Stock ein Löffel oder der Joghurtbecher ein Kochtopf. Dennoch verraten uns Ausdruck und Gesten der Kinder, daß sie dies mit allem Ernst des Spiels glauben. Es ist deshalb angebracht, uns selbst zu fragen: Was veranlaßt *uns* eigentlich, den Stock *als* Stock, den Joghurtbecher *als* Joghurtbecher zu sehen? Gewöhnlich stellen wir solche Fragen im Alltag nicht. Dennoch gibt es Ausnahmen. Die erste Gruppe von Ausnahmen stellen Grenzfälle und Übergänge in der Wahrnehmung dar: »Ist dies ein Baum oder ein Strauch?« - »Ist die Wäsche schon trocken oder noch feucht?« - In den meisten Fällen sind solche Übergänge fließend, kontinuierlich. Wir kennen aber auch sprunghafte Übergänge. Ein Beispiel hierfür sind die schon erwähnten »Kippfiguren« (wie der Würfel, den wir in Kapitel 2 kennen gelernt haben). Wir haben wohl alle schon Abbildungen gesehen, auf denen ein scheinbarer, schrittweiser Übergang vom Affen zum Menschen, vom Frosch zum Menschen usw. dargestellt wird (⇒ Abbildung 6 nächste Seite). Anhand solcher Darstellungen können wir überprüfen, daß unsere Wahrnehmung offenbar nicht aus beliebigen Punkten zusammengesetzt ist, sondern aus Einheiten, Gestalten, denen wir eine bestimmte *Bedeutung* beilegen. Wir nehmen immer *Gestalten* wahr; unsere Wahrnehmung ist offenbar auf bestimmte Weise *organisiert* (eine wichtige Einsicht der Gestaltpsychologie).

Es gibt noch eine zweite Gruppe von Phänomenen, die uns deutlich machen kann, daß unsere alltägliche Wahrnehmung keineswegs so sicher »funktioniert«, wie wir gewöhnlich glauben. Das ist immer bei chaotischen, unbekannten, völlig anderen oder neuen Formen der Fall. Es gibt für uns gleichsam eine »Gestalt der Nichtgestalt«; wir sprechen dann von »Chaos«. Ein Müllberg macht auf uns einen chaotischen Eindruck; eine Vielzahl unterschiedlichster, nicht immer deutlich identifizierbarer Objekte ist dort versammelt. Wir halten uns die Nase zu und wenden uns ab. Ganz anders auf einem Jahrmarkt. Auch dort herrscht eine unüberschaubare Vielfalt; doch unsere Einstellung ist eine ganz andere. Die Vielfalt wirkt auf uns anziehend: Der Duft von gebrannten Mandeln, Bratwürsten und undefinierbaren Süßigkeiten ebenso wie der Anblick zahlloser Waren. Bei einem Müllberg verschließen wir (ganz wörtlich) unsere Sinne; auf einem Jahrmarkt gehen uns die Augen über. Die Differenz ist nur eine Haltung, eine Stimmung. Wer als Kind in der Nähe eines Müllberges gewohnt hat, der weiß, daß diese Stimmung auch ganz anders sein kann. Als Kinder sind wir neugierig und wollen auch noch in Müllbergen etwas finden und entdecken. Viele Künstler unseres Jahrhunderts haben mit diesem »Umschlagen der Wahrnehmung« gespielt oder sie uns bewußt gemacht (z. B. Picasso, der

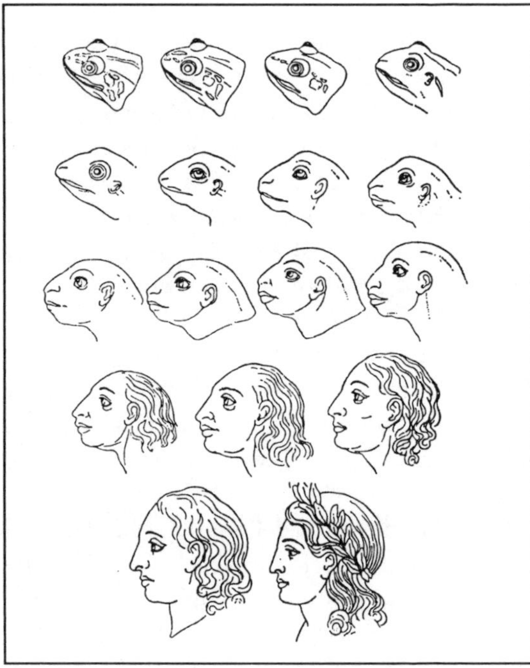

Abb. 6 Stufenleiter vom Frosch zum Apoll

einen alten Fahrradlenker in einen Stierkopf verwandelt konnte, oder Beuys, durch die Verwendung ungewöhnlicher Materialien wie Filz und Fett).

Unsere Wahrnehmung ist auf *spezifische* Weise organisiert. Sie vollzieht sich nicht nur in bestimmten Gestalten, sie unterhält auch jeweils eine ganz eigentümliche Beziehung zu anderen situativen Modalitäten (z. B. Gefühle). Wir sollten deshalb zwei Aspekte unterscheiden: Einmal ist die Wahrnehmung durch unsere fünf Sinne und *innerhalb eines Sinnesbereiches* durch Formen und Gestalten organisiert. Zum anderen ist unser Wahrnehmen eingebettet in eine ganze Situation (Stimmungen, Gedanken, Gefühle). Wir haben bereits gesehen, daß unsere Achtsamkeit innerhalb eines Sinnesbereichs, zwischen den Sinnen, aber auch zwischen den situativen Modalitäten hin- und herwandert. Wenn wir dies berücksichtigen, dann nehmen wir »immer wahr«. Es ist etwas ungewohnt zu sagen: »Ich nehme meine Gedanken oder Gefühle wahr«. Ich möchte an der alltäglichen Sprechweise hier auch nichts ändern; es sollte uns aber klar sein, in welchem Sinn wir von Wahrnehmung sprechen: Eigentlich meint man damit eine *nach außen* gerichtete Aufmerksamkeit.[114] Wir sehen unsere Hände und wissen, daß wir mit unserem Körper auch »draußen« sind. Obgleich wir auch unsere Gefühle oder Gedanken irgendwie »wahrnehmen«, unterscheiden wir doch zwischen »innen« und »außen«. Dennoch ist »Wahrnehmen durch die Sinne« eigentlich nur eine besondere Richtung unserer Achtsamkeit.

Schranken der Wahrnehmung?

Bevor wir die situative Struktur der Wahrnehmung genauer betrachten, möchte ich einige Anmerkungen zu möglichen Schranken der Wahrnehmung machen. Insbesondere im Rahmen der wissenschaftlichen Psychologie - jener Richtung, die psychische Vorgänge *objektivierend* beschreibt und experimentell erfaßt - hat sich die Überzeugung festgesetzt, daß unsere Wahrnehmung vor allem von ihren *Schranken* her zu beschreiben ist. Das hat Tradition. Obgleich Immanuel Kant die Ansicht vertrat, daß man die menschliche Seele nicht wie objektiv-räumliche Körper wissenschaftlich untersuchen könne, ging auch er von inneren Schranken unseres Erkenntnisvermögens aus. Wir sind »gezwungen«, sagt Kant, alle Gegenstände in Raum und Zeit anzuschauen, weil räumliches Sehen und zeitliche Ordnung »eine notwendige Vorstellung a priori«[115] seien. Im Kern handelt es sich also um die Frage, ob dem Wahrnehmen und Erkennen Schranken gesetzt sind oder nicht. Noch bis in die Neuzeit waren zahlreiche Philosophen der Auffassung, das Denken und Wahrnehmen vollziehe sich »unendlich schnell« und sei eigentlich nur ein »Widerspiegeln« oder »Erfassen« von objektiven Tatbeständen durch einen leeren Geist (*tabula rasa*). Kant hat die Erschütterung dieses Gedankens eingeleitet durch seine These, dem Denken und Erkennen würden innere Strukturen zukommen, die es nicht überschreiten könne. Eine zeitgenössische Variante dieses Gedankens ist die These des Linguisten Noam Chomsky, die Grammatik der menschlichen Sprache sei eine angeborene Struktur, die allen Menschen gemeinsam ist.[116]

Die frühe empirische Psychologie (Helmholz, Fechner u.a.) hat hier Widerspruch angemeldet und die Auffassung vertreten, daß auch »Begriffe a priori« (wie Raum und Zeit) in früher Kindheit erworben werden, also nicht angeboren seien. Der Verhaltensforscher Konrad Lorenz nimmt eine vermittelnde Position ein: Er sagt, daß die »Gattung Mensch« Begriffsbildungen wie Raum und Zeit zwar in der Evolution *erworben* habe, für uns Menschen, die wir ein *Resultat* dieser Evolution sind, seien solche Begriffe dennoch angeboren (im Gehirn biologisch »gespeichert«).[117] Auch jene Autoren, die von einer in früher Kindheit erworbenen Begriffsbildung ausgehen, unterstellen aber meist, daß es so etwas wie »Naturgesetze des Wahrnehmens« gibt, die nicht überschritten werden können. Bekannt ist z. B. das Webersche bzw. das Fechnersche Gesetz. Das Webersche Gesetz besagt, daß die Reizschwelle - ein eben noch merkbarer Unterschied bei einer Veränderung eines Reizes - der Reizhöhe proportional ist.[118] In einem dunklen Raum (schwacher Ausgangsreiz) scheint ein Streichholz ein sehr helles Licht zu sein, bei Tageslicht (starker Ausgangsreiz) nur ein kleines Licht. Zahlreiche weitere »Gesetzmäßigkeiten« wurden entdeckt und bilden das theoretische Fundament der Psychophysik.

Die moderne kognitive Psychologie - jene Richtung, die unser Denken und Wahrnehmen in Analogie zu einem Computer interpretiert - basiert auf prinzipiell ähnlichen Vorstellungen, betont aber den Beitrag, den der Wahrnehmende selbst leistet, ordnet ihm also eine aktive Rolle beim Wahrnehmen zu. Gleichwohl geht auch diese psychologische Forschungsrichtung von »Naturgesetzen« der Wahrnehmung aus, die ihre

Möglichkeiten *prinzipiell* einschränken. Besonders der Aufsatz von G. A. Miller: »The magical number seven, plus or minus two«, 1956 erschienen, erwies sich als äußerst einflußreich.[119] Miller behauptete, daß wir in unserer Wahrnehmung - gleichgültig welches Sinnesorgan wir betrachten - höchstens *sieben* unterscheidbare Einheiten erfassen können (die Zahl sieben kann um »plus/minus zwei« individuell differieren). Bietet man dem Auge z. B. für kurze Zeit ein Bild mit einer Anzahl von Punkten dar, so kann diese Anzahl bis zu sieben Punkten in der Regel gut wiedergegeben werden. Sind es mehr Elemente, so herrscht Unsicherheit über die Anzahl. Man muß dann anfangen zu zählen. Dies führte zu der allgemeinen These, Wahrnehmung sei eine Aufnahme von Information aus der Umwelt, die im Kurzzeitgedächtnis mit begrenzter Kapazität gespeichert und dann weiterverarbeitet wird. Hierzu liegen inzwischen zahlreiche empirische Untersuchungen vor; sie würden Literaturliste zu diesem Buch bei weitem sprengen.

Ich breche diese knappe Skizze hier ab und möchte hinsichtlich der kreativen Möglichkeiten der Wahrnehmung einige kritische Anmerkungen anfügen. Zunächst kann sicherlich nicht geleugnet werden, *daß* es in jeder Situation Schranken in der Wahrnehmung gibt. Die Frage ist aber, ob diese Schranken »absolut« sind (biologisch verankert, der menschlichen Vernunft immanent usw.) - oder ob diese Schranken durchbrochen und verändert werden können. Miller hat sehr deutlich betont, daß wir über genügend viele »Tricks« verfügen, Schranken der Wahrnehmung zu umgehen. Wir können z. B. Formen zu Gruppen zusammenfassen und die Gruppe als Einheit wahrnehmen. Auf diese Weise sind wir in der Lage, doch mehr als »sieben« Elemente zu erfassen. Betrachten Sie bitte die Abbildung 7. Wenn wir diese Abbildung jemandem nur kurzzeitig zeigen, so wird sie/er dennoch in der Lage sein, die Anzahl der schwarzen Punkte anzugeben, obgleich ihre Anzahl (18) die magische Zahl sieben weit übersteigt. Der Grund ist, daß wir sechs Gruppen zu je drei Punkten erfassen. Zählt man nur »Kreise« (leer oder gefüllt), so sind wir sogar in der Lage, 24 Kreise auf einen Blick zu erfassen: Wir sehen sechs Kreise mit je drei kreisförmigen Punkten als Inhalt. Dieses Experiment zeigt ganz einfach, daß in unser Wahrnehmen Denkprozesse eingeschaltet sind, die unsere Wahrnehmungs*fähigkeit* deutlich erhöhen. Schranken können durch das begleitende Denken relativ leicht überwunden werden.

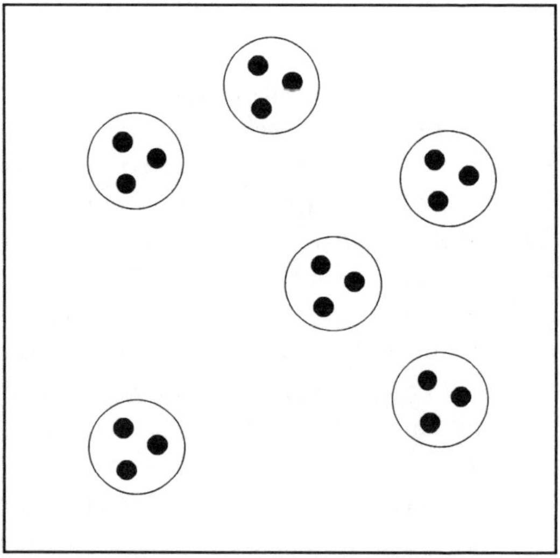

Abb. 7 **Zur Millerschen Wahrnehmungsregel**

Der wichtigste Punkt hierbei ist jedoch folgender: Was wir wahrnehmen, hat für uns immer auch *Bedeutung*, es besitzt einen bestimmten »Wert«. Wir nehmen aus dieser Perspektive der Bedeutung her wahr. Die Bedeutung ist aber keine formale Struktur, sie ist jeweils verwoben in den gesamten situativen Prozeß. Schlecht gelaunt, in mieser Stimmung werden wir oftmals stumpf in unserer Wahrnehmung. Jemand ist »blind vor Wut«. Die tatsächlichen Schranken der Wahrnehmung sind deshalb weit weniger in physikalischen, chemischen oder biologischen Gesetzen zu suchen; es handelt sich vielmehr um selbstgemachte Schranken. Ich weiß tatsächlich nicht, ob es *absolute* Schranken der Wahrnehmung überhaupt gibt, wenn das Ausgerichtetsein auf bestimmte Ziele, Zwecke, Bedeutungen beseitigt wird. Die empirische Psychologie verfährt in ihren Experimenten nach statistischen Methoden. Sie untersucht - wenn sie methodisch korrekt verfährt - Personen, die durch eine Zufallsstichprobe ausgewählt werden. Die Ergebnisse, die sie hierdurch erhält, sind dann »durchschnittliche« Ergebnisse. Sie erfaßt sozusagen die Wahrnehmungsfähigkeiten eines verheiraten Bankangestellten aus Frankfurt, Hamburg oder München mit zwei Kindern und normalem Familienleben. Die »Gesetze«, die dann zutage treten, sind weit eher Gewohnheiten und Beschränkungen, die von den Personen der Stichprobe selbst produziert werden.

Wenn wir von der *Kreativität* in der Wahrnehmung sprechen wollen, dann sind derartige Ergebnisse weitgehend bedeutungslos - bzw. wir können dann nur über die kreativen Möglichkeiten dessen sprechen, was sich »im Durchschnitt« zeigt. Wie steht es aber, wenn es so etwas wie eine »durchschnittliche Wahrnehmung« ebensowenig geben *kann* wie einen »durchschnittlichen kreativen Prozeß«? Das, was die Versuchspersonen jeweils individuell vom Durchschnitt unterscheidet und sie zu kreativen Personen macht, das wird durch die Methodik der wissenschaftlichen Psychologie *notwendig* ausgeklammert: Denn »Objektivität« heißt *Vergleichbarkeit* und Wiederholbarkeit. *Kreativität ist aber ihrem Wesen nach unvergleichbar.* Eines der Wahrnehmungs«gesetze« der empirischen Psychologie ist z. B. die sogenannte »Habituation«. Damit ist gemeint, daß gleiche Reize, die sich beständig wiederholen, nach einer bestimmten Zeit nicht mehr (oder nicht mehr so stark) wahrgenommen werden, wie z. B. der Verkehrslärm. Experimente mit japanischen Zen-Meistern haben aber gezeigt, daß sich bei diesen Meditationsmeistern *keine* Habituation nachweisen läßt.[120] Deren Wahrnehmung bleibt in jedem Augenblick frisch und offen; sie scheint in jeder Sekunde neu geboren zu werden. Hätte Miller gut ausgebildete tibetische Lamas getestet, so wäre er auf Fähigkeiten gestoßen, die uns nahezu unglaublich klingen. Große Meister des tibetischen Buddhismus sind z. B. in der Lage, dutzende Seiten von Büchern *täglich* auswendig zu lernen. Dies beruht auf einer Fähigkeit, die im Westen als Symptom von *Geisteskrankheiten* gilt: Der Eidetik. Damit ist gemeint, daß eine Person fähig ist, Wahrnehmungen fotografisch festzuhalten und jederzeit »innerlich« wieder abzulesen. Ich spreche hier von *nachweisbaren* Wahrnehmungsleistungen, nicht von *außersinnlicher* Wahrnehmung, die bei tibetischen Lamas zwar gleichfalls verkommt, von uns westlich erzogenen Menschen jedoch in der Regel als Legende oder Aberglauben abgetan wird. Ich möchte hierauf auch gar nicht eingehen. Wichtig ist nur: Diese außergewöhnlichen Fähigkeiten, wie Nicht-Habituation oder Eidetik, sind nicht »angeboren«. Sie werden durch die Praxis der Geistesschulung erworben, die bei Zen-Meistern oder tibetischen Lamas Teil ihrer *Ausbildung* ist. Es handelt sich nicht um Leistungen von Genies, sondern von Menschen, die ver-lernt haben, sich selbst in ihrer Wahrnehmung zu *beschränken*. Ähnliche Fähigkeiten finden wir häufig bei Künstlern.

Submodalitäten

Die eben dargestellte Diskussion und die zuvor gemachten Bemerkungen haben zu dem Ergebnis geführt, daß die Wahrnehmung *erstens* ein nur innersituativ zu verstehendes Phänomen ist und *zweitens*, daß Schranken der Wahrnehmung weitgehend selbstgemachte Schranken sind, die den gewöhnlichen, alltäglichen Routinen und Zielen entspringen, die wir verfolgen. Um die *Kreativität des Wahrnehmens aus einer situativen Perspektive* genauer beschreiben zu können, ist es nach dieser Diskussion sinnvoll, einige der gewonnenen Unterscheidungen zu benennen. Ich möchte einmal von »Submodalitäten« sprechen und meine damit jene Aspekte, die *innerhalb* einer der fünf situativen Modalitäten zu unterscheiden sind. Wir bezeichneten die erste situative Modalität allgemein mit »Sinnesgegenstände«. Es ist aber notwendig, fünf »nach außen gerichtete« Formen unserer Sinneswahrnehmung zu unterscheiden (sehen, hören, tasten, schmecken, riechen). Diese fünf Sinne sind *Submodalitäten* des ersten Aspekts (Modalität) einer Situation. Innerhalb einer Submodalität können wir wiederum verschiedene Formen oder Gestalten unterscheiden (sichtbare Formen und Farben beim Sehen; Töne, Geräusche und Melodien beim Hören usw.). Auch bei Gefühlen lassen sich Submodalitäten benennen (Trauer, Freude, Langeweile usw.). Bei Gewohnheitsmustern und Gedanken werden wir noch viel feinere Unterscheidungen von Submodalitäten entdecken können. Durch die Einführung dieses Begriffs »Submodalitäten» sind wir in der Lage, das Wahrnehmen genauer zu beschreiben: *Wahrnehmen heißt, innerhalb einer der situativen Modalitäten oder Submodalitäten eine Form (Gestalt) zu unterscheiden.* Wenn die Achtsamkeit auf eine Submodalität gerichtet ist, dann unterscheidet sie und entdeckt so Formen, Strukturen, Gestalten.

Die Formen in einer Submodalität unterhalten zueinander bestimmte Beziehungen. Die Art dieser Beziehungen ist bei verschiedenen Modalitäten der Sitatuation unterschiedlich. *Sichtbare* Gestalten beziehen wir *räumlich* aufeinander. Wir können aber auch räumlich tasten. Der »Tastraum« unterscheidet sich aber beträchtlich vom sichtbaren Raum. Wir sind ferner in der Lage, einem Ton oder Geräusch eine Richtung zuzuordnen; wir können auch von einem »Hörraum« sprechen. Der sichtbare Bereich kann weiter durch drei Strukturen (auch hier werden wir von Submodalitäten sprechen; es sind dies »Submodalitäten dritter Ordnung«) beschrieben werden: räumliche Gestalt, Bewegungsmuster und Farbe. Diese Submodalitäten können ganz unterschiedlich kombiniert sein. Bei *zweidimensionalen* Formen in einer Farbe (ohne Bewegung) sprechen wir von Zeichnungen, Skizzen, Schwarzweißbildern. Fügen wir noch die Submodalität Farbe hinzu, so ergeben sich Fotographien,

Gemälde, Farbdrucke usw. Die Submodalität »Bewegung« kann gleichfalls unterschiedlich eingefügt werden: Schwarzweißfilme und Videos kombinieren Form, Bewegung und Farbe ganz anders als z. B. ein Modeschöpfer. Bei einem Kleidungsstück kommt es auch auf Form und Farbe an, zugleich spielt aber die Bewegung eine (wenn auch ganz andere) Rolle. Ein Kleid »fällt« auf bestimmte Weise, ein Schuh verformt sich beim Gehen usw.

Die Mode kann einen weiteren Aspekt deutlich machen. In den Produkten schöpferischen Tuns werden Submodalitäten *innerhalb* eines Sinnesbereichs auch mit Submodalitäten eines anderen Sinnesbereichs kombiniert. Ich möchte hier von *intermodalen* Strukturen sprechen. Bei einem Kleid kommt es offenbar auch und vor allem auf das *Material* an. Wie unterscheidet man das Material? Man kann es teilweise *sehen*. Unterschiedliche Materialien haben unterschiedliche Farbe und Struktur. Doch dies ist nicht nur der Grund der Differenzierung von Materialien. Wir benutzen einen anderen Sinn, um ein Material zu prüfen: den Tastsinn. Es kommt bei einem Kleid darauf an, wie es sich »anfühlt«, wie es sich »auf der Haut trägt«. Ein Modeschöpfer verwendet damit bei seinen Kreationen viele Parameter; es ist sehr wichtig zu unterscheiden, welcher Submodalität diese Parameter angehören. Ein Produkt kann innerhalb einer Submodalität einem anderen völlig gleichen, in einer anderen Submodalität völlig verschieden sein (wie Seide und Synthetik). Wir sehen einem Wein vielleicht nicht an, daß er zu großer Hitze ausgesetzt war, sicherlich werden wir es aber schmecken.

In unseren Produkten kombinieren wir also auf spezifische Weise Submodalitäten. Dies macht unsere Kreativität aus. Diese Tatsache wirkt auf unsere Wahrnehmung unmittelbar zurück. Eigentlich *erkennen* wir nur, was wir *be-greifen*. Wir legen also unsere Wahrnehmung aus der Perspektive des *Tuns* aus. Ich möchte hier wieder ein Experiment vorschlagen: Betrachten Sie bitte diese Seite des Textes, den Sie gerade lesen. Diese Seite ist viereckig und hat einen Rand (Buchkante). Sie ist mit einem Text bedruckt. Wenn Sie jetzt diese Zeile lesen, dann unterscheiden sich die Buchstaben (B-U-C-H-S-T-A-B-E-N). Während sie oben lasen, haben Sie nicht einzelne Buchstaben unterschieden, sondern ein ganzes Wort erfaßt, das Wort in Klammern sehen Sie dagegen auch als Buchstabenfolge. Manchmal lesen wir sogar diagonal und erfassen nur ganz ungefähr ganze Wortgruppen. Die *Unterscheidungen*, die wir machen, die *Unterschiede*, die wir wahrnehmen, sind offenbar abhängig von unseren Absichten und Interessen. Wenn Sie ***weiderläsen***, stocken Sie plötzlich und sagen sich: Das ist doch ganz falsch geschrieben, es muß doch »weiterlesen« heißen. Sie hören auf, das Wort als Einheit zu betrachten und fangen an zu buchstabieren: Das »d« muß durch »t« und »ä« durch »e« ersetzt werden.

Was ist das Ergebnis unseres kleinen Experiments? *Unser Wahrnehmen ist eingebettet in unser Tun.* Die Unterschiede, die wir wahrnehmen, hängen von dem ab, was wir tun. (Einen Text zu lesen und zu verstehen ist etwas anderes, als Wörter zu buchstabieren.) Die Unterschiede innerhalb eines Wahrnehmungsbereiches, innerhalb einer Submodalität leiten sich deshalb ab von unseren unterschiedlichen Tätigkeiten oder der aktiven Haltung, die wir ausführen oder einnehmen. Unser Wahrnehmen und Erkennen ist ebenso auf unser Handeln bezogen, wie unser Handeln durch das Wahrnehmen und Erkennen gelenkt wird. Doch diese Feststellung ist noch zu abstrakt, zu ungenau. Wie so oft beim Sprechen gaukeln uns die Wörter eine Bedeutung vor, die eigentlich ziemlich verschwommen und unklar ist. Wenn man sagt, daß das Erkennen auf das Handeln »verweist« (und umgekehrt), so geht man davon aus, daß man schon weiß, was »handeln« eigentlich heißt. Für unsere Diskussion der Kreativität genügt eine Einsicht: *Handeln ist das Beziehen einer situativen Submodalität auf andere, gelenkt durch die Achtsamkeit.* Wahrnehmen ist formal betrachtet exakt dasselbe. Das, was wir im vorhergehenden Kapitel als »flackernde Achtsamkeit« beschrieben haben, ist zugleich ein Charakteristikum des Handelns. Wenn wir handeln, dann müssen wir unsere Achtsamkeit beständig von einer situativen Modalität auf eine andere umlenken; beim Wahrnehmen geschieht dasselbe.

Kreative Aspekte der Wahrnehmung

Damit sind wir gerüstet, uns die kreativen Aspekte der Wahrnehmung klarzumachen. Was geschieht eigentlich bei einer Gestaltwahrnehmung? Eine Gestalt ist ein Unterschied innerhalb einer Submodalität, z. B. ein Würfel im sichtbaren oder eine Melodie im hörbaren Bereich. Ist dieser Unterschied einfach »da« oder gründet er in einem tätigen Unterscheiden? Betrachten wir nochmals die obige Stufenfolge vom Frosch bis zu

Apoll (⇒ Abbildung 6). Wenn wir verschiedene Menschen fragen, ab welcher Zeichnung der Frosch nun Mensch geworden ist oder ab wann er »Apoll-ähnlich« geworden ist, so werden wir vermutlich sehr verschiedene Antworten erhalten. Wenn wir mit einem Maler durch eine Ausstellung gehen, so wird er uns vielleicht auf Details an einem Bild hinweisen, die wir gar nicht entdeckt haben. Erst nach dem Hinweis lassen wir uns durch ein »Aha!« vernehmen; wir haben etwas Neues entdeckt. Die Unterschiede, die wir wahrnehmen, gründen offenbar in unserem Unterscheiden. Die Fähigkeit zu unterscheiden wiederum gründet in unserer *Erfahrung*. Ein Teil dieser Fähigkeiten ist vielleicht angeboren; wir teilen ihn mit höheren Tieren. Andere Fähigkeiten zur Unterscheidung erwerben wir in früher Kindheit. Wir werden mit einer *offenen Disposition* geboren; sie wird durch unsere Erziehung und das kulturelle und soziale Umfeld geprägt. Ein Teil solcher Prägungen ist offenbar nicht mehr umzukehren. Die Fähigkeit, bestimmte Laute auszusprechen, wird (wie uns Gehirnforscher versichern) offenbar schon sehr früh erzeugt und ist später kaum mehr grundlegend zu verändern. (Die Schwierigkeiten der Asiaten mit dem Buchstaben »r« sind ebenso bekannt wie die Probleme, die z. B. viele Hessen mit dem Wort »technisch« haben.) Andere Verhaltensweisen erlernen wir im Laufe unseres Lebens und sind auch fähig, sie zu verändern.

Kurz gesagt: In der Wahrnehmung beziehen wir das jeweils Wahrgenommene auf unsere gesamte Geschichte (die persönliche ebenso wie die der Gattung Mensch). Eine besonders wichtige Rolle spielt hierbei natürlich die Sprache. Sprechen vollzieht sich immer in bestimmten Situationen; beim Sprechen sind die fünf situativen Modalitäten stets mitbeteiligt. Es ist deshalb ein viel zu enges Modell, wenn man das Sprechen auf ein Verhältnis von »Wort« und »Vorstellung« reduziert und gelegentlich »pragmatische Aspekte« ergänzend anfügt. Wörter haben nicht einfach eine feste Bedeutung und einen fest definierbaren Gebrauch. Was ist eigentlich eine »Bedeutung«? Nach unserer Diskussion fällt uns die Antwort darauf nicht mehr schwer: Eine Wortbedeutung bildet sich durch eine Beziehung der situativen Modalitäten (Submodalitäten), d. h. ein Wort zu verstehen ist sowohl eine Erkenntnis wie eine Handlung. Sprechen ist ein *kreativer* Akt. Was ist genau das kreative Moment hierbei? Wenn wir auf die obige Abbildung 6 das Wort »Frosch« oder »Apoll« anwenden, so hat dieses Wort offenbar für uns eine Bedeutung. Diese Bedeutung können wir auch als »Gedächtnis« oder »Erinnerung« bezeichnen, denn offenbar kannten wir beide Wörter schon, ehe dieser Text geschrieben oder gelesen wurde. Irgendwann haben wir die Wortbedeutung erlernt. Wir haben sie erlernt in einer spezifischen Situation; »Frosch« vielleicht als Kind an einem Bach, als jemand auf etwas lebendig Bewegtes deutete und sagte: »Schau! Ein Frosch.« Wenn wir nun das Wort hören oder verwenden, dann beziehen wir etwas in der *gegenwärtigen* Wahrnehmung auf eine (oder zahlreiche) *vergangene* Situation(en). Wahrnehmen ist also eine intermodale Beziehung eines Sinnenbereiches auf unsere gesamte Erfahrungsgeschichte; jeweils unterschieden durch Wörter oder durch Sprache.

Beim Handeln und Wahrnehmen kombinieren wir intermodale Strukturen (Gedanken und Gegenstände, Bewegungen und Sätze, Gestalten und Wörter etc.). Damit wird deutlich, was submodale Formen oder Gestalten eigentlich sind: es sind die durch unser Gedächtnis auf eine gegenwärtige Wahrnehmung bezogenen vergangenen Situationen unseres ganzen Lebens und angeborener Strukturen des Lebendigen überhaupt. Hier zeigt sich auch, daß beim Wahrnehmen nicht einfach nur Gestalten hervortreten; vielmehr tritt zugleich die gesamte »Tönung« der Situationen hervor, in denen wir etwas erlernt und angewendet haben. Bei Wörtern, die wir sehr häufig gebrauchen, mag sich ein »Abschleifeffekt« ergeben: Die Gedächtnisspuren sind so vielfältig, die Situationen, in denen das Wort gebraucht wurde, so zahlreich, daß sie eher »neutral« auf uns wirken. Andere Wörter oder Gestalten haben auf uns dagegen eine tiefe Wirkung: sie lösen tiefe Gefühle aus oder rufen Gewohnheitsmuster hervor. Wer als Kind von einem Schäferhund gebissen wurde, der wird dieser Hunderasse ein Leben lang mit Mißbehagen begegnen und beständig die Tendenz haben, auszuweichen. Selbst ein Foto mag schon eine gewisse Furcht hervorrufen. Andere Gestalten oder Formen unserer Wahrnehmung mögen uns »zu denken geben«. Wenn wir ein Wort hören oder lesen, dann löst dies fast immer ein gewisses Maß an Nachdenken bei uns aus. Viele Menschen »müssen« auch sofort reagieren, wenn sie jemand etwas sagen hören, d. h. sie »antworten« und sprechen dann auch. Dies ist nur ein, wenn auch sozial das wichtigste, Gewohnheitsmuster, auf bestimmte Gestalten (hörbare Wörter) zu reagieren. *Daß* dies ein Gewohnheitsmuster ist, wird meist gar nicht mehr bewußt; man hält »sprechen« für ganz »normal«. Tatsächlich ist unser moderner Alltag ziemlich zer-redet. Es gibt kaum eine Wahrnehmung, in die sich die Sprache nicht einmischt.

Etwas *als* etwas sehen

Die Wörter sind in der Wahrnehmung strukturierende, hinweisende Elemente. Durch die Beziehung der Sinne auf das Denken und die eigene Erfahrung erzeugen wir die submodalen Strukturen. Die (räumliche) Aufspaltung des sichtbaren Bereichs in Formen und Farben erzeugen wir durch die »Aktivierung« der Geschichte (Zeit), sowohl unserer persönlichen Geschichte, als auch jener Geschichte der Evolution, die wir in der Struktur unseres Körpers vergegenständlicht vererbt erhalten. Wir sehen die Sinneseindrücke *als* etwas.[121] Und dieses »als«, dieses »alshafte Wahrnehmen« können wir als endlos wiederkehrenden Rückbezug auf unsere eigene Erfahrungsgeschichte begreifen. Kehren wir nochmals zum Anfang dieses Kapitels zurück. Dort hatten wir zwei Mädchen beim Spielen beobachtet, wie sie Stöcke und leere Joghurtbecher in »Kochlöffel« und »Töpfe« verwandelt haben. Für sie ist in ihrem Spiel der Joghurtbecher *als* Kochtopf erfaßt. *Wir* sehen im Joghurtbecher einen Joghurtbecher. Wir nehmen ihn nur *als* das, was er in unseren alltäglichen Handlungen vornehmlich und zumeist ist. Gelegentlich sind wir hier kreativ: Jemand nimmt z. B. einen leeren Joghurtbecher und sagt: »Danke, ich habe schon einen Aschenbecher« (er benutzt den Joghurtbecher *als* Aschenbecher). In der Regel haben wir aber eher die Einstellung: Irgendein Ding hat nur *einen* Sinn, *einen* Zweck. Wir nehmen unsere Umgebung rückwirkend von unseren Zwecken her wahr. Dies ist es, was uns von den beiden spielenden Mädchen unterscheidet. Wir haben aufgehört mit unserer Wahrnehmung zu spielen.

Wie können wir mit unserer Wahrnehmung »spielen«? Eigentlich spielen wir beständig damit, nur sind die Regeln unseres alltäglichen Spiels ungeheuer abgeflacht und unter Routinen versteckt. Wir entdekken dies an einem gewissen Mißbehagen, das sich in manchen Situationen einstellt. Mit bestimmten Menschen kann man nicht spazierengehen, weil sie unentwegt darauf aus sind, uns *ihre* Wahrnehmung aufzuzwingen: »Sieh doch, dort die Schlüsselblumen!« - »Hörst du, ist das eine Amsel?« - »Schau, die kleinen Veilchen!« usw. Das Aussprechen des entsprechenden Wortes (Schlüsselblumen, Amsel, Veilchen) zwingt, auch wenn wir nicht wollen, unsere Achtsamkeit in eine bestimmte, eingrenzende Richtung. Es gibt auch ganz andere Zeitgenossen: Sie sehen überhaupt nichts und reden und reden... Auch wenn wir »gar nicht zuhören«, gelingt es uns doch nicht, auf einem Spaziergang oder einem Bummel durch die Straßen einfach nur umherzublicken; der begleitende Wortschwall verengt unsere Achtsamkeit. Diese Beispiele sind ebenso einfach wie erhellend. Wörter haben in der Wahrnehmung eine magische Kraft: Durch bloßes *Denken* eines Wortes (nicht minder durch das Aussprechen) erzeugen wir eine Änderung der sinnlichen Submodalität, entstehen Gestalten und Formen. Man kann nicht sagen, daß die Unterschiede, die wir durch Wörter erzeugen, nicht »schon vorher« da waren (man kann sich z. B. später erinnern und sie dann entdecken). Sie waren aber ohne das Wort, ohne die Sprache nicht so in unseren Sinnen, wie durch die intermodale Beziehung auf ein Wort.

Wenn wir auf das Wechselspiel der Wörter und Wahrnehmungen achten, dann bemerken wir die »magische Kraft« der Sprache. Sie können folgendes Experiment machen: Sagen Sie einfach beim nächsten Stadtbummel, bei der nächsten Autofahrt zu sich selbst: »Ich sehe jetzt vor allem Kreise, überall Kreise.« Wenn Sie das mehrmals tun, werden Sie an zahlreichen Dingen eine runde, kreisähnliche Struktur sehen, an der Sie zuvor vielleicht achtlos vorbeigegangen wären. Mehr noch. Zugleich erwacht in Ihnen ein Gefühl für das Gegenteil, für gerade Linien, gerade Kanten. Oder versuchen Sie, sich vornehmlich auf eine Farbe zu konzentrieren (z. B. die Farbe Grün). Tatsächlich *evozieren* Sie nun in Ihrer Wahrnehmung zahllose grüne Strukturen, wie ein Magier Geister evoziert. Wenn Sie dagegen während Ihres Stadtbummels, während Ihrer Autofahrt die Höhe Ihres Kontostandes mit dem Datum vergleichen, werden Sie vielleicht gar nichts mehr sehen. Wir können so sehr in Gedanken vertieft sein, daß wir selbst Bekannte auf der Straße übersehen. Durch die Lenkung unserer Achtsamkeit *und unserer Sprache* sind wir in der Lage, unsere Wahrnehmung zu steuern.

Hier zeigt sich ein sehr wichtiges Prinzip der Kreativität: Besonders durch Wörter können wir unsere Achtsamkeit einerseits sehr eng eingrenzen, andererseits aber auch schärfen. Sir Arthur Conan Doyle's Romanheld Sherlock Holmes ist hier ein sehr guter Lehrmeister. Er führt uns vor, wie genaue Beobachtung, rational und durch Sprache gelenkt, funktioniert. Weshalb sieht Sherlock Holmes Dinge, die sein

Freund Dr. Watson nicht entdeckt (oder erst am Ende einer Geschichte, wenn Holmes ihn aufklärt)? Weil Dr. Watson nicht *gezielt* wahrnimmt. Holmes stellt unentwegt Hypothesen auf und überprüft sie; er geht an Gegenständen nicht achtlos vorbei, sondern versucht sie einzuordnen, zu klassifizieren (er zählt die Stufen einer Treppe, untersucht die Farbe von Flecken auf der Tischdecke usw.). Die Wahrnehmung kann uns bei unserer Suche die Antwort versagen (wenn wir z. B. nach einem kreisförmigen Gegenstand mit der Farbe grün suchen und ihn nicht entdekken). Andererseits kann man aber Antworten auch nur erhalten, wenn man *Fragen* an die Wahrnehmung stellt. Und Fragen werden vorrangig strukturiert durch die Sprache. Angeleitet durch ein Wort oder einen Satz, sind wir fähig, eine oder viele Situationen unserer persönlichen Geschichte auf eine gegenwärtige Situation zu beziehen, in ihr das zu entdecken, was sie mit anderen Situationen gemein hat. Wir entdecken so neue Formen, Gestalten und Strukturen in der gegenwärtigen Situation. Nicht die Wörter erzeugen diese Stukturen; aber sie sind ein Schlüssel für unsere vergangenen Erfahrungen, die unseren Sinnen als Modell der Unterscheidung dienen.

Das Echo der Wörter

Hier zeigt sich, daß Wörter mehr und anderes evozieren als eine »Bedeutung«, daß man nicht von einer einfachen »Verwendung« sprechen kann. Anders gesagt: »Bedeutung« (der semantische Aspekt) enthält viel mehr, als nur einfach ein »inneres Bild«; die »Verwendung« (der pragmatische Aspekt) eines Wortes ist eine sehr komplexe situative Struktur. Wörter werden in *Situationen* erlernt und die Erinnerung an diese Situationen wird mit dem Hören, Denken oder Aussprechen eines Wortes wenigstens prinzipiell immer wieder neu verfügbar. Sie mag nicht von uns erfaßt werden; gleichwohl ist sie stets latent. Ich möchte hierzu wieder eine Übung vorschlagen, die man *»Echo der Wörter«* nennen kann: Nehmen Sie sich etwas Zeit und wählen Sie irgendein von Ihnen nicht allzuhäufig gesprochenes Wort, möglichst wenig abstrakt (also nicht »Sein« oder »Freiheit«); es kann auch ein Name sein. Blicken Sie dann auf eine ruhige, wenig ablenkende Fläche oder schließen Sie einfach die Augen. Sprechen Sie nun (laut oder innerlich in Gedanken) dieses Wort achtsam aus - und warten Sie. Beobachten Sie die Gefühle oder Bilder, die sich einstellen. Lassen Sie sich davon nicht ablenken, sondern wiederholen nun das Wort nach einer gewissen Pause (z. B. 30 Sekunden). Sie werden bemerken, daß Sie erstens lernen, auf die »Reaktion ihres Gehirns« genauer zu achten; zweitens werden Sie vielleicht entdecken, daß sehr vielfältige Gefühle, Gedanken, Bilder bei Ihnen auftauchen. Sollten Sie Schwierigkeiten mit dem von Ihnen gewählten Wort haben (es läßt sie »kalt« und ergibt keine Reaktion), dann wählen Sie ein anderes. Ich würde darauf wetten, daß sich bei Wörtern wie »Vater«, »Mutter« oder »Liebhaber« Reaktionen einstellen. Beachten Sie aber, daß die Reaktionen auf das Aussprechen eines Wortes nur sehr kurz sind, wie ein wirkliches Echo. Alles, was sich länger in Ihr Bewußtsein drängt, ist bereits das Resultat Ihres in Gang gesetzten Denkprozesses.

Das Wortecho ist die Fülle der Erinnerungen, die sich mit einem Wort verbinden. Was lernen wir aus dem »Echo der Wörter« für die Wahrnehmung? Der Wahrnehmungsprozeß ist »situativ eingebettet«. Er ist vor allem Moment und Teil einer Handlung. Typischerweise kennen wir folgende Möglichkeiten: Entweder wir *beachten* irgendetwas vor unseren Augen (es »springt in unsere Augen«) und denken dann darüber nach (»das erinnert mich an...« - »das möchte ich jetzt essen...« usw.), und dieses Denken verstärkt unsere Wahrnehmung. Oder wir wollen *irgendetwas* erreichen, haben z. B. Hunger und sehen im Kühlschrank nach, was »da« ist. Vermutlich haben wir vorher im Geiste schon zu uns gesagt: »Ich muß jetzt etwas essen.« Vielleicht haben wir auch schon einen kleinen Plan gemacht und folgenden Dialog mit uns selbst geführt: »Wenn noch Eier da sind, dann brate ich mir Spiegeleier. Oder? Ich wollte eigentlich Kaffee dazu trinken; ich glaube, ein Käsebrot würde mir besser schmecken.« - Wenn wir so zu uns selbst sprechen (»denken«), dann drehen wir am »Lichtkegel« unserer Achtsamkeit. Durch die Wörter »Ei« und »Käse« machen wir uns selbst Appetit. Wenn wir dann in den Kühlschrank blicken, dann sehen wir nur, was wir sehen wollen: Eier, Schinken, Käse. Weder die Schale mit den Kartoffeln von gestern, noch die Sahne fallen uns auf. Was ist hier genau geschehen? Durch unser Denken, durch die darin vorkommenden Wörter, haben wir in uns Erinnerungen wachgerufen (daran, wie Schinken, Ei, Käse schmekken).

Intentionalität

Die Wahrnehmung ist *eingebettet* in die anderen situativen Modalitäten und wird vor allem vom Denken *ausgerichtet.* Das Denken erzeugt eine bestimmte *Intention* unseres Wahrnehmens. Und diese Intention ist es, die es uns erlaubt, neue Dinge zu entdecken: Sie verhindert dies aber auch zugleich. Wir sollten unsere intentionale Ausrichtung in der Wahrnehmung nicht einfach als Hindernis unserer Kreativität, der Fähigkeit anderes als das Erwartete zu entdecken, betrachten. Dennoch ist die Fähigkeit des *reinen* Beobachtens, ohne eine Handlungsabsicht damit zu verbinden, ohne schon genau zu wissen, wie wir das Wahrgenommene zu beurteilen haben, eine sehr wichtige Voraussetzung. Wenn wir z. B. von einem Menschen zu wissen glauben, daß er ein Tolpatsch ist, dann werden wir *immer* nur tolpatschige Bewegungen an ihm entdecken. Ändern wir unsere Intention und suchen wir gezielt nach eleganten Bewegungen bei ihm, so werden wir vielleicht bemerken, daß unser »Tolpatsch« auf unnachahmliche Art Spaghetti verzehrt oder Kaffee trinkt (selbst wenn dabei etwas verschüttet wird).

Wenn wir etwas sehen, hören usw., dann »urteilen« wir. Dieses Urteil ist unsere durch das Denken erzeugte Haltung dem Wahrgenommenen gegenüber. In diese Haltung fließen (wie wir gesehen haben) mit unseren Erinnerungen auch all unsere Gefühle und Bilder mit ein. Wenn wir jemand einen Tolpatsch nennen, dann erzeugt dieses gedachte Wort »Tolpatsch« ein Wortecho, z. B. ein kurz aufblitzendes inneres Bild eines Clowns, der stolpert. An diesem Bild messen wir dann unsere Wahrnehmung. Wir *können* gar nicht anders als eben so wahrzunehmen. In jeder submodalen Struktur, in jeder Gestalt evozieren wir unsere Erfahrungsgeschichte. Hier funktionieren wir tatsächlich so, wie die psychologische Schule der Behaviouristen von Menschen generell behauptet: Erinnern Sie sich bitte, ob sich der von Pawlow entdeckte »bedingte Reflex« nicht auch bei Ihnen zeigte, als Sie oben die Wörter »Ei« und »Käse« gelesen haben? Ist Ihnen nicht auch ein wenig das Wasser im Munde zusammen gelaufen? (Oder, falls Sie diese Speisen verabscheuen, haben Sie nicht »brrr!« gedacht?) Allerdings sind wir keineswegs diesen bedingten Reflexen, diesen mechanischen Verknüpfungen von Wörtern, Strukturen und Erinnerungen hilflos ausgeliefert.

Etwas unterscheidet uns von blind reagierenden Maschinen: Wir sind achtsame, kreative Wesen, auch wenn wir das immer wieder vergessen.

Wenn wir entdecken, wie unsere Wahrnehmung funktioniert, dann können wir dies kreativ nutzen. Es genügt, wenn wir im Geiste das Wahrgenommene völlig neu beschreiben. (Wir werden noch spezifischere Methoden kennenlernen, wie man Beschreibungen verändern kann ⇒ Kapitel 8-9). Im Augenblick genügt es, daran zu erinnern, was geschieht, wenn jemand (in der U-Bahn, im Bus) über das Wetter, die Verkehrsmittel usw. zu schimpfen beginnt. Auch wenn wir guter Laune waren, werden wir ein ungutes Gefühl bekommen; es kostet uns einige Anstrengung, nicht auch zu glauben, daß Busse prinzipiell zu spät kommen, U-Bahnen überfüllt, viel zu teuer und überhaupt die modernen Städte ein Graus sind. Verläuft die Unterhaltung anders, lobt jemand die Vorzüge öffentlicher Verkehrsmittel, weil man im Bus Zeitung lesen kann und nicht auf den Verkehr achten muß, dann sehen wir (auch wenn wir das Gegenteil glauben) die Sache für einen Augenblick auch anders. Es mag sein, daß wir *widersprechen* (laut oder innerlich). Doch was heißt das eigentlich, »widersprechen«? Wir haben die *Glaubensüberzeugung*, daß öffentliche Verkehrsmittel ein Ärgernis sind, und wir stellen diese Glaubensüberzeugung immer wieder her. Sagt jemand etwas anderes als »unsere Meinung«, dann reden wir solange zu ihm oder zu uns selbst, bis diese Überzeugung wieder als unerschütterliches Feldzeichen im Schlachtfeld unserer Wahrnehmung steht. Wir arbeiten also beständig daran, die Wahrnehmung durch unserer Denken so zurechtzumachen, daß wir unsere Routinen des Denkens wiederholen können.

Die *Kunst der Wahrnehmung* besteht darin, dieses mechanische Verhalten, das uns ein wenig zu jenem Typ Menschen macht, den die Behaviouristen beschreiben, kreativ zu durchbrechen. Wenn wir durch Wörter, innere Dialoge oder das Sprechen unsere Wahrnehmung anders »ausrichten« können, dann sollten wir das doch ganz einfach tun. Wir manipulieren unsere Wahrnehmungsrichtung ohnehin beständig durch unser Denken, ohne daß wir das eigentlich bemerken. Schlimmer noch. Wir überlassen es *anderen*, unsere Wahrnehmung zu manipulieren. Und nicht nur unsere Wahrnehmung, auch unsere Gefühle und Gedanken. Weshalb sagen wir eigentlich nicht Wörter zu uns selbst, die uns immer neue Aspekte der Welt entdecken lassen? Es gibt viele Menschen, die zwar die Lust verspüren, neue Dinge wahrzunehmen, hierzu aber nur eine Strategie kennen: Sie verreisen. Tatsächlich sehen und hören Sie aber in anderen Ländern immer nur das, was sie erwarten und denken. Sie schleppen ihre Wahrnehmungstechnik mit. Wäre es nicht sinnvoller, wenn diese Menschen zunächst ihre Wahrnehmungsfähigkeit verändern würden und *dann* verreisten?

Durch eine Veränderung unserer inneren Dialoge können wir auch unsere Welt neu entdecken (ich greife das nochmals auf ⇒ Kapitel 13). Auf einen wichtigen Punkt möchte ich bereits hier hinweisen: Es gibt eine Gruppe von Wörtern, die unsere Wahrnehmung sehr einseitig ausrichten und oft ausblenden. Es sind dies alle wertenden Wörter: »schön/häßlich«, »gut/schlecht«, »gefällt mir/gefällt mir nicht« etc. Diese Wörter bezeichnen, vielleicht entgegen unserer Überzeugung, nichts am Wahrgenommenen selbst. Wertende Wörter drücken *intermodale* Strukturen aus: Wenn wir sagen: »Dieses Bild ist häßlich«, dann klingt der Satz so, als würde das Häßliche irgendetwas an dem Bild, am Wahrgenommenen ausdrücken. Das ist aber sicher eine Täuschung. Vielmehr verbirgt sich im Wort »häßlich« ein *Urteil* über das Wahrgenommene, eine andere situative Modalität (ein Gefühl, ein Gedanke). Wenn wir unsere Wahrnehmung kreativ umgestalten oder in einen kreativen Prozeß fruchtbar einbetten wollen, dann sollten wir wertende Aussagen völlig beiseite lassen. Nichts ist *nur* häßlich. Wenn wir sagen: »Das ist häßlich«, dann verbauen wir uns die Möglichkeit, das Schöne daran zu entdecken. Oder schwächer ausgedrückt: Wer irgendeinen Sinnesgegenstand wertend ablehnt, dem entgeht die Möglichkeit, ihn auch dann ergreifen zu können, wenn er in irgendeiner Hinsicht nützlich wäre.

Unsere Wahrnehmung ist also, mit einem Wort gesagt, *kontaminiert*. Sie ist überlastet mit allerlei nutzloser Fracht, die unsere Achtsamkeit und Entdeckerfreude mit Bleigewichten behängt und eingrenzt. Wir müssen den Raum erst schaffen, in dem das Neue gesehen werden kann. Dann kann man spielerisch oder experimentell Gestalten auf ein Wahrnehmungsfeld »projizieren« und sehen, inwiefern sie zutreffen. Dies geschieht durch unser Denken. Die Wahrnehmung *selbst* ist (als situative Modalität) nicht »kreativ«. Sie zeigt nur, was wir intermodal erfassen oder erwarten. Es gibt eine Art der Wahrnehmung, die ohne Intention einfach achtsam sieht, hört, tastet usw. Von einigen Philosophen wird bestritten, daß dies überhaupt möglich ist; tatsächlich ist es nicht gerade leicht zu erreichen. Man kann aber wenigstens erkennen, was uns von diesem Zustand unterscheidet, in dem die situativen Modalitäten auf bloßes Wahrnehmen konzentriert sind und die Achtsamkeit ganz »in den Sinnen« ist. Wenn wir uns gewöhnlich auf irgendetwas konzentrieren, dann scheinen wir dabei zu ermüden. Tatsächlich wandert unsere Achtsamkeit oft vom Wahrgenommenen weg. Beim Musikhören etwa ist unsere Achtsamkeit vielleicht zunächst fasziniert von einem Klang; nach einer bestimmten Zeit wandern wir aber in Gedanken »weg« und beginnen zu träumen. Die Achtsamkeit wendet sich anderen situativen Modalitäten zu (Gedanken, Gefühlen). Es liegt hier jene »Habituation« vor, auf die wir bereits hingewiesen haben: Wird einer Versuchsperson längere Zeit ein bestimmtes monotones Geräusch vorgeführt, so blendet sie es nach einer gewissen Zeitspanne aus. Große Künstler besitzen die Fähigkeit, die Achtsamkeit nicht von aufsteigenden Gedanken ablenken zu lassen. Der bereits wiederholt zitierte Cézanne sagt in den Gesprächen mit Gasquet: »Ich komme vor mein Motiv, ich verliere mich darin.« »Wenn ich beim Malen denke, wenn ich dazwischenkomme, dann stürzt alles ein und ist verloren.« »Der Mensch soll nicht da sein, aber ganz eingegangen in die Landschaft.«[122]

Offene Weite[123]

Diese letzte Bemerkung verdeutlicht die kreative Kraft der Wahrnehmung besonders. Die *reine Wahrnehmung*, ohne Beziehung auf andere situative Modalitäten (vor allem das Denken), wird verschwistert mit der Achtsamkeit zur Quelle aller reinen Formen, Farben und Töne. Dieses reine Wahrnehmen ist immer als Moment auch der kontaminierten Wahrnehmung mit gegenwärtig. Wenn wir es auch nicht soweit bringen sollten wie ein Zen-Meister oder Cézanne, so sind wir doch in der Lage, in unserer Wahrnehmung die stillen, kontemplativen Pausen zu verlängern. Sie gehen einher mit einem Gefühl von Offenheit und Stille. Die Achtsamkeit und Offenheit zeigen sich auch am Wahrgenommenen in einer Entsprechung. Im sichtbaren Bereich ist dies der *leere Raum*. Der leere Raum räumt den Formen und Farben allererst jene Offenheit ein, in der sie erscheinen können. Dieser »leere Raum« ist nicht jener der Newtonschen oder Einsteinschen Theorie; es ist kein physikalischer, vermessener Raum, sondern ein *Erlebnisraum*. Es gibt auch einen »Hörraum« und »Tast-raum«. Die Offenheit einer Situation zeigt sich in der visuellen und kinästhetischen Wahrnehmung als »Raum«, als »Weite«, im hörbaren Bereich als Stille, als Ruhe. Wir assoziieren mit Stille oftmals »Weite«. Im tastbaren Bereich haben wir kein eigenes Wort für diese Offenheit; sie ist immer dann kenntlich, wenn wir mit unseren Händen oder Füßen nicht auf Widerstand stoßen, wenn wir »ins Leere« treten oder greifen. Wir können dieses Phänomen als *»Tastweite«* bezeichnen. Ohne Raum gäbe es keine Formen und Farben, ohne Stille keine Geräusche, ohne Tastweite keine Tastempfindung. (Die anderen Sinne sind hierin für uns vielleicht weniger stark ausgeprägt, obgleich sich auch hier eine »Weite« zeigt: im Geschmack eines Weines oder im Duft eines Parfüms.) Raum, Stille und Tastweite sind für uns *beängstigend*, wenn sie uns überfallen, überraschen (⇒ Kapitel 13). Wenn wir ins Leere treten, läuft ein angeborenes Angstmuster vor dem Fallen ab, das schon Kleinkinder zeigen. Wenn es plötzlich still wird, sind wir verunsichert, und ein leerer Raum erscheint uns manchmal beängstigend.

Raum, Stille und Tastweite sind auf merkwürdige Weise mit der Achtsamkeit verwandt. Auch unsere Achtsamkeit hat keine besondere Eigenschaft und kann doch alles aufnehmen. Sie ist ebenso ein Vorschein der Offenheit, wie in der Wahrnehmung der Raum, die Stille und die Tastweite. Es sind dies jene Aspekte, in denen sich die Kreativität in ihrem »Grundmodus«, in ihrem eigentlichen Wesen entfaltet. Die Offenheit einer Situation, die sich in der Achtsamkeit und den Wahrnehmungsaspekten »Raum, Stille und Tastweite« zeigt, ist *erfüllt* von Formen, Farben, Mustern, Strukturen. Sie stellen das endlose Produkt des *Prozesses* der Kreativität dar. Jede Situation ist in ihren zahlreichen Aspekten, ihren Modalitäten und Submodalitäten, ebenso das *Resultat* von Kreativität, wie in ihrer Offenheit (in Achtsamkeit, Raum, Stille und Tastweite) die *Quelle* neuer Schöpfungen. Wir haben oben gesagt: Eine »Kreativitätstechnik« verhilft uns (formal ausgedrückt) von einer Situation in eine andere. Die Möglichkeit hierfür wird erzeugt durch die Ausrichtung der Achtsamkeit auf die Offenheit einer Situation, auf ihren »räumlichen« und »stillen« Aspekt. Es ist sicher kein Zufall, daß das »Schöpferische«, das »Göttliche« immer in die Nähe der Stille und der (räumlichen) Unendlichkeit gerückt wurde. Wir sind von diesem kreativen Potential nicht getrennt; wir brauchen nur seine »Spuren« in uns zu entdecken.

Ich möchte von diesem Ausblick auf den *grundlegenden* Charakter der offenen, räumlichen Dimension unserer Wahrnehmungs- oder Sinnesbereiche wieder zu etwas alltäglicheren Strukturen zurückkehren. Die genannte Offenheit *schlechthin*, die wir in tiefer Stille gelegentlich erahnen, hat auch einen ganz einfachen, profanen Aspekt. Wir können z. B. unseren Arm nicht *beliebig* bewegen; der Bewegungsspielraum hat *Grenzen*. Dennoch zeigt sich innerhalb dieser Grenzen eine Offenheit, ein Raum, den man frei gestalten kann. Auf ähnliche Weise haben alle Gegenstände der Wahrnehmung einen gewissen Spiel-Raum. Der Spiel-Raum *bestimmter* Formen und Gestalten ist begrenzt, sonst wären es keine *bestimmten* Gestalten. Meist blicken wir auf die Gestalt, nicht aber auf ihren Spiel-Raum. Dieser Spiel-Raum ist aber in unserer Wahrnehmung jeweils mit-gegeben; wir müssen ihn nur *be-achten*. Nur wenn wir diesen Spiel-Raum entdecken, kann unsere Kreativität sich entfalten. Wir müssen den »leeren Raum« in einer Figur, die Stille im Geräusch, die Tastweite im Gefühl von Widerstand entdecken. Wenn wir mit dem Finger ein Kissen eindrücken, dann empfinden wir beides zugleich: Widerstand und Raum, Struktur und Bewegungsmöglichkeit. Dieser Spiel-Raum ist in und durch eine Gestaltwahrnehmung gegeben. Und er ist die Quelle der Kreativität.

Der Raum einer Wahrnehmung ist der offene, *mögliche* Aspekt einer »Wirklichkeit«. Wir können ihn entdecken durch ein stilles Versenken in die Wahrnehmung oder durch ein schrittweises Abtasten (mittels der Gedanken, die wir uns über das Wahrgenommene machen). Wenn wir über etwas Wahrgenommenes nachdenken, dann »testen« wir gleichsam viele mögliche Hypothesen. Durch die Hypothesen erschaffen wir einen Spiel-Raum, in den die Wahrnehmung eintreten kann. Sie tut das nicht immer; sie kann sich verweigern. Doch dann haben wir etwas *gelernt*. Wenn wir Begriffe wie »objektive Realität« verwenden, dann meinen wir eigentlich damit, daß sich in der Wahrnehmung nicht einfach nur das zeigt, was wir uns denken. »Peter ist in diesem Zimmer« - solch ein Satz kann zutreffen oder auch nicht. Je genauer ein Gedanke ist, desto enger ist die mögliche Gestalt, die wir durch ihn in der Wahrnehmung entdecken können. »Peter« ist eine bestimmte Person, die wir sehr genau von anderen Personen unterscheiden können. Hier ist der *Spiel-Raum* der Wahrnehmung sehr gering.

Wir sind geneigt, den Spiel-Raum der Wahrnehmung möglichst klein zu halten. Das wichtigste Hilfsmittel hierzu ist das *Messen von Raum und Zeit*. Wenn wir unsere Wahrnehmung *völlig* durch präzise Ortsangaben und die Uhrzeit mit einem Netz von Zahlen überziehen, dann ist die Kreativität, der Spiel-Raum aus ihr fast völlig verschwunden. Um der Kreativität einen Spiel-Raum einzuräumen, muß dieses Geflecht beseitigt werden. Sollten wir dann etwas Neues entdecken, so können wir immer noch präzisieren und die neue Gestalt genau beschreiben und definieren. Am Anfang in der *Kunst der Wahrnehmung* steht aber die Offenheit, der Spiel-Raum. Hieraus ergibt sich eine wichtige Folgerung, eine »Kreativitätstechnik«: Wer in einer organisierten Welt etwas Neues entdecken will, muß seine Wahrnehmung aus dem Netz der Zahlen und Maße, von Ort und Uhrzeit befreien.[124] Dies hat auch einen emotionalen Aspekt: Festgelegt auf Orte und Zeiten fühlen wir uns eingezwängt, eng; wir kommen nicht in Kontakt mit der Offenheit unserer eigenen Achtsamkeit. Schwächer formuliert kann man sagen: Wir sollten es uns erlauben, Fehler in der Beobachtung zu machen, Täuschungen zu erliegen. Eine auf diese Weise *freigelassene* Wahrnehmung, nicht mehr zensiert von raum-zeitlicher Präzisierung, einschränkenden Urteilen (»schön/häßlich«) und fixen Gestalten, kann dem Denken Anlaß zu einem Spiel von in der Phantasie vollzogenen Veränderungen sein. Wir benützen die Energie des Denkens und verändern das Wahrgenommene in den Spielräumen, die sich an ihm zeigen. Vor allem aber können wir in der kreativen Wahrnehmung, die sich mit dem Denken »verbündet«, uns Dinge »wegdenken« und so den Spiel-Raum, die Offenheit der wahrgenommenen Situation erweitern.

6 Submodalitäten kreativer Prozesse

Die situative Perspektive

»Situation« ist für das Verständnis der Kreativität eine grundlegende Einheit, besser gesagt: eine Blickrichtung. Kreative Prozesse gestalten nicht *Dinge* um, sie verändern *Situationen*. Wir können bei der Beschreibung von kreativen Prozessen einen *makrosituativen* und einen *mikrosituativen* Blickwinkel unterscheiden. Der makrosituative Blickwinkel ist jener, aus dem wir gewöhnlich Situationen beurteilen: Die Alltagssituation eines Arbeitslosen, die Situation in einem Konzertsaal, die Situation vor dem Einschlafen. Die Elemente unserer menschlichen Welt sind nicht Dinge, Menschen oder Gedanken usw., die eine je selbstständige Einheit darstellen und dann in Beziehungen zueinander treten. In menschlichen Situationen treten Sinnesgegenstände, Emotionen, Wahrnehmungen, Gewohnheitsmuster und Gedanken nicht nacheinander und vereinzelt auf, sondern sie tauchen (mikrosituativ) stets als *Aspekte*, als Modalitäten der ganzen Situation auf. Unsere Interessen, Zwecke und Ziele sind indes oft auf nur einen Aspekt der Situation gerichtet. Diese Fesselung unserer Achtsamkeit verleitet uns zu dem Irrtum: es existiere in diesem Augenblick nur dieser Aspekt.

Eine derart einseitige Blickrichtung ist für bestimmte Situationen nützlich und notwendig. Wenn es darum geht, ein Flugzeug sicher zu landen, müssen z. B. die Gefühle des Piloten in den Hintergrund treten. *Die Ausrichtung unserer Achtsamkeit charakterisiert bestimmte Situationstypen.* Zahlreiche Situationen sind darin ähnlich, daß sich unsere Achtsamkeit »spezialisiert«. Man kann, aus dieser makrosituativen Perspektive, Situationen klassifizieren und in Typen einteilen. Es gibt Situationen, in denen die Gefühle ausgeklammert und zurückgestellt werden (in der Arbeit, im Gerichtssaal). In anderen sind es gerade die Gefühle, die im Vordergrund stehen (im Kino, im Schlafzimmer). In einigen Situationen dominiert ganz das Denken (beim Lösen einer Rechenaufgabe), während wieder andere Situationen von Körperbewegungen beherrscht werden (beim Sport, beim Spaziergang). Dennoch sind in keiner dieser Situationen die je anderen situativen Modalitäten ausgeklammert oder fehlen ganz.

Wir erleben sehr oft, daß Situationen sich völlig verändern. In vielen Fällen ist die Ursache dafür eine Veränderung in der ersten situativen

Modalität verantwortlich. Einfacher ausgedrückt: Dinge ändern sich, und wir reagieren darauf. In anderen Fällen geraten wir in eine völlig andere Situation, ohne daß sich die Umgebung besonders verändert hätte. Dies geschieht vor allem im Zusammensein mit anderen Menschen (durch Gespräche) oder durch einen Stimmungsumschwung, wenn *wir* allein sind. In diesem Fall sind es zahlreiche kleine Änderungen in den Submodalitäten, die allmählich oder plötzlich zu einer ganz anderen Situation führen. Wir gelangen durch Änderungen der situativen Submodalitäten in andere Situationen. Wenn wir den Eindruck haben, diese Änderungen herbeigeführt zu haben, dann werden wir von unseren »Handlungen« sprechen. Werden die Änderungen von anderen Menschen oder durch natürliche Änderungen herbeigeführt, dann sprechen wir von einem »Vorgang«, einem »Ereignis« oder einer »fremden Handlung«.

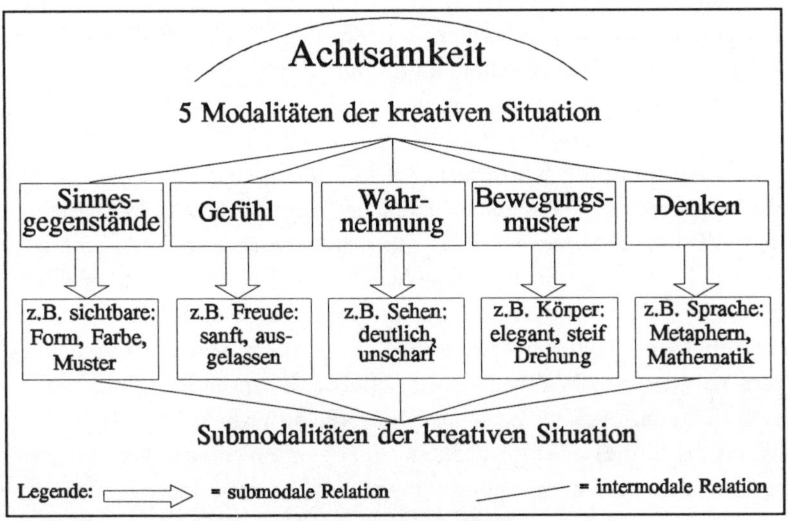

Abb. 8 Submodalitäten der kreativen Situation

Meist sind wir gewohnt, Ereignisketten zu bilden, unter Spezialisierung auf eine und Vernachlässigung von anderen situativen Modalitäten. Die Materialisten wollen alles auf die erste situative Modalität (Sinnesgegenstände) reduzieren, Idealisten auf die letzte Modalität (Gedanken), manche Romantiker betonen die zweite (Emotion und Gefühl) und Verhaltensforscher oder Kybernetiker kombinieren Wahrnehmung und Bewegungsmuster (dritte und vierte Modalität). All diese Einschränkungen sind für bestimmte Fragen sinnvoll. Für das Verständnis der Kreativität handelt es sich hierbei aber um unbrauchbare Einseitigkeiten. Ich möchte nicht behaupten, daß die Beschreibung einer Situation durch fünf Grundmodalitäten und feineren Submodalitäten »besser« oder »wahrer« ist. Sie hält uns aber ganz einfach davon ab, wichtige Aspekte zu übersehen. Wenn wir uns bewußt werden wollen, wie wir in Situationen hineingeraten, wenn wir unsere eigene Kreativität einfach genauer erfassen wollen, oder wenn wir auf bestimmten Gebieten unsere Kreativität verfeinern, fördern und vertiefen wollen, dann ist es unerläßlich, genau zu verstehen, welche Momente von uns gestaltet, verändert und beeinflußt werden können. Der erste Schritt hierzu ist eine genauere Beschreibung der Submodalitäten einer Situation. Diese Beschreibung kann dann je nach Fragestellung verfeinert und verändert werden. Auch hierin sind unserer Kreativität keine Grenzen gesetzt. Ich möchte anhand einiger Beispiele aufzeigen, wie ein begrifflicher Rahmen für Submodalitäten entdeckt werden kann, der das situative Denkmodell als Leitbild verwendet. Ein solcher Rahmen ist weder wahr noch vollständig; er dient aber der Entdeckung von *Möglichkeiten.*

Wir hatten bislang *fünf situative Grundmodalitäten* und bei der Wahrnehmung bereits die *Submodalitäten* der Sinnesbereiche kennengelernt. Innerhalb eines Sinnesbereichs gibt es weitere Submodalitäten. Wir können also in einer Situation (gemäß den fünf Formen der nach außen gerichteten Aufmerksamkeit) fünf Sinnesbereiche und ihre Gegenstände unterscheiden. Die unterscheidende »Tätigkeit« innerhalb eines Sinnesbereichs nannten wir Wahrnehmung. Hierbei konnten wir entdecken, daß die Wahrnehmung sich zwar an der ersten situativen Modalität (Gegenständen der Sinne) orientiert, die darin erzeugten situativen Submodalitäten (Gestalten, Formen) aber auch abhängig sind von der Beziehung auf je andere situative Modalitäten (das Gefühl, das Denken). Dies zeigt schon, daß wir die fünf Grundmodalitäten einer Situation nicht trennen können. Mehr noch. Wir haben auch gesehen, daß der Prozeß der »flackernden Achtsamkeit« Erkennen und Handeln vereint; auch, daß dies ein kreativer Prozeß ist.

Ein sehr triviales Beispiel

Bevor wir das Schema etwas formaler und ausführlicher darstellen, wollen wir es uns an einem Alltagsbeispiel verdeutlichen: Wir sitzen am Schreibtisch und fühlen uns etwas matt; dies lenkt auf den Gedanken »Ich sollte mir eine Tasse Kaffee machen«. Wir gehen also in die Küche, nehmen die Kaffeekanne, gießen Wasser in die Kaffeemaschine, geben einen Filter und gemahlenen Kaffee hinzu und schalten die Maschine ein. Während die Maschine läuft, holen wir eine Tasse aus dem Schrank, vielleicht auch Sahne und Zucker, und schließlich bereiten wir uns eine Tasse Kaffee. Dann kehren wir mit der Tasse Kaffee wieder an den Schreibtisch zurück und fahren fort mit unserer Arbeit. Diese einfache, alltägliche Tätigkeit wollen wir nun genauer analysieren. Zunächst können wir (makrosituativ) zwei Situationstypen unterscheiden: »Schreibtischtätigkeit« und »Kaffee-Kochen«. Beide Situationen unterscheiden sich vollständig. Dennoch gibt es verbindende Elemente: Diese Elemente können jeder der fünf situativen Modalitäten angehören. Zunächst sind wir selbst es (unser Körper), die in beiden Situationen agieren. Andere Gegenstände unserer Wahrnehmung können auch zwei Situationen angehören (z. B. die Kaffeetasse). Wir können, noch am Schreibtisch sitzend, uns die Küche und den Kaffee *vorstellen*. Zwar sind wir dann nicht körperlich in der Küche, unsere Achtsamkeit ist aber schon ganz auf die Küche ausgerichtet; wir riechen förmlich den Kaffee und hören das Geräusch der Kaffeemaschine. Andere Modalitäten der Situation gehören jeweils nur einem Typus an: z. B. die Bewegungen, mit denen wir Wasser in die Maschine eingießen oder am Schreibtisch ein Buch umblättern.

Beim Übergang von einer Situation in eine andere werden also niemals alle Modalitäten zugleich verändert. Es können sich sehr viele oder nur einige ändern; zwei Extreme ereignen sich aber nie: Weder bleiben Situationen in allen Aspekten unverändert noch ändern sich alle Aspekte zugleich. Es kommt hier auch nicht darauf an, ob irgendein Aspekt, eine situative Modalität *genau* gleich bleibt (vom Standpunkt eines externen Beobachters aus). Es kommt darauf an, ob wir irgendeinen Aspekt als gleichbleibend interpretieren. Ein Physiologe wird unschwer Differenzen an unserem Körper heute und gestern feststellen; dennoch interpretieren wir unseren Körper als »denselben«. Jede Situation ist zugleich und immer die Perspektive *einer* Person. »Situation« hat nur darin *einen* Sinn; denn Gefühle sind immer meine Gefühle; deine Gefühle kann ich nicht *fühlen*, deine Gedanken kann ich nicht denken; ich kann nicht einmal die genaue räumliche Perspektive teilen, mit der du etwas siehst. Allerdings ist dieses »Ich« nicht etwas in der Situation, das von den situativen Modalitäten verschieden wäre. *Ich*, das ist irgendeine, durch die Achtsamkkeit ergriffene Modalität einer Situation. Deshalb brauchen wir für unsere Diskussion »Ich« nicht als besondere Einheit einführen. Auch das »Du« ist nicht von den Modalitäten *meiner* Situation verschieden. »Du« bist nur gegenwärtig für mich durch die Sinne, vielleicht auch durch Gedanken und Gefühle, die ich »ahne«; es sind aber nur Gedanken und Gefühle in *meiner* Situation. (Wir werden zum Verhältnis von Ich und Du noch zurückkehren ⇒ Kapitel 11, Kapitel 13).

Betrachten wir nun nochmals unser sehr einfaches »Kaffee-Beispiel«. Die beiden makrosituativen Perspektiven (Schreibtisch - Küche) stellen sich mikrosituativ als höchst komplexe Folge von Submodalitäten dar. Wir sitzen zunächst am Schreibtisch und irgendwann bemerken wir, daß wir müde sind. Unsere Achtsamkeit, bislang gefesselt von einem Buch oder vom Bildschirm eines Computers, wird plötzlich von dem sie faszinierenden Objekt losgerissen und auf ein Gefühl umgelenkt. Hier vollzieht sich ein Übergang von der Modalität »Sinnesgegenstand« auf die Modalität »Gefühl«. Bereits hier zeigt sich, daß die modale Differenz von »Sinnesgegenstand« und »Gefühl« keineswegs immer trennscharf sein muß. Wir nehmen auch unseren Körper wahr. Tatsächlich haben die Gefühle im Körper einen Ort; man kann sagen, *wo* man sich traurig fühlt oder wie sich das anfühlt, »müde« zu sein (die Muskeln sind träge und die Augen schwer). Dennoch enthält das »Gefühl« immer auch Aspekte, die wir nicht auf den Körper reduzieren können. Ein Gefühl oder eine Emotion umfaßt die *ganze* Situation. Stimmungen durchziehen wie ein Nebel alle Wahrnehmungsobjekte, Bewegungen und Gedanken. Sie verleihen ihnen eine Art innerer Farbe. Wir können hier nur oftmals sehr ungenau unterscheiden. Wann sind wir wirklich »matt«, wann »besser drauf«, »heiter«, »traurig« usw.? So ganz genau können wir das nicht sagen. Um eine Stimmung, ein Gefühl zu »stabilisieren«, müssen wir es erkennen und dann die Überzeugung gewinnen: Jetzt bin ich »matt«. Man kann zwar einschlafen, ohne es zu bemerken, aber man kann nicht *müde* sein, ohne es zu bemerken. Eine Stimmung, ein Gefühl ist immer auch auf bestimmte Weise *erkannt*.[125]

Indem wir eine Diagnose unserer Stimmungslage am Schreibtisch formuliert haben, ist zugleich eine weitere situative Modalität in Aktion getreten: Das Denken. Wir diagnostizieren unseren Zustand jetzt als »matt« und denken dies dann auf irgendeine Weise. Nun geht alles sehr rasch. Wie bei einem Reiz-Reaktions-Mechanismus folgt auf die Diagnose »matt« sogleich der Wunsch: »Ich möchte wieder frisch sein.« »Und frisch werde ich durch Kaffee.« »Also mache ich mir eine Tasse Kaffee.« Sicherlich denken wir nicht in so klaren Sätzen; doch das sind die Elemente dieser irgendwann einmal eingeübten Kette von Gedanken. Diese automatisch ablaufende Kette ist nun ein typisches Beispiel für die vierte situative Modalität: Die Gewohnheitsmuster. Noch ehe wir unserer Mattigkeit genügend Achtsamkeit zugewendet haben, läuft ein unbewußter (oder teilbewußter) Prozeß ab, wie das automatische Programm einer Waschmaschine. An dieses Denkmuster knüpft sich ein Handlungsmuster: Wir gehen in die Küche und machen Kaffee. Dies wird, wenn wir es oft genug getan haben, ablaufen wie ein zweites Programm derselben Waschmaschine. Während wir Kaffee machen, sind wir in Gedanken vielleicht noch bei dem Buch, das wir eben gelesen haben, oder wir denken darüber nach, was es wohl heute abend zu essen geben wird. Genau betrachtet ist aber die zweite Situation (das Kaffeemachen) durchaus ein sehr differenzierter Vorgang, an dem wiederum mehrere situative Modalitäten beteiligt sind: Kaffee, Kaffeefilter, Kanne und Wasser sind Submodalitäten der Sinne. Hier sind viele Sinne beteiligt: die Augen, der Tastsinn, die Nase. Wir funktionieren hierin aber wie eine Art Roboter. Unsere Achtsamkeit tritt kaum je lenkend in den Prozeß ein. Die abwechselnde Folge der Submodalitäten verläuft als autonomer Prozeß, und es ist *hier* durchaus sinnvoll, den Körper und seine Operationen in der Sprache der Kybernetik zu beschreiben (wenn man dies vorzieht). Daß dies ein komplexer Prozeß ist, tritt erst hervor, wenn irgendein Element des Handlungsmusters nicht verfügbar ist. Ist z. B. die Kaffeedose leer, so bricht die Handlung ab und aus Enttäuschung über den fehlenden Kaffee setzt nun eine Suche nach alternativen Lösungen ein. Hierzu ist unsere Achtsamkeit wieder ganz erfordert.

Ich habe ein Beispiel gewählt, das in seiner Alltäglichkeit gerade durch die *Abwesenheit* an kreativen Lösungen gekennzeichnet ist. Zwar findet auch hier eine »Kreativität« im sehr kleinen statt, doch dies weitgehend am Rande unserer Erkenntnis. Wenn wir in die Küche gehen, steht vielleicht noch eine Mülltüte neben der Tür, ein kleines Hindernis für das Laufen, um das wir herumgehen müssen. Wir können also nicht schnurstracks auf die Kaffeemaschine zugehen, sondern müssen angesichts des Hindernisses eine neue Route suchen. Dies vollzieht unser Gehirn ganz automatisch für uns. Unsere Achtsamkeit ist vielleicht nur einen Moment beteiligt, wenn wir den Blick auf die Tüte lenken; doch auch dies kann automatisch ablaufen. Wenn wir in unsere Laufroutinen Kontrollblicke integriert haben, dann werden wir selten stolpern, haben wir uns angewöhnt, immer möglichst rasch auf ein Ziel zuzugehen, dann werden wir öfters stolpern. Diese »kleine Kreativität«, die uns als Lebewesen überhaupt kennzeichnet und die wir mit den Tieren teilen, möchte ich hier nur erwähnen. Tatsächliche *Veränderungen* werden erreicht, wenn wir die Submodalitäten der erwähnten Situation tatsächlich erkennen und begreifen, daß es sich jeweils um realisierte Teile aus einer sehr großen, vergessenen Menge von Möglichkeiten handelt. Die erwähnten beiden Situationen (Schreibtisch - Küche) besitzen in ihren Submodalitäten je ihre *Offenheit*, die wir bei Veränderungen »betreten« können. *Möglich* wird dies durch das *Beachten* der Submodalitäten. Vielleicht ist uns die Folge »matt« ⇒ »Kaffee« wie ein Naturgesetz erschienen, nicht in Gedanken, vielmehr in unserem Handeln. Der Pfeil »⇒« ist aber nur dadurch eine *notwendige* Folge, daß wir die Offenheit, die er ausfüllt, nicht mehr gewahren: Eine Routine hat ihren Platz eingenommen. Tatsächlich birgt bereits die Situation unseres trivialen Beispiels eine schier unendliche Fülle von Submodalitäten - und jede besitzt ihre eigene Offenheit, ihren Raum für unsere Kreativität. Wir können z. B. das Gefühl, matt zu sein, durch das Öffnen des Fensters, einen Spaziergang, etwas Gymnastik, ein Telefonat mit einer anregenden Person oder einfach durch ein anderes Getränk bekämpfen. Diese Möglichkeiten, das Offene der Situation auszufüllen, sind jedoch nicht beachtet und unter einer Routine versteckt. In der Paarung von Offenheit und Achtsamkeit (auf die Submodalitäten) erweist sich die Kreativität des Alltags nicht anders als in der Kunst oder Wissenschaft.

Submodalitäten der Malerei

Ich möchte Variationen der Submodalitäten an einigen Beispielen aus der Kunst näher demonstrieren, denn dort scheint das Wort Kreativität im eigentlichen Sinne zuhause zu sein (auch wenn dies eine sehr traditionelle Auffassung ist). Die *Malerei* ist besonders geeignet. In der Malerei müssen wir zwei Grundsituationen unterscheiden: Jene des Malers und jene des Bildbetrachters (makrosituative Perspektive). Beide Situationen sind wenigstens durch ein Element verbunden: Das Gemälde (die Zeichnung, Kollage etc.). Betrachten wir die Situation des Malers. Zum Malen eines Bildes bedarf es sehr feiner Techniken; ein Maler wird sie nach einiger Übung mehr oder minder automatisch anwenden. Seine Achtsamkeit ist auf *die Gestaltung* seines Werkes gerichtet. Seine *Fähigkeiten* entsprechen dem, was wir durch die Kategorie der »Gewohnheitsmuster« beschrieben haben. Seine malerische Fertigkeit konzentriert sich vor allem auf eine Submodalität der Sinnesgegenstände, auf die *visuellen* Erscheinungen. Hierbei ist er beschränkt auf *unbewegte* Bilder, d. h. der Maler erzeugt auf einer weißen Leinwand eine statische visuelle Struktur (Formen, Farben). Die weiße Leinwand eröffnet seiner Kreativität einen begrenztoffenen Raum. Sie beschränkt den Maler (nachdem er das Format gewählt hat) auch auf bestimmte gestalterische Mittel: Farben, Pinsel, Bleistift, Palette usw. Diese gestalterischen Mittel greifen auf andere Sinnesbereiche über (Pinselführung, Geruch der Farben als Kennzeichen ihrer Qualität usw.). Der Körper des Malers, seine Haltung, wird aus der Achtsamkeit des Malprozesses meist ausgeklammert; er kann aber auch im Zentrum stehen: Ein Kalligraph im Zen malt aus einer ganz bestimmten Haltung des Körpers und Verfassung seines Geistes. Vor allem auf die situativen Submodalitäten des Denkens ist das Malen (abhängig von dem Künstler, den wir betrachten) auf völlig differente Weise bezogen. Bleiben wir jedoch zunächst bei den gestalterischen Mitteln. Es gibt Künstler, die die traditionelle Beschränkung auf die Elemente: Leinwand, Pinsel, Palette und Farben durchbrochen haben. Sie nehmen andere Elemente mit auf (Zeitungsausschnitte, Fotografien) und verwandeln den Mal*prozeß*. In diesem Fall werden die Submodalitäten der Maltechnik (Momente der Handlung und Bewegungsroutinen) variiert.

Blicken wir auf das zu gestaltende Gemälde. Es steht im Zentrum der Achtsamkeit jedes Malers. Die Submodalitäten sind in diesem Fall die Bildelemente. *Eine* Unterscheidungsmöglichkeit besteht in dem Begriffspaar »Form/Farbe«. Ihm entspricht auch ein doppelter Malprozeß: Zuerst werden Umrisse gezeichnet, die dann durch Farben ausgefüllt werden. Die »Umrisse« drücken in besonderem Maße das Verständnis von Gestalten durch den Maler aus. Eine Leinwand ist eine zweidimensionale Fläche. Gleichwohl kann auf ihr auch ein räumlicher Eindruck entstehen. Es war eine revolutionäre Änderung in der Malerei, als Bilder systematisch räumlich strukturiert wurden (Linearperspektive). Durch sie werden die Bildelemente so angeordnet, daß ein möglicher Betrachter den Eindruck räumlicher Tiefe erlebt. Alle Linien werden auf zwei Fluchtpunkte hin orientiert. Eine andere Submodalität ist die von hell und dunkel (Licht und Schatten). Man kann eine perspektivische Umrißzeichnung durch ein fiktives Beleuchtungslicht und die aus ihm resultierenden Schatten völlig unterschiedlich strukturieren.

Die Farben sind weitere Submodalitäten, die unabhängig von den beiden bislang genannten variiert werden können. Hier sind zwei völlig unterschiedliche Haltungen möglich: Man kann die Farben ausschließlich in der Modalität »Wahrnehmung« auffassen oder sie unter dem Gesichtspunkt der Maltechnik als Produkt einer Malhandlung der Herstellung betrachten. Beides führt zu differenten Farbkonzeptionen. In der *Wahrnehmung* ist »Grün« eine nicht reduzierbare Grundfarbe. Wir sehen grüne Flächen nicht als Mischung aus Blau und Gelb; anders als z. B. die Farbe Violett. Sie erscheint uns in der Wahrnehmung als Mischung, die sich einmal stärker Blau, ein andermal stärker Rot zeigt. Vom Standpunkt des Tuns, der Maltechnik (der vierten situativen Modalität, der *Prozeßkategorie* »Handlungsmuster«) aus ist hingegen Grün als *Mischung* von Blau und Gelb begreifbar. Hier ist Grün keine »Grundfarbe«. Wenn Maler es ablehnen, Grün zu eliminieren (z. B. Cézanne), so stellen sie sich auf den Standpunkt der *Wahrnehmung*, betrachten sie Grün als entbehrliche Farbe radikalen Malens (z. B. Mondrian), so stellen sie sich auf den Standpunkt der *Maltechnik*. In beiden Fällen ist die Situation des Malers in den Submodalitäten anders strukturiert. Ein Maler, der seine Achtsamkeit auf das *Wahrnehmen* lenkt, benötigt völlig andere Submodalitäten als einer, der Ideen verwirklichen und darstellen möchte. Diese Zuordnung wird durch weitere Modalitäten noch wesentlich komplexer: Gewöhnlich bringen Künstler den Farben auch *Gefühle* entgegen, so daß die differente Organisation der Submodalitäten durch ein ästhetisches »Gefühl« begründet wird. Kandinsky nennt die Farben Gelb und Blau »aktiv«; es sind die »das Grün schaffenden Farben«.[126] Grün ist für ihn dagegen eine »passive« Farbe und er beschreibt sie mit Vokabeln, die seine Abscheu bekunden: »Die Passivität ist die charaktervollste Eigenschaft des absoluten Grün, wobei diese Eigenschaft von einer Art Fettheit, Selbstzufriedenheit parfümiert wird. Deswegen ist das abolute Grün im Farbenreich das, was im Menschenreich die sogenannte Bourgeoisie ist: es ist ein unbewegliches, mit sich zufriedenes, nach allen Richtungen beschränktes Element.«[127] Wenn Kandinsky hier das Wort »ist« verwendet (Grün *ist* dies oder das), so verknüpft er nur Modalitäten seiner Situation als Maler und organisiert aus dieser Perspektive die Struktur seiner Werke, die er beschreibt. Der Eindruck des Passiven beim Grün ist sicher nicht zufällig, denn Grün erscheint uns nur in der *Wahrnehmung* als Grundfarbe. Aus der Perspektive des Tuns sind dagegen Gelb und Blau *aktive* Farben, die Grün *hervorbringen*. Kandinsky hatte einfach seine Achtsamkeit auf eine ganz andere situative Modalität gerichtet als z. B. Cézanne, der sich in die »Farbenlogik« der Wahrnehmung versenkt und »nur ihr Gehorsam schuldet«.[128] Graugrün, für die *konstruktiven* Maler ein Graus, ist für Cézanne die Probe aufs Exempel malerischen Könnens.

Maler variieren Submodalitäten, aber sie *deuten* dies jeweils für sich aus *ihrer ganzen* Situation. Ein Gemälde ist ein ganzes Erlebnis, eine Einheit; alle situativen Modalitäten spielen bei seiner Entstehung eine Rolle. Wir als Beobachter (die sich hier vor allem für die Struktur der Kreativität interessieren) können anders urteilen. Es ist sicherlich an Kandinskys Erfahrung, die »Grün«, »Trägheit« und »Bourgeoisie« zu einer Empfindungseinheit amalgamiert (auch wenn sie uns fremd ist), nicht zu zweifeln. Für ihn, seine Erfahrungen, seine Geschichte bildet dies eine untrennbare Einheit. Der kreative Prozeß ist ein Erlebnis, auch und gerade in der Variation der Submodalitäten. Ein Fortschritt (in der Selbstinterpretation der Maler) wird immer dann erreicht, wenn die Offenheit einer Submodalität entdeckt wird, die bislang durch eine Routine (Maltradition) verdeckt war. Alle großen Maler haben solch einen offenen Raum entdeckt.

Van Gogh vollzog in seiner Entwicklung mehrfache derartige Öffnungen. Obgleich er zunächst Delacroix's Farbenlehre (vor allem die Lehre von den Komplementärfarben) übernahm, reduzierte er dessen äußerst vielfältige Palette auf wenige Grundfarben. Delacroix verwendete riesige Armpaletten, auf denen er alle Bildfarben bereits vormischte. Van Gogh betrachtete die Farben nicht als Gegebenheit der Palette, sondern als Resultat eines Mischprozesses während des Malens. Hierdurch schwanken bei ihm die Farbmischungen. Van Gogh variierte also eine Submodalität der Maltechnik, der Handlung, und schuf so ein zusätzliches Element der Offenheit, die sich im *Prozeß* des Malens zeigte. Ein anderer wichtiger Schritt in van Goghs früher Malentwicklung war die Befreiung vom Lokalton. Beim Malen, das sich an *Sinnesgegenständen* orientiert, kann man es sich zur Aufgabe machen, den Farbton des Wahrgenommenen exakt auf der Leinwand nachzubilden. Van Gogh hob diese ein-eindeutige Beziehung auf. Er wählte in seinen frühen Bildern einen viel tieferen Grundton (z. B. in seinem Gemälde »Die Kartoffelesser«) als jene Farben, die durch die Sinne wahrzunehmen sind. Hierdurch ließ sich die Düsterkeit der Lage der Armen auch im Farbton ausdrücken; ein neuer Bewegungsraum wurde geschaffen. Die Vorstellung, Bild- und Lokalfarbton müßten identisch sein, ist ein Gewohnheitsmuster, eine Tradition. Tatsächlich herrscht hier keineswegs eine notwendige Beziehung. Die Unterscheidung zwischen Bild- und Lokalton, die Richtung der Achtsamkeit auf diese Differenz, eröffnet die Möglichkeit der Variation. Sie greift zugleich über die Situation des Malers hinaus: Van Gogh möchte eine Wirkung bei der Betrachtung der Bilder erzeugen, eine Emotion, ein Mitgefühl für die Armen. Als Mittel setzt er hierzu die Variation einer Submodalität ein, die zunächst überhaupt nichts mit Armut zu tun hat: die Helligkeit eines Bildes. Durch die Variation der Bildhelligkeit erhält der Bildton einen Aussagewert, der vom Gegensatz Licht/Schatten als Bildstruktur ganz verschieden ist. »Düsternis« ist hier ein *Begriff*, der zum Bild wird. Durch die Variation des Bildtones wird somit über die Formen und Farben hinaus ein *Gedanke* vermittelt.

Dies ist keineswegs ein neues Element der Malerei; neu ist bei van Gogh das eingesetzte Mittel. Die frühe Malerei, entstanden im Kontext der christlichen Religion, war vor allem eine erzählende. Sie zielte direkt auf den Betrachter und wollte keineswegs die Situation, die Erfahrung des Malers ausdrücken. Der Maler gab nur in anderer Form wieder, was er *wußte*. Religiöse Malerei will also weder eine Wahrnehmung, noch primär ein Gefühl vermitteln, sie will eine Botschaft verkünden. Die Glasfenster der Gotik erzählen Begebenheiten aus der Bibel, sie übersetzen den zeitgenössischen Analphabeten Texte (auch wenn sie noch heute *als Kunstform* unendlich mehr sagen). In diesem Fall gruppiert sich die künstlerische Situation vornehmlich um einen Gedanken, eine Überzeugung, die weiter vermittelt werden soll. Diese Konzentrierung des Bildes auf die »Botschaft« grenzt sowohl für den Maler als auch dem Betrachter den Gestaltungs- und Wahrnehmungsraum ein. In diesem Fall ist den Submodalitäten der Malerei ein fremder Maßstab auferlegt. Die Offenheit der Malsituation, die »bildnerische Freiheit« wird begrenzt durch den Text, durch den Gedanken. Auch die Gestalten, ihre Form und Erscheinung, sind durch eine vorgängige Erkenntnis, einen Gedanken geprägt. Dies prägt der *Malstruktur* eine geistige, am Zeichen orientierte Form ein. Die *Offenheit* dieser Form der Malerei bestand in der Gegenwart des Lichts (vor allem in der Glasmalerei), das in unmittelbare Nähe zur Gottheit gerückt wurde. In der Renaissance tritt das Licht aus dem Bild heraus und wird durch den Schatten zum externen Beleuchtungslicht. Die offene Dimension erleben die Künstler hier vor allem als Raum. In der mittelalterlichen Schulphilosophie gab es keinen leeren Raum; »leerer« Raum wurde mit dem Nichts gleichgesetzt.[129] Leonardo da Vinci konnte sich aus diesem Denkmuster befreien durch die *Unterscheidung* zwischen leerem Raum (Vakuum) und Nichts. »Das Nichts und das Vakuum (sind) nicht dasselbe, denn das eine ist teilbar bis ins Unendliche, und das Nichts kann nicht geteilt werden, weil nichts weniger sein kann als das Nichts.« sagt Leonardo.[130] Damit wurde der leere Raum zum Gestaltungsraum, zur Offenheit, die strukturiert werden kann. Allerdings wurde dieser Raum sogleich wieder auf spezifische Weise begriffen: aus der Sicht der Linearperspektive. »Der Luftkörper«, sagt Leonardo weiter, »ist erfüllt von unendlich vielen Pyramiden, die durch strahlenförmige, gerade Linien gebildet werden.«[131] Die entdeckte Offenheit des Raumes wird durch *gedachte* Submodalitäten (Linien der Linearperspektive) eingegrenzt und strukturiert.

Erst Cézanne hat dies endgültig aufgehoben. Er hat entdeckt, daß die Linearperspektive von einem stehenden Beobachter ausgeht. Einen Wechsel in der Perspektive des Beobachters, seine Bewegung also, kann man dennoch auf eine leere weiße Leinwand bannen, indem man ein Gemälde aus mehreren Perspektiven aufbaut. Deshalb finden sich bei zahlreichen von Cézannes Bildern gebrochene Kanten, scheinbar schiefe Perspektiven. Er hat offenbar die Luft nicht von starren Linien erfüllt gesehen, sondern eher von bewegten Linien. Bei Kandinsky wird die Bewegung des Beobachters als *musikalische* Bewegung des Formen- und Farbenmaterials interpretiert. Er bezieht die Submodalität »sichtbarer Bereich« auf die Rhythmik des Hörens; zur selben Zeit beginnt in der Musik der Begriff der »Klang-Farbe« eine zentrale Rolle zu spielen (bei Debussy, Ravel, Schönberg). Während Cézanne noch ganz mit den Augen in die Wahrnehmung versinkt, beginnt Kandinsky die Farben und Formen zu *hören*. Er schafft dadurch eine ganz neue intermodale Perspektive und organisiert die Submodalitäten eines Gemäldes nach Submodalitäten des Hörens.

Im »bewegten Bild«, beim Film, ist diese Beziehung auf ganz andere Weise realisiert. Der Film kann tatsächlich die Illusion einer Bewegung erzeugen (durch eine sehr rasche Folge von starren Bildern, die unser Auge, unser Gehirn als kontinuierliche Bewegung interpretiert). Durch eine parallele Tonspur der Filmrolle kann, wie bei unserer tatsächlichen Wahrnehmung, durch *Gleichzeitigkeit* die Illusion eines *Dinges* entstehen, das wir sehen *und* hören. Auch das Denken, die Interpretation kann völlig neu hervortreten. Mußten frühe religiöse Maler zu ausdrucksvollen Gesten greifen, oder van Gogh den Bildton dunkler halten, um einen *Gedanken* zu vermitteln, so kann der Film hier einfach auf die Sprache zurückgreifen. (Man kann das Leben der Armen im Lokalton filmen und die Armut als gesprochenen Kommentar *beschreiben*.) Die in einem Gemälde in der sichtbaren Submodalität »überlagerten« Gedanken treten beim Film wiederum als getrennte Submodalität hervor. Ein Regisseur muß, um das Bildlicht anders zu gestalten, das »Lokallicht« verändern, wenn er *zusätzlich* auf das von van Gogh gebrachte Stilmittel zurückgreifen möchte.

Diese Beschreibung wichtiger (keineswegs aller) Submodalitäten der Malerei bis hin zum Film zeigt beispielhaft, was sich im Prozeß der Kreativität vollzieht. Zunächst erlernen Künstler traditionelle Techniken und die zugehörigen Interpretationen, ganz so, wie wir gewöhnlichen Zeitgenossen das Sprechen, das Laufen und das Schreiben erlernen. Viele Künstler bleiben insofern Handwerker, als sie das Erlernte an immer neuen Gegenständen wiederholt anwenden. Auch darin liegt ein kreatives Element. Andere, große und sehr kreative Maler entdecken darüber hinaus durch feinere Unterscheidung von Submodalitäten einen Raum, eine Offenheit, die sie dann aus dem Erlebnis ihrer Situation neu gestalten. Wir können sehen, daß sich hierbei zuerst eine Neuorientierung der Wahrnehmung durch das Beseitigen gedachter Schranken vollzieht. Leonardo *sieht* plötzlich den leeren Raum und halluziniert in ihn perspektivische Linien; van Gogh erkennt die Differenz von Bild- und Lokalton und variiert dann die Farben eines Gemäldes; er *sieht*, daß Punkte und Linien auch nur kleine oder dünne *Farbflecke* sind und folgert daraus, daß man *nur* Farben malen kann, keine davon verschiedenen Formen; Cézanne *sieht*, daß man nicht das Licht, sondern immer nur Farben malen kann, und er *sieht*, daß ein Maler beim Malen eines Stillebens viele Perspektiven nacheinander einnimmt und folgert daraus, daß man diese zeitlich verschiedenen Perspektiven auf einer Fläche zugleich darstellen kann. Kandinsky betrachtet Formen und Farben so, *als ob* er sie hörte, und findet damit zu völlig neuen Gestaltungen. All dies sind Variationen der Submodalitäten, die aus einer Entdeckung von Freiräumen, einer (relativen) Offenheit hervorgehen. Die *Er-Füllung* dieser Offenheit durch den kreativen Prozeß des Malens (oder Dichtens, Komponierens, usw.) entspringt aus der gesamten Situation eines Künstlers, seinem Erleben dieser Situation, die er als seine weiß und interpretiert. Deshalb kann eine Analyse von Submodalitäten helfen, Raum oder Offenheit zu entdecken; es gibt aber keine Kreativitätstechnik, die das Ausfüllen des entdeckten Raumes übernehmen könnte. »Kreativsein« ist etwas, das jeder selbst vollziehen muß.

Wir sehen auch, daß zur Entdeckung einer offenen Dimensionen in den Submodalitäten eine sehr subtile Kenntnis vorausgesetzt ist. Der kreative Prozeß vollzieht oft immer subtilere Unterscheidungen. Es werden zwar auch gelegentlich ganze Dimensionen ausgeklammert (z. B. die Farbe Grün im Farbpurismus der Moderne), andere Unterscheidungen sind dafür um so genauer. Eine Differenzierung der Submodalitäten erfolgt also niemals auf allen Ebenen. Auch hier gilt: Der Übergang von einer Situation in eine andere erfolgt durch die Variation einiger, niemals aller Submodalitäten. Leonardo behält teilweise religiöse Themen bei, Cézanne die Vorstellung, daß Malerei die Natur begreifen soll; Kandinsky die Idee der Bewegung; Mondrian die Reduktion auf den

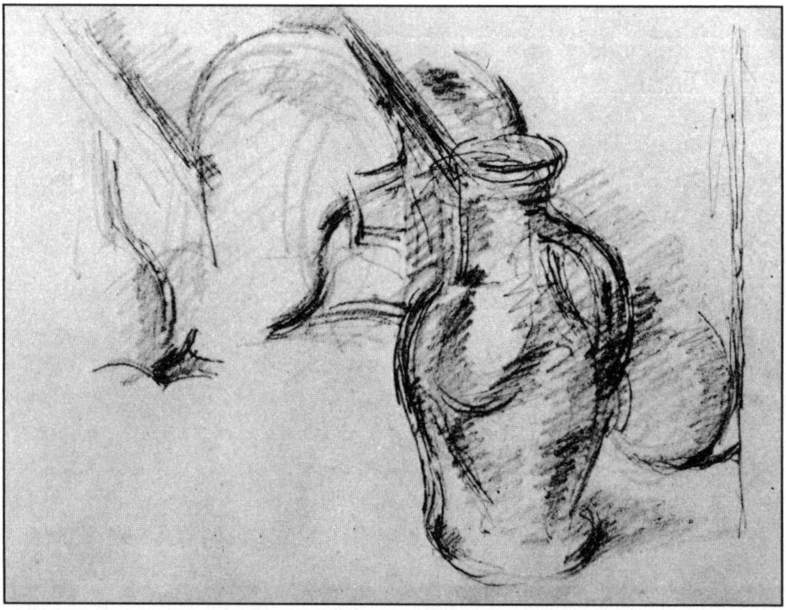

Abb. 9 P. Cézanne, Stilleben mit einem Krug [Quelle: G. Adriani, S. 214]

aktiven Aspekt der Malsituation usw. Wir sehen auch, daß die Submodalitäten nicht wie in einem Katalog für alle Situationen verbindlich definiert werden können. Man kann dies nicht einmal für die Malerei, obgleich immer wieder versucht wurde, solche »Elemente« zu benennen. Leonardo definiert »die Wissenschaft der Malerei« wie folgt:

> »Die Wissenschaft der Malerei erstreckt sich auf alle Farben der Flächen und auf die Figuren der von diesen eingekleideten Körper, sowie auf deren Nähe und Entfernung mit den gebührenden Abstufungen der Abnahme, je nach den Graden der Abstände.«[132]

Bei Cézanne ist diese Einteilung der Submodalitäten (Farben, Flächen, Figuren, Perspektive, Licht/Schatten) völlig verändert. Linien sind bei ihm fast verschwunden:

> »Eine Linie umschließt überall einen Ton und hält ihn gefangen. Ich will sie erlösen.«[133]

Selbst seine Zeichnungen scheinen zu »flimmern«, keine Kante ist streng abgegrenzt. Für ihn ist die Linie nur eine Behinderung des leeren Raumes. Tragendes Element wird die Farbe: »Die Farbe ist der Ort, wo unser Gehirn und das Weltall sich begegnen.«[134] An die Stelle der Bildkonstruktion tritt »eine luftige, farbige Logik«.[135] Ein Gemälde ist das Resultat einer Versenkung in die Natur, zugleich aber ein Erkennen der Natur (»Réalisation« sagt Cézanne dazu). »Für den Künstler ist Sehen Verstehen«,[136] vor allem:

> »Malen heißt nicht einfach das Gegenständliche getreu nachahmen, sondern eine Harmonie unter zahlreichen Bezügen herstellen, sie in ein eigenes Tonsystem übertragen, indem man sie nach dem Gesetz einer neuen und originalen Logik entwickelt.«[137]

Kandinsky schließt zwar hier an, doch er entdeckt am Wort »übertragen« eine Differenz: Wenn man beim Malen etwas komponiert, weshalb

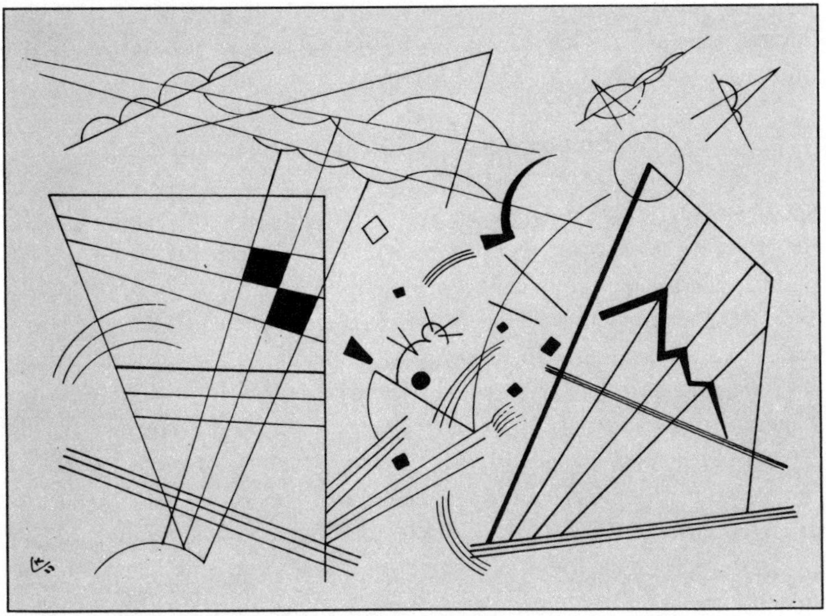

Abb. 10 W. Kandinsky, Zeichnung Nr. 12, 1923 [Quelle: P.Volboudt]

sollte man die Komposition dann an der Natur orientieren? Während für Cézanne die Modalität »Emotion« keine bewußte Rolle spielt (»der Künstler notiert nicht seine Emotionen, wie der Vogel seine Töne moduliert: er komponiert«[138]), ordnet Kandinsky den Farben und Formen genaue Gefühls- und Empfindungswerte zu. Farben sind für ihn Tasten eines Klaviers, das die Seele zum Schwingen bringt. Er wendet sich ab von den Submodalitäten der Wahrnehmung und wendet sich den Gefühlen dessen zu, der das Bild betrachtet. Die Farbe hat eine rein physische Wirkung auf das Auge, sagt Kandinsky, ist aber daneben vor allem aber eine »psychische Kraft«.[139] Vom Betrachter aus gesehen hat die Form eine andere Wirkung als die Farbe; sie kann deshalb nicht (wie bei Cézanne) in Farbe aufgelöst werden, sondern stellt eine eigene Submodalität dar. Die Form hat, wie die Farbe, »ihren inneren Klang«.[140] Obgleich Kandinsky auf diese Wirkung abzielt, bleibt seine Einteilung weiterer Submodalitäten am malerischen Prozeß orientiert. Mondrian reduziert die Form auf eine einzige (das Quadrat) und verwendet nur die drei Grundfarben. Ich denke, diese Illustration gibt einen Eindruck davon, wie in der Malerei wichtige Submodalitäten variiert, neue definiert und intermodal in Beziehung gesetzt werden.

Submodalitäten in Musik und Technik

Was als Submodalität eines bestimmten Bereiches menschlichen Handelns definiert wird, ist das Ergebnis eines kreativen Prozesses. Es werden für alle nur denkbaren Bereiche »Atome«, »Elemente« festgelegt, die komplexe Formen zu zerlegen erlauben und zu neuen Formen kombiniert werden sollen. Eine Schwierigkeit bei dieser Methode der *Analyse* und *Synthese* besteht darin, daß die Elemente oftmals völlig unterschiedlichen situativen Modalitäten angehören. Und die Unklarheit darüber kann man als bewegendes Element im kreativen Prozeß entdecken. Die wichtigsten »Revolutionen« des Denkens, der Kunst sind fast immer zugleich Übergänge von der vorrangigen Orientierung an einer Modalität auf eine andere. War die romantische Malerei tief in die Gefühle versunken, so kehrte der Impressionismus sich völlig der Wahrnehmung zu. Oftmals kann man eine Veränderung in der Blickrichtung der Achtsamkeit in vielen Bereichen zugleich entdecken. Der »impressionistische Blick«, die Orientierung an der Wahrnehmung, ist ebenso in der Malerei, in Machs Philosophie, wie in Einsteins spezieller Relativitätstheorie zu entdecken. Gemeinsam ist diesen Einstellungen, daß sie das im »Sehen« Gegebene als das letzte Seiende, als das, was wirklich »ist«, betrachten. Eine »Spezialisierung« auf eine situative Modalität ist immer auch verknüpft mit einer Ontologie (einer Interpretation, was man mit »ist« eigentlich meint). Dem Romantiker ist das Gefühl die letzte Wirklichkeit, dem Rationalisten das Denken, dem Phänomenologen das Wahrgenommene *und* Gedachte. Beliebt sind auch duale Ontologien, die zwei Modalitäten als *letzte* ansetzen: Geist und Körper (das Denken und die Sinnesgegenstände), Geist und Gefühl, Struktur und Funktion (hier wird die vierte situative Modalität der Handlungs- und Bewegungsmuster entweder mit Strukturen der Wahrnehmung oder des Denkens kombiniert). Natürlich sind auch die Philosophen hier weitaus subtiler und unterscheiden sehr viel feinere Submodalitäten. Wir werden sie bei der Analyse der Kreativität des Denkens noch kennenlernen (⇒ Kapitel 11). Prinzipiell vollzieht sich aber in aller Entwicklung des »Geisteslebens« diese merkwürdige Bewegung *innerhalb* der situativen Modalitäten, während die Ganzheit der Situation kaum je in den Blick tritt; obgleich eben die Situation das ist, was uns immer »gegeben« ist.

Ähnliche Submodalitäten wie in der Malerei lassen sich in allen Bereichen der Kunst und der Wissenschaften finden. In der Musik kann man zwischen Tonhöhe, Tondauer, Klangfarbe, Ein- und Mehrstimmigkeit, Tempo und Phrasierung unterscheiden. Anders als in der Malerei sind in der Live-Darbietung eines Musikstückes Künstler und Zuhörer in derselben Situation vereint. Zwar kann die *Komposition* als Struktur abgetrennt werden (Partitur, allgemein: musikalische Information in jeder Form[141]); doch eine Partitur ist noch keine »Musik«; sie kann Musik werden und bedarf dazu der Interpretation und des achtsamen Zuhörens. »Nicht etwas ist Musik, sondern etwas kann Musik werden!« sagt Sergiu Celibidache.[142] Das gilt übrigens auch für die Schallplatte oder andere Tonträger: Erst das Hören macht Musik zur »Musik«. »Funktionale Musik« in Kaufhäusern oder im Film gewinnt ihren Sinn gerade nicht durch das achtsame *Hören*, sondern im Kontext der Situation, in der sie erklingt, sie hat eine andere als eine musikalische Bedeutung. Durch die Aufspaltung der musikalischen Information in zwei Situationen sind auch Übertragungen möglich auf andere Instrumente oder Wiedergabegeräte, deren Bandbreite und Klang wiederum völlig

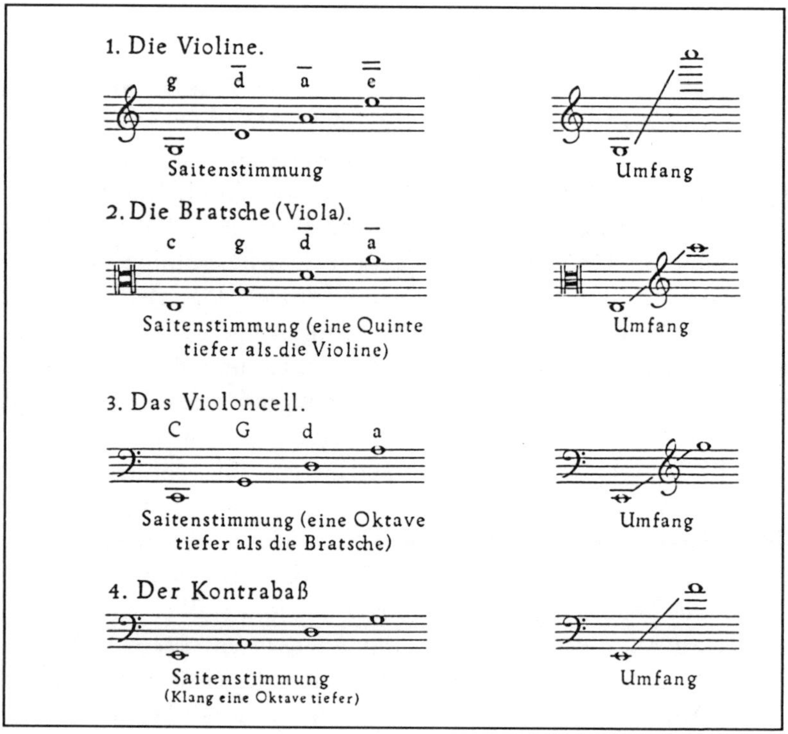

Abb. 11 Tonumfang und Stimmung einiger Musikinstrumente [Quelle: Grabner]

neue Submodalitäten schaffen. Bei der Live-Darbietung entsteht durch die gemeinsame Situation von Intrepret und Publikum eine sehr feine Rückbindung. Das Publikum »spielt« durch seine »Reaktion« mit. Musik hat eine ganz andere räumliche Gegenwart als andere Sinnesbereiche. Eine (räumlich dargestellte) Partitur ist ein Bild, ein Text, eine Handlungsanleitung, aber noch keine erklingende Musik. Man kann sich den Klang »vergegenwärtigen«. Dann verwandelt sich die räumliche Modalität der Noten im sichtbaren Bereich in einen (zeitlichen) Prozeß. Dasselbe Verhältnis ist zwischen einer Abbildung von akustischen Ereignissen auf einem Bildschirm und der Wiedergabe von Musik durch einen Lautsprecher gegeben. Ein Musikinstrument (auch ein Synthesizer) hat bestimmte Grenzen (der Intonation, der Tonhöhe und Klangfarbe). Es schränkt den Spiel-Raum kreativer Möglichkeiten ein, ist aber innerhalb dieses Raumes weitgehend offen. Um diesen formalen Raum zu einer

Möglichkeit zu machen, muß das Instrument aber von jemand »beherrscht« werden, so daß die Möglichkeiten der Instrumente immer auch Möglichkeiten der Musiker sind. Die Form der Instrumente ist einem Wandel unterworfen. Die kreative Umgestaltung kann neue Instrumente entwerfen (z. B. die Elektrogitarre), neue Stimmungen verwenden (z. B. »temperierte Skala«), traditionelle Instrumente in der Orchesterbesetzung neu kombinieren (»klassisches Orchester«, »romantisches Orchester« usw.) oder auch neue Tonlagen nutzen (so galt z. B. A. Schönbergs Violinkonzert zuerst als »unspielbar«).

Die situative Modalitäten »Stimmung«, »Gefühl«, »Bewegungsmuster« sind in besonderer Weise mit musikalischen Formen verknüpft. Man schreibt Tonarten Stimmungscharaktere zu (»Dur-Moll«, »Mißklang« usw.); ohne diese situative Zuordnung wäre Musik ebenso unverständlich wie andere große Kunst. Es ist in den Musikwissenschaften ein uralter Streit, ob der musikalische Gehalt durch einen Gefühlswert oder rein strukturell zu begreifen sei. Dieser Gegensatz läßt sich bereits bei Platon und bei Aristoteles finden: Während Platon der Musik vor allem

PLATON UND ARISTOTELES ÜBER DAS WESEN DER MUSIK

Platon:

»Und dennoch sagen die meisten, die Richtigkeit der Musik beruhe auf ihrer den Seelen Lust gewährenden Wirkung. Aber das überhaupt auch nur zu behaupten, ist weder erträglich noch gottgefällig.«

Nomoi 655 d

Aristoteles:

»Sie (die Lieder) machen anerkanntermaßen die Seele enthusiastisch, und der Enthusiasmus ist eine Modifikation des seelischen Charakters. Außerdem sympathisieren wir alle, wenn wir musikalische Darstellungen hören, auch ohne Tanz und Gesang. Fernerhin gehört die Musik zum Angenehmen, und es ist Sache der Tugend, sich richtig zu freuen, zu lieben und zu hassen. (...) Und nun sind die Rhythmen und Töne den wirklichen Naturen des Zorns, der Milde, der Tapferkeit und Zucht und ihrer Gegensätze und den andern ethischen Dingen außerordentlich verwandt, wie die Erfahrung zeigt: denn wir verwandeln uns seelisch, wenn wir solches hören.«

Politik, 1340 a 10ff.

eine ethische Aufgabe zuweist,[143] betont Aristoteles die Bedeutung des Gefühls, der Stimmung und damit des Vergnügens, das Musik bereiten kann. Im alten China wurde in dieser Kraft der Musik, Stimmungen zu erzeugen, sogar eine höchste staatliche Aufgabe erkannt. Tatsächlich werden hier jeweils nur unterschiedliche Modalitäten und Submodalitäten einer Situation zur Charakterisierung von Musik herangezogen. Musik *kann* Stimmungen hervorrufen und verändern, sie kann darin sogar wie eine »Medizin« heilsam wirken (was bereits Pythagoras wußte). Gleichzeitig ist das Bewegungsmuster der Musik auch in der akustischen Wahrnehmung oder visuell (bei einer Partitur) zu veranschaulichen. Auch bloß improvisierte Musik verwendet nicht einfach nur das »Gefühl« als Leitmodalität: Es werden Takte gezählt, Tonhöhen durch Gesten angezeigt usw. Musik ist - wie die Malerei - nicht eine Kunst, die *nur* eine situative Modalität ansprechen würde. Dies ließe sich - vielleicht noch eindringlicher als bei der Malerei - am historischen Wandel der Musik deutlich machen; ich möchte an dieser Stelle darauf verzichten.

Das Gesagte gilt auch (mutatis mutandis) für die Technik. Auch Maschinen sind »Gefühlen« zugeordnet, dies allerdings negativ. In der industriellen Technik versucht man die Fertigungsleistung weitgehend von der »Stimmung« der Arbeitskräfte unabhängig zu machen. Die gelingt durch die submodalen Feinunterscheidungen in den Bewegungsmustern. Die moderne »Ergonomie« kennt einen ganz genauen Katalog von Leistungsbeanspruchungen bei Bewegungen. Auch bei Maschinen gilt diese Differenzierung von *Funktionen* (wir werden sie noch genauer kennenlernen, wenn wir über kybernetische Modelle sprechen). Die Modalität des Denkens taucht, wie die Partitur in der Musik, in den Maschinenprogrammen auf. Die herkömmliche Technologie klammert die Modalitäten »Emotion« und Wahrnehmung« weitgehend aus; sie ist gleichsam nur ein störender Rest, der bei der *Bedienung von Maschinen* hervortreten kann. Allerdings erobert die moderne Roboterfertigung immer mehr auch die Submodalitäten der Wahrnehmung (bei der Mustererkennung, der Steuerung von Bewegungen, bei Schrift- und Stimmenerkennung usw.), auch wenn »Roboter mit Gefühlen« nur Science Fiction sind. Technischer Fortschritt beruht in immer stärkerem Maße auf intermodalen Beziehungen (Mustererkennung ⇒ Bewegung ⇒ Veränderung eines Gegenstandes), ist also nicht auf das dinglich Vorhandene, das technische Gerät beschränkt. Zudem »ereignen« sich technische Operationen immer in Situationen, die nur für Menschen einen Sinn haben. Die Kreativität in der Technik ist deshalb ebenso situativ organisiert wie in anderen Bereichen menschlichen Handelns.

Kategoriensysteme

Wir konnten an den betrachteten Beispielen aus der Malerei, Musik und Technik sehen, daß die Submodalitäten und ihre Unterscheidung nicht von *intermodalen* Strukturen zu trennen sind. Es ist also, obgleich es sehr verführerisch wäre, nicht möglich, einen Katalog von Submodalitäten aufzuführen, daraus einen Raum situativer Möglichkeiten zu definieren und die Kreativität dann als Bewegung in diesem Raum zu beschreiben. Faktisch *machen* alle Denkmodelle natürlich genau das. Ihr grundsätzlicher Mangel besteht darin, daß die Submodalitäten aus einem *Unterscheiden* hervorgehen, das stets aber auf die gesamte Situation verwiesen ist. Die wahrgenommenen Gestalten beispielsweise hängen ab von unserer Erfahrung, unseren Gefühlen, den verwendeten Wörtern usw. Unterschiedliche Handlungs- und Bewegungsmuster sind weder von der Wahrnehmung noch vom Denken zu trennen.

Ich will den besagten Fehler, ein »Supermodell« der Kreativität zu formulieren, aber einmal *bewußt* machen, um seinen Mangel zu demonstrieren: Wir können die Modalität »Sinnesgegenstände« in fünf Submodalitäten einteilen. Die Submodalität »visueller Bereich« können wir aus den Elementen Farbe, Linie, Helligkeit, Grundformen usw. aufbauen, den »hörbaren Bereich« durch Tonhöhe, Klangfarbe, Lautstärke, Muster von Lautfolgen (»Melodien«) etc. Ähnlich verfahren wir mit den anderen Sinnen. Auch die Emotionen lassen sich einteilen, wie in Freude, Trauer, usw. Bei der Wahrnehmung können wir, bezogen auf die Sinnesbereiche, von Schärfe, Klarheit, Täuschung, Weite, Bewußtheit usw. sprechen. Handlungs- und Bewegungsmuster kann man dem Körper, den Gefühlen, der Wahrnehmung und dem Denken zuordnen und dann einteilen (z. B. die Bewegungen des Körpers nach räumlicher Richtung, beteiligten Muskeln). Schließlich bietet der Denkeprozeß ein schier unüberschaubares Feld von Submodalitäten: innere Bilder, Töne, Körperempfindungen (je eine innere Vorstellungsweise einem Sinn zugeordnet), innere Dialoge, sprachliche Denkmodelle etc. Wir erhalten damit gleichsam fünf Tiefendimensionen der Grundkategorien einer kreativen Situation; eine kreative Handlung ließe sich - so könnte man damit irrtümlich glauben - für alle Zeiten und Jahrhunderte durch eine Art Losziehung aus diesen fünf Tiefendimensionen beschreiben. Irgendein kreatives Produkt wäre dann einfach eine Kombination situativer Submodalitäten, gleichgültig ob es sich um den Alltag, um Kunst oder um Wissenschaft handelt. Die *Kategoriensysteme* in Philosophie und Religion stellen einen äußeren Rahmen für solch ein Modell »möglicher Welten« dar. Um nur einige Beispiele zu nennen: Aristoteles verwendet zehn Kategorien (Substanz, Quantität, Qualität, Relation, das Wo, das Wann, die Lage, Haben, Wirken, Leiden); Kant reduziert sein System auf vier Hauptkategorien (Quantität, Qualität, Relation, Modalität) und zugehörige Unterkategorien; Hegel kennt drei Grundbegriffe (Sein-Wesen-Begriff), die wiederum in Dreiergruppen unterteilt sind; im Abhidharma (einem sehr alten indischen Lehrsystem des Hinayana-Buddhismus) gibt es fünf Grundgruppen (5 Skandhas), 12 Ursachenketten, 18 Elemente, 89 Bewußtseinsbegriffe und 50 Begriffe für Geisteszustände; das I Ging kennt 64 beispielhafte Situationen mit jeweils sechs zusätzlichen veränderlichen Aspekten, die auch kombiniert auftreten können (d. h. 4.096 Situationstypen). Neuere Kategorienschemata wurden von A. N. Whitehead und N. Hartmann vorgelegt, die jeweils auf ihre Weise vielfach differenziert sind. Schließlich verwendet jede Wissenschaft zur Ordnung ihres Gegenstandsbereiches zahlreiche Grundkategorien[144], jede soziale Gruppe besitzt ihren Jargon und jede Person bevorzugt spezifische Wörter zur Weltinterpretation.

Derartige Kategoriensysteme sind zweifellos sehr hilfreich. Sie dürfen aber nicht zu dem Schluß verleiten, es gäbe so etwas wie ein Modell aller *möglichen* Ideen, aller möglichen kreativen Prozesse. Von Platon über Hegel bis zum frühen Wittgenstein war die Philosophie von dieser Idee fasziniert. Dennoch scheint mir solch ein »Supermodell« der Kreativität unmöglich: Wir übersehen, falls wir dies glauben sollten, nicht nur den Charakter der Neuheit, wir übersehen auch die offene Dimension aller Submodalitäten. Kann man z. B. im sichtbaren Bereich alle Gestalten auf wenige Grundgestalten reduzieren? Offenbar besteht nicht alles aus Kreisen, Quadraten, Rechtecken, Trapezen usw., die wir in der Geometrie beschreiben. Inzwischen ist es gelungen, viele natürliche Formen (eine Küstenlandschaft, den Rand eines Blattes, die Form eines

Wasserfalls) tatsächlich durch erstaunlich einfache Modelle mathematisch zu erzeugen (Chaostheorie, fraktale Geometrie). Allerdings erweist sich die Zahl der möglichen Figuren als eine unendliche Größe. Die Vielfalt ist also allein im sichtbaren Bereich schon dann unendlich groß, wenn wir uns auf eine relativ einfache mathematische Struktur beschränken. Damit sind aber auch der Kreativität in der Gestaltung von Formen keine Grenzen gesetzt. Ähnliches zeigt sich in der Sprache (um von Gedanken, Gefühlen, Bewegungen und ihrem Ausdruck in komplexen Strukturen wie Malerei und Musik erst gar nicht zu sprechen). Zwar ist die Zahl der Wörter zu einem bestimmten Zeitpunkt endlich, wir können aber damit beliebig viele Sätze erzeugen, die alle etwas anderes ausdrücken können. Auch die *Bedeutung* der Sätze wäre in jeder Situation anders. Selbst wenn die Zahl der sinnvollen Sätze in einer Sprache endlich wäre, so könnte man immer noch die Zahl der Wörter durch *neue* Wörter erhöhen. Wörter sind die im Denken wichtigste Submodalität, und wir werden uns ihr ausführlich zuwenden. Allein der Hinweis darauf kann aber deutlich machen, daß die Submodalitäten einer Situation prinzipiell offen und veränderbar sind.

Hier dürfen wir allerdings das Kind nicht mit dem Bade ausschütten. Die Vielfalt und Variationsmöglichkeit der Submodalitäten darf uns nicht entmutigen. Sie ist nur ein Ausdruck unserer *prinzipiellen* Freiheit und Kreativität. Diese Freiheit, diese grundlegende Offenheit unserer Situationen ist aber immer *strukturiert* durch Submodalitäten. Wir sind nie in einem leeren Raum, wir knüpfen immer an situative Modalitäten an. Es gibt also für jede spezifische Situation durchaus mögliche Klassifizierungen, Einteilungen, die wichtige Aspekte treffend charakterisieren. Wir können niemals *in allen* Submodalitäten kreativ sein. Deshalb ist es wichtig, mikrosituative Strukturen klar zu erkennen. Hier haben »Kategoriensysteme« und Denkmodelle ihre grundlegende Bedeutung. Wenn man die submodale Struktur erkennt, dann kann man auch die Offenheit dieser Struktur entdecken und die Situation kreativ umgestalten. Modelle der Submodalitäten sind nicht »an sich« wahr, sie sind jeweils ein vorübergehender Anhalt, um etwas zu verändern oder sich mit verändernden Situationen auseinandersetzen zu können. Kreativität ist hierin paradox: Ihr Wesen ist die Veränderung, die Offenheit, die Erschaffung von Neuem. Sie kann sich aber nur entfalten an Strukturiertem, Gegebenem, Abgeschlossenem. Noch anders gesagt: Kreativität benötigt immer einen Inhalt, ein Modell, eine Struktur. Sie ist niemals Beliebigkeit oder Zufall. Sie verändert Modelle, setzt aber immer ein Modell, eine Beschreibung, eine Struktur voraus. Jeder hat Erfahrung in Situationen und ihren Modalitäten - und *diese* Situationen können kreativ verändert werden. Aber nicht jeder kann *ohne Erfahrung* alles vollbringen. Kreativität erwächst aus Erlerntem, aus geübten und ausgebildeten Fähigkeiten. Niemand kann ohne Erfahrungsgeschichte in eine völlig andere Situation »springen« und dort kreativ sein. Insofern ist Geduld und Entschlossenheit durchaus eine kreative Tugend, wenn es die Geduld und Entschlossenheit beim Erlernen neuer Inhalte ist.

7 Denkprozesse

Was heißt »denken«?

Im Wahrnehmen wendet sich unsere Achtsamkeit ganz der *Gegenwart* zu. Wir blicken auf das, was *jetzt* sinnlich gegeben ist. Das *Denken* überschreitet die situative Gegenwart in zwei Richtungen: Vergangenheit und (gedachte) Zukunft. Das Denken ist jene Modalität, die in einer Situation Vergangenheit und Zukunft überhaupt *erzeugt.* »Zeit« ist keine äußere Hülle der Situation, auch kein sie durchdringender Pfeil. So stellt man die Zeit dar, wenn man sich auf die Sinnesgegenstände (die erste situative Modalität) konzentriert. Wir sprechen hier von der Zeit, die wir sowohl *erleben* wie selbst *vollziehen* - und diese Zeit ist nicht zu trennen vom Denkprozeß. Bei der Betrachtung der Wahrnehmung haben wir bereits eine Modalität des Denkens kennengelernt, in der die Submodalitäten in den Sinnen (die Formen und Gestalten) durch *Rückbeziehung* auf vergangene Situationen, auf Erinnerungen und Erfahrungen unterschieden werden. Das *Unterscheiden* von Submodalitäten einer Situation *ist* die Rückbindung an die Vergangenheit. Wir *unterscheiden* beim Sehen sichtbare Gestalten dadurch, daß wir das gegenwärtige Gesichtsfeld auf vergangene Erlebnisse beziehen. Dieses »Beziehen« ist ein Modus des Denkens, des Erkennens, der sich in die Wahrnehmung einmischt. Wir haben ferner gesehen, daß dieses erinnernde Denken zugleich als Handeln, als Tun gedacht und erlebt wird: wir *be-greifen* die Gestalten der Wahrnehmung. Auch das Wort »unter-scheiden« legt solch eine Aktivität nahe: Denn »scheiden«, etwas »trennen«, das ist eine sehr elementare Form des Handelns. Der Sinn, die Weise, wie wir durch das Denken verstehen, ist damit nicht trennbar von den anderen situativen Modalitäten. Auch das Denken ruht nicht wie ein abgeschiedenes Reich neben Sinnesgegenständen, Emotionen, Wahrnehmung oder Handlungen. Denken heißt immer an *etwas* denken und dieses »etwas« ist eine situative Modalität.

Was meinen wir eigentlich mit »denken«? (Ich verbleibe auch hier in einer situativen Perspektive - bitte also den Leser, sich auf diese Perspektive einzulassen und sich nicht an Denkmodelle, vor allem der Psychologie des Denkens, zu klammern.) Beobachten wir uns einfach selbst im Alltag: »Ich habe eben daran gedacht, wie du gestern...« - »Ich überlege gerade, ob man nicht...« - »Ich denke, wie es wohl übermorgen sein wird, wenn...« Dies sind die Hauptformen unseres *bewußten* Denkens, so, wie wir es gewöhnlich verstehen: Wir *erinnern* uns, lösen *Probleme* oder machen *Pläne* und *Modelle* für die Zukunft. Daneben gibt es aber noch ganz andere Formen des Denkens. Wir erkennen sie an Formulierungen wie: »Ich war ganz in Gedanken versunken« - »Ich habe ein wenig geträumt« - »Mir geht der Gedanke einfach nicht aus dem Kopf«. Während wir beim aktiven Erinnern, beim Problemlösen oder beim Planen für die Zukunft unsere Achtsamkeit ganz in vergangene Situationen, auf einen Vorstellungsinhalt oder eine zukünftige Situation richten, finden wir uns beim Träumen, Herumdenken oder bei *quälenden Gedanken* in einer eher passiven Rolle, in der uns das Denken *widerfährt.* In der Neuzeit unterscheidet man diese beiden Arten des Denkens durch das Begriffspaar »klar/verworren«. Dies scheint mir aber am Phänomen des Denkens vorbeizugehen. Unsere Träume oder quälenden Gedanken können von einer erfreulichen oder beängstigenden Klarheit sein. Wenn wir z. B. etwas gesagt haben, was uns später leid tut, dann wiederholen wir vielleicht in Gedanken die entsprechenden Sätze immer wieder, wägen sie ab, machen uns Vorwürfe. All dies geschieht völlig klar; die Gedanken sind uns bis ins Detail klar und deutlich »vor Augen«. Was bei dieser zweiten Art von Denken, die wir eher »erleiden« (oder träumend genießen), sich allerdings vom aktiven »Überlegen« oder »Nachdenken« unterscheidet, ist die Beziehung auf andere situative Modalitäten. Träume und quälende Gedanken sind stets von mehr oder weniger starken *Emotionen* begleitet. Es sind die Emotionen, die bei diesem Denken eine lenkende, leitende Rolle spielen. Wir werden uns dieser Art des Denkens nochmals zuwenden, wenn wir die kreative Veränderung unserer Gefühle genauer betrachten.

In diesem Kapitel möchte ich vorwiegend die achtsame, bewußte Form des Denkens beschreiben. Auch dieses Denken vollzieht sich nicht im luftleeren Raum. Es ist begleitet von Wahrnehmungen, Gefühlen und mehr oder weniger umfangreichen körperlichen Aktivitäten. Allerdings ist bei dieser Art des Denkens unsere *Achtsamkeit* ganz auf den Gegenstand des Denkens gerichtet. Wir wissen in diesem »Denkmodus« sehr genau, daß uns Gefühle, Wahrnehmungen oder Handlungen *stören.* (»Ich bin zu aufgewühlt um klar zu denken.« - »Bei diesem Lärm kann ich nicht denken.« - »Ich muß mich ruhig hinsetzen und darüber nachdenken.«) Die erste Voraussetzung für die achtsame Form des Denkens ist das Reduzieren der situativen Modalitäten der sinnlichen Gegenwart auf ein Mindestmaß, das uns nicht »stört«. Was geschieht bei achtsamem, konzentriertem Nachdenken? Auch hier »treten wir weg«. Es ist so, als würden wir ganz aus der gegenwärtigen Situation verschwinden. Beim Träumen oder gequälten Denken ist dies ebenso der Fall. Dem Denken ist also *grundsätzlich* eigentümlich, daß es sich von anderen situativen Modalitäten »zurückzieht«. Beim achtsamen Denken gelingt dieser Rückzug weitgehend auch vom Gefühl; beim eher passiven »Gedacht-werden« durch Gedanken übernimmt dagegen das Gefühl das Steuerruder und fesselt unsere Achtsamkeit.

Das Denken verändert damit grundlegend unser Verhältnis zu unserer Situation. Oder anders (makrosituativ) gesagt: Das konzentrierte Nachdenken ist eine Situation ganz eigenen Typs, in der die Achtsamkeit weitgehend »zurückgezogen« ist und auf Gedankeninhalte gerichtet wird. In welcher Form zeigen sich diese Gedankeninhalte? So wie es der Achtsamkeit möglich ist, ihren »Lichtkegel« auf jede Submodalität der Sinne oder des Gefühls zu richten, so kann sie auch im Denken unterschiedliche Arten von Denkobjekten erfassen. Die Submodalitäten des Denkens *gleichen* den situativen Submodalitäten, sie bilden diese noch einmal in einem Gedankenreich nach. Präziser gesagt: *Die Form unserer Gedanken gleicht unserer Wahrnehmung und unserem Handeln.* Allerdings sind, ähnlich wie die Sinne, auch die Denkbereiche keineswegs gleichwertig. Wir tun uns meist (sofern wir nicht zufällig Winzer oder Weinkenner sind) schwer damit, uns einen bestimmmten Geschmack vorzustellen. Einige können sich Gesichter von Personen sehr klar vorstellen, andere eher die Stimme.

Vorstellung, Phantasie

Diese Fähigkeit des »Sichvorstellens« ist äußerst geheimnisvoll. Wir denken an etwas, und im selben Augenblick ist uns der Inhalt des Gedankens auch *gegeben* und ist mehr oder minder stark präsent. Traditionell nennt man diese Kraft des Gedankens die »Phantasie«. Die vorgestellten, die gedachten Inhalte können sehr stark sein, so stark, daß sie unsere Aufmerksamkeit gänzlich absorbieren und wir nichts anderes mehr wahrnehmen. Sie können aber auch weniger stark oder bewußt sein, um sich auf diese Weise unentwegt in unseren Alltag »einzumischen«: Wir können jemand ansehen und uns vorstellen, wie er/sie mit langen Haaren aussehen würde oder wir können zugleich an unseren Schreibtisch denken, auf dem sich die Arbeit türmt, während wir plaudern. Wir sind fähig, in den »Raum« unserer Wahrnehmung Dinge »hineinzuhalluzinieren«, können aber fast immer unterscheiden, was wir »wirklich« sehen und was wir nur »denken«. (Gelingt dies jemand nicht, dann grenzen wir ihn als Kranken aus. Tatsächlich *halluzinieren* wir alle; nur die Kontrollfähigkeit über diesen Prozeß macht uns zu »normalen Menschen«.)

Im Denken können wir *vergangene* Situationen wieder herbeirufen, magisch evozieren; der bloße Entschluß dazu genügt (wir sagen hierzu sehr treffend »ver-gegenwärtigen«). Gelegentlich »kommen uns« einfach solche Erinnerungsstücke. Wir sehen etwas, und das *erinnert* uns an dies oder jenes; oder wir denken etwas und *sehen* dann plötzlich jenes oder dies. In diesem Modus ist das Denken mit der Wahrnehmung verkoppelt, ein Prozeß, den wir schon kennengelernt haben. Beim Nachdenken durchtrennen wir diese Kopplung und isolieren den Denkprozeß. Das erinnernde Wachrufen vergangener Situationen vollzieht sich beinahe unabhängig von der gegenwärtigen Situation. Genauer gesagt: Wenn wir uns erinnern, verwandelt die gegenwärtige Situation ganz zur wachgerufenen vergangenen Situation. Wir sind dann buchstäblich *bei* unseren Erinnerungen und nicht hier. Man kann hierbei *ganz* in die vergangene Situation »gehen« oder nur einige Modalitäten dieser Situation vergegenwärtigen.

Wir können dies durch ein kleines Beispiel verdeutlichen: Versetzen Sie sich bitte in eine Ihnen gut erinnerliche Situation, die Sie in nicht allzu ferner Vergangenheit erlebt haben. Denken Sie hierbei zunächst nur an all die sichtbaren Gegenstände, Menschen etc. in dieser Situation. Versuchen Sie, während Sie in die Vergangenheit blicken, hin und wieder auf die *gegenwärtigen* Geräusche zu hören. Vielleicht entdecken Sie, daß Ihnen dies nur bis zu einem gewissen Grade gelingt. Wenn Sie sich aber zu erinnern versuchen, welche Geräusche, Wörter und Klänge in der *vergangenen* Situation zu hören waren, dann müssen sie gegenwärtige Geräusche ausblenden. Versuchen Sie ferner zu *fühlen*, was Sie damals empfunden haben. Es gelingt Ihnen nur, wenn Sie sich ganz aus der Gegenwart zurückziehen.

Strukturen des Denkens

Unsere Achtsamkeit kann zwischen Gegenwart und Vergangenheit hin- und herpendeln. Sie tut dies in verschiedenen Submodalitäten. Wenn wir uns erinnern, dann verwenden wir hierzu genau dieselben Formen wie in unserer Wahrnehmung. Doch nicht nur unsere Wahrnehmung kehrt auf »phantastische« Weise in unserem Denken wieder, auch unser Handeln. Im Denken *tun* wir etwas, wir sind nicht passiv. Wir reproduzieren im Denken also auch die situative Modalität der Handlungsmuster. Die hierbei wichtigste unserer Aktivitäten ist das Sprechen. Wir können aber auch in Gedanken laufen, unseren Körper bewegen oder ein Auto fahren. *Die Struktur der Submodalitäten des Denkens ist formal identisch mit den Modalitäten und Submodalitäten einer Situation.* Denken, Vorstellen, Erinnern, Träumen usw., all diese Prozesse unseres Bewußtseins erfolgen nicht in einer jenseitigen, »sterilen« Denkatmosphäre. Sie enthalten vielmehr alle Elemente einer Situation, bewegen sich in situativen Modalitäten. Man sagt - je nach verwendetem psychologischen Denkmodell - Denken repräsentiere etwas anderes, »bilde« die Wirklichkeit »ab«, bewege sich in Repräsentationssystemen. Das mag sich für einen Betrachter von *außen*, der z. B. die Abbildung von Formen auf der Retina des Auges untersucht, so darstellen. Man kann Vorgänge im Gehirn messen und sie *als* »Gedanken« interpretieren. Auch verraten die Körperhaltung, die Atmung, die Gesichtsfarbe und die Bewegung der Augen oft, auf welche Weise jemand denkt, ob er innerlich visualisiert oder dialogisiert. »Niedergeschlagene Augen«, »hängende Schultern« verraten ebenso Gefühle wie Gedanken. Doch all dies *ist* nicht das innersituative Denken, wie wir es *selbst* alltäglich erleben und erfahren, sondern eine Beschreibung von *außen* durch einen Beobachter. Kein Beobachter beobachtet sich selbst *als* Beobachter. Man kann Gehirnvorgänge auf Bildschirmen abbilden, als akustische Signale verstärken und so ein »Biofeedback« erzeugen, d. h. körperliche Vorgänge beeinflussen. Doch all dies deutet nur auf das Zusammentreffen der situativen Modalitäten hin. Innersituativ fehlt jeder Hinweis darauf, daß in der Wahrnehmung etwas »repräsentiert« werde: »Mein Gehirn bildet die Außenwelt ab« - »Im Gehirn werden Informationen der äußeren Welt verarbeitet« - derartige Aussagen sind nur Denkmodelle *über* das Denken, nicht das Denken selbst. Wir wissen zwar, wann wir »nur« denken; aber wir denken immer *an etwas* »selbst«, nicht an dessen »Repräsentation«. Im Gegenteil: Ein »Bild« können wir sehr genau von der »Wirklichkeit« unterscheiden. Verbleibt man also tatsächlich beim erlebten Phänomen des Denkens, so findet das Modell der »Abbildung« oder »Repräsentation« keine innersituative Stütze.

Eine Schwierigkeit scheint sich aber auch beim situativen Zugang zum Denken zu ergeben: Hatten wir nicht das Denken als Modalität einer Situation bezeichnet? Wie kann das Denken, wenn es sich *in* den situativen Modalitäten »vollzieht«, nochmals »sich selbst« enthalten oder erzeugen? Hier scheint eine Paradoxie vorzuliegen, doch die Antwort ist sehr einfach: Wenn sich das *Denken auf das Denken* bezieht, dann knüpfen wir an *vergangene* Gedanken an, d. h. wir beziehen uns auf vergangene Situationen, in denen wir gedacht haben. Genau dies verleiht dem Denkprozeß Kontinuität und erzeugt für uns die *Erfahrung der Zeit*. Die hier (in diesem Text) vorgenommene Beschreibung beschreibt das Denken, ist also ein Nachdenken über das Denken. Während ich *dies* schreibe kann ich nicht zugleich meine Gedanken denken. Sie können, während Sie hier lesen, nicht zugleich Ihre Gedanken denken. Ich kann aber, wie der Leser auch, mich an den Verlauf eines Denkprozesses erinnern, kann mich erinnern, ob ich ein Bild »im Kopf« hatte, einen Satz oder ein Gefühl. Dies sind vergangene Gedanken.

Gedanken unterscheiden sich in ihrer Struktur nicht von einer tatsächlichen Situation. Dennoch können wir uns in Gedanken aus Aspekten der gegenwärtigen Situation lösen, wir können sie sogar ganz »verlassen« und in erträumte oder vergangene Situationen *versinken*. Jeder von uns kennt diese Erfahrung. Aber merkwürdigerweise *glauben* wir nicht, diese Erfahrung zu machen. Wir würden immer sagen: »Natürlich war ich *nur in Gedanken* weg; in *Wirklichkeit* war ich hier in diesem Zimmer.« Tatsächlich waren wir aber »wirklich« weg. Denn »hier« zu sein heißt, unsere Achtsamkeit auf die gegenwärtigen Modalitäten der Situation zu richten. Im Denken bleiben wir in diesen Modalitäten, wir heben aber die Macht der Zeit über uns auf und übersteigen unsere Gegenwart. Dies ist das tiefe Rätsel, das tiefe Geheimnis des Denkens. Weshalb glauben wir nicht, daß wir »wirklich weg« sind (d. h. eben in einer anderen Situation)? Wie immer ist auch hierfür eine Erfahrung verantwortlich. Es ist dies die Erfahrung, daß wir aus unseren Gedanken immer wieder *herausgerissen* werden, aus unseren Träumen ebenso wie aus unseren Überlegungen. Das, was wir mit »objektiver Realität« meinen, ist eigentlich die Erfahrung, daß wir immer wieder in eine *spezifische* Situation aus unseren wandernden Gedanken zurückgeholt werden. Auch diese Situation ändert sich unaufhörlich. Die Situation, die wir die »wirkliche« nennen, weist aber ein hohes Maß an Kontinuität auf. Allerdings gibt es auch Gedanken, die uns immer wieder faszinieren oder fesseln. Auch zu ihnen (d. h. zu einer anderen, gedachten Situation) kehren wir immer wieder zurück. In den nächtlichen Träumen sind wir sogar mit Haut und Haar in einer ganz anderen Situation. Bei Tagträumen oder beim Überlegen können wir uns selbst immer wieder aufwecken und herausreißen; im Schlaf-Traum ist das nicht ganz so einfach. Wir bezeichnen unsere Traumwelten nicht als »real«, weil auch sie ein geringeres Maß an Kontinuität aufweisen. Auch im Traum kehren Situationen wieder, ihre Verknüpfung wird von uns aber anders erlebt. Es gibt keinen Grund, von vorneherein der Traumwelt »Realität« abzusprechen (auch wenn wir dies gewöhnlich tun). Tatsächlich erscheinen viele große Ideen »im Schlaf«, entstammen also einer »nicht-realen« Welt.

Analysiert man das Denken strikt aus einer innersituativen Perspektive, so zeigt sich damit, daß die Strukturen der »Wach-Welt« nur ein Teil unseres gesamten Erlebens sind. Sieben bis acht Stunden sind wir pro Tag in einer ganz anderen Situation: im Tiefschlaf oder im Traum. Auch während des wachen Zustandes sind wir oft »schläfrig«, »wir träumen« oder »dösen«. Die »reale Welt« zeigt sich für uns vor allem darin, daß viele situative Modalitäten *zusammentreffen*. Genau betrachtet ist »Realität« dieses »Zusammentreffen«, dieses Versammeltsein in einer Achtsamkeit. Wenn wir etwas nur *sehen*, was wir nicht anfassen können, dann ist es für uns eine Halluzination, eine Vision. Auch wenn wir nur etwas tasten oder empfinden, dann sagen wir: »Es war eine Täuschung, ich dachte, mich hat jemand angestoßen.« Beim Denken wird eine situative Modalität von diesem Zusammentreffen mit anderen Modalitäten gelöst - wir verwenden deshalb auch das Wort »nur« und sagen: »Ich habe *nur* gedacht.« Es ist äußerst überraschend zu sehen, wie sehr unser Denken und Erleben von allerlei Aberglauben durchsetzt ist - eine genaue situative Analyse deckt hier vieles als Vor-Urteil auf.

Nun mag man aber fragen: Aber *was* ist das Denken nun wirklich, tatsächlich, faktisch, wissenschaftlich, metaphysisch usw.? So zu fragen heißt nur, eine Blickrichtung im Frage-Raum einzunehmen, heißt nur, ein Denkmodell *festhalten* zu wollen. Wenn wir das Denken untersuchen, so finden wir immer nur Strukturen, *an* die gedacht wird, »Denkinhalte« - nicht aber das Denken selbst. Das Denken »selbst« hat die Natur, keine Natur zu besitzen. Es ist offen, leer, empfänglich - wie die Achtsamkeit. Und gerade weil das Denken offen ist und keine Struktur *für sich selbst* besitzt, gerade deshalb können wir *kreativ* denken: d. h. Grenzen überschreiten, Neues entdecken, Strukturen einen anderen Sinn oder eine andere Bedeutung geben. Man sollte zwischen Denken, Denk*modell* oder Denk*inhalt* unterscheiden. Ein *Denkmodell* besitzt Struktur und kann deshalb nur das erfassen, was zu dieser Struktur paßt. Das *Denken* »selbst«, die Achtsamkeit als Prozeß, ist offen und flexibel: Es ist kein Experte, der immer schon alles weiß, und deshalb kreativ. Ich werde in den nachfolgenden Kapiteln auf die verschiedenen Aspekte der Denkmodelle und der einschränkenden Wirkung auf die Art bestimmter Fragestellungen zurückkommen.

Denken als Überschreiten...

Halten wir fest: Die Tatsache, daß wir denken, heißt zwar, daß wir unser Eingebundensein in die *gegenwärtige* Situation immer wieder überschreiten können. Wir vollziehen aber dieses »Überschreiten« so, daß wir uns auch in Gedanken wiederum in einer *Situation* mit ihren Modalitäten und Submodalitäten wiederfinden. Das Denken gibt uns die Freiheit, Situationen in jeder Richtung und Hinsicht umzugestalten. Wir verbleiben hierbei jedoch immer im Horizont situativen Daseins. Wir können nicht (oder nur vorübergehend im Traum) Modalitäten unserer Situation einfach aufheben und uns z. B. in ein reines Gedankenwesen ohne Körper und Gefühl verwandeln. Auch wenn wir in Gedanken versunken sind, sind wir dort, woran oder wohin wir denken, in einer Situation. Kreativität hat ihre Wurzel zwar in der Freiheit des Denkens, die jeweils gegenwärtige Situation überschreiten zu können, aber das Denken kann sich nicht aus der Tatsache befreien, in den Modalitäten der Situation zu denken. Von Gott wird gesagt, daß das, was er denke, zugleich wirklich werde. Tatsächlich haben wir diese Fähigkeit auch. Unsere Gedankenschöpfungen sind sofort wirkliche »Welten«, die wir ganz erleben in allen Aspekten einer Situation. Wir können sogar bis zu einem gewissen Maß die Gestalten unserer Wahrnehmung durch das Denken beeinflussen. Unsere nichtgöttliche Kreativität des Denkens vermag allerdings nicht, unmittelbar Dinge zu erschaffen, die auch für andere Menschen in derselben Situation »wirklich« sind. Davon abgesehen kennt unsere Phantasie allerdings kaum Grenzen.

Das wichtigste Charakteristikum (in unserem Zusammenhang) ist nun nicht einfach die Fähigkeit, in Gedanken vergangene Situationen evozieren zu können. Wichtiger ist die Fähigkeit, *neue* Situationen in Gedanken *erschaffen* zu können. Wir können die Modalitäten und Submodalitäten einer Situation durch unsere Phantasie frei variieren. Die so entstehenden vorgestellten Situationen sind vielleicht weniger farbig und intensiv als unsere aktuelle Wahrnehmung; gleichwohl haben sie grundlegend alle Merkmale situativer Submodalitäten. Wir können z. B. in Gedanken zahllose visuelle Gestalten erzeugen, Töne hören, aber auch Emotionen »erfinden« (uns in Wut oder Vergnügen »denken«). Je mehr situative Modalitäten und Submodalitäten wir hierbei gleichzeitig variieren, desto faszinierter ist unsere Achtsamkeit, desto mehr verlassen wir die gegenwärtige Situation. Beim Tag-Träumen versuchen wir Änderungen von angeschauten und gehörten Formen zu erzeugen, die ein schönes Gefühl verstärken; beim angestrengten Nachdenken suchen wir Formen, die uns als *Lösungen* erscheinen. Jeweils variieren wir hierbei eine oder mehrere Submodalitäten völlig frei.

Das Maß unserer Kreativität zeigt sich in der Fähigkeit, diese Variationen ohne innere Hindernisse zu vollziehen. Allerdings schränken im Denken und gerade beim Denken Routinemuster die Entfaltung unserer Phantasie ein; wir geraten immer wieder auf das alte Gleis und probieren Lösungen, die wir schon hundertmal ausprobiert haben. Auch das Wiederholen eines wenig erfolgreichen Gedankens gehört zu unseren Lieblingsbeschäftigungen. Wir besitzen scheinbar oftmals nicht die Freiheit, den Gedanken so zu verändern, daß er uns mehr befriedigt. Es ist dies wie beim Einüben eines Musikstückes. Manchmal macht man an einer bestimmten Stelle immer denselben Fehler. Mit jeder Wiederholung des ganzen Stückes übt man dann auch den Fehler mit ein, anstatt ihn zu beseitigen und dann erst das ganze Stück zu üben.

Mit unseren Gedanken versuchen wir die Situation, in der wir uns gerade befinden, *denkend* zu überschreiten, bevor wir sie *handelnd* überschreiten. Wir machen also *Pläne*, stecken uns *Ziele* und verfolgen *Zwek-*

ke. Dies geschieht in kleinem Umfang beständig. Wir müssen uns nicht erst entschließen zu denken; das Denken vollzieht sich immer. Es begleitet unser Leben wie der Schatten das Licht. Beobachten Sie sich bitte einmal selbst, wenn Sie die Straße entlang gehen. Sie werden entdecken, daß »Ihr Gehirn« unaufhörlich kleine Pläne macht (von den großen, bewußten Plänen unserer Achtsamkeit ganz zu schweigen). Wenn wir Auto fahren, wird dies besonders deutlich: Wir beobachten z. B., wie ein Fahrzeug ein uns entgegenkommendes Fahrzeug überholt. Sofort schätzen wir ab, ob das Überholmanöver für uns gefährlich wird und blicken uns am rechten Straßenrand nach Ausweichmöglichkeiten um. Wir denken also (sehr rasch und oft kaum merklich) mögliche Situationen »durch«, indem wir Submodalitäten der gegenwärtigen Situation variieren. Diese Form des beinahe unbewußten Denkens vollzieht sich beständig; unsere »bewußten Gedanken« sind darin nur eingeflochten oder überlagert. Gerade diese Gedanken an der Schwelle unseres Bewußtseins sind in der Regel sehr stark routinierte Denkmuster. Man kann sie achtsam ausführen (und hat dies beim Erlernen eines Denkmusters auch einmal getan), meist aber vollziehen sie sich eher automatisch.

... und als Fessel

Wenn wir konzentriert nachdenken, flechten wir zahllose kleine Denkroutinen ein, die uns wie absolute Notwendigkeiten erscheinen können: »Ich kaufe drei Weißbrote; eines kostet 2,50 DM, das sind also sieben Mark fünzig.« Die Absicht, Weißbrot einzukaufen, erfordert eine gewisse Planung; Teil dieser Planung ist das Zahlen an der Kasse. Also erinnern wir uns, was ein Brot kostet und multiplizieren den Preis mit der Zahl der Brote. Diese letzte Operation erfordert kurzes »Nachdenken«; in diesem Nachdenken vollziehen sich Denkroutinen, die uns als unumstößliche Notwendigkeiten vorkommen. Als wir als Kinder lernten, wie man Zahlen multipliziert, gab es eine Phase, da wäre uns die Lösung: 3 x 2,50 = 5,50 ebenso richtig vorgekommen wie 3 x 2,50 = 7,50. Wir konnten damals noch nicht richtig multiplizieren. Erst nachdem wir einige Regeln erlernt hatten, erschien uns das Ergebnis »7,50« als unumstößliche Wahrheit. Nun ist es beim Rechnen oder in der Mathematik sicherlich sinnvoll, bestimmte Regeln so in unserem Gedächtnis zu verankern, daß sie uns als unumstößliche Wahrheiten vorkommen. Leider wenden wir diese Methode aber auch bei zahllosen anderen Gegenständen an, die es keineswegs verdienen, unumstößlich in unserem Bewußtsein eingenistet zu sein. »Zum Frühstück brauche ich einfach eine Zigarette«, »Die erste Zigarette ist die beste« - solche »Wahrheiten« können sich so einprägen, daß wir nicht mehr unterscheiden können, ob das Rauchen nun eine körperliche Sucht ist oder nur ein quälender Gedanke. Tatsächlich läßt sich das auch gar nicht trennen. Wir denken immer in Situationen, lernen in Situationen. Jeder Gedanke behält seinen Duft, sein Aroma. Wer (ich hatte dieses Beispiel schon erwähnt ⇒ Kapitel 2) in der Grundschule das Rechnen in einer sehr unangenehmen Situation erlernte, der wird mit dem Anwenden der Rechenregeln noch ganz andere Muster reproduzieren (den Atem anhalten, die Bauchmuskeln anspannen).

Unsere Denkmuster sind situativ verankert. Es ist deshalb oftmals sehr schwierig, kreative Freiräume, »frischen Wind für neue Ideen« zu erzeugen, ohne das ganze situative Erleben zu verändern. Unsere Phantasie wird begrenzt von selbstgeschaffenen Mustern, die aus unserem Handeln hervorgehen. Jede Erinnerung ist solch ein Muster, das wir uns vergegenwärtigen. Unser Handeln ist zugleich ein Denken und dieses Denken wird Erinnerung. Die Erinnerung ist als *Erfahrung* (positiv verstanden) ein Potential, auf das wir zurückgreifen können. Als Denkmuster, das sich auch dann vordrängt, wenn wir nicht wollen (negativ verstanden), ist die Erinnerung ein Hemmnis der Kreativität. Kreativität ist damit ein sich selbst fördernder und selbst hindernder Prozeß: Wenn wir viele neue Erfahrungen sammeln (und sei es nur durch ein Spiel der Phantasie), dann steht uns ein großer Vorrat an Mustern zur Verfügung, auf die wir zurückgreifen können, die wir neu kombinieren können. Ist unser Alltag eintönig angefüllt von eintönigen Gedanken und Phantasien, dann haben wir, vor Schwierigkeiten und Probleme gestellt, auch nur wenige Alternativen zur Verfügung. Es kommt hier nicht so sehr auf das an, was man augenzwinkernd die »Lebenserfahrung« nennt. Viele Menschen machen sehr viel durch, erleben sehr viele Dinge - doch nur von außen betrachtet. Innerlich sind sie in ihren Erfahrungen »ganz woanders«, bei den ewig gleichen Gedanken. Sie sind gar nicht in der Lage, das neu Erlebte auch wirklich zu erfahren, weil sie ihre Achtsamkeit aus der gegenwärtigen Situation in eine gedachte umgelenkt haben. Was jemand, von außen betrachtet, »erlebt«, ist ziemlich belanglos, solange wir nicht seinen inneren, denkenden Zustand kennen. Wer in der schönsten, inspirierendsten, lehrreichsten Situation sich in Gedanken zum millionstenmal vorsagt, daß sie/er dumm, häßlich, erfolglos und überhaupt ein schlechter Mensch ist, der *ist* eben nicht in einer schönen, inspirierenden und lehrreichen Situation. Sie/er ist »woanders«. Das Erleben ist gleichsam verdoppelt: Man »sieht« zwar mit den Augen, hört mit den Ohren, nicht aber achtsam. Die Achtsamkeit ist mit etwas anderem beschäftigt. Deshalb sagte ich schon oben: Viele Reisen zu unternehmen ist eine wunderbare Sache; zu einem *Erlebnis* wird eine Reise nur, wenn man überhaupt erleben kann.

Wie aber lernt man »erleben« - was immer auch heißt: wie aber lernt man *leben*? Durch das Beseitigen jener Denk*muster*, die sich vor die möglichen Erlebnisse schieben, durch das Beenden einer dualen Existenzweise, die vor die wahrgenommene Welt eine Gedankenwelt schiebt, in der ganz andere Dinge als die gesehenen oder gehörten gedacht werden. Dies wiederum kann man nicht *ohne* Gedanken, *gegen* das Denken - wenn man nicht zufällig Zen-Meister mit 30jähriger Meditationserfahrung ist. Wir können unser Denken nicht beenden, aber wir können unsere Denk*muster* verändern. Wir verändern dadurch die Grenzen, die uns einschränken, und entdecken damit die grundlegende Offenheit und Freiheit des Denkens. »Die Gedanken sind frei« heißt es in einem alten Lied. Es ist leider auf sehr zynische Weise wahr: Die *Gedankenmuster sind frei*, nicht wir. Die Gedanken sind *freigelassen* wie wilde Tiere. Sie tollen herum und vollführen einen Tanz, dem wir atemlos hinterherjagen und uns immer wieder fragen: Wie bin ich jetzt in diese Situation, in diese Stimmung, in diese dumme Handlung hineingeraten? Wir müssen uns deshalb den Möglichkeiten, den Tanz der Gedanken zu verändern, sehr ausführlich zuwenden. Denkmuster hindern uns an der Lösung von Problemen ebenso wie am Erleben von inspirierenden Situationen. Es sind auch Denkmuster, die unsere Bewegungen und Gefühle maßgebend steuern. Auch andere Menschen spielen mit unseren Mustern durch Gesten und Wörter, wie es ihnen beliebt, solange wir nur *reagieren*. Hier gibt es eine Medizin, die allgemein hilfreich ist, und es gibt gezielte Medikamente für unterschiedliche Leiden. Die generelle Medizin haben wir schon kennengelernt: Die Achtsamkeit vermag jedes Denkmuster früher oder später aufzulösen.

Denkmuster sind wie Eiskristalle im Meer der Gedanken. Die Achtsamkeit ist der Sonnenaufgang in unserem Geist, der alles Eis zum Schmelzen bringt und dem Strom der Gedanken wieder Beweglichkeit, Flüssigkeit und Offenheit für alle Formen zurückgibt. Den gezielten Medikamenten, die Denkmodelle und automatische Muster verändern können, wenden wir uns nachfolgend zu.

8 Probleme und die Kunst des Fragens

Wie findet man Lösungen?

Die traditionellen Theorien der Kreativität haben »kreativ denken« und »Problemlösen« weitgehend identifiziert. Diese Identifikation ist sicherlich zu eng; Tatsache ist aber, daß das Problemlösen wohl das am genauesten strukturierte Feld kreativen Denkens ist. Was sind eigentlich »Probleme«? Wir haben diese Frage schon einmal gestellt und bemerkt, daß sich hinter dem Wort »Problem« höchst unterschiedliche Schwierigkeiten verstecken können. Man kann ein technisches, ein mathematisches, ein ökonomisches, ein persönliches oder ein philosophisches Problem (und zahllose andere) lösen wollen. Die Sache wird noch dadurch kompliziert, daß wir oft glauben, ein bestimmtes Problem lösen zu sollen und dabei »eigentlich« ein ganz anderes Problem haben. Nun ist dies eine Schwierigkeit, die in der Sache liegt. Kreativität hatten wir beschrieben als das Erzeugen, Entdecken oder auch nur das Zulassen neuer, wertvoller Produkte oder Handlungen. Es gibt Probleme, die für eine genau definierte Aufgabe nur *einen* Lösungsweg verlangen. Eigentlich sind nur mathematische Fragen so genau strukturiert, daß man die Aufgabe ganz klar definieren kann und zudem ganz klar ist, was eine Lösung des Problems darstellt und was nicht. Andere Fragestellungen sind weit weniger deutlich einzugrenzen. Zudem gibt es in der Regel auch für genau definierte Aufgaben nicht nur eine Lösung. In diesem Fall erwacht in uns ein ökonomisches Denken, und wir wollen natürlich die »effizienteste« Lösung kennen. Das setzt aber voraus, daß wir *überhaupt* über Alternativen verfügen. Es gibt in den Wirtschaftswissenschaften (in der traditionellen Entscheidungstheorie) eine ausgefeilte Theorie der Wahlhandlungen, die uns genau verrät, wie unter gegebenen Alternativen zu wählen ist, um die beste zu erreichen. Leider verschweigt diese Theorie, wie wir überhaupt Alternativen *entdecken* können. Sie setzt voraus, was in den allermeisten Fällen nicht zutrifft: die *Kenntnis* zahlreicher Alternativen. Im Alltag verfahren wir meist ganz anders: Wir beschäftigen uns ziemlich lange damit, überhaupt einen Lösungsweg zu finden und sind heilfroh, wenn er auf *irgendeine* Weise erlaubt, das Ziel zu erreichen. Die blinde Suche nach Alternativen ist ermüdend. Wenn ein Lösungsweg tatsächlich funktioniert, dann scheint er uns so wertvoll zu sein, daß wir tausend Ausreden erfinden, ihn auch als beste Lösung darzustellen.

Also auch bei »prinzipiell« klar definierten Aufgaben ist es ganz und gar nicht einfach, Lösungswege (zu schweigen vom besten Lösungsweg) zu finden. Sogar in der Mathematik ist das Entdecken von Beweisen völlig offen, ein Spiel-Raum, der erlaubt, seine Kreativität zu erweisen. Weitaus schwieriger ist es, wenn das Problem ziemlich unklar definiert ist. In solch einem Fall wäre oftmals eine *klare* Beschreibung des Problems bereits die halbe Lösung. Anders gesagt: Man muß überhaupt erst erkennen, welche *Frage* man eigentlich stellt. Die *denkbaren* Probleme sind alle in *Fragen* verwandelbar. In der Frage kommt das Problem *zur Sprache*. Das heißt nicht, daß das Problem sprachlicher Natur sein muß. Vielmehr ist die Sprache ein freies Feld, in dem das Problem beschrieben und damit variiert und neu beschrieben werden kann. Wir müssen beim Wort »Lösung« vorsichtig sein. Eine Lösung ist zunächst nur ein Schema, ein Gedanke, ein Modell. Es gibt Probleme, die schon durch bloßes Denken gelöst werden können (und dies sind gar nicht wenige). Viele Probleme verlangen aber nicht nur ein Lösungsprogramm, sondern auch die zugehörige Handlung.

Uns ist diese Aufteilung sehr vertraut: Theorie und Praxis. Sie ist aber ebenso abstrakt wie für uns unbrauchbar. Wenn die wirkliche Lösung erst durch ein bestimmtes *Handeln* zu erreichen ist, dann sollten wir mit allen zunächst nur *gedachten* Lösungen sehr vorsichtig sein. Die zahlreichen »rationalen Theorien« entwerfen hier ein helles Bild der Welt: Der Mensch setzt sich Zwecke, sucht geeignete Mittel und realisiert dann diese Zwecke. Der Alltag ist viel dunkler. Die Menschen setzen sich sicherlich ganz vernünftig Zwecke und versuchen sie zu realisieren. Sie versuchen dies solange, bis es gelingt (oder bis ihnen der Zweck leid wird). Die etwas differenziertere Modellversion lautet hierzu: Durch *Versuch und Irrtum* finden die Menschen praktische Lösungen für ihre Probleme. Auch diese Formulierung vergißt allerdings einige Schattenseiten: *Das Versuchen ist eine Tätigkeit*, die viel Zeit in Anspruch nimmt und prägend wirkt. Ferner: Wenn jemand Experimente macht, bewegt er sich nicht im Vakuum, er beeinflußt dabei sich selbst und seine Umwelt. Je größer der Maßstab dieser Versuche und Experimente ist, desto heftiger können die Wirkungen sein, vor allem dann, wenn sie scheitern. Politische Revolutionen sind dafür ein beredtes Beispiel.

Werden Handlungen nur vom Ziel her *gerechtfertigt*, so macht man aus der Not eine Tugend und sagt, der »Zweck heilige die Mittel«. Es ist dies die Parole der humorlosen und völlig unkreativen Parteigänger eines Denkmodells, zu dem Alternativen auszudenken solch »ernsten« Menschen ein Verbrechen zu sein scheint.

Wir suchen in Gedanken (Plänen, Programmen, Zielsetzungen, Wünschen) Lösungen für Probleme. Was machen wir dabei eigentlich? *Ein Problem zu haben heißt, mit einer Situation unzufrieden zu sein.* Wir denken über unsere Situation nach, verändern in Gedanken einige oder viele Submodalitäten und erzeugen so eine erträumte, eine phantasierte neue Situation. Diese neue Situation herzustellen machen wir uns dann zur Aufgabe. Doch dies hat einen Haken. In Gedanken können wir Submodalitäten einer Situation spielerisch variieren und andere unverändert lassen. Wir gleiten (sozusagen) in die neue Situation »ganz glatt« hinüber. Das *Hoffen* ist die Urform dieses Spiels mit einer gegenwärtigen Situation *in Gedanken*. Man variiert einige Submodalitäten und wünscht dann (als wäre man Gott vor einem Schöpfungstag): »Fiat! Es sei!«. Genau so funktioniert das »Hoffen«. Wenn man sich selbst für schwach hält, dann hofft man auf eine fremde Macht (Gott, den Staat, den starken Mann), der das Erhoffte herbeizaubern möge. Die Tatsache, daß dies meist nicht funktioniert, hält uns nicht vom Hoffen ab - auch nicht vom »Fürchten«. Das Gegenteil von Hoffnung ist Furcht. Tatsächlich verfahren wir hier genauso: Wir verändern in Gedanken Submodalitäten unserer Situation, die wir uns besonders schrecklich ausmalen, *betrachten* dann unser »Gemälde«, unsere Vorstellung und ... fürchten uns davor. Die inneren Dialoge des Alltags schwanken zwischen diesen beiden Extremen. Glücklicherweise *ist* Hoffnung und Furcht nicht irgendetwas selbständig Existierendes, wir *machen* es. Es ist die Funktion unseres Denkens und deshalb veränderbar.

Klären des Problems

Um nicht in den Abgrund von Hoffnung oder Furcht zu stürzen, sollten wir uns deshalb klügerer »Denktechniken« bedienen. Probleme entstehen, wenn wir auf irgendeine Weise mit einer gegenwärtigen Situation nicht zufrieden sind. Zweifellos *kann* man an seiner Situation etwas ändern. Dies geschieht aber nur dann auf befriedigende Weise, wenn hierbei stets die *gesamte* Situation, wenn alle Modalitäten in Betracht gezogen werden. Wir suchen Lösungen meist nur in der ersten situativen Modalität, d. h. wir wollen die Dinge, die Sinnesgegenstände (erste Modalität der kreativen Situation) um uns herum verändern, wenn wir unzufrieden sind. Das ist ein reichlich einseitiges und beschränktes Handlungsmuster. Die erste situative Modalität zu verändern ist die schwierigste von allen Veränderungen. Es ist deshalb wichtig, die Natur des Problems zunächst möglichst klar zu formulieren. Hierzu sollten wir uns selbst fragen: Was *genau* will ich verändern?

Um diese Frage beantworten zu können, empfehle ich als ersten Schritt folgende »Technik«; man könnte sie *Klären des Problems* nennen. Ziel dieser Technik ist es, die situative Struktur eines Problems aufzuhellen: Sie glauben, irgendein Problem zu haben; sei es auch nur, daß Sie einfach unzufrieden sind und irgendetwas »anders« haben wollen, ohne genau zu wissen, was. Sie können *»träumen«*. Benutzen wir also diese Fähigkeit, nur auf eine etwas andere Weise:

Klären des Problems

1. Schritt: Stellen Sie sich vor, wie Sie sich *fühlen* werden, wenn das Problem gelöst ist. Sie fragen in keiner Weise, *wie* Sie dieses Problem gelöst haben, noch, was eigentlich genau das Problem ist. All das kann man loslassen. Denken Sie einfach: »Gut, jetzt habe ich das Problem gelöst.« Fragen Sie dann genauer: Wie würde ich mich fühlen? Noch genauer: Wo in meinem Körper würde ich meine Freude, meine Zufriedenheit fühlen? Bleiben Sie möglichst ganz bei diesem *Gefühl*, bei dieser Emotion, die Sie mit einer Lösung des Problems verbinden. Kosten Sie das Gefühl aus.

2. Schritt: Schließen Sie dann vielleicht einfach die Augen und fragen sich: »Wo wäre ich jetzt wohl, wenn mein Problem gelöst wäre?« Malen Sie sich, ganz Ihrem Gefühl folgend, aus, wie der Ort aussieht. Gehen Sie hierbei ins Detail. (Wenn Sie hierbei Schwierigkeiten haben, weil vielleicht gerade der Ort das Problem ist, dann stellen Sie sich vor, Sie wären in einem Auto, im Flugzeug oder zu Fuß unterwegs zu dem fraglichen Ort. Verfahren Sie mit dem Auto etc. dann genauso, wie nachfolgend gesagt ist.) Wenn der Ort im Freien ist, versuchen Sie zu sehen, wie der Ort aussieht, welche Häuser, Bäume usw. ihn charakterisieren; ist es ein Zimmer, dann betrachten Sie genau die Möbel, die Türe, fragen Sie sich, wohin sie führt, betrachten Sie das ganze Haus. Wenn es ein Ort oder Zimmer ist, den/das Sie kennen, dann suchen Sie nach Veränderungen. Was ist anders geworden?

3. Schritt: Denken Sie nun an die Personen, mit denen Sie zusammen sind. (Wenn Sie hierbei Schwierigkeiten haben - vielleicht ist das gerade Ihr Problem, *wer* anwesend sein wird -, dann fragen Sie sich, wer vor dem Haus ist, in der Wohnung nebenan oder darüber.) Malen Sie die Personen möglichst genau aus - und achten Sie hierbei immer auf Ihre Stimmung. Fahren Sie nun fort, indem Sie ein wenig in diesem Bild verweilen und irgendetwas darin tun. Sie werden in der Situation, in der ihr Problem gelöst ist, irgendetwas tun. Was tun Sie? Malen Sie sich das genau aus.

Dieses Verfahren können Sie auch bei durchaus kleinen Problemen anwenden. Wichtig ist das Prinzip hierbei. Die Lösung des Problems wird meist als bloße Veränderung einer Submodalität der gegenwärtigen Situation betrachtet. Läßt man sich auf die Lösung wirklich ein, tastet man die mögliche Problemlösung nach allen situativen Modalitäten ab, so kann man erkennen, daß die Variation von Submodalitäten oft gar nicht isoliert durchgeführt werden kann. Wenn Sie reich sein wollen, dann versuchen Sie wirklich genau nachzufühlen, was Sie täten, wenn Sie reich wären. Spüren Sie allen situativen Submodalitäten (Gegenstände, Gefühle, Unterscheidungen, Handlungen, Gedanken) genau nach. Sollten Sie ein Buch schreiben wollen, zu dem Ihnen nichts einfällt, dann beginnen Sie mit der Situation, in der Ihnen eben der Postbote die Freiexemplare Ihres fertigen Buches zustellt. Setzen Sie sich in Gedanken bequem hin und schlagen Sie dieses Buch auf; versuchen Sie nicht sofort das Inhaltsverzeichnis zu lesen oder den Titel, sondern achten Sie zunächst auf andere situative Modalitäten (ihr Gefühl, ihre Gedanken, die Farbe des Umschlags usw.). Bei solchen Träumen entdecken wir (und das ist der Sinn dieser Technik) Widerstände, die *jetzt* da sind. Wir entdecken aber auch die Elemente einer Lösung, die nicht erwünscht sind.

Der vergessene Weg zum Ziel

Bislang hatten wir uns nur auf die Situation konzentriert, in der unser Problem gelöst ist. In der Regel können wir wenigstens drei Situationstypen unterscheiden: In einer Situation entsteht ein Problem, und es wird eine Lösung gesucht, die dann als Ziel verfolgt wird (erster Typus). Dieses Ziel kann nur durch bestimmte Mittel erreicht werden, durch einen *Weg* (zweiter Typus). Schließlich gelangen wir in die eine Situation, in der unser Ziel erreicht ist (dritter Typus). Man kann diese drei Situationstypen auch mit »Wünschen«, »Arbeiten«, »Genießen« umschreiben. »Genuß« ist hier sehr relativ zu verstehen; wer sich einen Arbeitsplatz wünscht, dem gibt die gefundene Arbeit (wenn nicht Vergnügen, so doch) ein gewisses Maß an Befriedigung. Wenn es zur Erreichung eines Zieles bestimmter Handlungen bedarf, dann stellt dieses Handeln eine andere Situation dar als jene, in der wir das Resultat kennen. Eine im Denken gesuchte Problemlösung kann den Weg rückwärts gehen und beim Ziel anfangen, sie sollte aber nicht den *Weg* vergessen. *Der Weg ist der Preis des Ziels.* Wir sollten uns also möglichst oft aus den Träumen über das Ziel *aufwecken* und den Weg träumen. Wichtig ist: Wir sollten den Weg als *ganze* Situation denken. (Hierbei können Sie ebenso verfahren, wie bei der Technik »Klärung des Problems«.) Dies nicht zu tun ist der Hauptgrund für Schwierigkeiten beim Problemlösen: Man konzentriert seine Analyse nur auf eine Modalität (meist irgendwelche Gegenstände, technische Hilfsmittel) und vergißt die anderen Modalitäten. Man sieht die Frucht, vergißt aber die Mühsal der Arbeit. Noch wichtiger ist: Wir vergessen, daß *wir uns* in jeder Handlung, auf jedem Weg selbst verändern.

Ich will dies wieder an einem sehr gewöhnlichen Beispiel demonstrieren: Wir sitzen an einem Sonntag gelangweilt zuhause und malen uns aus, wie schön es wäre, jetzt im Café an einem See Eis zu essen. Gedacht, getan. Wir setzen uns ins Auto und bemerken, daß der Tank fast leer ist; also fahren wir erst zur Tankstelle. Dann steuern wir unser Ziel an. Ganz so naiv sind wir nicht; wir kennen die Tücken der Welt und meiden die Autobahn, um nicht in einen Stau zu geraten und fahren über eine Landstraße. Ein Fuhrwerk kommt plötzlich aus einer Seitenstraße, wir müssen scharf bremsen; es geht gerade noch gut. Aber unsere Laune ist bereits getrübt. Endlich erreichen wir den See und bemerken, daß nicht nur wir diese Idee hatten. Das Café ist überfüllt; wir bekommen irgendwo an einer schattigen Mauer einen Platz. Am Tisch unterhalten sich zwei ältere Herren über die Undankbarkeit ihrer Kinder, und wir bekommen spontan ein schlechtes Gewissen, weil uns einfällt, daß wir unsere Eltern schon lange wieder besuchen wollten. Endlich bringt uns die Bedienung eine Portion Eis mit Früchten, aber es schmeckt ganz anders, als wir es uns ausgemalt hatten; außerdem konnten wir vielleicht Früchte aus der Dose noch nie leiden. Wir bezahlen, was gar nicht so einfach ist, weil die Bedienung zu tun hat, und fahren nach Hause; sind zwar nicht mehr gelangweilt, dafür aber ziemlich schlechter Laune.

Was lernen wir daraus? Wir vergessen sehr leicht, daß wir uns auf dem Weg zum Ziel verändern, daß damit auch der Wert, den das Ziel für uns hat, ein anderer wird. Der Grund liegt in der Fähigkeit des Denkens, Wege mühelos überspringen zu können. In Gedanken ist der See, das Eis wunderschön - aber nur bezogen auf unsere Stimmung in der *jetzigen* Situation. Dies ist der wunde Punkt und das Verführerische des Denkens. Jede Handlung ist eine ganze Situation, die wiederum die Stimmung, die Wahrnehmungen und unsere Bewegungen prägt und beeinflußt. Man kann nicht die Stimmung einpacken und über eine Situation hinweg in eine andere transportieren. Wir kennen dies sehr genau: Wie oft nehmen wir uns vor, irgendetwas zu tun und sagen zu uns selbst: »Morgen nachmittag habe ich Zeit, es bequem zu tun.« Doch dann, wenn »morgen« zum Heute geworden ist, haben wir überhaupt keine Inspiration zu dem, was wir uns vornahmen. Uns fällt nichts ein oder kein Handgriff scheint uns zu gelingen. Bei Plänen sollten wir deshalb folgende Regel beachten: *Routinen innerhalb von Situationen* kann man sehr gut planen (wir wissen, daß wir morgen in fast jeder Laune ein Auto fahren können), nicht aber *ganze Situationen*, d. h. die unvermeidlich darin vorkommenden Emotionen, Gedanken, Motivationen. Eher gilt schon die negative Regel: Morgen werden wir ziemlich sicher ganz andere Laune haben. Wenn also *Gefühle*, *Emotionen* oder *Gedanken* das Ziel unserer Problemlösungen sind, dann sollten wir uns nicht auf das Schema »Ziel-Mittel« verlassen. Die Technik »Klären des Problems« kann einige Enttäuschungen ersparen; hellsehen kann sie auch nicht.

Das Rollen-Spiel[145]

Bei besser strukturierbaren Problemen können wir auch strukturierte Methoden anwenden. Der erste Schritt zur Lösung von strukturierbaren Problemen ist ihre *Versprachlichung*. Wir können das Problem, die Frage wirklich *klar* formulieren. Viele Probleme spuken im wörtlichen Sinne in unserem Geist und beschäftigen uns; doch *klar* ist uns die Sache oftmals überhaupt nicht. Oft machen wir dann etwas ganz Richtiges: Wir gehen zu jemand, dem wir vertrauen, und erzählen ihm die Sache. Darin drücken wir unser Bedürfnis nach *Versprachlichung des Problems* aus. Die Sprache erlaubt es uns, Fragen überhaupt zu formulieren, *deutlich* zu formulieren. Noch mehr vermag die Sprache. Ist es uns nicht häufig so ergangen, daß wir bei einem »klärenden Gespräch« die Lösung unseres Problems, die Antwort auf unsere Frage *selbst* fanden? Natürlich ist es eine sinnvolle Strategie, bei Problemen jemand zu fragen, von dem wir annehmen können, daß er sehr rasch eine Lösung entdecken wird, die wir nicht oder nicht so schnell finden. Aber viel häufiger kennen wir die Lösung eigentlich schon, die uns jemand anbietet. Sie lag vor unseren Augen, aber wir haben sie nicht gesehen. Was geschieht durch die Versprachlichung unseres Problems? Es sind zwei Aspekte zu unterscheiden: *Erstens* erhöht das Aussprechen von Fragen unsere Achtsamkeit. Vorher flackert das Problem gleichsam nur in den Wogen unserer Gedanken mehr oder minder deutlich. Wenn wir es aussprechen, wird es viel deutlicher; wir *konzentrieren* uns auf das Problem. (Und die Frage klar zu formulieren legt oft die Antwort unmittelbar nahe.) *Zweitens* verfügen wir in der Sprache über einen direkten Zugang zur Schatzkammer unseres Geistes: unseren Erfahrungen, unserem Gedächtnis. Wenn wir uns ein »Problem machen«, eine Frage stellen, dann gehen wir stillschweigend davon aus, daß wir es auch lösen können. Die Lösung ist schon »da«, wir müssen sie nur *finden*. Vor allem müssen wir wissen, wie überhaupt zu suchen ist. Hier bietet uns die Sprache eine unüberbietbare Hilfe: Mit jedem Wort können wir vergangene Situation evozieren - ganz so, wie ein Magier Geister beschwört. Wir sprechen das (Zauber-)Wort aus, und mit ihm tritt eine zugehörige Erinnerung in unseren Geist. Irgendein Aspekt der dann erinnerten Situation *kann* den Schlüssel zur Beantwortung unserer Frage liefern.

Obgleich gute Freunde eine sehr wertvolle und dankenswerte Hilfe sind - oftmals bleiben wir mit unseren Fragen allein. Vielleicht sind uns die Fragen zu intim, zu peinlich oder zu aufwendig, um sie jemand anderem zuzumuten. Eine erste einfache und sehr effektive Methode, hier eine Lösung zu finden, besteht darin, daß wir uns (möglichst klar im Geiste oder durchaus auch laut) fragen: »Was würde Person A wohl zu dieser Frage sagen?«[146] Diese Person A kann ein Serienheld, eine historische Figur, ein Gott oder eine Verkäuferin sein. Das spielt prinzipiell keine Rolle. Wir übergeben in der Phantasie unser Problem ganz dieser gedachten Person und warten gespannt, wie sie antworten, wie sie handeln würde. Was geschieht durch diesen »Trick«? Durch dieses *Vertauschen der Rollen* bauen wir Denkmuster ab, die uns einfach deshalb hindern, weil wir sie als »unsere« interpretieren. Zu unserem Selbstbild, zu unserem Ich gehören zahlreiche Gedanken, *wie* wir angeblich sind. Unser Ich ist eigentlich nichts anderes als eine Summe von Selbstinterpretationen. Dieses Selbstbild kann gelegentlich sehr nützlich sein, oft behindert es uns aber. In solchen Fällen ist es sehr nützlich, einfach die »Rollen zu tauschen«. Eigentlich ist »Theaterspielen« nichts anderes. Im Theater sind es die großen Gestalten der Bühnenliteratur, in deren Haut man als Schauspieler schlüpft. Auf der Bühne des Lebens sind es lebende Menschen. Wir alle kennen Menschen, denen wir zutrauen, die Probleme, die sich vor uns auftürmen, zu lösen. Wenn wir es Menschen nicht zutrauen, dann können wir auf literarische Gestalten zurückgreifen oder wir erfinden Götter, Science-Fiction-Helden, Übermenschen, etc. - irgendein Wesen mit den Eigenschaften, die wir brauchen. Diesen Menschen, dieses Wesen stellen wir uns vor, »sehen« es oder »fühlen« seine Gegenwart. Man kann dies sehr ausführlich zelebrieren und wirklich Theaterspielen, oder es sich nur kurz vorstellen, es hängt ab vom Problem. Wenn uns die fragliche Person, das übermenschliche Wesen in der Vorstellung präsent erscheint, dann tauschen wir einfach die Rollen und sagen uns: »Du spielst für eine Minute, eine Stunde, einen Tag meine Rolle, - löse dabei aber bitte nebenbei mein Problem.« Die so angenommene »Charaktermaske« lenkt dann unser Handeln nach ihrem Modell. Wir brauchen uns nur *in diese Rolle* versetzen.

Wer sich hierbei ein wenig unwohl fühlt oder sich albern vorkommt, kann vielleicht überdenken, ob er dieses Spiel nicht halb- oder unbewußt schon oft gespielt hat. Ist Ihnen aufgefallen, daß Sie nach längerem

Beisammensein mit jemand dazu neigen, Gesten, den Tonfall, die Körperhaltung usw. zu kopieren? Gelingt es Ihnen nicht ganz leicht, sich in jemand zu versetzen, der Ihnen auf irgendeine Weise ein Vorbild zu sein scheint? Sind wir nicht aus diesem Grund auch oft nach »guten Gesprächen« inspiriert? Als Kinder hatten wir ohnehin unsere Helden. Wir beherrschen dieses Spiel sehr gut, heute nutzen wir sein kreatives Potential kaum. Besser gesagt: Wir nutzen dieses kreative Potential auf ungeordnete, eher zufällige Weise. Weshalb sollten wir uns darauf beschränken, nur mit *unserem* Selbstbild alle Probleme lösen zu wollen? Tauschen wir doch einfach die Rollen!

Die W-Frage-Methode (I)

Wer Theaterspielen nicht mag und auch keinen Freund zur Verfügung hat, wer Lebensberatungsbücher verabscheut und im Lexikon die Lösung für ein Problem nicht findet, der braucht allerdings noch keineswegs zu kapitulieren. Durch die *Versprachlichung der Fragen* kann man an die eigenen Reserven, an die eigenen Fähigkeiten auch ohne temporäre Umprogrammierung des eigenen Selbstbildes herankommen. Hierzu schlage ich eine »Technik« vor, die sehr weit ausgedehnt und verfeinert werden kann. Wer das Prinzip erkennt, kann es selbst kreativ vielfältig erweitern und anwenden. Kurz gesagt besteht diese Methode darin, eine *Frage*, eine Beschreibung des Problems systematisch zu *variieren* und somit neue Aspekte, neue Erfahrungsmöglichkeiten aufzuzeigen. Es kommt hier vor allem darauf an, viele Neubeschreibungen zu erzeugen und von den möglichen Lösungen dann die jeweils beste (nach einem höchst privaten Wertmaßstab, den jeder selbst setzt) auszuwählen. Hierbei ist in einem ersten Schritt die *schriftliche* Formulierung unerläßlich. Wenn wir uns nur in Gedanken fragen, aktivieren wir die Wörter, die unsere Frage strukturieren, viel zu kurz, um Lösungen zu entdecken. Man kann dieses Verfahren für Themen anwenden, zu denen man Ideen sucht (für einen Aufsatz, einen Vortrag, eine Stoffsammlung oder einfach eine Urlaubsreise). Das zu lösende Problem wird als Frage formuliert. Die Frage kann zunächst durchaus vage und allgemein formuliert sein.

Fragen beginnen im Deutschen meist mit »W« und enden mit einem Fragezeichen. Es gibt noch andere Fragetypen: »Ist es wahr, daß ...?«,

»Trifft es zu, daß...?«, »Ist es wirklich so, daß...?« oder »Kann A...?«, »Mag A...?«, »Denkt A...?«, »Kommt A...?«. («A« ist eine Variable und kann durch beliebige Wörter ersetzt werden.) Solche Fragen sind makrosituativ oder beziehen sich auf Aspekte von Situationen. Wir können dies dadurch einsehen, daß wir mögliche Antworten »simulieren«. Die Frage »Kann Person A schwimmen?« bezieht sich auf eine Situation, in der A Grund zum Schwimmen hätte. Diese Fragen haben den Vorzug, die Situation sehr genau bestimmen zu können. Wenn wir also fragen »Kann Person A schwimmen?«, dann beziehen wir uns auf eine bestimmte Situation, vielleicht weil wir mit Person A eine Bootsfahrt planen. Wenn wir diese Situation genau beschreiben, dann können wir uns klar machen, welches Problem sich in dieser Frage verbirgt. (Mißtrauen wir unseren Segelkünsten? Dem Wetter? Oder mißtrauen wir unseren Rettungskünsten? Wollen wir einfach Unannehmlichkeiten vermeiden oder suchen wir eine heimliche Ausrede, um mit Petra und nicht mit Peter segeln gehen zu können?)

Etwas schwieriger sind die »Trifft es zu, daß...?«- oder »Ist es wahr, daß...?«-Fragen zu beantworten oder Lösungen vorzustrukturieren. Diesen Fragen ist nicht durch Tricks beizukommen. Wenn sie sehr stark strukturiert sind, dann verbleibt uns nur die *Überprüfung der Wahrheit*. Man stellt eine Situation her, in der sich der mit »daß...« eingeleitete Sachverhalt überprüfen läßt. Das Überprüfen von Aussagen, in den Wissenschaften ein wichtiges Problem, kann einige Kreativität erfordern, beim Wahrnehmen, beim Experimentieren. Für das Problem der Kreativität allerdings ist dieser spezielle Fall nur von geringem Interesse.

Ist dagegen die Lösung der Frage durch Nachdenken allein zu finden, so wird die *Frageform* grundlegend für die Lösung des Problems. Es ist dann sinnvoll, die Bestandteile der Frage genau zu klären durch *W-Fragen*. Was sind W-Fragen? W-Fragen beinhalten eine ganz bestimmte Fragerichtung: *Was* ist? *Wie* ist? *Warum* ist? *Wo* ist? *Wann* ist? *Womit* ist? usw. Jede dieser Fragen hat ihre ganz eigene Wirkung auf uns und strukturiert unser Nachdenken auf eigentümliche Weise. Es geht hierbei nicht um Streitpunkte in der Philosophie. Philosophen mögen besonders auf »Was-Fragen« beharren, weil sie nach dem Wesen der Dinge fragen, oder dies aus demselben Grunde ablehnen. Derartige Standpunkte verbauen uns nur das kreative Potential des Fragens durch ein einschränkendes Denkmuster. Die Frageformen sind sogar ursprünglicher als die philosophischen Begriffe. *Antworten* sind immer nur Antworten für *bestimmte* Fragen. Eine *Aussage* ist deshalb relativ auf die Frage, auch die *Wahrheit* einer Aussage.[147] Es ist deshalb nur eine Zwangsjacke, wenn man sich bestimmte W-Fragen verbietet. Nichtphilosophen haben damit glücklicherweise ohnehin kein Problem.

Jede W-Frage hat eine eigene Blickrichtung. Wir sollten nicht versuchen, diese Blickrichtung genau zu definieren und die ihr eigene Offenheit belassen. Es ist gerade diese Offenheit, die sich kreativ nutzen läßt. Wir können Probleme oftmals nur deshalb nicht lösen, weil wir uns in einer Frageform festrennen. Besonders geeignet ist hierzu die Warum-Frage: »Warum ist dies so und jenes anders«; »Warum gelingt mir dies nicht?« usw. Wenn wir auf die Blickrichtung achten, kann die Warum-Frage einmal eine Stimmung ausdrücken, mit der wir eine gewisse Hilflosigkeit formulieren, sie kann aber auch Anlaß für die Suche nach einer Ursache sein. In beiden Fällen können wir uns festfahren. Vielleicht hat unser Problem gar nicht *eine* Ursache? Ebenso können wir uns in anderen Frageformen festfahren: Was, Wann, Wo, Womit usw. Was geschieht eigentlich bei diesem »Festfahren«? Es ist dies eine Einschränkung unseres Denkens durch eine *Blickrichtung*, die die *Frageform* selbst erzeugt.

Allgemein ausgedrückt lautet eine W-Frage: W... ist A? Warum ist A so? Was ist A? usw. Um den offenen Raum des Fragens wirklich auszuschöpfen und zu entdecken, können wir uns eines Tricks bedienen: *Wir variieren die Frageform.* Wir formulieren unsere ursprüngliche Frage und betrachten dann schrittweise andere mögliche W-Fragen. In einem nächsten Schritt versuchen wir diese Fragen (nicht unsere ursprüngliche) zu beantworten. Obgleich unsere Achtsamkeit weiter auf das Befragte, das »A« gerichtet ist, wird die Richtung unseres Suchens hierdurch völlig verändert. Wir wollen dies an Beispielen demonstrieren. Sie haben sich vielleicht schon oft gefragt: »*Warum* habe ich in dieser Situation immer dieses bestimmte, unangenehme Gefühl?« Ändern Sie einmal die Frageform: *Wie* bemerken Sie dieses Gefühl? *Wo* in Ihrem Körper genau ist dieses Gefühl? *Wann* taucht es in der Situation auf? *Womit* ist dieses Gefühl verbunden? *Wie* macht man sich eigentlich ein Gefühl? *Wer* fühlt dieses Gefühl? usw. Wie sie leicht bemerken, gibt es hier kein starres Schema. Man kann die W-Fragen mit Verben kombinieren und somit die Fragemöglichkeiten beliebig erweitern. *Wichtig ist nur, daß man es tut.* Denn wenn wir aus dem Schatz unserer Erinnerungen durch Wörter und Fragen Antworten erhalten wollen, dann müssen wir viele Türen öffnen; jede W-Frage öffnet eine Tür.

Der Frage-Raum

Man kann diese W-Frage-Methode noch erweitern. Stellen Sie sich vor, Sie müßten einen Aufsatz schreiben, ein Buch, einen Vortrag oder ein Referat halten und wollen nun »Ideen sammeln«. Die meisten Menschen schreiben sich zunächst Stichworte auf, die ihnen irgendwie dazu einfallen. Dann ordnen sie die Stichworte, machen eine Gliederung und beginnen, etwas zu formulieren. Während sie formulieren und schreiben, fallen ihnen weitere Dinge ein. Da sie das Geschriebene aber nicht verwerfen wollen, ändern sie die Gliederung. Der neue Gedanke paßt nun aber nicht so recht in die Gliederung und so wird ein unpassender Zwischenpunkt gemacht oder eine Ergänzung einfügt usw. Das Ganze wird dann ein typischer Aufsatz; ein durch tausend Unterpunkte getarntes, unlesbares Chaos. Bei einem auf diese Weise strukturierten Vortrag beginnt man spätestens bei Punkt 2.5.3.7 einzuschlafen. Ich habe nichts gegen Zahlen als ordnendes Prinzip, auch nichts gegen subtile Unterpunkte - dann, wenn die Gliederung aus einem Überschauen des Stoffes resultiert, der sich darin durchaus vielfältig darbieten kann. Ein Aufsatz, ein Referat erscheint uns *klar*, wenn er geschrieben, wenn es vorgetragen ist, als käme jeder Gedanke aus einer Mitte. Dieser Eindruck entsteht immer dann, wenn jemand das, was er schreibt und sagt, kennt und nicht erst entdeckt, während er schreibt; auch dann, wenn Probleme in ihrer Grundstruktur *ganz* gesehen werden.

Die Frage ist also: *Welche* möglichen Seiten kann man überhaupt bei einer Sache entdecken? Hier können wir sogleich die Frage variieren: *Was* heißt es eigentlich, »mögliche Aspekte« eines Problems zu entdekken? *Einen Aspekt entdecken heißt, eine bestimmte Frage zu stellen.* Deshalb wird die Zahl der aufgedeckten Aspekte durch die Zahl der gestellten Fragen bestimmt. Nun lassen sich gewiß die W-Fragen äußerst vielfältig kombinieren. Dennoch eröffnen die W-Fragen (wenn wir von anderen, präzisierenden Wörtern absehen) einen grundlegenden *Raum der Fragemöglichkeiten.* Es handelt sich hierbei um einen Raum, dessen »Topologie« oder »Geometrie« durch die Fragewörter, die mit »W«

beginnen, bestimmt ist. Obgleich dieser Raum stets latent bewußt ist, bleibt unsere Achtsamkeit doch meist auf eine Dimension, eine Frageform fixiert. Wenn wir auch nur eine Dimension dieses Raumes ausklammern, dann vergessen wir zugleich einen grundlegenden Aspekt unseres Problems. (Oftmals sind in den Wissenschaften, in der Philosophie große Entdeckungen mit einer Änderung der *Frageform* einhergegangen.)

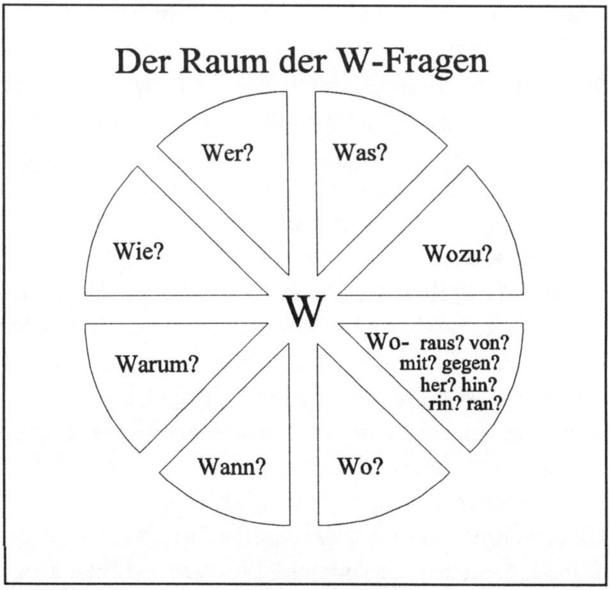

Abb. 12 Raum der W-Fragen

Nicht jede W-Frage ist sinnvoll. Das wird sich jedoch nur dann zeigen, wenn wir sie tatsächlich stellen. Aber es wäre leichtsinnig, eine Frage, auf die wir eigentlich eine Antwort parat hätten, nur deshalb nicht zu beantworten, weil wir sie nicht stellen. Die W-Frage-Methode geht nicht davon aus, daß jede W-Frage eine Antwort findet (oder daß uns die mögliche Antwort besonders bedeutsam erscheinen muß). Sie verhindert aber, wichtige Fragen *nicht* zu stellen, und rückt einen Gegenstand vollständig in den möglichen Frage-Raum. Man kann jedem sprachlich formulierbaren Problem durch die W-Fragen einen »Punkt im Frageraum« zuordnen. Die Fragen legen eine Art Koordinatensystem für Gedanken fest. Die Dimension des »Raumes der W-Fragen« ist nach oben offen, vor allem dann, wenn wir die Fragen mit anderen Denkmodellen kombinieren; z. B. »Was ist *möglich*?« oder »Wer *handelt*?« usw. Derartige Modelle, die den Raum der W-Fragen weiter strukturieren, werden wir im nächsten Kapitel kennenlernen. Wie wir etwas in diesem Koordinatensystem einordnen, welche Antworten wir also geben, das hängt ab von unserem Wissen, unserer Erfahrung. Wenn wir eine Antwort auf eine gut gestellt Frage wirklich nicht finden, so können wir immerhin leichter in einem Buch suchen oder jemand anderen fragen. Die W-Frage-Methode erlaubt es auch, *präzisere* Fragen für Probleme zu finden.

Diese Methode ist offen; der Kreativität des Lesers sind hier keine Grenzen gesetzt. Ich möchte ihre Funktionsweise an einem Beispiel demonstrieren. Nehmen wir an, wir sollen ein Referat über die »Gefahren neuer Technologien« halten. Wie können wir solch ein Problem organisiert angehen? Es ist sinnvoll, zunächst die *Situationen* zu klären. Hier ist unsere jetzige Situation wichtig, sodann die Situation des Vortrages. Es ist in solchen Fällen immer sinnvoll, sich über sich selbst, d. h. die augenblicklichen situativen Modalitäten klarzuwerden. Wir können uns dadurch Überraschungen ersparen (z. B. Kopfschmerzen, weil wir nicht fertig werden). Ich möchte mich an dieser Stelle nur der Fragetechnik widmen. Was sollten wir hier überhaupt klären? Zunächst die Gegenstände, die uns ein Problem machen können. Da ist zunächst das Refereat selbst. *Warum* sollen wir es überhaupt halten? *Wer* hält das Referat - d. h. muß wirklich ich es sein? *Wer* sind die Zuhörer? *Wie* sollten wir es halten? *Wen* wollen wir ansprechen? *Was* wollen wir sagen? *Was* erwartet man von uns? *Womit* (mit welchen Hilfsmitteln) sollen wir das Thema präsentieren? *Wann* wird es vorgetragen und *Wo*? *Woraus* sollte sich der Vortrag zusammensetzen? - Ich breche ab. Wir sehen, allein zur Tatsache, daß das Referat überhaupt gehalten werden soll, sind zahlreiche Frage zu stellen. Stellen wir sie nicht gleich anfangs, dann »tauchen sie auf«. Es wäre eine ziemliche Überraschung, wenn Sie mit einem fertigen Manuskript einen Saal betreten und Ihnen entgegen geraunt wird: »*Sie* haben wir nicht erwartet!« Einige dieser Vorfragen bestimmen unmittelbar den Inhalt Ihres Referats. »Wer sind die Zuhörer?« ist bei einem etwas diffusen Thema von größter Wichtigkeit. Es lohnt sich sicherlich, dieser Frage genau nachzugehen. Auch hier können Sie wieder die W-Frage-Methode anwenden: *Was* wissen die Zuhörer bereits? *Was* erwarten sie? *Wie* sind sie bislang mit Referaten eingedeckt worden? *Was* waren die letzten, vergleichbaren Referate? usw. Es kommt hierbei immer darauf an, daß man diese Fragen wirklich *stellt*. Es benötigt ein wenig Zeit, diese Fragen zu stellen, es kann aber sehr viel Zeit ersparen. Denn jede Überraschung, die uns geschieht, bedeutet, daß wir *eine* Frage nicht gestellt haben. Hätten wir sie gestellt und nur nicht beantworten können, so wäre uns vielleicht eine Strategie eingefallen, wie wir mit solch einer Situation umgehen könnten. (Wenn Sie z. B. ein Zuhörer fragt: »Was weist Sie eigentlich als Fachmann zu diesem Thema aus?«) Ich glaube sicherlich nicht, daß wir *alle* möglichen Fragen vorneweg beantworten können; aber wir können *viele* Fragen beantworten. Ereignisse, die auf irgendeine Weise erkennbar und strukturiert sind, sind auch »fragbar«. Übrigens kann dieses Fragen zu einer Routine werden, so daß wir gar nicht explizit jede Frage stellen müssen: Wir »schmecken« bei einem Thema die Fragen heraus, die noch nicht gestellt wurden, weil wir damit vertraut sind, die Möglichkeiten des Frageraums wirklich auszuschöpfen.

Zurück zum Beispiel des Vortrages. Versuchen wir nun den Inhalt des erfundenen Referats durch Fragen etwas zu strukturieren und unser Erfahrungspotential tatsächlich auszuschöpfen. Sicherlich gibt es Fachleute für das Thema »Gefahren neuer Technologien«. Ein wenig weiß aber jeder von uns darüber. Bei einer Themen-, einer Aufgabenstellung ist es notwendig, die W-Frage-Methode prinzipiell für alle Teile des Themas anzuwenden, also jedes Wort einzeln zu befragen. Ich schlage vor, die Fragen zunächst rein mechanisch zu stellen und sich von der Frageform nur inspirieren zu lassen. Verwenden Sie hier ganz mechanisch die »W... ist A?«-Form. Wenn die durch dieses mechanische Verfahren erzeugte Frage sinnvoll scheint, dann suchen Sie eine Antwort; erscheint die Form unsinnig, dann versuchen Sie eine Variation, die Sinn ergibt. Geben Sie aber nicht zu rasch auf. Denn manchmal ist eine Frage zwar ungewohnt, aber nur deshalb, weil sie noch nie gestellt wurde. Und gerade dies kann äußerst interessant werden und unserer Kreativität Flügel verleihen. Auf unser Thema bezogen: Hier sollten wir zunächst an das Wort »Gefahr« alle W-Fragen stellen: Was ist eine/sind die Gefahren? Wie sind sie, Wann, Wo usw. Die Frage »Wer ist eine Gefahr?« scheint angesichts dieses Themas unsinnig, aber sie kann uns inspirieren. Etwa zu der Modifikation: »Wer setzt neue Technologien gegen wen durch und ist deshalb für jemand eine Gefahr.« Wir sollten uns auch nicht mit einer Antwort begnügen, sondern mit den Frageformen spielen, z. B. »Wann ist eine Gefahr (vorhanden)?« Dies kann uns vielleicht zu folgender Überlegung inspirieren: Eine Gefahr ist eine Gefahr für *jemand*. Sie kann also für eine Person existieren, für eine andere nicht.

Sie kann schon vorhanden sein, auch wenn sie noch nicht erkannt ist. Eine Gefahr kann lange Zeit andauern; sie kann ihre Gefährlichkeit auch verlieren usw.

Vor allem können wir Fragen kombinieren durch ein »und«. Dies eröffnet eine neue Perspektive mit einem ganz eigenen »Geschmack«. Wenn wir z. B. fragen: »Was ist und für wen existiert eine Gefahr?« so mag uns das auf den Gedanken bringen, daß Gefahren auch oft nur eine gedachte Existenzform besitzen, daß sie also nur »in der Sprache« bestehen können. Das »Was« beantworten wir dann mit: »Ein Wort, ein Satz, ein Zeitungsbericht«; das »Wer (für wen)« mit: »Die Zeitungsleser, diejenigen, die das Gerücht verbreiten«. Achten Sie vor allem darauf, daß Sie bei der W-Frage-Methode nicht bestimmte Fragen einfach ablehnen, weil Sie Ihnen bekannt erscheinen oder »gegen den Strich« gehen. Die Bemerkung, daß eine Gefahr »nur« in Zeitungen aufgebauscht ist, mag Ihnen vielleicht bei neuen Technologien als grobe Verharmlosung oder als ideologischer Trick erscheinen. Wenn das so ist, dann sollten Sie diese Frage um so mehr stellen und sich Gegenargumente einfallen lassen. Fallen Ihnen keine Gegenargumente ein, so haben Sie ein Denkmuster entdeckt, das Sie behindert, klar wahrzunehmen. Dasselbe Verfahren können wir nun auf »neu« und »Technologien« anwenden. Ich denke aber, daß die Methode soweit klargeworden ist, um diesen Teil der Übung dem Leser zu überlassen. Natürlich können Sie ein beliebiges anderes Thema oder Problem wählen, auch wenn Sie kein Refereat halten müssen und seit Ihrer Schulzeit keine Aufsätze mehr schreiben. Wichtig ist nur, daß wir die Barriere der Selbstzensur überwinden und alle möglichen Fragen zulassen, aufschreiben oder klar aussprechen und *dann* erst eine Antwort geben. Die Selbstzensur besteht immer aus Denkmustern, die unsere Kreativität beschränken, und aus eben diesem Grund ist die Ausweitung des Frageraumes wichtig. Viele Denkmuster sind hilfreich und nützlich (etwa das kleine Einmaleins oder die Verknüpfung von Telefonnummern und Namen). Aber nicht *sie* sollten *uns*, sondern *wir sie* beherrschen. Wenn man sich z. B. beim obigen Thema sträubt, die Frage »Wer ist neu?« zu stellen, dann verpaßt man vielleicht die Chance zu einer wichtigen Assoziationskette; etwa folgende: »Wer«, das sind die Leitbilder des technischen Fortschritts, die Wissenschaftler und großen Gründungsväter von Unternehmen. Gibt es heute überhaupt noch solche Leitfiguren? Bewerten wir die alten Leitbilder neu?

Erscheinen uns heute Wissenschaftler eher als gefährlich? - oder eine ganze andere Kette: Wer neu im Geschäft der Anwendung von Technologien ist, ist der vielleicht besonders gefährlich? Sind kleine, neue Unternehmen leichtsinniger mit dem Umweltschutz als alteingessene große Firmen? Oder umgekehrt?

Die W-Frage-Methode (II)

Die W-Frage-Methode läßt sich erweitern und ergänzen. Oft fällt uns tatsächlich wenig zu einer Frage ein, auch dann, wenn wir sie nach dem angegebenen Verfahren variieren. Das bedeutet, daß wir in dieser Frage nicht genügend Erfahrung gesammelt haben. Zumindest scheint es auf den ersten Blick so. Unsere Achtsamkeit ist ganz auf das Thema gerichtet (z. B. »Gefahr«, »Technologie«, »Neuerung«), und es ist dieses Fokussieren unserer Achtsamkeit, die mögliche Informationen in angrenzenden Bereichen ausblendet. Jede Gestalt, jede Form, jeder Begriff, jeder Gedanke ist ein Unterschied. Formen sind dadurch bestimmt, daß sie sich von anderen Formen unterscheiden. Wenn wir erklären wollen, was ein Baum ist, dann müssen wir *Unterschiede* machen. Uns fällt dies oftmals nicht auf, weil wir eine Form gerne durch eine andere erklären: Ein Baum besteht aus Ästen, Zweigen und Blättern; er hat einen Stamm und Wurzeln; er ändert seine Gestalt mit der Jahreszeit, er wächst usw. Bei solch einer Beschreibung setzen wir voraus, daß wir die Teile, aus denen wir einen Begriff zusammensetzen, tatsächlich kennen. Die Schwierigkeiten solcher Definitionen liegen in den Grenzfällen: Ist dies ein Baum oder ein Strauch? Die Grenzfälle (der Name sagt es schon) machen uns klar, daß wir eine Gestalt, eine Struktur als *Unterschied* gegen andere Gestalten auffassen. Ein Brett ist kein Baumstamm mehr, und ein Baumstamm ist kein Baum mehr. Unser Denken, unser Wahrnehmen ist durch Unterschiede »organisiert«.

Diese Einsicht können wir kreativ nutzen durch eine Veränderung der Frage. Eine Struktur wird durch Unterschiede definiert, d. h. *dadurch, was sie nicht ist.* Dies mag befremdlich klingen; jeder kann sich aber davon überzeugen. Man kann etwas *erleben* ohne abzugrenzen, aber man kann es nicht wahrnehmen, erkennen, unterscheiden oder denken, ohne es abzugrenzen. Da aber alle Dinge Eigenschaften haben, die sie definieren, »bestehen« die Dinge paradoxerweise aus dem, was sie nicht sind. Dies läßt sich kreativ nutzen. Wir können wieder ein einfaches, mechanisches Verfahren einführen: Die W-Frage-Methode wird nun um die Negation »nicht« erweitert. Wir fragen also nicht nur »W... ist A?«, wir fragen auch »W... ist A *nicht*?« Hier eröffnet sich zweifellos eine schiere Unendlichkeit der Antworten. Auch hier kommt es nur darauf an, daß wir unseren Blickwinkel erweitern, die Wirksamkeit einschränkender Denkmuster beseitigen. Wenn wir auf die negative Form der Frage keine Antwort finden, dann finden wir sicher keine Antwort auf die positive Frageform. Wenn man keine Antwort auf die Frage »Was ist kein Baum?« findet, dann findet man erst recht keine Antwort auf die Frage »Was ist ein Baum?«.

Die Negation hilft uns auch noch auf andere Weise. Wir sammeln über gegensätzliche oder angrenzende Wörter höchst unterschiedliche Erfahrungen. Kybernetisch ausgedrückt: die »Informationsmenge« zu den einzelnen Begriffen ist sehr ungleich verteilt. Jeder von uns weiß sehr gut, wie man sich als Mann *oder* Frau fühlt; beides zugleich wissen wir kaum. Die Negation läßt uns aber auch entdecken, was bestimmte Dinge mit anderen gemeinsam haben. Ein Buch ist keine Tonkassette, aber dennoch kann derselbe Text gelesen oder gesprochen und angehört werden. Daraus ergibt sich für uns eine völlig neue Möglichkeit. Wenn wir auf die Frage: »W... ist A nicht?« eine Antwort gefunden haben, dann können wir weiter fragen: »W... ist (haben etc.) A und nicht-A gemeinsam?« Wir sollten auch hier die Frage*form* offen halten. Meist beschränkt man diese Frage auf die Was-Frage: Was haben A und B gemein? Dies ist die traditionelle Wesensmetaphysik: Es gibt ein Wesen, das zwei verschiedenen Dingen gemeinsam zukommt (z. B. ist ein Buch und eine Tonkassette gemeinsam »schwer«, »viereckig« usw.). Ich werde auf derartige Modelle zurückkommen (⇒ Kapitel 9, 11, 12). Hier geht es uns um die Kunst des Fragens als einer Kunst, unser Potential zu wekken, Denkmuster außer Kraft zu setzen und uns durch Fragen zu inspirieren. Durch eine Beschränkung auf das »Wesens-Modell« legen wir uns auf einen Fragetypus fest und behindern uns. Auch hier gibt es sicherlich zahlreiche unsinnige Fragen. Unsinn läßt sich leicht erkennen und ausscheiden. All der durch mechanisches Fragen erzeugte »Schein-Sinn« kann aber eine Saite in uns zum Klingen bringen, die wir sonst überhört hätten. Auch hier würde ich empfehlen: Verfahren Sie zunächst ganz mechanisch und stellen die Frage auf eine vielleicht kuriose

Weise. Wichtig ist nur, zu welcher Antwort Sie die Frage inspiriert, nicht, daß ein Deutschlehrer Ihnen (oder der Deutschlehrer in Ihnen) schlechte Zensuren erteilt. Nehmen wir das Beispiel »Buch«. Die Frage »Was ist kein Buch?« führte uns auf »Tonkassette«. Hier können wir »kurios« fragen: »Wer ist Buch und Kassette gemeinsam?« Anders als bei der Was-Frage (die uns sofort »ein Text« nahelegt) ist die Wer-Frage so formuliert Unsinn. Aber sie legt uns etwas nahe: Ein Autor, ein Hersteller, ein Eigentümer usw. Versuchen Sie es mit den anderen Fragemodalitäten. Sie werden bemerken, daß »Ihnen Ideen kommen«. Und genau das ist der Sinn des Verfahrens.

Wir können die *Kunst des Fragens* damit wie folgt zusammenfassen: Bei einem Problem, einer Frage sind zunächst (wie in den vorhergehenden Kapiteln beschrieben) die Modalitäten und Submodalitäten zu klären, in denen ein Problem, eine Frage auftaucht. Wir sollten das Problem genau identifizieren und uns klarmachen, um welche Art Problem es sich wirklich handelt. Hierzu *befragen* wir das Problem hinsichtlich der situativen Modalitäten: Ist es ein Problem, das auf Sinnesgegenstände und ihre Veränderung, auf Emotionen, auf die Weise der Wahrnehmung und Unterscheidung, auf bestimmte Handlungen und Muster oder auf Gedankeninhalte und Strukturen abzielt? Wir benutzen also zuerst das Schema der fünf situativen Modalitäten, um die Art des Problems, der Frage zu ermitteln. Gelingt dies nicht, dann kann man die Technik »Klären des Problems« anwenden. Wenn dies in eine konkrete Frage ausmündet, können wir uns sogleich mit dieser Frage befassen. Ist das nicht der Fall, dann sollten wir das Problem *beschreiben*, möglichst im wörtlichen Sinn »aufschreiben« und als genaue Frage formulieren. Handelt es sich um eine »Ist es wahr...«- oder »Trifft es zu...«-Frage, dann ist eine Handlung der Überprüfung von uns gefordert. Ist uns diese Handlung nicht möglich, dann sollten wir versuchen, die Frageform zu verändern oder die Elemente der Frage mit der W-Frage-Methode zu befragen.

Die *W-Frage-Methode* kann durch *drei Teile* charakterisiert werden: (1) Variation der W-Fragen »W... ist A?«; (2) W-Fragen mit Negationspartikel »W... ist (haben etc.) A *nicht?*«; (3) Aufsuchen von Gemeinsamkeiten und dem Zusammentreffen dessen, was A ist und nicht ist, durch die Frage: »W... ist A und nicht-A gemeinsam?«. Diese drei Teilmethoden können in der Reihenfolge beliebig vertauscht werden. Allerdings zeigt die Erfahrung in der Anwendung dieser Methode, daß die Reihenfolge (1)-(2)-(3) meist die sinnvollste ist. Diese W-Frage-Methode besitzt prinzipiell keine Einschränkung. Sie ist zur Lösung persönlicher Probleme ebenso geeignet wie zur Lösung wissenschaftlicher, technischer oder philosophischer Grundfragen. Persönliche Probleme gründen oftmals in einem Gefühl des Verwirrt-Seins. Ich möchte emotionale Probleme und ihre kreative Überwindung später ansprechen (⇒ Kapitel 13); hier genügt der Hinweis, daß auch dort sehr viele Probleme durch das Denken, durch Denkmuster erzeugt werden, die Gefühle nach sich ziehen. Eine Klärung des Denkens, eine achtsame Beschreibung des eigenen Problems und ein systematisches Befragen bringt hier sehr viel zutage.

In den Bereichen organisierten Denkens (in den Wissenschaften, der Philosophie) werden zwar Fragen variiert, dies jedoch meist auf eine eher unbewußte Weise. Das mag erstaunlich sein bei »Berufsdenkern«, ist aber dennoch wahr. Nur die wenigen Philosophen, die sich dem Fragen überhaupt zuwandten (Collingwood, Heidegger, Gadamer), haben das kreative Potential erahnt. Oftmals versuchen Philosophen Denkmuster als *Notwendigkeiten* vorzustellen und Verbotstafeln zu errichten: »Wie ich schon oft bemerkt habe, sind ›Was ist‹-Fragen *niemals* fruchtbar, auch wenn sie von Philosophen häufig gestellt und behandelt worden sind«, sagt Popper dogmatisch und gar nicht kritisch rational.[148] Woher will er wissen, daß solche Fragen »niemals« fruchtbar sind? Wie kann man so etwas überhaupt wissen? Weshalb sollte die Frage »Wer ist das Bewußtsein?« besser sein als die Frage »Was ist das Bewußtsein?« Ich möchte nicht meinerseits eine Verbotstafel errichten mit der Aufschrift: »Hören Sie nicht auf Denker, die Verbotstafeln errichten!« Aber es ist noch kein großer Gedanke gedacht, kein großes Kunstwerk geschaffen, keine grundlegende Entdeckung gemacht worden, weil sich jemand an die Verbotstafeln der philosophischen, künstlerischen oder wissenschaftlichen Gedanken- und Geschmackswächter gehalten hatte. Das Gegenteil ist eher richtig: *Jede nicht gestellte Frage verbirgt eine Täuschung.*

Der Irgend-Nebel und das Ende des Fragens

Es ist allerdings auch Mode geworden, das »Fragen« in ein tugendhaftes Tun zu verwandeln, es höher zu stellen als die Antworten. Im Sinne der

Kreativität ist das durchaus eine nützliche Feststellung. Ihr Feld ist tatsächlich das Fragen. Aber wir sollten kreativ genug sein, auch das Fragen nur als eine mögliche Situation zu erkennen. Man kann sich ohne Probleme, ohne Fragen sehr wohl fühlen. (Eigentlich ist man nur *fraglos* glücklich.) Auch das sehen einige Philosophen wieder ganz anders. Karl Rahner sagt:

> »Der Mensch fragt. Dies ist ein Letztes und Irreduktibles. Die Frage im menschlichen Dasein ist nämlich jenes Faktum, das sich absolut verweigert, durch ein anderes Faktum ersetzt, auf ein anderes Faktum zurückgestellt und so selbst noch einmal in seiner Abkünftigkeit und Vorläufigkeit entlarvt zu werden. Denn jedes In-Frage-Stellen der Frage ist selbst wiederum eine Fragestellung und darin eine neue Darstellung der Frage selbst.«[149]

Ich zitiere den bekannten Theologen nicht, um polemisieren zu können. Aber wenn wir die Kunst des Fragens beherrschen, dann können wir das Fragen auch *aufhören*. Es ist schon formallogisch ein Fehlschluß zu sagen: Die Nicht-Frage ist selbst eine Frage.[150] Ich gehe auf diesen Autor deshalb ein, weil er, der existentialistischen Mode folgend, ein Befürworter der ewigen Unruhe ist. »Fragen« heißt (aus der Wortwurzel verstanden) soviel wie »aufwühlen«, »furchen«, »aufreißen«. Solches Aufwühlen trübt das klare Wasser und verdunkelt und verblendet sehr oft nur unseren Geist. Die Praktiker solcher Metaphysik finden sich weniger in den Hörsälen der Philosophie und Theologie, viel eher eilen sie von einer Therapie oder Psychoanalyse zur anderen, weil ihnen das Fragen, das Sich-Probleme-machen zur Sucht geworden ist.

Das Fragen und Suchen als Sucht kann man an dem erkennen, was ich den *Irgend-Nebel* nennen möchte. Das *Irgend* ist ein »Indefinitpronomen«, mit dem wir generell Unsicherheit ausdrücken und die dunkelste Form unserer Hoffnungen artikulieren: »Irgendeinen Sinn wird das wohl haben«; »Irgendjemand wird mir helfen«; »Irgendetwas muß es doch geben«; »Irgendwann werde ich wohl auch glücklich sein« usw. Das »Irgend« ist eine apathische Fragehaltung, die wie ein Schleier über die Kreativität gelegt wird. Anstatt genau zu fragen: »Welchen?«, »Wer?«, »Was?«, »Wann?« und eine Lösung zu *suchen*, gefällt man sich beim »Irgend« in der Attitüde des Fragens, das eigentlich keine Antwort will. Die »Irgend«-Verknüpfungungen sind sehr geeignet, Trance-Induktionen einzuleiten (wie ein guter Hypnotiseur weiß): »Irgendwie sind Sie jetzt ganz ruhig und denken einfach irgendetwas.« usw. Mit dem Irgend-Nebel verdecken wir Fragen und geben keine Antwort: »Irgendjemand wird schon helfen.« Das »Irgend« erweckt den *Anschein*, die Täuschung einer Antwort und verhindert somit sowohl die Frage als auch die Antwort. Wie eine Trance, kann das sehr beruhigend wirken; wenn wir aufgewühlt sind, so stellt dies sogar ein Mittel zur Besänftigung unserer Gefühle dar. Allerdings ist auch hier die Wirkung eher gering. Wann immer wir in unseren Gedanken an zentraler Stelle ein »Irgend« entdecken, sollten wir uns klar machen, daß wir damit sowohl das Suchen beenden als auch eine Antwort verhindern. Das »Irgend« ist so etwas wie eine Anti-Kreativitätstechnik; seine Beseitigung deshalb eine große kreative Hilfe. Der Irgend-Nebel ist ein sehr häufig angewandter Trick, um die Täuschung eines *Argumentes* zu erzeugen. Angenommen, sie wollen »beweisen«, daß X das Wesen des Kosmos, der Welt, des Menschen ist. Wie gehen Sie vor? Sie stellen Fragen in drei Stufen: (1) Was ist das Wesen von Kosmos, Welt und Mensch? (2) Irgendein Wesen muß es geben? Irgendetwas ist diese Wesen. (3) X ist das Wesen von Kosmos, Welt und Mensch. - Irgendein Name für X wird sich in der Tat finden. Das »Irgend«, vor allem gepaart mit dem Konjunktiv »müßte, sollte, könnte«, funktioniert als Parasit in unseren Denkmodellen. Wenn Sie nicht darauf verzichten wollen, dann können Sie Blei in Gold verwandeln. Der Stein der Weisen dieser Alchemie ist die Achtsamkeit. Man kann das »Irgendeine Lösung gibt es« resignativ oder als wache Aufforderung zu sich selbst sagen. Wenn wir uns mit einem Rufzeichen *aufwecken* und sagen: »Irgendeine Lösung gibt es!«, dann wird der Schatten »Irgend« allerdings rasch im Licht der Frage »Welche?« verschwinden. Sie können dann mit der W-Frage-Methode fortfahren.

Ich weiß nicht, ob es »letzte« Fragen gibt. *Irgend*-etwas läßt sich immer fragen. Sicher ist nur, daß sich auch dann die Frageform verändern läßt. Anstatt sich immer nur zu fragen »Wer bin ich?« kann man es durchaus auch einmal mit »Was bin ich?« oder »Warum bin ich?«, »Wie bin ich?«, »Wo bin ich?«, »Wann bin ich?« versuchen. Man sollte allerdings auch klar erkennen, daß Probleme oft durch die Frage allein erzeugt werden und deshalb mit ihr verschwinden. Dies fügt den oben genannten Fragemethoden eine wichtige weitere hinzu. Vor jeder Frage wäre zu fragen: *Ist es überhaupt notwendig und wichtig, diese Frage zu stellen?* Was geschieht, wenn ich diese Frage einfach nicht stelle? Fragen können zu Denkmustern werden, die uns hypnotisieren und behexen. Wenn wir keine Antwort auf Fragen finden, dann handelt es sich sehr häufig um solche, ohne die wir ein besseres Leben führen würden. Im Zen-Buddhismus verwendet man gerne »Koans«. Koans sind *unlösbare* Fragen. Man arbeitet so lange an diesen Fragen, bis einem im befreienden Satori aufgeht, daß das *Fragen und Suchen* der Fehler war.[151] Der Zen-Meister Huang Po sagt:

> »Bis deine Gedanken nicht aufhören, nach hierhin und dorthin auszugreifen, bis du nicht alle Gedanken der Suche nach etwas aufgegeben hast (...) bist du nicht auf dem rechten Weg«[152]

Wenigstens für die *letzten* Fragen ist dies eine sehr erwägenswerte Bemerkung. Für *vorletzte* Fragen scheint es mir angebracht, das ganze Potential unserer Kreativität zu nutzen, um eine *Antwort* zu finden.

9 Ideen und Begriffe

Vorstellungsweisen

Das Wort »Modell« ist nach dem lateinischen Wort »modulus« gebildet, mit dem man eine Form, ein Muster, ein Vorbild oder einen Plan bezeichnete. Die griechischen Baumeister nannten die Modelle von öffentlichen Bauten »Ideen« (vielleicht nicht ohne Einfluß auf Platons Ideenlehre). Modelle können, wie Baupläne oder physikalische Theorien, auf Papier gedruckt werden, man kann sie auch *anschaulich* machen durch Bilder, Filme oder verkleinerte Nachbildungen. *Zunächst* sind Modelle aber immer Gedanken. Gedanken üben auf Handlungen einen lenkenden, leitenden Einfluß aus. Ein Bauplan und ein kleines Holzmodell sind dem künftigen Haus ähnlich; sie bilden dessen Struktur, dessen Form ab. Auf diese Weise werden Gedanken anschaulich. Wir können auch in Gedanken die visuelle Submodalität variieren und so innere Bilder erzeugen. Gelegentlich gelingt uns dies nur unvollkommen; dann müssen wir das Gedachte »veranschaulichen«. In Gedanken können wir uns vielleicht diese oder jede Ecke eines Hauses, dieses oder jenes Fenster vorstellen, nicht aber das Haus (in unserem Geist) vollständig »anschauen«. Wir können aber die Teile unserer Vorstellung abzeichnen, zu Papier bringen und so schrittweise das ganze Haus uns selbst zur »Anschauung« bringen. Ähnlich verfahren Mathematiker, wenn sie Probleme lösen. Wir sagen: »Ich muß mir das aufschreiben/aufzeichnen, sonst kann ich es mir nicht vorstellen.« Unsere Vorstellungskraft ist kaum so geübt, daß wir längere Rechnungen, längere Texte oder umfangreiche Zeichnungen »im Geist« anfertigen können. Wir verwenden hier eine »Schnittechnik« und gehen schrittweise vor. Hierin drückt sich aus, daß unsere *Wahrnehmung* weitaus deutlichere Sinnesmodalitäten liefert, als entsprechende Vorstellungen. Dennoch sind (⇒ Kapitel 7) die Modalitäten des Denkens der Wahrnehmung analog.

Wir schaffen es nicht ohne Übung, unsere Achtsamkeit in Gedanken auf eine Form, einen Klang sehr lange zu konzentrieren. In der Wahrnehmung gelingt uns dies viel leichter. Unter den tibetischen Lamas findet man einige mit einer ausgezeichneten, durch *Übung* erworbenen Visualisierungsfähigkeit. Auch viele Künstler haben diese Gabe entwikkelt (⇒ Einleitung). Es gibt Komponisten und Dirigenten, die ein ganzes Orchester hören und Stimmen und Klang frei variieren können. Andere hören die Töne zwar nicht, sie lesen stattdessen aber eine Partitur. (Man neigt allerdings leicht zu dem Glauben, die je eigene Weise der Vergegenwärtigung sei die einzig mögliche.) Schumann dachte z. B., Musik zu *hören* sei gleichbedeutend mit *sehen*; nur wer »ein zum erstenmal Gehörtes, auch komplizierteres Orchesterwerk wie in lebhafter Partitur vor sich (.) sehen kann«[153] könne kompositorische Vollkommenheit erlangen. Daß dies auch ganz anders sein kann, zeigt folgender Ausschnitt aus einem Interview mit Sergiu Celibidache:[154]

> *Klaus Lang:* Sie brauchen auch während der Probe nicht die Partitur?
>
> *Sergiu Celibidache:* Ich habe sie noch nie gebraucht, zumindest in den letzten zwanzig Jahren nicht mehr.
>
> *Klaus Lang:* Das heißt, Sie haben auch gar keine genaue optische Vorstellung mehr von der Partitur?
>
> *Sergiu Celibidache:* Warum denn optisch?
>
> *Klaus Lang:* Das ist meine Frage.
>
> *Sergiu Celibidache:* Weil Sie nicht empfinden können, was an sich die Musik, das musikalische Gedächtnis, das In-sich-Aufnehmen, was die richtigen Verhältnisse des Klanges ausmachen. Das ist alles musikalisch.
>
> *Klaus Lang:* Eine Probe bedeutet demnach für Sie eine Realisation Ihrer ganz präzisen Vorstellung von der Partitur?
>
> *Sergiu Celibidache:* Des Komponisten Vorstellung, meiner gar nicht. Ich kann mir das gar nicht erlauben, Vorstellungen zu haben. Wenn ich schon eine Eigenschaft habe, oder ein Interpret eine Eigenschaft hat, so ist es doch nur die, sich so weit wie möglich mit diesen Momenten zu identifizieren, die die Phantasie des schöpferischen Menschen bewegt haben.

Diese beiden Beispiele zeigen, daß große Künstler sehr genau ihre Form des Vorstellens, Vergegenwärtigens und Denkens kennen: *Sie wissen, was sie tun.* Man sieht auch, daß z. B. ein guter Musiker keineswegs notwendig ein »gutes Ohr« haben muß; es genügt, ein sehr gutes inneres Auge zu besitzen. Ein Modell braucht nicht, wie der Bauplan für ein Haus, derselben Submodalität anzugehören, um Modell zu sein. Man kann Töne innerlich anschauen, erleben (fühlen) oder hören. (Tatsächlich sind jeweils alle situativen Submodalitäten beteiligt, wenn auch unterschiedlich dominant aktualisiert.) Es wird auch immer wieder versucht, zwischen Tönen und Farben eine Beziehung herzustellen; einige Menschen erleben Melodien als farbigen Rhythmus.

Unsere Gedanken bewegen sich in denselben Submodalitäten wie unsere Wahrnehmungen. Eine Form, eine Struktur kann deshalb sowohl sinnlich erfahren als auch gedacht werden. Wir können ein Bild anschauen und uns innerlich vorstellen, eine Melodie sinnlich oder innerlich hören usw. Man kann sich im Geiste auch Gefühle vergegenwärtigen und Bewegungsmuster. Bewegungen des Denkens können sich ebenso *innerhalb* einer Sinnesmodalität vollziehen wie *zwischen* Submodalitäten. Wir können uns ein laufendes Pferd vorstellen, es innerlich sehen; möglich ist aber auch, sich zunächst ein Pferd wie ein Foto vorzustellen, um dann in Gedanken zu tasten, wie sich sein Fell anfühlt und anschließend in einem inneren Dialog seine Schönheit preisen. (Vielleicht haben Sie auch hier bemerkt, wie Sie das »Pferdebeispiel« innerlich »nachvollzogen« und somit zugleich Ihr Vermögen zur Phantasie unter Beweis gestellt haben.) *All dies sind Denkprozesse.* Die Sprache spielt hierbei zweifellos eine Sonderrolle. Wie durch die ausgeprägte Fähigkeit zur Wahrnehmung von Gesichtern, so verraten wir durch unsere äußerst verfeinerte Fähigkeit des Sprechens, auch außerhalb eines Dialogs, eine Grundorientierung auf andere Menschen hin. Der Sprache kommt beim Denken eine Hauptrolle zu, auch wenn ich Platon nicht zu folgen vermag, der Sokrates im Theaitetos (189e) sagen läßt, daß die Seele, »solange sie denkt, sie *nichts anderes* tut als sich zu unterreden, indem sie sich selbst fragt und antwortet, bejaht und verneint.« Denken ist für Platon inneres Sprechen. »Innerer Dialog« ist zwar eine sehr wichtige, sicher aber nicht die einzige Submodalität des Denkens. Tatsächlich sind beim Denken immer auch Bilder, Töne, Gefühle - kurz alle Modalitäten und Submodalitäten einer Situation - beteiligt, wenn auch in einer »inneren«, abgelösten oder vorgestellten Weise.

Wir können jedoch Platon unschwer darin zustimmen, daß das innere Unterreden der *Hauptschlüssel* zum Schatz unserer Erfahrungen ist. Platon nennt das »Schauen der Ideen« auch »Anamnesis« (= Wiedererinnern). Die platonischen Dialoge sind Modelle solchen Wiedererinnerns und die Urform aller »Kreativitätstechniken«. Wörter rufen vergangene, erinnerte Situationen wach. Sie evozieren tendentiell allerdings *alle* Submodalitäten, vergegenwärtigen die *ganze* Situation, auch wenn unsere Achtsamkeit sich nur auf je eine Submodalität konzentriert. Wie jede Gestalt für einen Maler ein Modell sein kann, so kann jede Situation Modell einer anderen Situation sein. Wenn uns in der Wahrnehmung eine Figur oder Gestalt an eine Situation erinnert, vollzieht sich etwas Ähnliches. In diesem Fall ist es die Gestalt, die eine vergangene Situation wachruft. Diese Anamnesis gelingt auch ohne Worte. Nicht immer nur ist eine erinnerte das Modell einer gegenwärtigen Situation; auch das Umgekehrte ist möglich.

Das Quadrat: Ein Experiment

Unser Denken ist ein unentwegtes *Modellieren*. Wir nehmen eine Situation, eine Submodalität als Modell für eine andere; wir erfassen das eine *als* das andere. Dieser Denkprozeß wird indes durch ein Phänomen verdunkelt, das uns verwirren kann. Innerhalb des Denkprozesses, der Situationen (gegenwärtige, vergangene und konstruierte) aufeinander bezieht, verlaufen zahllose *automatische Denkmuster.* Denken ist ein Prozeß. Einheiten folgen zeitlich einander nach. Diesen Prozeß kann unsere Achtsamkeit lenken. Hierzu müssen wir uns konzentrieren. Machen Sie bitte das folgende kleine Experiment: Stellen Sie sich ein Quadrat vor. - Es hat vor ihrem geistigen Auge eine Gestalt, es kann sehr klar oder nur schemenhaft sein, es kann ruhig verharren oder flackern. Meist »sehen« wir die Formen unserer Vorstellung nicht so klar wie wahrgenommene Formen (oder hören vorgestellte Töne nicht so klar wie wahrgenommene), obgleich es Ausnahmen gibt. Dies ist auch gar nicht notwendig. Machen Sie sich also kein Problem daraus, daß Sie vielleicht das Quadrat nicht besonders klar sehen. Ich habe mit vielen Menschen dieses Experiment gemacht und sie gefragt, wie sie sich ein Quadrat »vorstellen« (würde man sagen: »sehen«, so schränkte dies die Möglichkeiten bereits erheblich ein). Die Antworten waren für mich ebenso erstaunlich wie vielfältig. Ich kann mir ein Quadrat nur sehr kurz vorstellen, wie eine flüchtige Bleistiftskizze. Um es genauer »zu sehen«, muß ich gleichsam mit dem Bleistift, mit dem Finger um das Quadrat herumfahren. Doch andere Menschen visualisieren völlig anders. Hier folgen einige der Antworten, die ich erfragt habe: »Ich sehe das Quadrat leuchtend farbig, rot vor einem weißen Hintergrund, ohne schwarze Umrandung.« - »Ich denke an eine Bodenfließe und während ich sie denke, habe ich sie sogleich geputzt.« - »Ich sehe ein schwarzes Quadrat wie eine Kachel zwischen weißen Kacheln.« - »Mein Quadrat wird durch eine Schnur gebildet.« - »Ich sehe alles schwarz, das Quadrat besteht aus einer Art Neonröhre.« - »Ich sehe einen viereckigen Körper auf mich zukommen und habe sofort eine Beklemmung im Bauch.« Ich breche hier ab, kann aber versichern, daß dies nur eine kleine Teilmenge der Antworten ist, die ich bei vielen Menschen in meinen Vorlesungen und Seminaren erfragt habe. So etwas wie eine einheitliche Struktur des Vorstellens konnte ich nicht entdecken.

Wenn nun *Sie* sich ein Quadrat vorstellen, werden Sie dabei Ihre höchst persönliche, eigene Methode anwenden. Dennoch ist Ihnen vielleicht etwas aufgefallen: Während Sie gelesen haben, wie andere »sich ein Quadrat vorstellen«, haben Sie da nicht jeweils versucht, sich das auch so ähnlich vorzustellen? Vielleicht ist Ihr rotes Quadrat nicht so leuchtend, aber »Sie können es sich vorstellen«. Was ist also geschehen? Sie haben ohne viel Mühe zahlreiche Quadrate erschaffen, auch wenn Sie vielleicht gewöhnlich nur eine Methode anwenden. Bleiben Sie bei Ihrer Methode. Stellen Sie sich nochmals auf Ihre Weise ein Quadrat vor. Nun wollen wir mit dieser Vorstellung ein wenig spielen. Lassen Sie das Quadrat kleiner werden, so, als ob es in die Ferne wanderte - und machen Sie es anschließend wieder größer. Drehen Sie nun das Quadrat im Geist, so daß es auf einer Spitze steht. Drehen Sie nun die obere Spitze von sich weg oder ziehen Sie die untere Spitze zu sich her. Sie sehen jetzt eine Raute. - Stellen Sie das Quadrat wieder senkrecht auf. Stellen Sie sich nun vor, die Kanten des Quadrats seien weich, aus Gummi. Biegen Sie diese Kanten nach außen, so daß Sie langsam rund werden, solange, bis Sie einen Kreis sehen. Vielleicht bemerken Sie hierbei, daß es beim Übergang irgendwann einen Umschlag gibt. Es gibt ein verbogenes Quadrat mit noch kenntlichen vier Ecken, plötzlich verschwinden diese vier Ecken, und der Kreis ist glatt und rund. Wir können diesen Kreis aber auch ohne Umschlagen der Gestalt erzeugen. Drehen Sie das Quadrat vor sich langsam rechts herum. Lassen Sie es weiterdrehen, nun aber immer schneller, nun so schnell, daß Sie die Kanten und Ecken nicht mehr klar sehen. Was sehen Sie jetzt? Vermutlich irgendeine Form von Kreis. (Spielen Sie mit anderen Formen auf ähnliche Weise, wenn Ihnen irgendwann langweilig ist. Sie üben dadurch Ihr Visualisierungsvermögen auf ganz einfache, aber sehr hilfreiche Weise.)

Denkprozesse

Dieses Experiment, das zugleich eine sehr gute Übung ist, zeigt uns eine äußerst geheimnisvolle Eigenschaft unseres Geistes: Wir können uns blitzschnell Formen vorstellen, können sie verändern und bewegen. Ich weiß wirklich nicht, wie wir das machen, ich weiß aber, *daß* wir es können. Man kann versuchen, das durch eine Maschine nachzubilden, z. B. einen Computer und einen Bildschirm. Die »Expertensysteme« sind in der Lage, Formen auf diese Weise zu verändern; sie sind unserem Geist irgendwie ähnlich. Wir können Maschinen als Hilfe benützen, um unserer Phantasie einen äußeren Anhalt zu geben, um die Formen anschaulich (d. h. als Formen der Wahrnehmung zugänglich) zu machen. Maschinen können Formen verändern, die unseren *Denkinhalten* analog sind. Die *Bedeutung* dessen, was sich hierbei aber auf dem Bildschirm eines Computers zeigt, wird nicht vom Computer, sondern von uns (dem Beobachter) erfaßt. Maschinen können die *formalen* Prozesse des Denkens *ersetzen* (die »Syntax« des Denkprozesses, nicht seine »Semantik«). Doch dieser Punkt braucht uns hier nicht zu beschäftigen. Wichtig ist einfach die Feststellung, daß wir die Submodalitäten der Wahrnehmung in Gedanken erzeugen können, daß wir die Strukturen in diesen Submodalitäten frei verändern und bewegen können. Wir bemerken aber auch, daß es dabei gewisse Hemmnisse gibt. Wir neigen dazu, meist auf eine ganz bestimmte Weise »zu denken«, uns ein ganz bestimmtes Quadrat vorzustellen und die Bewegungen in den Submodalitäten auf bestimmte Weise zu wiederholen. Hierbei können wir auch zwischen den »Vorstellungsebenen« hin- und herpendeln: Wir »sehen« z. B. etwas, bewegen darin Figuren, dann »hören« wir, was dazu gesagt wird und »tasten«, wie sich dies anfühlt. All dies sind, wie gesagt, Denkprozesse.

Ein Denkprozeß kann *innerhalb einer* Submodalität verlaufen, wie ein Stummfilm oder das Abspielen einer inneren Schallplatte. Solch ein Denkprozeß kann automatisch ablaufen (und ist deshalb auch automatisierbar, d. h. durch Maschinen ersetzbar); wir tun scheinbar nichts dazu.

Das geschieht, wenn wir etwa im Geiste ein Gedicht aufsagen oder ein Lied singen. Ein großer Teil der Denkprozesse verläuft auf diese Weise »automatisch«. Unser Gehirn produziert für uns eine Art Kino oder Konzert. (Ich betone vorläufig die sehr positive Seite dieser Tatsache. Wenn wir uns den Emotionen näher zuwenden, werden wir die negative Seite entdecken.) Unsere Achtsamkeit kann hierbei still verharren und einfach nur »gewahren«, was sich abspielt. Sie kann aber auch auf ganz anderes gerichtet sein, etwa auf das, was wir gerade mit den Augen sehen. Dennoch bemerken wir, daß z. B. ein »Ohrwurm«, eine Melodie immer wiederkehrt. »Ich bekomme diese Melodie nicht aus meinem Kopf.« All dies sind Anzeichen für automatische Denkprozesse, Denkroutinen, die durch irgendein Ereignis, eine Wahrnehmung, ein Gefühl oder einen Gedanken ausgelöst werden und dann selbständig ablaufen.

Denkprozesse sind *eigentlich* wiederkehrende Erlebnisse, hervorgerufene Handlungen. Wenn wir eine Schallplatte mehrmals angehört haben, dann hat sich uns die Melodie »eingeprägt«. Sie ist als Denkmuster in unserem Gedächtnis »verankert«. Wenn wir eine Handlung ausführen, dann können wir den Ablauf dieser Handlung in Gedanken nachvollziehen. Unser Geist wiederholt dann einfach den Ablauf dieser Situation. Denkprozesse *benützen* nicht nur die situativen Submodalitäten, sie sind in sich vollständige Erlebnisse und Handlungen. Nur die *Gegenwart* dieser Erlebnisse und Handlungen ist eine andere; sie vollziehen sich nicht »wirklich«, sondern eben in Gedanken. Es scheint, als wäre unser Bewußtsein wie eine unsichtbare Substanz, in die sich während unseres Handelns die Submodalitäten der Handlung einprägen. Diese Einprägungen haben die fünf Dimensionen situativer Modalitäten, wir sollten also hierbei nicht nur an sichtbare Formen oder Töne denken. Auch Gefühle, Bewegungen und Unterschiede beim Wahrnehmen »prägen sich ein«. Selbst Gedanken hinterlassen Spuren. Nichts, was immer wir tun oder erleben, bleibt ohne Spur.[155]

Dieses »Einprägen von Gedächtnisspuren« hat eine positive und negative Seite. Die positive Seite besteht darin, daß jede eingeprägte Spur als Erfahrung, als Modell zur Verfügung steht; die negative Seite darin, daß bei einer häufigen Wiederholung von Handlungen und Gedanken sich die entsprechenden Handlungs- und Denk*prozesse* sehr stark »einprägen«. Es scheint, als würde unser Gehirn die besonders häufig wiederholten Muster auch wieder besonders häufig als Modell zur Interpretation von Situationen »anbieten«. Auffallend *stark* sind hierbei Sätze und Wörter in uns verankert. Unsere Sprache enthält zahllose Muster, die beinahe automatisch ablaufen. Es gibt Muster, die uns allen mehr oder weniger gemeinsam sind. Wir sprechen dann von »Grammatik« und »Logik«. Man kann darüber spekulieren, ob die grammatischen Muster »angeboren«, »vererbt« oder auf metaphysische Weise dem Geist überhaupt eingeprägt sind.[156] Für uns ist hier nur wichtig zu sehen, wie solche Denkmuster wirken. Es kostet uns einige Überwindung, grammatikalisch *falsche* Sätze auszusprechen: »Dort Haus ein ist grünes.« Aber wir *können* es, wenn wir uns konzentrieren, wenn wir achtsam sprechen. D. h. es gibt fast kein Denkmuster, das im Licht der Achtsamkeit nicht verändert werden könnte. Und dies ist die schöpferische Kraft unseres Geistes, dies ist es, was uns von einer Maschine *unterscheidet*. Selbst wenn Logik und Grammatik »angeboren« wären, so würde uns dies doch nicht daran hindern, Logik und Grammatik zu überschreiten. Kurz gesagt: Wir *haben* Gedanken, *sind* sie aber nicht - sonst könnten wir ihre Schranken niemals überwinden.

Kehren wir nun nochmals zurück zu der Modellfunktion des Denkens. Wir orientieren uns in der Welt, in Situationen durch ein unaufhörliches Modellieren (ein begleitendes Denken). Wir sehen nichts, ohne es *als etwas* zu sehen. Meist verwenden wir hierzu unsere Sprache; ein innerer Dialog begleitet bei sehr vielen Menschen unentwegt ihr Tun. Setzen wir uns still an einen Platz, so scheint dieser innere Dialog noch an Kraft zu gewinnen. Es scheint, als würden wir uns selbst beständig erklären, was wir tun, oder wir geben uns unaufhörlich Anweisungen, was zu tun sei. Wir sind wie eine Befehlsmaschinerie konstruiert. In diese durch das Denken, vor allem das Sprechen, gelenkte Welt des Handelns sind zahllose andere Muster eingebettet, auf die wir automatisch zurückgreifen. Es sind, wenn ich mich nochmals der Sprache der Informatik bedienen darf, Subroutinen des Programms, das unser Geist beständig neu schreibt.

Die Rolle der Wörter

Der Denkprozeß unseres Geistes ist in sich geschlossen. *Er* ist es, der darüber entscheidet, wie irgendein Vorkommnis in unserer Wahrnehmung zu interpretieren sei. *Er* liefert das Modell, mit dem wir etwas als etwas erkennen und entsprechend unsere Handlungen ausrichten. Hierin sind wir allerdings Teil einer Sprach- und Handlungsgemeinschaft mit anderen Menschen. Ein Satz ist *eigentlich* ein Handlungsprogramm. Wir sagen, daß jemand einen Satz, den wir aussprechen, verstanden hat, wenn er durch sein Verhalten ein Bewegungsmuster zeigt, das wir als »verstehen« interpretieren. Sätze sind sowohl der Vollzug wie die Beschreibung von Denkmodellen; Denkmodelle sind nichts anderes als Handlungs- und Erlebnisprozesse in der Modalität der »Vorstellung« oder der »Erinnerung«. Denkmodelle sind Gewohnheiten des Geistes. Wir haben die Sprache in Situationen erlernt, als wir gemeinsam mit anderen gehandelt haben. Die Mutter deutet auf einen Ball und sagt »Ball«. Durch zahlreiche solcher *Hinweise*, die ausdrücklich oder einfach als Element in Handlungen vorkommen, erlernen wir sowohl die Bedeutung eines Wortes als auch das Unterscheiden der Form, die es bezeichnet. Die Form (eine Submodalität) kommt allerdings immer in einer »ganzen« Situation vor. Wir können das Wort nicht an eine Form »ankleben«.[157] Wörter sind immer ein *situatives Erlebnis*, d. h. eingebettet in die Modalitäten einer Situation. Es gibt keine isolierte Beziehung zwischen einem Zeichen und einem Bezeichneten; sowohl das Zeichen als auch das Bezeichnete sind nur ein Moment eines sie umfassenden Ganzen (einer Situation).

Deshalb gehört zu jedem Wort auch immer ein »Du«. Wir können Wörter *zunächst* nicht anders als von *jemand* erlernen, und dieser »jemand« ist Teil der Erinnerungsspur, die ein Wort begleitet. Wenn wir viel und lange allein »nachdenken«, lesen und neue Wörter hinzulernen, dann schleift sich dieses Element vielleicht ab; ganz verschwinden kann es nicht. Wir haben hierzu im Kapitel über die kreative Veränderung der Wahrnehmung schon eine einfache Übung kennengelernt (»Wort-Echo«): Wenn wir ein Wort mit kleineren Pausen mechanisch wiederholen, dann können wir uns die Situationen, die seine Erinnerungsspur bilden, vergegenwärtigen. (Ernst Bloch erzählte in einen Interview folgende Geschichte: Er habe in jungen Jahren das Wort »Materie« immer in der Betonung »*Mater*-ie« innerlich gehört; so sei sein *Materi*alismus als Lehre von der Materie als Mutter durchaus verständlich.)

Allerdings müssen wir beachten, daß wir *zahlreiche* Sätze und Wortverbindungen insgesamt erlernen. Wir wiederholen dann ganze Satzelemente, Begriffsgruppen. Sie werden Teil unserer automatischen Denkmuster. Das ist besonders irreführend. Denn wie jedes Muster haben auch diese *mimetisch* wiederholten Sprechmuster eine ungeheure Überzeugungskraft. Sie scheinen ewige Wahrheiten zu sein: »Wer A sagt, *muß* auch B sagen«. Wie oft haben wir das schon gehört? Oft haben wir es vielleicht selbst wiederholt. Aber haben wir auch darüber nachgedacht, *was* dieses Denkmuster eigentlich bewirkt, wie es in anderen Denkprozessen als selbständiger Organisator funktioniert? Vor allem die Wörter »muß«, »sollte«, »notwendig«, »immer« und ganz besonders »ist« sind äußerst irreführend. Die Tatsache, daß sie in Wissenschaft, Politik und Religion sehr beliebt sind, darf uns nicht dazu führen, auf ihren täuschenden Charakter hereinzufallen. Keine wissenschaftliche Theorie, keine Parteimeinung, kein Dogma, das nicht gegen *andere* Theorien, Meinungen und Dogmen zu kämpfen hätte und *deshalb* gerne auf den Trick zurückgreift, von »Notwendigkeiten«, »objektiver Wahrheit«, *»ist«* (mit Emphase) usw. zu sprechen, wenn solch eine Theorie doch nur um *Anerkennung* kämpft. Wir werden uns in den nächsten Kapiteln mit der Befreiung von solchen Denkmodellen durch die Erkenntnis ihres Funktionierens näher befassen.

Hier ist noch ein Hinweis auf die intersubjektive Natur der Sprache notwendig. Jean Piaget sagt an einer Stelle, jedes Wort ist für ein Kind ursprünglich ein Befehl.[158] »Ball« heißt für ein Kind zugleich die Aufforderung: »Hier, nimm den Ball!«. Kinder wenden dies umgekehrt genauso an: »Ball« heißt, »Dort ist ein Ball, nimm ihn, gibt ihn mir, ich möchte ihn haben«. Wörter und Sätze sind *Handlungsanweisungen*. Als Denkmuster werden sie zu Anweisungen an unser Gehirn, einen bestimmten Denkprozeß zu vollziehen. Nicht alle Sätze haben diese Eigenschaften. Die zahllosen Floskeln und mimetischen Sätze (Sprichwörter sind nur besonders deutliche Formen hiervon) haben fast nur eine einschränkende Funktion. Sie sagen *eigentlich*: Ich möchte meine Achtsamkeit nicht auf dies hier lenken. Sie blocken ein bewußtes Sprechen und Denken ab. Bewußt gesprochene Sätze bauen wir dagegen ebenso auf, wie wir Situationen erleben. Wir »sehen« uns eine Situation »an« und erzählen, was wir »sehen« (hören, tasten, etc.). Hierbei kehren wir den Befehlscharakter der Wörter um: Wörter *rufen* Erinnerungsspuren, Submodalitäten vergangener Situationen wach und Erinnerungen »kommen zu Wort«. Da Wörter in Situationen erlernt und erinnert werden, kann man sich auf diese Weise zu jeder Submodalität Zugang verschaffen. Wenn wir ein Wort innerlich sprechen (»denken«), dann evozieren wir eine erinnerte Situation, die Handlung und das Erlebnis darin. Ich verwende hier das aus der Magie stammende Wort *»Evokation«* (Herbeirufung von Geistern), weil Wörter genau das tun: Sie rufen »Geister« (etwas in unserem Geist) hervor. Wenn wir nur lebhaft genug »evozieren«, dann vollziehen wir unwillkürlich auch Handlungen der zugehörigen Situation (mag es eine erinnerte oder neu geschaffene sein). Deshalb halten wir beim Lesen eines spannenden Kriminalromans den Atem an, beißen die Zähne zusammen usw. Wir können die Wörter von den situativen Modalitäten nicht loslösen.

Für das hier beschriebene Funktionieren der Denkprozesse (das jeder selbst immer wieder überprüfen und nicht einfach glauben sollte - dieses achtsame Überprüfen ist übrigens die beste »Kreativitätstechnik«, die ich kenne) gibt es noch einen sehr überzeugenden Hinweis. Wenn jemand zu uns spricht, dann haben die Wörter durchaus dieselbe Funktion wie bei unserem stillen Nachdenken. Die *Hypnose* ist ein extremes Beispiel dafür. In der Hypnose geschieht genau dasselbe, was wir im Alltag unentwegt vollziehen: Wörter lenken Denkprozesse und Handlungen. Die Differenz ist nur, daß wir in Hypnose mit unserer Achtsamkeit gefesselt sind. Unsere Achtsamkeit ist »woanders«, wir träumen. Zwar hören wir die Worte des Hynotiseurs, aber der Lichtkegel unserer Achtsamkeit ist von ganz anderem fasziniert. Vor allem bindet uns ein starkes, angenehmes Gefühl, das wir nicht loslassen wollen. Diesen Zustand nennt man Trance. Er ist nichts Besonderes; vor jedem Fernsehapparat verfallen wir in eine leichte Trance - vom Verliebtsein zu schweigen. Ein Hypnotiseur nutzt diese Trance auf geschickte Weise. Er sagt Sätze mit versteckten Wortbetonungen. Die so betonten Wörter hören und unterscheiden wir, aber wir tun das nicht »bewußt«, unsere Achtsamkeit hat »Besseres« zu tun. Unser Gehirn evoziert gleichwohl mit jedem Wort auch eine Situation, eine Submodalität, eine Handlung. Auf diese Weise kann es sehr einfach gelingen, jemand dazu zu bewegen, unbewußt den Arm zu heben, sich zu schneuzen oder später, bei irgendeinem Signal nach der Trance, mechanisch zu reagieren. Der Hypnotiseur zwingt uns nicht eine fremde Mechanik auf, er benutzt durch genaue Beobachtung die Mechanik unserer Denkprozesse. In der Hypnose spielt der Hypnotiseur mit unseren Denkmustern auf gezielte Weise; im Alltag spielen die Vorkommnisse in einer Situation mit Denk- und Handlungsmustern.

Je weniger achtsam wir sind, desto mehr sind wir wie ein Tanzbär, den die situativen Submodalitäten an einem Nasenring herumführen. Unser Alltag trägt einen schwarzen Umhang und hat die funkelnden Augen eines Hypnotiseurs.

Was sind Ideen?

Ich hatte eingangs auf Platon hingewiesen, den Vater der Ideenlehre. Fragen wir nun genauer: Was sind »Ideen« (Denkmodelle)? Einen Menschen nennen wir kreativ, wenn er neue »Ideen« hat. Platon hat die Auffassung vertreten, daß es eigentlich keine neuen Ideen geben könne; wir könnten uns nur in der Anamnese an (in einem früheren Leben der Seele) schon einmal Geschautes *wiedererinnern*. Bei hohen Ideen wie »Tugend« oder »Schönheit«, Lieblingsthemen der Platonischen Dialoge, mag dies einleuchten. Aber ist nicht ein Fernsehapparat auch eine Idee? Wartet die Idee des Fernsehapparates im Ideenhimmel nur darauf, entdeckt zu werden? War sie z. B. schon im Neolithikum »vorhanden«? Ich möchte hier nicht auf die zahlreichen Auffassungen zu diesem Thema eingehen, sondern das, was man mit »Ideen« meinen kann, aus der skizzierten Struktur des Denkprozesses rekonstruieren. Ideen sind in irgendeiner Hinsicht das *Gemeinsame* zweier oder vieler Dinge. Sie sind ihrer Natur nach »allgemein«, das, was allen Dingen (einer Klasse) »gemeinsam« ist. Anstatt hierüber nun ein Meta-Modell zu entwickeln, sollten wir besser zusehen, wie wir das Gemeinsame eigentlich herstellen, wie wir es denken.

Am sinnfälligsten sind solche Allgemeinheiten zu demonstrieren, wenn wir zwei gleiche oder sehr ähnliche Formen vor unseren Augen haben, z. B. zwei Teller. Wir sagen: Diese beiden Teller sind *gleich*. Platon hätte das so ausgedrückt: sie haben an *derselben* Idee Anteil. Wir unterscheiden in der deutschen Sprache »das Gleiche« und »das Selbe«. Wenn uns beim Abspülen einer der beiden Teller zerbricht, dann sagen wir vielleicht: »Es ist derselbe Teller, aus dem ich eben noch gegessen habe.« Wir sagen aber nicht, es ist der *gleiche* Teller. Vom zweiten Teller, den wir beim Abspülen nicht zerbrochen haben, sagen wir dagegen: Es ist der gleiche Teller wie der zerbrochene. Kehren wir nochmals zu Platon zurück. Platon würde vermutlich sagen: Zwei Teller gleichen sich, weil sie Anteil an derselben Form haben. Das, was den beiden Tellern gemeinsam ist, ist dieselbe Form. Diese Form ist aber an den Tellern nur »unvollkommen« verwirklicht. Wenn wir ganz genau zusehen, entdecken wir Unterschiede.

Wie stellen wir jedoch genau fest, daß die beiden Teller »gleich« sind? Wir sehen das, sicherlich. Doch nehmen wir einmal, jemand würde das bestreiten. Wie würden wir ihm die Gleichheit *demonstrieren*? Wir würden vielleicht die Teller übereinanderstellen und feststellen, daß sie sich genau im Umfang decken. Dann könnten wir sie nebeneinanderstellen und feststellen, daß auch ihr Profil gleich ist. Schließlich würden wir die Farbe und evtl. das Muster der Teller auf ähnliche Weise nebeneinanderhalten. Wir entdecken die Gleichheit, wenn wir etwas mit den verschiedenen Formen *tun*, sie in *gleiche Position* zu uns bringen. Wenn ein Teller verkehrt herum auf dem Tisch liegt, dann sehen wir die Gleichheit nicht auf den ersten Blick. »Gleichheit« ist also eine Folgerung, die aus der *Tätigkeit* des Vergleichens erst hervorgeht. Wenn wir zwei *verschiedene* Teller nebeneinander legen, so entdecken wir *Ähnlichkeiten*. Sie haben vielleicht unterschiedliche Farbe und unterschiedlichen Durchmesser, gleichwohl sind sie rund und möglicherweise von gleichem Profil. Wir sagen, zwei Formen sind *ähnlich*, wenn wir an ihnen gleiche Teile oder Elemente entdecken. Genauer betrachtet, sehen wir die Gleichheit erst dann, wenn wir zwei Formen »zur Deckung bringen« (man sagt auch »deckungsgleich«). Zwei Formen können »gleich«, jedoch in ihrer Größe völlig verschieden sein; wie ein großer und ein kleiner Teller. In diesem Fall sprechen wir nicht von »Dekkungsgleichheit«. Wir könnten aber den größeren Teller weiter von uns weg stellen; er *erschiene* uns dann gleich. Wenn Formen von uns weiter entfernt sind, dann erscheinen sie uns kleiner. (Die Umkehrung gilt auch: Wenn uns etwas kleiner erscheint, so können wir glauben, es sei weiter entfernt; Maler wenden diesen Trick in der Perspektive an.) Meist verfahren wir nicht so umständlich beim Vergleichen von Dingen. Wir »sehen« sofort, daß sie gleich sind. Wie »sehen« wir das? Wir tasten die Formen durch eine Hin- und Herbewegung unserer Augen ab, vergleichen dies und jenes. Wenn von den beiden Tellern einer genau verkehrt herum liegt, dann können wir dennoch eine gewisse Gleichheit feststellen. Wir drehen diesen Teller in der *Vorstellung* herum und vergleichen dann die *Vorstellung* mit dem zweiten Teller. Auch wenn wir mit den Augen zwei Formen »abtasten«, dann bleibt der Sinneseindruck der ersten Form »im Gedächtnis«, und wir vergleichen ihn mit der zweiten Form. Wenn man zwei Dinge übereinander legt und feststellt, daß sie »deckungsgleich« sind, dann sieht man eigentlich nur *eine* Form; man »vergleicht« dann gar nicht mehr.

> Ein *Vergleich* zur Entdeckung des Gemeinsamen (»der Idee«) vollzieht sich in drei Schritten:
>
> (1) Eine *Form A* wird betrachtet (wahrgenommen),
> (2) erinnert (»im Gedächtnis behalten«, möglicherweise auch etwas verändert), und dann
> (3) mit *Form B* verglichen.

Wichtig ist hierbei, daß beide Formen zeitlich nacheinander auftauchen und daß die geheimnisvolle Kraft des Gedächtnisses und des *Erkennens* einer Form unabtrennbar vom Prozeß des Vergleichens ist. Im genannten Beispiel vergleichen wir eine Vorstellung mit einer sinnlich wahrgenommenen Form. Wir »halten« die Vorstellung gegen das Wahrgenommene. Man kann ein gezeichnetes Quadrat ansehen und sich zugleich einen Kreis vorstellen. Hält man den Kreis in Gedanken gegen das Quadrat, so kann man feststellen, daß beide verschieden sind. Wie auch immer: Das Vergleichen ist ein *Denkprozeß*, der eine Handlung, zwei Formen »deckungsgleich« zu machen, in Gedanken simuliert. Ein Vergleich ist nicht eine statische, räumliche Beziehung. Wenn wir nur in der Vorstellung verbleiben, gelingt uns dies sogar noch viel leichter. In der Vorstellung können wir die Teller auch ineinander schieben, so daß sie völlig identisch werden. Beobachten Sie einmal, wie Sie dies wirklich machen, »zwei Dinge zu vergleichen«. Sie werden sehen, daß Sie in Gedanken eine Deckungsgleichheit auf irgendeine Weise *herstellen*. Ihr Geist simuliert eine Handlung.

Begriffe

Bislang haben wir von einer relativ einfachen, durchsichtigen Gleichheit gesprochen. Unser Denken beherrscht aber noch weitaus kompliziertere und ausgeklügeltere Methoden. Hier spielt die *Sprache* eine äußerst wichtige Rolle. Wir kennen eine Herstellung von Gleichheiten (Ideen) durch Wörter. Betrachtet man einen Baum und vergleicht ihn mit einem anderen, so entdeckt man zahllose Unterschiede. Dennoch sagen wir: »Dies ist cin Baum, und dort ist auch ein Baum«. In unserem Denken

> **Wittgenstein über die Verwandtschaft von Begriffen**
>
> »Statt etwas anzugeben, was allem was wir Sprache nennen, gemeinsam ist, sage ich, es ist diesen Erscheinungen garnicht Eines gemeinsam, weswegen wir für alle das gleiche Wort verwenden, - sondern sie sind mit einander in vielen verschiedenen Weisen *verwandt*. Und dieser Verwandtschaft, oder dieser Verwandschaften wegen nennen wir sie alle »Sprachen«. Ich will versuchen, dies zu erklären. Betrachte z. B. einmal die Vorgänge, die wir »Spiele« nennen. Ich meine Brettspiele, Kartenspiele, Ballspiel, Kampfspiele, usw. Was ist allen diesen gemeinsam? - Sag nicht: »Es *muß* ihnen etwas gemeinsam sein, sonst hießen sie nicht ›Spiele‹« - sondern *schau*, ob ihnen allen etwas gemeinsam ist. - Denn wenn du sie anschaust, wirst du zwar nicht etwas sehen, was *allen* gemeinsam wäre, aber du wirst Ähnlichkeiten, Verwandtschaften, sehen und zwar eine ganze Reihe. Wie gesagt: denk nicht, sondern schau!«
>
> Wittgenstein, Schriften 1, S. 324

gibt es hierbei eine *doppelte* Gleichheit: Einmal wiederholen wir dasselbe Wort »Baum«. Zum anderen vergleichen wir die *Gestalt* des Baumes, seine Eigenschaften usw. und stellen dann eine Gleichheit fest. Diese Form der Gleichheit ist viel komplizierter und verwickelter als jene zwischen zwei Tellern. Selbst wenn man sich nur auf das *Sehen* beschränkt, zeigt sich, wie Wittgenstein sagt, nur eine Form der *Verwandtschaft.* Eine Fichte und eine Pappel sind zwei Bäume. Wir wenden dasselbe Wort »Baum« auf beide an. Nehmen wir an, wir hätten von der Pappel eine schöne Farbfotographie. Dieses Foto ist dem wahrgenommenen Baum zweifellos ähnlich. Dennoch kommen wir nie auf die Idee zu sagen: Das Foto ist ein Baum. Es ist und bleibt ein Foto. Das Wort »Baum« vertritt in diesem Fall einen *Begriff.* Zu einem Begriff gehört weit mehr als nur ein Wort. Genau betrachtet, ist ein *Begriff* eine Sammlung all dessen, was man mit den durch das Wort bezeichneten Dingen »tun« kann (beachte: be-greifen). Zum Begriff eines Baumes gehört, daß er Wurzeln hat (auch wenn man sie nicht sieht), seine Blätter oder

Zweige sich im Wind bewegen, ein Rauschen erzeugen, auch, daß sein Stamm hart, von einer Rinde umgeben ist usw. All dies sind Beschreibungen von etwas, wie man sich in bestimmten Handlungen, in bestimmen Situationen zu einem Baum verhält, wie er uns begegnet. Ein Begriff ist die *Sammlung* zahlreicher Situationen, in denen das, was von ihm be*griffen* wird, vorkommt.[159]

Wie kommt der Begriff zustande? Dadurch, daß wir in sehr vielen Situation mit einem Ding handelnd umgehen und Erfahrungen sammeln. Meist ist in diesen Situationen auch das Wort, das den Begriff bezeichnet, gegenwärtig. Es wird ausgesprochen oder wir denken dieses Wort. (Beobachten Sie bitte einmal, wie oft Sie bei der Betrachtung von Bäumen, Autos, Menschen usw. die zugehörigen Wörter im Geiste dazu denken.) Mehr noch. Das Wort wird für uns immer mehr zu einer Stütze, zu einer Hilfe, mit der wir in der Wahrnehmung eine Gestalt *unterscheiden*. Weil ein Wort in zahlreichen Situationen auftaucht (als Submodalität dieser Situation), können wir mit diesem Wort auch diese Situation wieder evozieren; dies hatten wir schon wiederholt festgestellt.

Was ergibt sich daraus? Oftmals sagen wir zu »Begriff« auch »Wesen« oder »Natur«, die »Natur eines Baumes«, das »Wesen eines Baumes«. Dieses »Wesen« (wir erfragen es durch eine »Was ist...?«-Frage) ist gar nicht *eines*. Das Wesen ist aber auch nicht einfach nur das Wort, z. B. das Wort »Baum«. Hinter dem, was wir mit »Begriff« oder »Wesen« oder »Idee« bezeichnen, verbirgt sich vielmehr ein *Denkprozeß*, der zahlreiche Situationen aufeinander bezieht und je eine zum Modell der anderen Situation macht. Für einen Botaniker hat der Baum ein ganz anderes Wesen als für mich. »Wesen« ist die Erfahrungsgeschichte, die wir im Umgang mit einem Ding durchleben. Hier scheint es, als hätten wir mit dem Problem von Henne und Ei zu kämpfen. Wir können doch einen Baum nur wahrnehmen, wenn wir bereits vorher wissen, was ein Baum ist. Andererseits ist das, was ein Baum ist (sein Wesen), die Summe der Erfahrungen im Umgang mit Bäumen in vielen Situationen. Was also war zuerst: das Wesen des Baumes oder der Baum? So zu fragen vergißt unseren Denkprozeß und seine Entwicklung. Was wir mit unserer Geburt mitbringen, was unser Geist gleichsam als Erbe erhält, ist die Fähigkeit des *Unterscheidens*. Wir sind schon sehr früh fähig, in unserer Achtsamkeit Unterschiede zu machen und zu gewahren. *Welche* Unterschiede wir machen, wie wir unterscheiden, das hängt ab von unserer Erfahrung. Ein Kleinkind hat noch wenig Erfahrung, sein Unterscheiden ist mitunter noch sehr abstrakt. Wir wissen, wie kleine Kinder am Beginn ihrer Sprachentwicklung sehr lustige Unterscheidungen einführen. Ein Kind teilt alle Männer in »Papa« und »Onkel« ein, wobei »Onkel« einfach ein Mann ist, der *nicht* der Papa ist; ein anderes benennt alle lauten Dinge mit »Wauwau«, ganz gleich, ob es sich um ein Auto oder einen Fernsehapparat handelt. Was bedeutet das? Die Fähigkeit des Unterscheidens, schon von Anfang an gegeben, wird immer weiter verfeinert durch neue Unterscheidungen. Ein Kind nimmt jede Sprechsituation zum Anlaß, bestimmte Wörter immer neu zu erproben, und auch wir haben damit noch nicht aufgehört. Je größer unsere Erfahrung wird, je mehr Situationen wir mit einem Wort evozieren können, desto tiefer verstehen wir »das Wesen« einer Sache. Gemeint ist damit aber einfach nur, daß wir über mehr Kriterien, über mehr Alternativen in der Beschreibung von Dingen verfügen. Das »Wesen« eines Dinges ist die Geschichte seiner Situationen.

Abstraktion

Wir können nicht nur »ähnliche Situationen« vergleichen, es lassen sich auch höchst heterogene Vergleiche anstellen. Wie man Nadel- und Laubbäume im Begriff »Baum«, so kann man zahllose Modalitäten von Situationen unter Oberbegriffen zusammenfassen. Auch diese Oberbegriffe orientieren sich an unserem Handeln. Traditionell stellt man die Sache so dar, als sei ein abstrakter Begriff irgend ein Aspekt eines konkreteren Begriffs. Die Täuschung hierbei liegt darin, daß man sich »Begriff« wie ein *vorhandenes* Ding vorstellt, etwas, das man wie einen Gegenstand wahrnehmen kann. Der Oberbegriff »Baum« umfaßt Nadel- und Laubbäume. Nun ist aber »Nadeln« oder »Blätter« auch nur ein Begriff. Kein Begriff ist abgeschlossen. Man kann nicht sagen, dies und nur dies sind Baumblätter. Auch hier wird ein Fachmann tausend Dinge mehr wissen als wir; ihm stehen Erfahrungen (Situationen) zur Verfügung, die uns *fehlen*. Gewöhnlich denken wir bei »Baum« immer Nadeln oder Blätter mit dazu; das ist gar nicht anders möglich, auch dann, wenn im Winter die Blätter abgefallen sind. Die Blätter fehlen in der Wahrnehmung. Wenn etwas »fehlt«, dann denken wir es uns dazu, halten es im Geist davor und bemerken dann den Mangel in der Wahrnehmung. Im Winter können die Blätter deshalb gerade durch ihr Fehlen für uns im Denken um so stärker gegenwärtig sein. Allerdings verhalten wir uns zu Nadelbäumen anders als zu Laubbäumen. Wir haben ganz andere Erfahrungen damit gesammelt. Wenn man nun den Oberbegriff »Baum« betrachtet, so kommen im Denken dieses Begriffs immer Nadeln oder Blätter vor; wir errichten jedoch eine Sperre in uns und sehen von diesem Umstand ab; wir »abstrahieren«.

Wie genau macht man das, dieses »Abstrahieren«? Sicherlich können wir (unsere Übung mit einem Quadrat hat das gezeigt) eine Vorstellung beliebig verändern. Wir können einem Baum die Blätter abzupfen und Nadeln ankleben, den Stamm verändern, solange, bis aus einer Pappel eine Tanne geworden ist. Unser Denken ist kontinuierlich, flüssig, klar und besteht nicht aus einer Schachtel voll starrer Begriffe. Der Begriff »Baum« enthält Nadeln *oder* Blätter; wir haben bei einem abstrakteren Begriff einfach einen größeren Freiraum in der Gestaltung unserer zugehörigen Vorstellungen. Das heißt aber sicher nicht, daß wir bei »Baum« nun Nadeln und Blätter von irgendeinem Baum »abziehen« müßten, um zum abstrakten Begriff zu gelangen. Solch eine Vorstellung wäre absurd. »Abstrakt« heißt ganz einfach »weniger eingeschränkt«, »offener«. Je abstrakter ein Begriff ist, desto mehr Raum für die Kreativität ist geschaffen. Ein *exakter* Begriff ist ein sehr eingeschränktes Denkmuster, ein abstrakter Begriff bietet viel Raum für die Phantasie. Wenn ich »Nadelbaum« sage, so weckt dies beim Hören des Wortes weniger mögliche Situationen wach als das Wort »Baum«. Je mehr Wörter wir verwenden, je genauer wir den Begriff »definieren« (d. h. *eingrenzen* durch andere Wörter), desto geringer ist der Spielraum.

Hier erkennen wir den engen Zusammenhang zwischen Sprechen und Handeln. Wörter dienen vor allem dazu, Handlungen zu *koordinieren.* Wenn ein Wort eine Vielzahl von Handlungsmöglichkeiten offen läßt, dann wird *gemeinsames* Handeln scheitern. Arbeitsanleitungen müssen präzise sein. Sie kennen aus eigener Erfahrung schlecht geschriebene Gebrauchsanleitungen, die entweder viel zu kompliziert und unübersichtlich oder viel zu knapp sind. Je stärker unsere Handlungen koordiniert sind, desto genauer müssen die Begriffe sein, desto präziser, ausführlicher muß eine Handlungsanleitung sein. Wörter sind nicht nur, wie Piaget sagt, Befehle, sie sind vor allem Kraftfelder zur Herstellung von Gesellschaft. In Tiergesellschaften sind es Warnrufe, die eine Flucht koordinieren oder einen Ruf als Angriffsignal verwenden. Vermutlich hat sich aus solchen Koordinationsleistungen der Zeichen unsere Sprache entwickelt. Die Sprache ist das große Reich der Koordination unserer Handlungen. Wenn wir uns nur unterhalten, dann »spielen« wir das Handeln. Jeder Satz definiert eine bestimmte Situation und damit immer auch ein Handlungsmuster. Reine Eigenschaftsbeschreibungen sind Anleitungen für unser Denken, auf welche Unterschiede wir unsere Achtsamkeit lenken sollen. Dies geschieht meist so unwillkürlich, daß wir es gar nicht bemerken oder gar nichts dagegen tun können. Jedes Wort, das wir hören, wird von unserem Gehirn sofort aufgenommen und auf irgendeine Situation bezogen. Wir sehen dann ein »Bild«, haben ein »Gefühl« oder »hören« etwas. Wir können nicht *nicht* reagieren. Dies ist vielleicht die wichtigste Einsicht des Hypnotherapeuten Milton Erickson. Aber wir können die *Art* der Reaktion beeinflussen, die automatischen Denkmuster verändern und somit die Verknüpfung von Situation und Wort kreativ nutzen.

Begriffshierarchien

Aus unserer Diskussion der »Ideen« haben wir für die Kreativität des Denkens eine sehr wichtige Einsicht gewonnen. Je präziser, genauer eine Beschreibung ist, desto exakter kann eine entsprechende Handlung erfolgen, desto stärker ist aber auch die Veränderung der Handlung eingeschränkt. Wenn man *Veränderungsmöglichkeiten* von Denk- oder Handlungsmustern entdecken will, dann muß man sie zunächst in eine abstraktere, allgemeinere Form übersetzen. Auf diese Weise wird eine Offenheit der Beschreibung geschaffen, die der Kreativität einen Spielraum einräumt. In den nächsten Kapiteln (⇒ 10-12) werde ich einige typische Denkmodelle und die durch sie verursachte Einschränkung genauer diskutieren. Generell können wir aber bereits jetzt sagen: Wenn wir uns durch eine Handlung, einen Gedanken, *eingeschränkt* fühlen, dann ist uns nicht geholfen, wenn wir neue Elemente hinzufügen. Dies mag kleine Veränderungen ergeben; mit unserer Kreativität kommen wir hierbei nicht in Kontakt. Wir können uns von einem Denkmuster lösen, wenn es uns gelingt, seine Beschreibung in eine viel allgemeinere Form zu übersetzen. Begriffe lassen sich in Hierarchien anordnen, wie dies im »Baum des Porphyrios« (s.o.) dargestellt wird. Das Prinzip ist

Abb. 13 »Baum des Porphyrios« [Quelle: Piltz, S.62]

hierbei die Unterordnung von Einzelheiten unter immer allgemeinere Begriffe. Die Möglichkeiten sind hier unerschöpflich. Bei *Definitionen* ordnen wir einen konkreten Begriff einem abstrakteren zu: »Menschen sind Säugetiere.« Beschreibungen sind in bestimmten Sätzen formuliert. Wenn wir Beschreibungen variieren, dann erzeugen wir einen bestimmten Denkprozeß, der diese Beschreibung nachvollzieht, Vorstellungen dazu entwickelt. Solch ein Denkprozeß ist eine *mögliche Handlung.* Anders ausgedrückt: Durch Variationen von Beschreibungen, von Denkmodellen erzeugen wir »Ideen«. Ob diese Ideen in irgendeiner Hinsicht nützlich sind, das können wir nur jeweils selbst entscheiden. Wichtig ist hierbei nur die Möglichkeit, sich von Denkmustern, von Routinen zu befreien und so möglichst viele Ideen zuzulassen. Wenn wir eine konkretere Beschreibung durch eine allgemeinere ersetzen, wenn wir einen »Baum der Begriffshierarchie« um einige Äste hinauf-oder hinunterklettern, dann befreien wir die Einschränkungen möglicher Handlungen und erzeugen einen Spielraum zur Veränderung. Anders als im mittelalterlichen Weltbild haben wir hierzu allerdings einen ganzen Wald von Bäumen zur Verfügung, der in den gewohnten Denkmodellen meist übersehen wird. Meist glaubt man immer noch, es gäbe nur einen Baum, ein Weltbild, ein Kategoriensystem. Je mehr Ideen wir erzeugen können, desto wahrscheinlicher ist es, daß die eine oder andere darunter für uns hilfreich ist. Eigentlich macht unser Gehirn nichts anderes. Wir denken unaufhörlich, d. h. wir variieren unaufhörlich Beschreibungen. Allerdings geschieht dies auf zufällige und unbewußte Weise. Wenn wir mit unserer Kreativität wirklich in Berührung kommen wollen, können wir das nutzen und *bewußt* einsetzen.

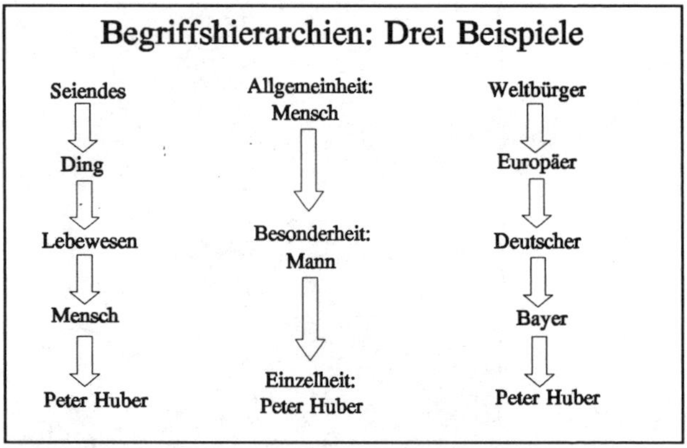

Abb. 14 Begriffshierarchien

Methoden der Veränderung

Unsere Diskussion hat drei Methoden offengelegt, sich von Denkmustern zu befreien und Variationen zu entdecken.

(1) **»Die freie Variable.«** Mit einem Wort können wir Situationen evozieren und sie mit anderen Situationen vergleichen. Wir interpretie-

ren also eine Situation als eine andere, eine wirklich erlebte als eine gedachte. Genau das meinen wir mit »begreifen«, »wahrnehmen«, »erkennen«. Wenn wir dies etwas organisieren, dann lassen sich beliebig viele Ideen »erzeugen«. Die allgemeine Formel hierzu lautet: A *als* B. A kann hier stehen für eine gegenwärtige Situation, ein Wort, einen Satz, eine Person usw. Es ist dasjenige, worauf unsere Achtsamkeit gerichtet ist. (Gewöhnlich interpretieren wir A als etwas Bestimmtes: Kaffee *als* Aufputschmittel, Zigarette *als* Genuß, Hans und Anna *als* schöne Menschen, jene Religion *als* wahre Religion usw.) B wollen wir nun als *freie* Variable betrachten. Jedes Wort ist »erlaubt«. Betrachten Sie B als eine leere Stelle, in die Sie beliebige andere Wörter einsetzen können. Verfahren Sie hierbei wie bei der W-Frage-Methode zunächst ganz mechanisch und lassen sich inspirieren. Wenn die sich ergebende Formulierung unsinnig erscheint, ändern Sie die Formulierung so, daß sie mit Ihrem Sprachgefühl übereinstimmt. Die Form »A *als* B« erhalten Sie durch eine einfache Umformung eines Aussagesatzes. Immer wenn ein »ist« erscheint (oder der Satz so verändert werden kann, daß ein »ist« erscheinen würde), dann setzen dafür Sie ein »wird interpretiert als...« oder »wird beschrieben als...«. Z. B.: »Schlangen sind falsch.« ⇒ »Schlangen werden als falsch beschrieben.« ⇒ »A als B«. Nun können Sie B unschwer variieren und sich von den Variationen inspirieren lassen, z. B. kann man Schlangen *als* geheimnisvoll beschreiben. Dieses Verfahren ist äußerst trivial und sehr allgemein. Doch gerade darin liegt ein ungeheuerer Freiraum der Anwendung. Wichtig ist, daß man es *tut*. Faktisch wenden wir diese Methode häufig unbewußt an; z. B. bei der Frage: »Wie meinst Du das?«. Diese Technik ist ein Kern, der immer wieder als Element von Kreativitätstechniken vorkommt. Wenn wir z. B. die W-Frage-Methode anwenden, dann interpretieren wir auch etwas Neues *als* neu Befragtes.

(2) **»Übersetzen in eine abstraktere Form.«** Die zweite Methode benutzt die Tatsache, daß *präzise* Beschreibungen einschränkend wirken. Hier nehmen wir eine Beschreibung und übersetzen sie in eine allgemeinere. Ich will dies an einer berühmten Geschichte demonstrieren. Newton soll das Prinzip der Massenanziehung verstanden haben, als er einen Apfel zu Boden fallen sah. Die beobachtete, konkrete Beschreibung lautet: »Heute, am soundsovielten, fiel an diesem Ort ein Apfel vom

Baum auf den Boden.« Das ist eine ziemlich genaue Beschreibung, von der Art, wie sie Polizisten von Zeugen erwarten. Um diese Beschreibung von Ort und Zeit zu befreien, verwandeln wir diesen Satz in: »Ein Apfel fällt vom Baum auf den Boden.« Nun übersetzen wir die vorkommenden Wörter und Begriffe in abstraktere. Beginnen wir beim Apfel. Ein Apfel ist ein Körper. Wir können also schreiben: »Ein Körper fällt vom Baum auf den Boden.« Der Baum ist nun gleichgültig geworden, denn ein Körper könnte auch von einem Turm fallen oder in einen Abgrund; er muß nur schwer sein. Wir erhalten daraus: »Ein schwerer Körper fällt aus irgendeiner Höhe auf den Boden.« Nun variieren wir »Boden«. Der Boden kann von Gras bedeckt sein oder betoniert. Immer ist es ein Teil der Erdoberfläche. Die Erde ist aber auch ein Körper. Also: »Ein schwerer Körper fällt aus irgendeiner Höhe auf einen anderen Körper.« Hier wird das Wort »fallen« offener; man könnte auch die Körper vertauschen und sagen: Der eine Körper erhebt sich zum anderen in die Höhe. Beide bewegen sich einfach aufeinander zu: Sie ziehen sich an. Wir erhalten: »Ein schwerer Körper zieht einen anderen Körper an.« Schließlich können wir uns fragen, ob das »ein« noch einen Sinn hat, wir hatten dies ja auf den Apfel bezogen. Versuchen wir es mit »alle«: »Alle schweren Körper ziehen sich an.« Dies ist eine Möglichkeit, das Graviationsgesetz zu formulieren. - Sicherlich werden wir nicht auf diese Weise das *Gravitationsgesetz* »entdecken«, ohne vorher Erfahrung in Physik gesammelt zu haben. Doch irgendein konkretes Ereignis, irgendeine spezifische Situation als Ausdruck eines allgemeinen Gesetzes zu entdecken, das ist uns nur möglich, wenn wir die Beschreibung abstrakter gestalten und uns aus der konkreten Anschauung befreien.

(3) **»Suchen nach Bedeutung.«** Man kann den Weg nun auch wieder umkehren (so man es nicht auf allgemeine Gesetze abgesehen hat) und sich von einer allgemeinen Beschreibung inspirieren lassen. Dies wäre eine dritte Methode. Wir verwenden eine allgemeine, eher nichtssagende Beschreibung und konfrontieren damit eine bestimmte Situation. Wir suchen, ob diese Beschreibung in irgendeiner Hinsicht auf diese Situaion paßt. Entdecken wir etwas, das zutrifft, dann können wir erneut zu einer konkreteren Beschreibung finden. Allgemeine Beschreibungen sind Modelle, die auf zahllose Situationen zutreffen. Wir werden im nächsten

Kapitel Standardmodelle kennenlernen, die sich in der langen Geschichte des Denkens entwickelt haben und die in unser Alltagsdenken eingedrungen sind. Wenn man solche Modelle benutzt, dann kann man es sich ersparen, erst auf dem Wege einer Übersetzung konkreter Beschreibungen solche Modelle zu erzeugen. Allerdings (und dieser Frage werden wir uns besonders zuwenden) können solche Modelle auch unser Denken durch ein fast unmerkliches, weil sehr abstraktes Muster behindern. Die skizzierten »Techniken« werden also erst in den nächsten Kapiteln tatsächlich »fruchtbar«, obgleich auch die allgemeine, unbestimmte Form eine Quelle der Inspiration ist.

Theorien über das »Wesen« der Dinge

Wir haben damit einen Umriß dessen erhalten, was einen Begriff, eine Idee, »das Wesen der Dinge« ausmacht. Ich möchte dies im Hinblick auf den kreativen *Denkprozeß* aus einer anderen Perspektive noch ergänzen. Ideen sind nicht einfach das Gemeinsame vieler Dinge, das nur »erschaut« werden kann; Ideen sind der Denkprozeß, worin vieles wechselseitig aufeinander bezogen wird. Hinter jeder Idee steckt ein *Prozeß*. Der »Inhalt« einer Idee ist deshalb niemals einfach gegeben, abgespeichert in einem Jenseits oder (wie ein Fels unter Schnee) in/hinter/unter den Erscheinungen versteckt. Wir haben auf Platons Standpunkt hingewiesen, der die Ideen als eine Art Lichtquelle denkt, von der die Einzeldinge beleuchtet werden, jeweils in ihrer eigenen »Farbe«. Andere Philosophen (die Nominalisten) sagen, die Ideen seien nur irgendwelche Zeichen, sprachliche Ausdrücke, die wir auf unsere Sinneseindrücke beziehen. Hegel hat gesehen, daß die Ideen jeweils aus einer Perspektive betrachtet werden können, in der selbst gegensätzliche Vorstellungen ineinander übergehen (⇒ Kapitel 12, Beispiel 8). Heidegger hat beide Positionen abgelehnt und gesagt, »Ideen«, Wesenheiten bestünden gewissermaßen aus Zeit; er *hört* das Wort »Wesen« im Sinne von Lebe-wesen. Das Wesen (die Idee) bleibt nicht unveränderlich; es ist historisch wandelbar und lebendig.

Ich möchte keinen dieser Standpunkte, keines dieser Modelle als »falsch« bezeichnen, eher als einschränkend. Wenn wir den Denkprozeß betrachten, in dem die Ideen jeweils neu gebildet werden, dann bemerken wir, daß all dies *Modalitäten* der Situation sind. Platon hat recht darin, daß wir die Ideen nicht aus der Wahrnehmung »hernehmen«. Wir beziehen die Wahrnehmung auf vergangene Situationen, auf Erinnerungen oder auf Vorstellungen und insofern ist die Ideenschau Anamnese. Ferner sind die Ideen *als* Denken von der Wahrnehmung getrennt; Denken und Wahrnehmen ist zweierlei. Die Nominalisten haben recht darin, daß wir Situationen oft durch *Wörter* evozieren, daß es also Zeichen sind, die Ideen »organisieren«. Die Idee »Baum« kommt zustande, indem wir mit dem Wort Baum Zugang zu all jenen Situationen (Erlebnissen, Handlungen) finden, in denen Aspekte der Bäume eine Rolle spielen. Allerdings ist gerade deshalb ein Wort niemals beliebig austauschbar, nicht ein bloßer Name. Ein Begriff ist die an einem Wort erscheinende Geschichte, in deren Mittelpunkt »Bäume« stehen. Der Begriff »selbst« verändert sich durch unsere »Lebenserfahrung«, hat einen »Zeitkern« - dies ist Heideggers Hauptpunkt. Hegel sieht, daß wir im *Denken* Begriffe an Grenzen führen können, wo sie ineinander umschlagen. Er glaubt, daß dies immer in Gegensätzen geschehen müsse, ein Standpunkt, dem ich nicht zustimmen kann. Aber tatsächlich können wir jeden Begriff an Grenzen heranführen, an denen er in einen anderen Begriff übergeht. Wir können in Gedanken einen Baum so verändern, daß ein Strauch daraus wird. Wenn man einen Kreis visualisiert und sich im Raum vorstellt, dann kann man ihn (wie das Quadrat in der kleinen Übung zu Beginn dieses Kapitels) drehen, so daß er sich in eine Ellipse verwandelt. Drehen wir ihn weiter und betrachten ihn »von der Seite«, so sehen wir nur noch einen Strich; drehen wir einen Strich (wie einen sehr dünnen Stab) im Raum, so wird er kürzer, bis schließlich ein Punkt daraus geworden ist. Unser Denken kennt keine Grenzen, keine festen Begriffe, auch wenn wir die *Gedanken* (Denkmuster) sehr genau voneinander unterscheiden. Begriffe, Ideen haben nur dann einen festen, starren, toten Inhalt, wenn *wir* fest, starr und tot sind. Der Prozeß, den wir im Denken und Wahrnehmen vollziehen, ist zugleich ein Handlungsprozeß, auch wenn wir nur »in Gedanken« handeln. Wir verändern in Gedanken Submodalitäten einer Situation wie wir im Handeln Submodalitäten verändern. Mit den erlebten Situationen nimmt auch der Reichtum unserer Begriffe (die Bedeutung der von uns verwendeten Wörter) zu. Die Ideen und Begriffe leben mit uns. Wir tauschen uns mit anderen Menschen darüber aus und lernen dazu.

Déjà-vu

Allerdings vergessen wir auch sehr viel. Dieses »Vergessen« ist ein merkwürdiges Phänomen. Es gibt Dinge, die uns endgültig zu entfallen scheinen. Aber so ganz sicher sind wir da nicht. Wir halten es prinzipiell immer für möglich, daß wir uns an etwas wieder erinnern können. Es ist in der New-Age-Bewegung sogar Mode geworden, sich an frühere Leben zu erinnern, was immer das heißen mag. Unser Gedächtnis scheint uns ein unbegrenzter Ozean von Informationen, Erinnerungen und Erlebnissen zu sein. Auch wenn wir etwas zum ersten Mal hören, haben wir manchmal den Eindruck, das schon »irgendwie« zu kennen. Auch hier gilt: Sehr präzise beschriebene Situationen sind uns nur neu in dieser spezifischen Konstellation (»Fritz und Anna haben geheiratet, wer hätte das gedacht«), aber nicht in den Elementen (»Fritz«, »Anna«, »Heirat«). Wenn wir etwas vergessen und uns wieder daran erinnern, so ist dieses Erlebnis gar nicht so sehr verschieden von der Erkenntnis von etwas ganz Neuem. Auch das Gefühl ist hierbei ähnlich. Ich greife nochmals auf Platon zurück. Er vertritt die Auffassung, daß jedes Erkennen eigentlich ein Wiedererinnern ist. Tatsächlich läßt sich nie mit Sicherheit sagen, ob wir das Neue nicht doch schon »irgendwie«, »irgendwann« gekannt haben. Bekannt ist für dieses Phänomen die französische Redewendung »Déjà-vu« (= schon gesehen).

Dieses Déjà-vu ist nach unserer bisherigen Diskussion nicht mehr so ganz unverständlich. Tatsächlich sehen wir nur, was wir schon gesehen haben, auch das Neue. Wir sehen (hören, tasten oder denken) alles aus der Perspektive von Begriffen, Gestalten, von *Submodalitäten.* Wir nehmen wahr durch Denkmodelle, mit denen wir uns auf das Wahrgenommene beziehen. Um einen Baum zu sehen, muß man auf irgendeine Weise einen *Begriff* von einem Baum haben. Andererseits ist dieser Begriff niemals starr; er lebt mit uns. Einige Begriffe sind sicherlich ein Erbe »früherer Leben«; man muß nicht an Wiedergeburt glauben, um das zu akzeptieren. Es sind die Begriffsformen, die uns »angeboren« sind, die wir mit anderen Lebewesen teilen. Dennoch sind auch diese Begriffe nicht starr und bilden mechanische Grenzen. Wir besitzen zwar alle die Fähigkeit der Raumwahrnehmung, eine Fähigkeit, die uns bereits in die Wiege gelegt ist. Aber auch diese Fähigkeit entwickelt und verändert sich (nicht nur in der Kindesentwicklung). Ein Maler sieht den Raum sicherlich anders als wir. Wir verfügen also immer schon über einen Begriffshorizont, aber wir verändern diesen Begriffshorizont durch unser Leben, wir erweitern ihn, und wir vergessen. Dies ist nun wiederum nur ein anderes Wort für die Kreativität unseres Lebens: Wir beziehen täglich neue Situationen, neue situative Submodalitäten auf unsere gesamte bisherige Erfahrungsgeschichte, die sich um Wörter und Gestalten als Begriff gruppiert. Deshalb ist jede neu erkannte Form, jeder neue Gedanke immer auch auf irgendeine Weise ein alter, ein *erinnerter* Gedanke, ein Déjà-vu.[160] Wir erkennen, indem wir das Gesehene, Gedachte wieder-erinnern, *als* etwas, das wir *schon* kennen. Indem wir dies aber tun, *verändern* wir zugleich den Begriff, wir fügen unserer Erfahrung etwas Neues hinzu.

Wir gestalten nicht nur unsere Situationen um (oder reagieren auf Änderungen in den Submodalitäten), wir gestalten auch unsere Begriffe um. Die Begriffe, die Ideen leben mit uns und verändern beständig ihren Inhalt und ihre Grenzen. Nehmen wir an, wir sehen während eines Waldspazierganges erstmals eine Vielzahl in der Baumkrone stark gelichteter Bäume; einige sind gefällt und zeigen einen morschen Stamm. Wir denken: »Ach, *das* meint man mit ›Waldsterben‹.« Wir haben hier etwas Neues gesehen. Den Begriff »Waldsterben« kannten wir aus den Medien, und wir stellten uns dazu vielleicht ganz vage Bäume und Demonstrationsplakate vor, auf denen dieses Wort erschien. Wir »verstehen« jetzt, was mit »Waldsterben« gemeint ist, nachdem wir geschädigte Bäume gesehen haben. Der Begriff »Waldsterben« ist durch eine neue Erfahrung, eine neue Situation angereichert. Aber auch unser Begriff »Baum« hat einen ganz neuen Inhalt erhalten, ist um eine ganze Dimension erweitert. Für uns war diese Wahrnehmung ein kreativer Akt (wir hätten auch achtlos an den Bäumen vorbeigehen und uns unter »Waldsterben« weiter demonstrierende Chaoten vorstellen können, die von einem Gespenst reden). Dennoch war die neue Einsicht auch ein Déjà-vu. Wir erkannten tatsächlich das »Waldsterben« wieder, wir erinnerten uns an das Waldsterben, als wir die geschädigten Bäume sahen. Hätten wir davon noch nie gehört, so wären das nur geschädigte Bäume gewesen, irgendein Zufall, eine lokale Erscheinung. Wir verfügten aber über ein Denkmodell, das sich um einen Begriff gruppierte, von dem wir wußten, daß er ein schon weit verbreitetes Phänomen umfaßt.

Wider-Spruch und Täuschung

Wir können unsere Begriffe auch durch *Täuschungen* anreichern. Auch die »Täuschung« ist im Hinblick auf die Kreativität des Denkens ein sehr bemerkenswertes Phänomen. Denkmodelle werden von uns beständig angewendet. Dies ist unser Leben und das Leben der von uns verwendeten Begriffe. Aber ist dieses »Anwenden« eigentlich immer zutreffend? Wir betrachten unentwegt Vorkommnisse *als* dies oder *als* jenes. Und bei jedem »als« wenden wir ein Denkmodell an. Wir beziehen auf eine gegenwärtige Situation unsere Erfahrung, die sich in tausenden von Wörtern und Begriffen kristallisiert hat. Was ist für uns das Kriterium, daß dieses Interpretieren in Denkmodellen zutreffend ist? Unser einziges Kriterium ist der Verlauf unserer Handlung. Wenn in unserer Handlung keine Störung auftritt, die uns darauf hinweist, daß wir etwas »falsch« interpretiert (uns *getäuscht*) haben, dann sehen wir keinen Anlaß, an unseren diversen »als« etwas zu verändern. Tatsächlich verbirgt sich aber in jedem Als-Ob eine Täuschung: nichts ist *nur* das, *als* was wir es vermeinen oder bezeichnen. Denkmodelle bewahren stets eine *Offenheit*, *Ungenauigkeit* - anders wären wir gar nicht in der Lage, sie in *verschiedenen* Situationen anzuwenden. Die darin enthaltene *notwendige* Täuschung beachten wir nicht. Solange unser Handeln *funktioniert*, behalten wir unsere Denkmodelle, unsere Weltbeschreibungen bei. Wir können auch so sagen: Unsere Denkmodelle bleiben unverändert, wenn wir durch unser situatives Erleben keinen *Widerspruch* dagegen erfahren. Dieser »Wider-Spruch« kann ganz wörtlich gemeint sein: Jemand spricht anders über die gegenwärtige Situation, er spricht *wider* uns. Hier können wir übrigens erneut sehen, daß wir Wörter immer auf ein Du, einen anderen beziehen, auch wenn wir allein denken.

Genau betrachtet ist ein Denkmodell, das nicht auf eine Situation »paßt«, eine Beschreibung, der jemand widerspricht. Derjenige, der widerspricht, können wir selbst sein. Wir beziehen dann (wie in einem Dialog, in dem ein Widerspruch auftaucht), eine Beschreibung auf eine andere, ein Denkmodell auf ein anderes. Das ist uns sehr vertraut. Wir sagen uns z. B.: »Um 9 Uhr 30 fährt ein Zug nach Hamburg.« Dieses Denkmodell lenkt unser Handeln, wir fahren zum Bahnhof, kaufen eine Fahrkarte und gehen pünktlich zum Bahnsteig. Hier entdecken wir, daß der Zug schon abgefahren sein muß; der Bahnsteig ist menschenleer.

Wir gehen zur Fahrplantafel und lesen: »D-Zug 347 Hamburg, Bremen ab 8 Uhr 20«. Diese Beschreibung *widerspricht* jener Beschreibung, die wir als Modell unseres Handelns verwendet haben. Wir können auch sagen: »Ich habe mich getäuscht.« Eine Täuschung ist also ein Denkmodell, bei dem eine Handlung nicht so gelingt, wie im Modell festgelegt ist. Man erkennt dies aber nur durch ein *anderes* Denkmodell. Wir täuschen uns nicht über eine jungfäuliche Sinneswahrnehmung, wir täuschen uns *mit* einem Denkmodell bezogen auf ein anderes Denkmodell, nur deshalb steht ein Denkmodell in *Wider-Spruch* zu etwas anderem. Wenn eine Tatsache einem Gedanken *wider*-sprechen soll, dann muß die Tatsache zuerst zum Sprechen gebracht, d. h. *beschrieben* werden. Solche Beschreibungen vollziehen sich aber immer in Denkmodellen. Es liegt zuletzt immer an der Erfahrung desjenigen, der solch eine Beschreibung vornimmt, was sich in einer Beschreibung an Wahrgenommenem zeigt.

Vor allem: Denkmodelle lenken unser Handeln, oder anders gesagt: Erkennen, Denken und Handeln sind Modalitäten jeweils einer Situation. Man kann dies nicht trennen und nebeneinander stellen. Ein Denkmodell lenkt *Submodalitäten* einer Situation. Nicht alle Submodalitäten können direkt durch das Denken gesteuert oder gelenkt werden. Wenn wir nicht in der Lage sind, ein Denkmodell tatsächlich anzuwenden, dann sind wir immer irgendeiner Täuschung erlegen. Es gelingt uns nicht, ein Denkmodell mit einer Wahrnehmung oder einer Handlung in Einklang zu bringen. Auch über uns selbst können wir uns täuschen. Wir können nicht nur Sinnesgegenstände nicht einfach kontrollieren (wie z. B. das Wetter oder den Straßenverkehr), auch »uns selbst« können wir nicht beliebig kontrollieren. Emotionen kommen sehr oft, wie es ihnen gefällt, nicht wie es uns gefällt; unser Körper kann versagen (etwas ist uns zu schwer, zu kompliziert). Das Denken kann die situativen Modalitäten nicht vollständig, sondern nur sehr unvollständig kontrollieren.

Doch hier müssen sehr genau zusehen. Wenn wir sagen: »Ich habe versagt, es ist mir nicht gelungen«, dann ist dies auch nur ein Denkmodell. Auch das ist nur ein *Wider-Spruch*, eine Interpretation, ein Satz. Wir täuschen uns also niemals über Sinnesgegenstände, Gefühle, Handlungsmuster oder auch Gedanken: Wir konfrontieren immer nur eine Beschreibung mit einer anderen und bemerken dann erst einen Widerspruch. Das mag auf den ersten Blick sehr befremdlich klingen, ist aber für das Verständnis der Kreativität des Denkens von äußerster Wichtigkeit. Wir könnten sonst nie verstehen, weshalb es gerade Täuschungen sind, die kreativ funktionieren. Betrachten wir nochmals unser Zugbeispiel. Unser ursprüngliches Denkmodell, unsere Annahme (der Zug fährt um 9 Uhr 30) hat sich als falsch erwiesen. Wir sind gewohnt zu sagen: Die Tatsachen haben unsere Annahme widerlegt, sie stehen im Widerspruch zu unseren Hypothesen. Dies ist sogar eine sehr verbreitete Erkenntnistheorie: Wir machen unentwegt Hypothesen und konfrontieren sie mit den Tatsachen; widersprechen die Tatsachen der Hypothese nicht, dann behalten wir sie (vorläufig) bei. Diese Interpretation (denn auch das ist nur ein Denkmodell) vergißt, daß Tatsachen immer *interpretierte* Tatsachen sind. Wir sehen um 9 Uhr 30 am Bahnsteig, daß der erwartete Zug nicht da ist. Hier scheint wenigstens festzustehen, daß unsere Hypothese, der Zug fahre um 9 Uhr 30, den *Tatsachen* widerspricht. Aber was ist hier die »Tatsache«? Wir erwarten einen Zug (Richtung Hamburg) und sehen keinen. »Zug«, »Bahnsteig«, »leere Gleise« usw. sind Begriffe, anhand derer wir unsere Wahrnehmung interpretieren. Und sicherlich sehen wir all dies. Aber wir sehen es eben nicht irgendwie, sondern auf spezifische Weise. Wir unterscheiden nicht den Papierkorb, die Gepäckwagen, das Stimmengewirr im Hintergrund. Unsere Achtsamkeit ist ganz auf einen Zug gerichtet. Wir stellen uns einen Zug vor - und sehen keinen. D. h. der Zug ist schon »da«, aber leider auf nur gedachte Weise. Würden wir nicht an einen Zug *denken*, so könnten wir gar nicht feststellen, daß kein Zug »da« ist. Dieses »Denken-an-einen-Zug« ist aber nichts anderes als ein Denkprozeß. Wir vergleichen das vorgestellte Bild (unsere »Erwartung«) mit der Wahrnehmung; es gelingt uns aber nicht, hier irgendetwas Gemeinsames zu entdecken. Der Prozeß der Herstellung eines Begriffes scheitert. Hierbei kann aber sehr leicht folgendes geschehen: Plötzlich fällt uns vielleicht ein, daß wir gar nicht auf die Nummer des Bahnsteiges geachtet haben, und wir bemerken, daß wir am falschen Bahnsteig stehen. Oder wir blicken in unseren Kalender und entdecken, daß erst *morgen* dieser Zug fährt. In diesem Fall haben wir die Situation, in der wir uns befinden, völlig falsch beschrieben. Wir glaubten in dieser Situation zu sein (am richtigen Tag und richtigen Bahnsteig) und waren in einer ganz anderen. Halten wir also fest: *Jede Tatsache ist eine Interpretation.*

Ideen als Täuschungen

Täuschungen, das Scheitern von Denkmodellen können wir also nicht einfach so begreifen, als würden wir eine Form vor eine andere halten und untersuchen, ob sie deckungsgleich sind. *Es gibt* Täuschungen, die innerhalb einer Submodalität überprüft und beseitigt werden können. (Wenn wir zwei Teller übereinanderstellen und vergleichen, wie im

PLATONS HÖHLENGLEICHNIS

»Sieh nämlich Menschen wie in einer unterirdischen, höhlenartigen Wohnung, die einen gegen das Licht geöffneten Zugang längs der ganzen Höhle hat. In dieser seien sie von Kindheit an *gefesselt* an Hals und Schenkeln, so daß sie auf demselben Fleck bleiben, und auch nur nach vorne hin sehen, den Kopf aber herumzudrehen der Fessel wegen nicht vermögend sind. Licht aber haben sie von einem Feuer, welches von oben und von ferne her hinter ihnen brennt. Zwischen dem Feuer und den Gefangenen geht obenher ein Weg, längs diesem sieh eine Mauer aufgeführt wie die Schranken, welche die Gaukler vor den Zuschauern sich erbauen, über welche herüber sie ihre Kunststücke zeigen.«

Politeia 514 a-c

Platon hat hier keine Vision unseres Fernsehzeitalters, er will damit erläutern, wie wir *indirekt*, von den Dingen her die »Ideen« (Begriffe) erfassen - wir blicken gebannt auf die Schatten, nicht in das Licht. Der *direkte* Blick in das Licht (der Ideen) ist für Platon ein »Aufschwung der Seele in die Regionen der Erkenntnis« (Politeia 517 b). Weder ist aber unser Körper, noch unser Geist »gefesselt« - und wir haben außer Augen auch noch andere Sinne (was wäre z. B. für den Tastsinn »Licht«, was »Schatten«?). Platons Denkmodell ist besonders geeignet, das *Genie* zu preisen, das die Fessel zerreißt und dem »Licht standhält«. Dieses Modell übersieht, daß an Kopf und Schenkeln gefesselte Wesen gar nicht *leben* könnten - und leben heißt, kreativ sein. Zwar sind Licht und Schatten hier nur ein Gleichnis; doch die Platon nachfolgende Denkgeschichte hat sich überwiegend am Aussehen (eidos, idea) der Dinge orientiert. *Sehen* ist aber nur *eine* Submodalität, nicht der Rahmen für alle Begriffe.

obigen Beispiel.) Doch auch dies geschieht in einer Situation und kann deshalb in einer anderen Situation ganz anders erscheinen. (»Ich dachte bestimmt, daß diese Tür hier 2,21 Meter hoch ist; ich habe doch gemessen. Wie kann es nur angehen, daß nun dieser Schrank nicht durch die Tür geht, der doch nur 2.20 Meter hoch ist.«) Wenn wir *Begriffe* auf situative Submodalitäten beziehen, so hängt ein »es trifft zu« oder ein »es trifft nicht zu« sehr stark von der gesamten Situation ab, wie wir sie erleben und wie wir sie beschreiben (denken, erkennen). Begriffe sind, anders als die Gleichheit zweier Formen oder Klänge, eine ganze Geschichte, ein Prozeß. Wenn wir das »es trifft zu«/«es trifft nicht zu« überprüfen, dann verändern wir zugleich den Begriff, seinen Inhalt und damit die Möglichkeit, seine Richtigkeit zu überprüfen. Auch in der Wahrheit finden wir deshalb ein Moment der Täuschung, oder positiver formuliert: Jedes Überprüfen von Begriffen ist ein kreativer Akt, der den Begriffsinhalt *verändert.*

Ideen sind immer auch Täuschungen. Die Möglichkeit der Täuschung ist ein Ausdruck der Offenheit einer Situation, der Offenheit jener Begriffe, die in der Situation wirksam werden. Eine Welt, die ohne jede Täuschung wäre, in der die Begriffe »ganz exakt« wären, müßte eine völlig tote Welt sein. Es ist anders, als Platon vermeint: Nicht die Wahrnehmungen sind dunkel verglichen mit dem hellen Licht der Ideen, die rein und ohne Täuschung strahlen. Ich denke hier natürlich an das berühmte Höhlengleichnis (siehe oben). Die Sinnesmodalitäten sind sehr klar und licht, in den Ideen ist hingegen ein notwendiges Moment der Täuschung. Ein »Baum an sich« ist ebenso ein Un-Ding wie »die Tugend« oder »die Freiheit«. Ideen kann man nicht in Schachteln stecken oder irgendwo im Gehirn lokalisieren. Sie haben keine geschlossenen, sondern *offene* Konturen; ihre Natur ist ein Prozeß. Das Moment der Täuschung in den Ideen, das dann, wenn wir uns tatsächlich täuschen, nur offenbar wird, ist die Voraussetzung dafür, daß sie auf offene, unbestimmte Situation anwendbar sind. Kein Begriff ist je erfüllt oder auch nur erfüllbar. Wenn wir deshalb etwas im Lichte der Ideen denken oder wahrnehmen, dann nehmen wir immer auch ein wenig von dieser Offenheit wahr. Wir gewahren die Offenheit der Ideen nur meist nicht als kreative Möglichkeit, sondern empfinden sie als Unsicherheit. Die notwendige Unschärfe der Ideen ist nichts anderes als der Vorschein unserer Freiheit.

10 Schranken des Denkens?

Wie gelten welche Gesetze?

Unsere Analyse des Denkprozesses hat bereits zahlreiche offene Strukturen zutage gefördert, die kreative Veränderungen erlauben. Wir konnten sehen, daß die Wortverwendung, die Bildung von Begriffen ein ebenso offener wie kreativer Prozeß ist, der sich nicht vom Handeln, der Veränderung der Situationen trennen läßt. Jeder Begriff ist ein Denkmodell. Er wird dies durch ein Wort oder ein anderes Zeichen, das, in zahlreiche Erlebnisse verflochten, jedes dieser Erlebnisse als ein Modell evozieren kann. Wir drücken dies aus mit den Wendungen: »Das erinnert mich an...« - »Das ist wie...« - »Es scheint als...«. Doch auch bei ganz unscheinbaren Benennungen vollzieht sich solch ein Modellieren: »Dies ist ein Haus.« - »Das ist eine akrobatische Bewegung.« usw. Wir beziehen ein Wort auf eine Submodalität der Situation, wir *modellieren* die Submodalitäten durch die im Wort (im Satz) hergestellte Beziehung auf unsere Erfahrungsgeschichte. Wir sahen auch, daß darin ein notwendiges Moment der Unschärfe, der Ungenauigkeit, der Täuschung liegt. Das läßt sich sehr leicht daran erkennen, daß Beschreibungen von Situationen beliebig variierbar sind. Wenn wir über etwas sprechen, etwas beschreiben, dann enthält diese Beschreibung ein Moment der Beliebigkeit und Offenheit. Einige Elemente der Beschreibung werden wir bei genauerem Hinsehen verwerfen, andere einfügen, wieder andere werden den Widerspruch von jemand hervorrufen, der sie liest oder hört. Indem wir eine Situation beschreiben, wenden wir Denkmodelle an und erzeugen zugleich ein Denkmodell der Situation.

Nun sind Beschreibungen dennoch nicht willkürlich. Wir unterwerfen uns in den Beschreibungen Regeln und Einschränkungen. Diese »Unterwerfung« hat nichts mit einer Kapitulation zu tun; dennoch beachten wir die Regeln und Einschränkungen und akzeptieren sie, wie wir ein Gesetz respektieren. Ebenso wie man Gesetze übertreten kann, kann man auch Regeln und Einschränkungen verletzen oder aufheben. Andererseits kann man sich innerhalb der Regeln bewegen, in dem Freiraum, den sie zulassen. Wittgenstein hat für Beschreibungen den Begriff des »Sprachspiels« eingeführt, der dies illustrieren kann. »Spiel« weckt in uns allerdings auch Assoziationen, die für unseren Zusammenhang in die Irre führen. Ein Spiel spielt man fast immer freiweillig, man kann wählen, ob man dieses oder jenes spielen möchte. Die Regeln, mit denen ich mich hier befassen möchte, sind aber oftmals wirksam, ohne daß wir etwas davon merken. Wir spielen ein Spiel und bemerken es nicht. »Spiel« und »Kreativität« sind in der Tat eng verwandt. Nur wer spielen kann, kennt Spiel-Räume, kennt eine Offenheit, die etwas Neues und Wertvolles zu entdecken erlaubt. Wenn wir die Menschen in alltäglichen Sprechsituationen beobachten, haben wir nur ziemlich selten den Eindruck, hier würde gespielt. Aus den Sprachspielen ist längst bitterer Ernst geworden. Wir können aber diesen Ernst durch *zarte Ironie* aus seiner Erstarrung erlösen. Dies geschieht, wenn wir die *Regeln* des Spiels erkennen, wenn wir sie achtsam spielen und nicht sie mit uns. Sobald wir die Regeln eines Spiels kennen, können wir sie ändern; wir erlangen unsere Freiheit und damit unsere Kreativität wieder.

Traditionell sagt man, die Regeln des Denkens werden in der *Logik* formuliert. Andere, ähnliche Regeln finden wir in der Grammatik. Wir gebrauchen logische Gesetze, auch wenn wir niemals Logik studiert haben, sprechen korrekte Sätze, auch wenn wir Analphabeten sind. Es lohnt deshalb, auf den Charakter solcher Regeln und Gesetze näher einzugehen. Gegen logische Gesetze kann man immerhin verstoßen, ohne dafür mit Gefängnis bestraft zu werden. Hier berühren wir einen sehr wichtigen und sensiblen Punkt. *Was heißt das eigentlich: Ein Gesetz »gilt«?* Offensichtlich ist das Wort »Gesetz« aus dem öffentlichen, juristischen Bereich menschlichen Lebens übernommen. Ein Gesetz scheint das genaue Gegenteil von Kreativität zu sein. Während man gegen logische Gesetze und Regeln der Grammatik immerhin verstoßen kann, scheint dies in der Natur nicht zu gelten. Man gebraucht hier gerne die Metapher: »Die Natur wird von unumstößlichen Gesetzen regiert.« Hier ist eine kleine Anwendung der W-Frage-Methode angebracht. Fragen wir: »*Wie* gilt ein Naturgesetz?« und »*Wann* gilt es?«. In der Theologie fragt man sogar: »*Wer* setzt diese Gesetze in Kraft?« Auf die Frage »Wann gilt ein Naturgesetz?« werden uns die meisten Physiker antworten: »immer«, jedenfall ziemlich rasch nach dem Urknall. Hier könnte man immerhin auf die Idee kommen, ob es denn nicht auch eine Evolution der Naturgesetze gegeben hat. Die Vorstellung, sie würden zum Zeitpunkt 0 nicht gelten, kurz danach aber unveränderlich bleiben, ist doch eine sehr erstaunlich simple Idee. Natürlich können wir kaum erraten, wie Naturgesetze einige Millionen Jahre nach dem »Urknall«

gestaltet waren, daß es aber *dieselben* waren, die wir heute (dies übrigens keineswegs einhellig und unumstritten) formulieren, ist nur eine Hypothese.

Wenn wir fragen: »*Wie* gelten (Natur-)Gesetze?«, so eröffnet sich uns ein neuer Blickwinkel. Naturgesetze jedenfalls gelten - außer im Labor oder bei technischen Anwendungen - nie rein und isoliert. Man muß einige Anstrengungen unternehmen, um der »Geltung« in einer Situation (beim Experiment) einen klaren Ausdruck zu verleihen. Hier verfährt ein Experimentator durchaus so wie die staatliche Gesetzesexekutive: Er muß dem Gelten »nachhelfen«. Wir vergessen sehr gerne: Gesetze sind etwas Abstraktes. Wenn man auf eine komplexe Situation etwas Abstraktes bezieht, so trifft dies dort nur Einzelmomente. Hegel sagt an einer Stelle (anläßlich der Französischen Revolution) sehr schön: »Abstraktionen in der Wirklichkeit geltend machen, heißt Wirklichkeit zerstören.«[161] Dieser Satz sollte uns etwas nachdenklich machen. Wenn man in einer Fabrik durch die Technik Naturgesetze anwendet und ihr »Gelten« ausnützen will, dann muß man Vorkehrungen treffen: Ein Gebäude errichten, entsprechende Maschinen aufstellen, vielleicht eine bestimmte Temperatur beachten usw. Jedes technische Gerät benötigt, um in seinen Funktionen nicht gestört zu werden, ein Gehäuse, einen Schutz, eine Abgrenzung. Wenn wir in einer solchen Fabrik arbeiten, dann müssen wir, damit die »Technik funktioniert« (die Naturgesetze also *gelten*), uns eine Arbeitsdisziplin auferlegen. Unsere persönliche Wirklichkeit, unsere Wünsche, Gefühle, Träume usw. werden tatsächlich hierbei »zerstört«. Es ist einfach eine Konsequenz der *Anwendung* von Naturgesetzen. Dies ist offenbar gar nicht so weit von der Durchsetzung von juristischen Gesetzen verschieden. Wen ein Gesetz mit einer Strafe belegt, dessen Wirklichkeit wird auch »zerstört«, wenigstens stark ge-stört.

Das Wort »Gelten« ist, wie wir sehen, alles andere als trivial. Es gibt Situationen, in denen von einem Gelten bestimmter Gesetze nicht gesprochen werden kann. Man zerstört eine Situation (negativ ausgedrück) oder *verändert* sie (positiv formuliert), wenn man in ihr eine Regel, ein Gesetz zur Geltung bringt. Weniger dramatisch gesagt: Wenn man ein Denkmodell als Handlungsanleitung in einer Situation verwendet, dann *verändert* man diese Situation. Aus diesem Grund gibt es äußerst zahlreiche Situationen, in denen weder logische noch physikalische Gesetze gelten. Dies mag ein sehr befremdlicher Gedanke sein, wenn man gewohnt ist, alle Situationen in einem Denkmodell zu interpretieren. Wenn wir in der Sonne liegen und uns bräunen, dann gelten in dieser Situation weder logische noch physikalische Gesetze. *Ein makrosituativer Beobachter* mag zu dem Schluß kommen, daß einer Sonnenanbeterin im Strandbad aus durchaus physikalischen, chemischen und anderen Gründen zuviel Sonne schaden wird. Doch für den Beobachter ist das Sonnenbaden kein innersituatives Erlebnis; die Badende am Strand ist für ihn in seiner Situation ein bloßer Sinnesgegenstand, den er mit *seinem* Denkmodell interpretiert.

Die situative Struktur der Wahrheit

Es ist für die Entdeckung der Kreativität sehr wichtig, daß dieser Punkt völlig klar wird. Vielleicht kennen Sie den Spielfilm *»Rashomon«* (1950) des japanischen Regisseurs *Akira Kurosawa.* In diesem Film werden ein Samurai und seine Frau überfallen. Der Film schildert, wie verschiedene Zeugen diesen Vorfall sehen - und jeder Zeuge gibt eine völlig andere Schilderung des Vorgangs. Was ist nun die Wahrheit? Die Analyse der situativen Modalitäten kann diese alte Frage auf eine einfache Weise beantworten: Der Film schildert gar nicht *eine* Situation, die dann so und nicht anders durch ein Denkmodell zu beschreiben wäre. Der Film schildert ebensoviele Situationen, wie Zeugen auftreten. Wenn wir alle situativen Modalitäten berücksichtigen, dann kann jede Beschreibung durchaus zutreffend sein. Man mag, in einer besonders aufgewühlten Stimmung, etwas tatsächlich völlig anders wahrnehmen als bei kühler Beobachtung. Wir haben uns in unserem sozialen Zusammenleben auf bestimmte Situationstypen geeinigt, die wir zum Maßstab erheben. Für die Geltung physikalischer Gesetze erheben wir z. B. das Labor, die Meßsituation zum Maßstab; für eine Gerichtsverhandlung die sachliche Abwägung von Zeugenaussagen und Gutachten.

Man kann jedem Typus von Situation (in makrosituativer Perspektive) auch einen Typus von Denkmodell zuordnen. Daraus folgt aber nicht, daß andere Situationen auf irgendeine Weise falsch oder unwirklich sind. Sicherlich gibt es auch die Situation, daß jemand bewußt *lügt. Lügen* ist ein ganz bestimmter Umgang mit den Submodalitäten einer Situation: Man beschreibt absichtlich etwas anderes als das, was sich in der Wahrnehmung oder der Vorstellung zeigt. Lüge oder Wahrheit ist eine *innersituative* Relation, keine Relation zwischen einer Situation und einer anderen. (Es ist z. B. einfach unsinnig zu sagen: Ich sehe zwar, daß die Sonne aufgeht, »weiß« aber, daß sich »nur« die Erde um die Sonne bewegt. Man kann sich einen Kreis vorstellen der sich um einen anderen Kreis bewegt und beide mit »Sonne« und »Erde« bezeichnen; man kann auch aus einem Raumschiff die Bewegung der Erde beobachten. Das heißt aber nur, daß wir von *drei* Situationen sprechen: einer, bei der wir morgens aus dem Fenster auf den Sonnenaufgang blicken; eine, in der wir Astronomie betreiben, und eine, in der jemand als Astronaut Erde und Sonne zusammen erblickt.) Wir können nicht einfach eine Situation als »unwahr« ausklammern, nur weil in ihr Emotionen oder Erinnerungen oder Halluzinationen zu ganz anderen Beschreibungen führen, als sie ein Beobachter von außen, d. h. in einer völlig differenten Situation, geben würde. Dies ist eine Hauptschwierigkeit bei der Beurteilung von Wundern, Grenzphänomenen, Parapsychologie oder Ufos. Weshalb sollte es *nur* Phänomene geben, die in *allen* Situationen durch das gleiche Denkmodell zu beschreiben sind? Denkmodelle können durchaus für viele Situationen oder einen bestimmten Situationstypus zutreffende Beschreibungen liefern, während sie in anderen Situationen völlig unzutreffend sind. Vielleicht geschehen tatsächlich nur für Gläubige Wunder, die niemals in einem Labor auftreten. Vielleicht mögen Geister die Laborbeleuchtung einfach nicht. Man hat nicht nur Geister, sondern auch Sexualität im Labor zu messen versucht. Wie sich zeigte, sind nicht nur für Geister Laborräume unattraktiv. »Empirische Wissenschaft« ist nur *ein* Typus von Situation.

Ein Denkmodell ist deshalb niemals schlechthin wahr oder schlechthin falsch. *Wahrheit ist situativ.* Andererseits, wenn wir uns an Hegels eben zitierten Satz erinnern: Wenn man *ein* Denkmodell, das eine zutreffende Beschreibung *einer* Situation liefert, auf eine *andere* Situation überträgt, dann *verändert* sich diese Situation. Mikrosituativ gilt das ohnehin: *Jede* Beschreibung, jedes Denken ist zugleich ein Handeln. »Beschreiben« heißt, eine Situation verändern. Das gilt keineswegs nur in der Naturwissenschaft (⇒ Heisenbergs Unbestimmtheitsrelation). Makrosituativ können Denkmodelle eine gute Beschreibung liefern; dennoch verändern sie mikrosituativ immer die Situation. Beschreibungen und die Anwendung von Ideen verändern die Situation schon einfach deshalb, weil das Denken *ein* Moment, eine situative Modalität ist. Es gibt nicht so etwas wie eine Situation ohne Denken (sowenig es Situationen ohne Gestalten, Gefühle, Wahrnehmungen, Bewegungsmuster gibt). Wenn Denkmodelle makrosituativ zutreffen, dann heißt dies genauer gesagt: Sie gelten für einen *Typus* von Situation. »Typus« ist nur ein anderes Wort für das Problem, das wir anhand der »Ideen« oder »Wesenheiten« erörtert haben. Ein Situationstyp besteht natürlich aus sehr vielen Situationen. Makrosituative Denkmodelle beziehen sich auf *Strukturen*. Wir können hier zahlreiche solcher Modelle entdecken. Das nächstliegende ist die *Grammatik* der Sprache. Sobald wir Situationen beschreiben, bewegen wir uns in der Sprache. Meist wird die Sprache grammatisch organisiert. Dies geschieht gewöhnlich unbewußt; man kann diese Struktur aber zu einer Wissenschaft machen und genau untersuchen.

Es kann sehr massive Widerstände bei einer Veränderung von Denkmodellen geben. Jene Modelle, die in sehr vielen Situationen von vielen Menschen reproduziert werden - wie die der Grammatik -, erzeugen das, was als »objektive Realität« erscheint. Grammatische Strukturen wurden zum universalen Dingmodell. Wenn wir uns in unserem Sprechen von den Regeln der Grammatik ein wenig entfernen, dann gelten wir vielleicht als Ausländer, weichen wir weiter davon ab (und sind nicht zufällig Dadaist), dann kann es uns sehr leicht geschehen, daß man uns in isolierten Anstalten medikamentös behandelt. »Verrückt« ist jemand, der sich nicht an allgemein akzeptierte Denkmodelle hält. Andererseits sind es gerade die wirklich Kreativen, die sich um Denkmodelle nicht kümmern, sondern sie verändern. Nicht zufällig hat man deshalb immer wieder versucht, »Genie« und »Irrsinn« miteinander zu verknüpfen. Wenn wir mit jemand konfrontiert sind, der ein uns vertrautes Denkmodell ungebührlich verändert, haben wir ein »der spinnt« schnell parat. Es wäre viel klüger zu sagen: »Ich schränke mich durch *mein* Denkmodell ein«. Bevor ich beim Leser aber Gefühle der Entrüstung auslöse, möchte ich sagen: Es ist keineswegs sinnvoll, beständig und fortwährend Denkmodelle zu ändern. Doch aus der Tatsache, daß »Leben« immer auch heißt, sich an Regeln zu halten, sollte nicht folgen, daß wir Modelle nicht verändern dürfen. Ethische Gebote werden gerade dadurch einsichtig, daß wir sie in Gedanken verletzen und uns der bloße Gedanke, man schlage oder foltere jemand, »unerträglich« ist. Wenn wir z. B. Haß auf jemand empfinden und ihn auf den Mond schießen möchten, dann sollten wir eine sehr einfache und auch sehr alte »Kreativitätstechnik« anwenden: Vertauschen wir die Person, der wir etwas antun wollen, mit jemand, den wir lieben (z. B. uns selbst) und blicken dann auf unsere Handlung. Wirkliche Kreativität, die Fähigkeit, Denkmodelle zu verändern, wird auf diese Weise Liebe und Mitgefühl, nicht das Gegenteil erzeugen.

Die Denkmodelle der Sprache

Denkmodelle haben eine magische Kraft. Das ist ganz wörtlich gemeint. Sie erschaffen Strukturen der Wirklichkeit durch die Gestaltung situativer Submodalitäten. Das wichtigste Modell ist hierbei die Sprache und ihre Struktur. Jeder von uns hat einmal Grammatik oder Sprachlehre betrieben und kehrt zu diesem Geschäft oft vor Urlaubsreisen kurzzeitig zurück. Wenn wir fremde Sprachen erlernen, dann entdecken wir zahlreiche Differenzen zu unserer Muttersprache. Es gibt deutsche Philosophen, die (wie immer man sich bemüht) ins Englische übersetzt einfach schrecklich klingen oder völlig unverständlich werden. Dies sollte uns hellhörig machen. Wenn ein Denkmodell nicht übersetzt werden kann, dann ist es entweder tatsächlich unverständlich im gewöhnlichen Sinn (wie ein Gedicht, das kaum übersetzbar ist), oder die andere Sprache ist Ausdruck eines ganz anderen Lebensstils.[162] Nehmen wir an, wir wollten die Sprache eines völlig isolierten Volksstammes erlernen. Wie würden wir vorgehen? Wie könnten wir ein Wörterbuch erstellen? Es verbliebe uns nur die Möglichkeit, wie ein Kind zu verfahren: Wir müßten am *Leben* dieser Menschen teilnehmen und in den jeweiligen Situationen die Bedeutung der Wörter erlernen. Angenommen, uns sei dies gelungen. Wie wollten wir nun unser Wörterbuch gestalten? Es gibt sogenannte »Primitive«, die mehr Grasarten unterscheiden als unsere botanischen Lehrbücher. Wir hätten ganz einfach für zahllose Begriffe in unserer Sprache keine Entsprechung, weil unser Leben in anderen Situationen verläuft. Dies ergeht uns schon in europäischen Sprachen so. Wie sollen wir das englische Wort »mind« übersetzen? »Geist« im Sinne von »spirit« ist »mind« nicht, aber »Denken« wäre auch zu eng, denn »keep it in mind« kann sowohl »achte darauf« als auch »behalte es im Gedächtnis« heißen. Sicherlich, wir können das umschreiben. Wer noch nie in den USA war, kennt dieses Land aus tausend Spielfilmen, und wie man sagt, ist das Leben dort sehr gut an die Spielfilme und Fernsehserien angepaßt. Das alte Griechenland werden wir hingegen nie wieder »nacherleben« können. Dies ist übrigens der Grund, weshalb in vielen Religionen, aber auch und nicht zuletzt in Wissenschaften, sehr viel Wert auf eine »geflüsterte« Tradition (»oral tradition«) gelegt wird: Die Übertragung einer Lehre erfolgt in der richtigen, einen Lehrer und Schüler *umfassenden* Situation, mit all ihren kleinen, unscheinbaren und versteckten Hinweisen und vor allem der zugehörigen *Stimmung*. Kein Text, kein Video, kein Bild kann dies je einholen.

Jede Sprache ist eingeflochten in ein Sprachleben. Sprache ist weder durch Konvention entstanden, noch stellt sie nur einen Informationsprozeß dar. All diese Aspekte haben Sprachen auch. Man kann per Konvention neue Wörter festlegen und man kann Texte nachrichtentechnisch bearbeiten (etwa in einem Computer bei der Textverarbeitung). Das sind jedoch nur *Modelle* der Sprache. Der Sprachvollzug ist das jeweils situative Dasein selbst. Daraus folgt nun nicht, daß es sinnlos wäre, Texte aus dem Ägyptischen oder Altgriechischen zu übersetzen. Eine Übersetzung stellt für uns eine *verständliche* (wenigstens in irgendeiner Hinsicht verständliche) Struktur dar; sie ist ein Denkmodell. Dieses Denkmodell kann uns inspirieren in der Beziehung auf *unsere* Situation. Und exakt dies ist die kreative Funktion von Denkmodellen überhaupt. Wenn man etwas wirklich verständlich sagen möchte, empfiehlt es sich, den Text oder Textfragmente in eine andere Sprache zu übersetzen und (nach einer Pause) wieder in die ursprüngliche Sprache zurückzuübersetzen. Dies legt viele Denkmuster offen, die ganz unbewußt durch die Muttersprache transportiert werden. Wenn Sie zwei oder mehr Sprachen sprechen, sollten Sie das Übersetzen jedenfalls als eine Quelle kreativer Inspiration, nicht nur als Touristenpflicht verstehen. Wir können vielleicht darin auch die Weisheit des humanistischen Bildungsideals erkennen, in der Pflege und Lektüre von Griechisch und Latein dem Denken mehr Spielräume zu eröffnen. Es scheint mir sehr zweifelhaft zu sein, ob BASIC, PASCAL, C oder eine andere Programmiersprache dies einzuholen vermögen.

Die europäischen Sprachen haben eine gemeinsame Struktur, die nicht zuletzt Ausdruck der in sie eingeflossenen Philosophien ist. Ich möchte dies zunächst an einem Beispiel belegen.Wittgenstein, auf eine radikale

Kritik der Philosophie überhaupt bedacht, schreibt in seinen posthum veröffentlichten »Philosophischen Untersuchungen«: »*Wir* führen die Wörter von ihrer metaphysischen wieder auf ihre alltägliche Verwendung zurück.«[163] Obgleich Wittgensteins Text nur zu empfehlen ist, weil er zahllose Selbstverblendungen des Denkens aufdeckt, so vermag ich ihm hier nicht zu folgen. Er übersieht, daß *jedes* Wort zugleich ein metaphysisches Modell darstellt. Wir gebrauchen z. B. unschwer das Wort »Wirklichkeit« oder sagen: »möglich ist das schon, das heißt aber noch lange nicht, daß es auch wirklich so ist.« Ist dies nicht ein ganz alltäglicher Satz? Dennoch ist er durch und durch metaphysisch. Wir erkennen dies schon ganz äußerlich daran, daß das Begriffspaar »möglich/wirklich« von Meister Eckhart, dem größten unter den deutschen Mystikern, als Übersetzung der philosophischen Begriffe »potentia/actus« in die deutsche Sprache eingeführt worden ist. Dieses Begriffspaar ist seinerseits eine Übersetzung aus dem Griechischen; es entstammt der mit dem Titel »Metaphysik« überlieferten Schrift des Aristoteles und heißt auf Griechisch »dynamis/energeia«. Wir können nicht sagen, in welchem Sinn die alten Griechen dieses Begriffspaar genau verstanden haben. Vielmehr hat offenbar ein griechischer, metaphysischer Text als Denkmodell für einen lateinischen, dieser wiederum als Denkmodell für eine deutsche Beschreibung gedient. Und nicht wenige Kritiker der Metaphysik werfen ihr heute vor, sie sei unverständlich und halte sich nicht an die »Wirklichkeit«. Wittgenstein sagt, er wolle »immer, wenn ein anderer etwas Metaphysisches sagen wollte, ihm nachweisen, daß er gewissen Zeichen in seinen Sätzen keine Bedeutung gegeben hat.« - »Die Bedeutung eines Satzes ist die Tatsache, die ihm in der Wirklichkeit entspricht«.[164] Wendet man diese Regel auf den metaphysischen Begriff »Wirklichkeit« an, so ergibt sich ein Unsinn: Man soll die Bedeutungslosigkeit des Begriffes »Wirklichkeit« feststellen, indem man seine Wirklichkeit überprüft.

Wie gesagt: Mir geht es ganz und gar nicht um ein Widerlegen oder das Aufdecken von Zirkeln (das ist ganz einfach). Es geht ausschließlich um die Entdeckung von *Fesseln*, die wir uns durch allerlei Denkspiele anlegen und aus denen wir uns nicht mehr befreien können, wenn sie uns *selbstverständlich* geworden sind. Metaphysik ist eine Quelle der Inspiration, nicht mehr, aber auch ganz und gar nicht weniger. Wir sollten *bemerken*, daß wir beim Sprechen, bei der Anwendung von

Denkmodellen »Metaphysiker« sind, auch dann, wenn wir sagen: » ›Metaphysik‹ ist eine finstere und abscheuliche Sache; als Männer der Praxis zeigen wir ihr die kalte Schulter«. Der apostrophierte Satz verwendet vier metaphysische Modelle: »ist-nicht« (weshalb ist Metaphysik dies oder das?); »Eines-Vieles« (weshalb ist Metaphysik *eine* Sache?); »Sache« (warum Sache?); »Theorie-Praxis« (wer sagt, daß Metaphysik nur Theorie ist?); ein ethisch-moralisches Modell: gut-schlecht (= abscheulich); ein soziales Modell: Rolle der Männer; und zwei Leitbilder oder Leit-Metaphern: »Licht-Finsternis« und »kalte Schulter«. Derartige stillschweigend wirkende Denkmodelle werden wir in den nächsten Kapiteln noch genau unter die Lupe nehmen.

Unsere Sprache hat eine metaphysische, von Denkmodellen durchsetzte Struktur. Wir lernen in der Grammatik »Subjekt«, »Prädikat« und »Objekt«, »Kopula« und »Verb« zu unterscheiden. All dies ist der Struktur unserer Sätze immanent. Wir sagen gewöhnlich nicht: »Es gibt ein Gehämmertwerden des Eisens durch den Hammer« sondern: »Jemand (ein Schmied) bearbeitet Eisen mit einem Hammer.« Die erste Version wäre eine weitgehend wörtliche Übertragung aus dem Tibetischen. Der vergleichbare Vorgang, die analoge Situation, wird in *einer* Sprache als Tätigkeit eines Subjekts (Subjekt-Prädikat-Objekt) dargestellt, in einer anderen erscheint dies als völlig »sachliche« Beziehung ohne Ich oder Subjekt. Bei der Analyse von »Eingeborenen«-sprachen begegnen uns ähnliche Differenzen. Daraus ersehen wir: Unsere Sprache hat in ihrer gewohnten Form eine notwendig einschränkende Struktur. Sie suggeriert durch die gewohnte Formulierungsweise zugleich eine Interpretation von Situationen. Ein »Wer ist schuld?« geht uns z. B. ganz leicht über die Lippen, wo tatsächlich sehr subtile Veränderungen in den Submodalitäten einer Situation zu unterscheiden sind. Allgemeine Ausdrücke, wie z. B. das Fragewort »Wer?«, sind eigentlich nur Abkürzungen. In ihnen steckt ein hohes Maß an Denkökonomie. Es ist gerade diese »Denkökonomie«, die uns zur Beibehaltung von Regeln und Denkmodellen auch in Strukturen verführt, wo sie nicht mehr oder kaum mehr sinnvoll sind.

Schranken der Grammatik

Es ist deshalb lohnend, uns nochmals vorübergehend in die Schulbank zu setzen und über einige Strukturen der Grammatik nachzudenken. Am Anfang der Grammatik steht die Lehre von den Wortarten. Man stellt sich hierbei ein sehr großes Wörterbuch vor, in dem (fast) alle Wörter eines Sprachgebietes verzeichnet sind. Die Wörter werden von uns als identische Dinge interpretiert, die man sehen (lesen), hören, sprechen und (bei Blindenschrift) auch tasten kann. *Genau* betrachtet sind in keiner Submodalität der Sinne jemals Formen tatsächlich gleich, auch nicht gedruckte Wörter. Wichtig ist nur, daß wir sie hinreichend voneinander *unterscheiden* können und somit schon vor aller Sprache fähig sind, *Gestalten* zu erkennen. Für uns gilt:

Bauernhof = **Bauernhof** = $_{\text{Bauernhof}}$ = *Bauernhof.*

Offenbar sind diese Wörter verschieden, wir interpretieren sie aber als identische Gestalt. Würde ein Textverarbeitungssystem für *chinesische* Schriftzeichen ähnlich verfahren wie jenes für diesen Text beim Wort »Bauernhof«, so wären wir keineswegs mehr sicher, ob ein tiefgestelltes kleines Wort gleicher Form dasselbe bedeutet wie seine große Entsprechung. Auch für uns sind Formen abhängig vom Kontext. (Das »o« in »Boot« bedeutet z. B. etwas ganz anderes als in »7° Celsius«.)

Alle Wörter eines gedachten, umfassenden Wörterbuches werden von der Grammatik in Wortarten eingeteilt. Man schätzt z. B. den deutschen Wortschatz auf ungefähr 400.000 Wörter. Sie stellen das Rohmaterial unserer Modellbildungen in der Sprache dar. Diese Wörter werden eingeteilt in folgende Wortgruppen (in Klammern die ungefähre Zahl im Deutschen): Verben (ca. 100.000); Substantive (200.000 - 240.000); Adjektive und Adverbien (ca. 65.000); Präpositionen und Konjunktionen (200) und Pronomen (nicht ganz 100). Die Stellung dieser Wörter zueinander ist nicht beliebig, sie gehorcht den Regeln der Satzbildung. Diese Regeln werden im Alltag sehr oft nicht oder nur unvollkommen eingehalten. Meist gehorchen nur *vorgelesene* Texte ganz streng diesen Regeln. Wir können uns dennoch recht gut verständigen. Die alltäglich gesprochenen Sätze *ähneln* den grammatisch korrekten Sätzen. Jeder Teilnehmer einer Sprachgemeinschaft kennt einen bestimmten Teil des gesamten Wortschatzes und wohl auch viele Regeln. Ein Teil dieser Regeln verändert sich, und wir haben stillschweigend die Duden-Redaktion als Gesetzgeber in Sachen Sprache akzeptiert. Sie verrät uns, ob man nun »Alptraum« oder »Albtraum« schreibt; ob es »Wir trinken von gutem bayrischem Bier« oder »Wir trinken von gutem, bayrischen Bier« heißt. Die Strenge, mit der diese Regeln eingehalten werden, hängt, wie die anderer Regeln auch, von den Sprechsituationen ab. Sie gelten ohnehin nur für jene Bereiche, in denen Hochsprache gesprochen wird, werden jedoch auch darin unterschiedlich streng gehandhabt.

Für uns ist viel wichtiger, welche *Struktur* sich in diesen Worteinteilungen verbirgt, worauf wir uns also allein durch das Sprechen einlassen. Die meisten Wörter des Deutschen sind Substantive. Diese Substantive sind Wesenheiten, die in Sätzen meist damit beschäftigt sind, eine Tätigkeit zu verrichten (Verben heißen bekanntlich auch Tätigkeitswörter). Substantive vollbringen dies gelegentlich unter Mithilfe von Adjektiven, werden aber auch (meist durch das Wort »ist« oder »ist nicht«) nur durch Adjektive in ihren Eigenschaften charakterisiert. Weshalb müssen wir eigentlich die Tatsache, daß vor mir ein Buch auf dem Tisch liegt, als *Tätigkeit* des Buches beschreiben? Das Buch, so legt uns der Satz nahe, tut etwas: es »liegt« (wie wir im Bett oder auf einer Wiese liegen). Man nennt Verben auch »Zeitwörter«. Wir legen also das, was wir wahrnehmen und beschreiben, in der Perspektive eines *Handelns* und der *Zeit* aus. Auch ein Stillstand ist etwas, was sich nur in der Zeit ereignen kann. Etwas »ruht«, wenn es *aufhört*, sich zu bewegen. Das Buch »tut« nichts; dennoch zwingt uns die Sprachform in diese Vorstellung. Das Buch erscheint in meiner Situation, ich nehme es wahr, blättere es um und lege es dann auf den Tisch. Auch wenn wir dies wissen und sagen: *»Jemand* hat das Buch auf den Tisch gelegt«, so wird das Ende dieses Prozesses dennoch als Tätigkeit des Buches nahegelegt. Wir legen offenbar die Welt aus als eine Ansammlung von Subjekten, die auf irgendeine Weise tätig sind. Selbst wenn wir nur Eigenschaften beschreiben wollen, benötigen wir ein »Hilfszeitwort«, ein »Hilfsverb« (ist, war, haben, werden). Wir sagen z. B. »Das Buch auf dem Tisch ist grün.« Dies »ist« wird verwendet in der stillschweigenden Bedeutung: »Das Buch auf dem Tisch tut etwas, es zeigt sich in grüner Farbe.« Merkwürdigerweise legen wir sogar die ganze Welt so aus, als sei sie das Resultat eines Handelns. Wir sprechen von »Wirklichkeit«. Das, was in der Philosophie durch die Substantivierung des Hilfszeitwortes »sein« als »das Sein« bezeichnet wird, begreifen und interpretieren wir in einer Sprache, die all dies als Resultat eines Tuns, einer Handlung, einer Tätigkeit auslegt. Benjamin Lee Whorf weist darauf hin, daß dies keineswegs in allen Sprachen so ist:[165]

> «Wir lesen dauernd fiktive Täterwesen in die Natur hinein, nur weil unsere Verben Substantive vor sich haben müssen. Wir müssen sagen, ›Es blitzt‹ oder ›Ein Licht blitzt‹ und damit einen Täter, ›Es‹ oder ›Ein Licht‹, konstruieren, der ausführt, was wir eine Tätigkeit nennen: ›blitzen‹. Das Blitzen und das Licht aber sind ein und dasselbe! Die Hopisprache berichtet das Blitzen mit einem einfachen Verb, *rephi:* ›blitzen‹. Da gibt es keine Teilung in Subjekt und Prädikat, nicht einmal ein Suffix wie -t im lateinischen tona-t ›es donnert‹. Im Hopi gibt es Verben ohne Subjekte, eine Tatsache, die dieser Sprache als einem logischen System vielleicht große Möglichkeiten zum Verständnis gewisser Aspekte des Universums gibt, Möglichkeiten, die wahrscheinlich nie entwickelt werden.«
>
> B. L. Whorf, Sprache - Denken - Wirklichkeit, S. 44

Nun kann man fragen: *Warum* legen wir die Welt als Ansammlung von handelnden Wesen aus? und antworten: Vermutlich, weil *wir* uns selbst zum Modell für das Universum nehmen, denn wir sind handelnde Wesen. Die Theologen geben darauf die Antwort: weil ein Schöpfer der Welt *handelt*, und wir, als die nach seinem Bilde geschaffenen Wesen, ihm ebenso gleichen wie seine anderen Geschöpfe. Irgendwie gerät dieses Modell dann in Schwierigkeiten, wenn es auf Indianer trifft, die ganz anderer Auffassung sind. Offenbar ist das in den europäischen Sprachen implizite Denkmodell nicht so mächtig, daß wir nicht wenigstens *ahnen* könnten, wie ein Hopi die Welt sieht. Zudem legt unsere Analyse situativer Modalitäten noch eine andere Perspektive nahe.

Wenn man etwas auf etwas anderes überträgt, wenn man mit einem Denkmodell (dem des Handelns) eine sinnliche Wahrnehmung (das Buch auf dem Tisch) interpretiert durch die Sprache, dann kann solch eine Übertragung nicht *völlig* unzutreffend sein. Tatsächlich haben wir gesehen, daß die Formen der Wahrnehmung nicht einfach »sind«, sondern unterschieden werden. Eine Fliege, die über Buch und Tisch krabbelt, unterscheidet sicherlich nicht Buch und Tisch in unserem Sinne. Wir wissen natürlich nicht, was die Situation einer Fliege ist. Dennoch können wir ein kleines Experiment machen: Nehmen wir an, wir wären eine Fliege, die über das Buch und den Tisch krabbelt. Unsere Kraft würde nicht ausreichen das Buch zu bewegen oder gar umzublättern, selbst wenn wir einer Fliege zutrauen, daß sie Interesse am Inhalt des Buches haben und lesen könnte. Für eine Fliege wäre zwischen Buch und Tisch kein Unterschied in unserem Sinne als Unterschied zwischen verschiedenen Gegenständen. Eher schon erschiene ihr das Buch wie uns ein Berg, der fest auf der Erde ruht. Buch und Tisch sind für diese Fliege eine Struktur, wie für uns Berg und Tal die Struktur der Erdoberfläche sind. Wenn wir also Buch und Tisch *unterscheiden*, dann tun wir dies in einem völlig anderen Sinn als die Fliege. Wir beziehen »Buch« auf unsere Erfahrung, auf die Submodalitäten des Denkens und des Tastens und Bewegens. Der »Sinn« des Unterschiedes zwischen Tisch und Buch liegt für uns in der völlig verschiedenen Stellung in unseren *Tätigkeiten*. Wie immer wir also ein Denkmodell, das »Buch« und »Tisch« beschreibt, formulieren werden, dieses Denkmodell gewinnt seinen Sinn und seine Bedeutung aus der Stellung in der Situation, in der es angewendet wird. Auch andere Sprachen beziehen Vorkommnisse immer auf Situationen; sie verwenden in der Beschreibung nur andere Submodalitäten.

Das »Blitzen« (im obigen Zitat von Whorf) ist auch in der Situation eines Hopi eine Sinneswahrnehmung. Nur scheint er nicht auf die Idee zu verfallen, einen Blitz als *Handlungs*resultat auch nur zu *denken*. Wir Abendländer dünken uns dagegen (wenigstens in der Form unserer Sprache) allmächtig. Uns scheint auch ein Blitz »machbar«. Und tatsächlich hat dies dazu geführt, daß wir Blitze machen können. Die europäische Sprachstruktur ist in gewissem Sinne eine beständige Aufforderung zur kreativen Veränderung; sie legt uns das ganze Sein als geronnene Tätigkeit nahe (»Wirklichkeit«). Das in den abendländischen Sprachen beständig variierte Denkmodell des Handelns bleibt aber dennoch, bezogen auf die situativen Submodalitäten, einseitig. Schon bei der Analyse der Ideen mußten wir feststellen, daß wir dazu neigen, Prozesse als Betätigung an sich unveränderlicher Wesen zu beschreiben. Wir setzen durch ein Substantiv eine wohldefinierte Einheit an, die dann *auch noch* so etwas wie *Tätigkeiten* vollbringt. Wir gehen also davon aus, daß Tätigkeiten von einem Subjekt vollzogen werden; wir unterscheiden Tat und Täter. Nun ist zwar (um nochmals das Buchbeispiel aufzugreifen) das Buch nur dadurch vom Tisch verschieden, daß man diese Verschiedenheit auch herstellen kann (man kann das Buch aufheben und umblättern, ins Regal stellen usw.). Aber es ist doch nie so, daß wir die Tätigkeit *getrennt* vom Buch beobachten können. »Buch« und »liegen« zeigen sich uns nicht als *zwei* Größen. Vielmehr ist das, was wir dem »Täterwesen« Buch als Tätigkeit oder Eigenschaft zuschreiben, die jeweilige Beziehung auf eine Submodalität in der Situation, in der das Buch auftaucht. Es ist für uns sehr wohl sinnvoll, ein liegendes Buch von einem herunterfallenden oder brennenden Buch zu unterscheiden. Diese Unterschiede sind nur Unterschiede durch die Stellung, die sie zu unserer Erfahrung haben.

Hierin erweist sich das Subjekt-Prädikat-Objekt-Modell unserer Sprache als großes Hemmnis. Es legt uns nahe, als könnten wir ein »Subjekt« (im grammatikalischen Sinn) von dem trennen, was es »tut«. Da wir ein Subjekt nicht anders als in einer Situation denken können, hat es eine bestimmte Gestalt und Struktur, eine bestimmte Stimmung oder ein Bewegungsmuster. Das »Subjekt« kann nicht strukturlos sein. Bücher haben bestimmte Eigenschaften und sind weder Katzen noch Bäume. Ähnlich begreifen *wir* uns selbst als dies oder das. Wenn wir aber sagen, wir selbst oder die Dinge *seien* dies oder das, hätten eine bestimmte Struktur und eine andere nicht, dann *schränken* wir Möglichkeiten ein. Diese Einsicht ist vielleicht die schwierigste im Verständnis der Kreativität überhaupt. Wenn wir uns als irgendetwas begreifen, wenn wir uns also in der Struktur eines Denkmusters erfassen, dann *schaffen* wir Grenzen. Wer sich selbst als Mann fühlt, verbietet sich weibliche Empfindungen; wer sich als Dummkopf fühlt, ist einer: er hindert seine natürliche Weisheit. Die Welt in Täterwesen und Taten zu zerteilen, kann damit eine verborgene Verhinderung der Kreativität sein. Unsere Sprache und ihre immanente Modellstruktur suggerieren dies unablässig. Nicht zuletzt um diese Einschränkung sichtbar zu machen, habe ich keine Modalität »Ich« eingeführt. Was immer man in einer Situation als »Ich« (Selbst, Ego) bezeichnen könnte, es wäre Körper, Gefühl, Wahrnehmung, Gewohnheitsmuster oder Denken. Zwar haben wir bemerkt, daß die *Achtsamkeit* nicht mit den situativen Modalitäten identisch ist; ihr ist aber nichts eigentümlich, auf das die Wörter »ich«, »mein«, »mir« irgendwie passen würden. Denn wenn wir unser Selbstbild beschreiben, dann erzählen wir, was wir sind, haben und können: Wir benennen situative Modalitäten. (Ich schlage hiermit natürlich nicht vor, daß wir den *abkürzenden* Gebrauch des Wortes »Ich« aufgeben sollten. Das wäre im Deutschen ziemlich absurd.)

Schranken der Logik

Das Denken in Substantiven gilt auch für die *Logik*, die der Grammatik nächste Struktur. Daß die formale Logik ein Hemmschuh der Kreativität ist, braucht nicht unbedingt als neue Einsicht gewertet zu werden. Man legt sich aber umgekehrt selbst Fesseln an, wenn man auf den Gebrauch der Logik durch ein »anything goes!« verzichtet. Auch hier müssen wir genau verstehen, was die Logik als Denkmodell vermag, um sie als *Moment* eines kreativen Prozesses gebrauchen zu können. Die Logik ist zudem ein schönes Beispiel für das Funktionieren abstrakten Denkens. Wenn wir wissen, was genau beim logischen (oder abstrakten) Denken vor sich geht, können wir kreative Änderungen vornehmen. Ich kann aber den Leser sogleich beruhigen: Weder beabsichtige ich logistische Übungen vorzuführen, noch geht es um langweilige Schlußfolgerungen, von denen Hegel gesagt hat:

> »Ich wenigstens habe nie so plattes Zeug gedacht. Es soll im Innern vorgehen, ohne daß wir Bewußtsein darüber haben. Freilich, im Innern geht viel vor, z. B. Harnbereitung und ein noch Schlimmeres, aber wenn es äußerlich wird, halten wir die Nase zu. Ebenso bei solchem Schließen.«[166]

Hegels beißender Spott bezieht sich auf eine Denkfigur, die man als Syllogismus bezeichnet. Sie hat z. B. folgende Form:

Alle Menschen sind sterblich.
Einige Menschen sind Griechen.
Also sind Griechen sterblich.

Euler hat, soweit ich weiß, als erster den Vorschlag gemacht, Begriffe durch *Kreisfiguren* darzustellen und damit logische Schlußfolgerungen zu veranschaulichen. Logiker und Mathematiker verwenden Symbole, um logische Kalküle noch kürzer darstellen zu können. Sie veranschaulichen damit denselben Sachverhalt nur durch andere Zeichen. Den oben genannten Syllogismus, der Hegels Abscheu und Sarkasmus hervorrief, läßt sich durch Kreise einfach veranschaulichen (in der Mengenlehre häufig zur Illustration verwendet): Offenbar sind Griechen eine Teilmenge der Menge Mensch und deshalb treffen auf sie jene Aussagen zu, die auf Menschen schlechthin zutreffen (sie sind sterblich) (Abbildung 15). *Prinzipiell* basieren alle logischen Schlüsse auf derselben Voraussetzung. Die Logik sagt aus, daß Begriffe und Eigenschaften mit bestimmten Wörtern (»wenn/dann«, »nicht«, »alle« etc.) nicht *beliebig* verknüpft werden dürfen und gibt hierzu die Regeln an. Die beiden englischen Mathematiker B. Russell und A. N. Whitehead haben gezeigt, daß die gesamte Mathematik auf der formalen Logik aufgebaut werden kann. Erst seit dem Erscheinen der »Principia Mathematica« dieser beiden Autoren gibt es so etwas wie *»die Mathematik«*. Das, was wir über die Logik sagen werden, trifft deshalb auch auf diese Mathematik zu.

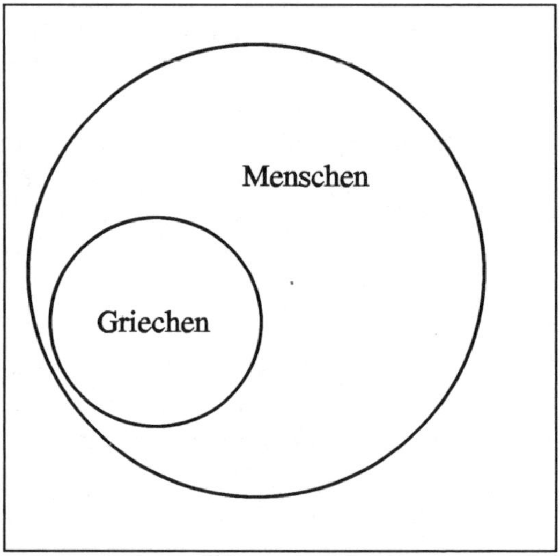

Abb. 15 Logische Implikation

In der formalen Logik spielt der Begriff »Variable« eine große Rolle. Auch wir haben in der Beschreibung von Kreativitätstechniken diesen Begriff schon benutzt, z. B. bei der W-Frage-Methode: W... ist eine Variable, die die »Werte« {Was, Wer, Warum, ...} annehmen kann. Eine Variable ist ein offener Begriff. Man formuliert einen Satz, läßt aber offen, welcher Begriff einzusetzen ist: Alle A sind B. Hier sind A und B Variablen. Wir können die Wörter unseres Beispiels einsetzen: »Alle Griechen (= A) sind Menschen (= B)«, aber auch ganz andere, ähnlich strukturiere Begriffe (»Alle Menschen sind Lebewesen.«). Eine Variable ist in der Abbildung 15 die Fläche im Kreisrand. In den Kreis kann man beliebige Wörter schreiben, die genau diese logische Struktur des »Enthaltenseins« ausdrücken. Auch hier gibt es also einen gewissen Spielraum für »Kreativität«: Man kann wählen, welchen Begriff man jeweils einsetzt. Doch bei solcher Freiheit hegen wir vielleicht ganz ähnliche Gefühle wie Hegel. Dennoch gibt es eine sehr verbreitete Auffassung, die besagt, unsere Welt könne aus zwei Elementen aufgebaut werden: aus logischen Gesetzen und empirischen Beobachtungen; die Welt bestehe aus kompliziert ineinander verschachtelten Kreisen und dem, was wir aufgrund von Beobachtungen hineinschreiben.

Wenn wir innerhalb der Logik argumentieren, dann bewegen wir uns in Kreisen, deren Anordnung und Struktur wir nicht beeinflussen können. Sie bilden eine unüberwindliche Schranke. Diese Einschränkung ist allerdings nur ein Schein, eine Illusion. Was geschieht beim logischen Schluß? Eigentlich nichts Besonderes. Wir *blicken* auf die beiden Kreise und *sehen*, daß offenbar der eine Kreis innerhalb des anderen Kreises liegt. Die in der sichtbaren Submodalität vollzogenen Unterscheidung zweier Kreise und ihres Verhältnisses zueinander wird als *Modell* für etwas ganz anderes benutzt: für einen *Begriff*.[167] Die eigentliche Schwierigkeit tritt damit gar nicht zutage. Kreise sind einfache, »wohlunterschiedene« Gestalten; algebraische Zeichen nicht minder. Mit ihnen kann man »spielen«, ihre räumliche Position verändern und hierfür bestimmte Regeln angeben. Genau dies geschieht auch beim algebraischen Rechnen: Man verändert die Position bestimmter Zeichen zueinander und hält sich dabei an Regeln. Es ist dies einfach ein Spiel. Allerdings gewinnt dieses Spiel seine Bedeutung durch die Beziehung auf andere Submodalitäten einer Situation. Man sagt: Die Zeichen vertreten Begriffe. Hier können wir unmittelbar an die Diskussion des letzten Kapitels anknüpfen und fragen: Wie macht man das, den den vielfältigen Inhalt von Begriffen in »logische Kreise« zu stecken? Wie bekommt man *Ideen* auf ein Stück Papier? Diese Frage braucht nur genau gestellt zu werden, um die innere Täuschung logischen Argumentierens zu begreifen.

Wie die Grammatik setzt die Logik definierte, quasi-räumlich abgegrenzte Einheiten voraus, die bestimmte Beziehungen zueinander unterhalten. Gemessen an unserem obigen Beispiel: Wir stellen alle Menschen in einem Kreis auf; ein Teil dieser Menschen erhält Kärtchen angesteckt, auf denen steht: »Grieche«. In dieser Anschauung ist dann in der Tat jeder Schluß fast trivial. In der *Mathematik* steht die Sache ein wenig anders. Die Begriffe, mit denen es die Mathematik zu tun hat, sind *identisch* mit den Regeln ihrer Anwendung. Eine Gerade z. B. ist in der Euklidischen Geometrie durch zwei Punkte bestimmt.

> »Man kann nicht fragen, ob es wahr sei, daß durch zwei Punkte nur eine Gerade hindurchgeht. Man kann nur sagen, daß die euklidische Geometrie von Gebilden handelt, die sie ›Gerade‹ nennt, und denen sie die Eigenschaft beilegt, durch zwei ihrer Punkte eindeutig bestimmt zu sein.«[168]

Sicherlich denken wir bei einer Gerade an irgendeinen Strich und malen die Punkte so, daß wir sie erkennen können. Wir interpretieren auch eine verwackelte Gerade der Anschauung noch als Gerade; sie ist ebenso wie das gesprochene Wort »Gerade« nur sinnvoll in Beziehung zu anderen Begriffen. Nur das *Kalkül* bestimmt den Inhalt mathematischer Begriffe. Wenn dieses Kalkül in der Geometrie ursprünglich von konkreten Instrumenten (Zirkel, Bleistift, Lineal) abgeleitet wurde, so belegt dies nur erneut, daß wir, was immer wir denken, als *Handlung* denken. Die kreative Offenheit für die Verwendung von mathematischen und logischen Regeln tritt erst hervor, wenn man sie irgendwo anwendet. Begriffe sind keine räumlich vorhandenen Dinge, um die man einen Kreis ziehen kann; die Sinnesgegenstände treten nur nach einer komplizierten Beseitigung von Störungen in einer Form hervor, die das *Messen* erlaubt (das Anwenden der Zahlen auf eine Gestalt in einer sinnlichen Submodalität). Meist verwenden wir hierbei eine Submodalität als Leit- und Orientierungsgröße; z. B. erfolgen fast alle Messungen durch *sichtbare* Skalen, bei digitalen Meßgeräten in der Form einfacher Zahlen.

Kurz: Die logischen und mathematischen Denkmodelle haben ihre Offenheit nicht in sich selbst; ihre Offenheit liegt in ihrer *Anwendung*. Es gibt keine prinzipiellen Grenzen für diese Anwendung. Man muß nur immer berücksichtigen, daß sie jeweils fest umgrenzte, quasi-räumliche Begriffe voraussetzen. Ihr Reich ist die erste situative Modalität. Die Physik beschreibt (situativ interpretiert) die »Gewohnheitsmuster« sinnlicher Gegenstände. Ihre Gesetze sind nur in einem Typus Situation

»wahr«, sind situationsrelativ, wie jede Wahrheit. Ferner sind die wahrgenommenen Gestalten, wie sich auch in unserer Diskussion zeigte, nicht vom Prozeß des Denkens und Unterscheidens zu trennen. Unterschiede existieren nur relativ zur jeweiligen Erfahrungsgeschichte. Es gibt deshalb niemals eine Gestalt ohne Bezug auf andere Submodalitäten einer Situation, keinen physischen Gegenstand außerhalb der Modalität »Beobachtung«.

Die Paradoxie

Werfen wir noch einen Blick auf Logik und Mathematik aus anderer Perspektive. Welchen Spielraum haben Logik und Mathematik *als* Denkmethoden? Worin besteht die Freiheit, die Kreativität dieser Wissenschaften (deren Exaktheit doch das Ideal sehr vieler anderer Wissenschaften ist)? Es gibt, wie gesagt, einen Spielraum in der Wahl der Situationen, auf die logische und mathematische Denkmodelle *angewendet* werden; aber auch darin, daß sich diese Disziplinen weiter selbst erschaffen. Logik und Mathematik sind »abstrakt«. Sie stellen keine (fast keine) Brücke zu anderen Situationen her. Wer das Wort »Baum« verwendet, stellt zwischen seiner Wahrnehmung und seiner Erfahrungsgeschichte eine Brücke her. Das Denkmodell *überbrückt* die Submodalitäten zweier (oder vieler) Situationen. Die Logik und Mathematik versucht, in sich »selbst« zu bleiben. Sie *sind* zugleich die Situation, die sie beschreiben. Sie erschaffen ihre eigene Welt nach eigenen Regeln. Das gelingt natürlich nicht so ganz; aber der Wille, es zu tun, einigt Logiker und Mathematiker. Nichts *außerhalb* von Logik und Mathematik wird als Quelle der Gewißheit anerkannt. Andere situative Modalitäten als die Regeln der Gedankenprozesse (»Kalkül«) werden ausgeblendet, auch wenn man immer wieder die Anschauung, Bleistift und Papier als »Krücke« benötigt. Wie aber kein Mensch der Tatsache entgehen kann, daß er *in* einer Situation ist, ebenso können sich Logik und Mathematik nicht ausschließlich in ihre eigenen Kalküle (= Gedanken) auflösen; sie bleiben eingebettet in andere situative Modalitäten.

Zu Beginn dieses Jahrhunderts bekam die Logik dies zu spüren. Die logischen und mathematischen Kalküle errichten als oberstes Ideal die völlige Konsequenz ihrer Anwendung. Ein Mathematiker muß sich bei der Anwendung des Kalküls (der Regeln) völlig »devot« verhalten; er ist der vollkommene Untertan des logischen Königs, dessen oberstes Gesetz heißt: »Verwickele dich nicht in Widersprüchen!« Die obersten Denkgesetze sind: A ist A (Satz der Identität), und: A oder nicht A (Satz vom Widerspruch; »oder« ist hier im *ausschließenden* Sinn gebraucht). A ist mit sich selbst identisch und kann nicht zugleich sein Gegenteil sein. Situativ betrachtet, ist dieses Denkgesetz ziemlich unverständlich. Wir nehmen unentwegt etwas als etwas wahr, das es nicht ist. Was »ist« ein Buch außerhalb unserer Wahrnehmung, außerhalb unserer Beschreibung? Wir können ein Buch auch »als« Brennmaterial betrachten. Ist dann noch »Buch« = »Buch« (oder wie lange ist es noch »Buch«, wenn es brennt?). Was heißt eigentlich »oder« im ausschließenden Sinn? Hier denken wir wieder an die Kreise des oben diskutierten Schlusses. Ein Kreis *umschließt* und er schließt aus (das, was jenseits des Kreisumfangs liegt). Er ist nicht zufällig das Leit-Bild der Kalküle: Wir können *unterscheiden*; dies ist der Geburtsschein unseres Geistes, vor allen Denkmodellen. Wenn wir einen Unterschied machen, dann ergibt dies »eines und etwas anderes«. Wir ziehen eine Art Kreis um eine Sache. Aber diesen Unterschied müssen wir *machen;* es liegt darin eine Aktivität, eine »Energie« unserer Achtsamkeit. So wird verständlich, weshalb das, was so trivial erscheint (A ist A und nicht B), ein Denk*gesetz* sein soll. Gesetze muß man einhalten; man muß etwas tun. Man verpflichtet sich selbst darauf, die gezogenen Grenzen zu beachten.

Nun hat sich aber gezeigt, daß auch bei strikter Anwendung dieser Denkvorschrift das Denken sich in Widersprüche verwickeln kann. Man hat das eigentlich schon lange gewußt (die pyrrhonische Skepsis der ausgehenden Antike ebenso wie der große indische Philosoph Nagarjuna), vermutlich aber vergessen oder in Opposition gegen Hegels »organisierten Widerspruchsgeist« abgelehnt. Hegel sagt, daß man sich beim *konsequenten* Denken nicht nur zufällig, sondern notwendig in Widersprüche verwickeln muß. Russell und Whitehead, die schon erwähnten englischen Mathematiker, mußten entdecken, daß sogar im abgesicherten Königreich der Logik Widersprüche unvermeidlich sind. Hier müssen wir hellhörig werden: Denn jeder Widerspruch deutet auf das Überschreiten einer Grenze hin und ist damit ein Vorschein der Kreativität.

Man demonstriert logische Paradoxien gerne an einem alten griechischen Beispiel: »Ein Kreter sagt, alle Kreter lügen.« Das ist offenbar, logisch betrachtet, paradox. Wenn der Kreter die Wahrheit sagt, dann lügt er; lügt er, dann sagt er die Wahrheit. Man kann dies wieder an zwei Kreisen demonstrieren. Es scheint so, als sagte der kleine Kreis *innerhalb* eines großen Kreises: »Im großen Kreis ist *kein* kleiner Kreis.« Man hat viel über derartige Paradoxien nachgedacht und sie sogar (im Anschluß an Gödel) in eine Art neuen Kult verwandelt. Hier sollten wir uns nicht behexen lassen und *genauer* als die Logiker sein. Die Logik will sich selbst in ihren Grenzen erschaffen; dennoch kann kein Logiker aus seiner Situation springen. Logik vollzieht sich als eine bestimmte Tätigkeit in einer Situation. Ich will dies an einer Metapher erläutern: Der Logiker zieht Kreise und beschriftet sie. Dann liest er die Beschriftung und *denkt* den zugehörigen Inhalt. Das Denken ist aber eine ganz andere situative Modalität als der angeschaute Kreis. Das, was im Kreis steht (ein Text), ist vom Kreis selbst offenbar unterschieden. Der Text ist aber nicht nur verschieden vom Kreis; er ist eine *Operationsvorschrift*, eine Handlungsanleitung. Jedes Wort sagt gleichsam: »Rufe die Erinnerung, die Vorstellung an eine Situation wach, in der ich Bedeutung habe.« Während der *Kreis* eine angeschaute *Form* ist (es könnte auch die Skizze eines Kreters oder dessen Fotografie sein), ist die Beschriftung (die »Sprechblase« aus dem Mund des Kreters) ein Handlungsvorschrift, die sich auf eine *andere* Situation bezieht. Eigentlich lautet die Paradoxie des Lügners damit: »Ein Kreter sagt in einer bestimmten Situation, alle Kreter in einer *anderen* Situation sind Lügner.« Selbst wenn er sich mit einschließt, erschafft der Kreter allein durch die Beschreibung eine völlig neue Situation. So formuliert liegt deshalb niemals eine Paradoxie vor. Es kann sehr gut sein, daß in einer Situation alle Kreter lügen, in einer anderen einige die Wahrheit sagen.

Es ist nicht möglich, eine Beschreibung, auch nicht eine logische, aus einer Situation »herauszunehmen« und sie in einem Jenseits anzusiedeln, das *keine* Situation ist.[169] Logik und Mathematik sind eine auf bestimmte Weise organisierte *Tätigkeit*, die eine völlig *ruhende* Struktur der Wahrheit erschaffen möchten. *Das* ist die *eigentliche* Paradoxie. Und diese Paradoxie ist ihre kreative Kraft. Denn das Reich ruhiger, starrer und ewiger Wahrheiten muß immer wieder neu geschaffen werden in Situationen, die weder ruhig, starr noch ewig sind, die sich vielmehr allein dadurch, daß in ihnen »Wahrheiten« erschaffen werden, ändern. Man kann dies die »logische Unschärferelation« nennen: »Wohlunterschiedene, d. h. *unbewegte* Elemente können nur durch *Bewegung* (ein Kalkül, einen Rechenvorgang, eine Tätigkeit) erschaffen werden.« Der starre *Unterschied* ist immer das Resultat bewegten *Unterscheidens.* Und *außerhalb* von Situationen gibt es nicht einmal nichts, geschweige denn einen Unterschied.

Ich möchte hierzu ein letztes Beispiel anführen: »Unendlich«, ein in der Mengenlehre scheinbar bequem zu handhabender Begriff, wird wie ein verfügbares Ding, eine vorhandene Form behandelt; die Menge der »natürlichen Zahlen« z. B. durch die Definition: {1,2,3,...}. Diese Menge ist keine; kein Kreis könnte sie umfassen, kein Zeichen repräsentieren, keine Vorstellung sie denken. Dennoch begreift man sie, als ob es sich um eine Menge handle, wie z. B. die Menge: {2 Birnen, 3 Äpfel}. Wohl aber kann man {1,2,3,...} als *Tätigkeitsvorschrift* verstehen, die besagt: »Bei dieser Menge ist es immer möglich, weiterzuzählen.« Die »drei Punkte« haben nicht die Bedeutung, als sei {1,2,3,...} etwas, auf das man sich (wie auf ein Ding) *beziehen* könnte.[170] Logische und mathematische Symbole sind *Tätigkeitsvorschriften*; man kann den Gegenstand der Tätigkeit verändern, dennoch bleibt das »Tun« dasselbe (= Kalkül). Welche Tätigkeiten ausgeführt werden dürfen und welche Folgen sie haben, dies zu entdecken bleibt die offene, kreative Dimension der Logik und Mathematik. Die »Gegenstände«, die in Mathematik und Logik erschaffen werden, sind deshalb niemals »fertig«; es sind keine »Gegenstände«. Sie sind »evident«, sie werden *begriffen*, indem man die Tätigkeit ausübt. Und diese Tätigkeit auszuüben heißt, dem Denken *nach Regeln* Schranken aufzuerlegen. Diese Schranken sind immer *dann* notwendig und unentbehrlich, wenn *Handlungen* koordiniert und strukturiert verlaufen sollen. Für das Denken sind logische Regeln *Selbstbeschränkungen*, die *prinzipiell* jederzeit durchbrochen werden können und im Alltag tausendfach durchbrochen werden müssen. Begriffe *leben* mit uns. Logische Strukturen begreifen tote, definierte Begriffe und blicken in die Vergangenheit. Sie ordnen die Haare des Winterpelzes, den wir im Sommer des Lebens längst abgelegt haben.

11 Denkmodelle

Einleitende Beispiele

Kreativität und Täuschung sind wie Licht und Schatten. Nur weil wir uns über etwas grundlegend im Unklaren sind, weil kein Gedanke eine Sache oder einen Aspekt *ganz* erfaßt, vermögen wir Neues zu sehen und zu entdecken. *Jede* Beschreibung enthält eine Offenheit, die wir als Spur der Achtsamkeit, aus der sie einmal hervorgegangen ist, begreifen können. Die Achtsamkeit ist beim Denken *gerichtet*; es ist diese ihre Ausrichtung, die das täuschende Element erzeugt. Die »Richtung« der Achtsamkeit ist nicht im physikalischen Raum festgelegt; sie ist ausgerichtet in und durch die situativen Modalitäten, allen zuvor durch das Denken und seine Gewohnheitsmuster. Ganz so, wie die Frageformen, die wir kennengelernt haben, Blickrichtungen im Frage-Raum festlegen, sind wir durch die Form der Gedanken »ausgerichtet«. Die W-Fragen, die Grammatik und Logik sind die Grundpfeiler der Gebäude unseres Denkens; die Mauern, Fenster, Türen, die Inneneinrichtung und Raumgestaltung, das sind die feineren Denkmodelle, die uns das Wohnen in alltäglichen Situationen erlauben.

Auch dieser Text, den Sie eben lesen, wird durch Denkmodelle gestaltet. Blicken Sie bitte auf den vorhergehenden Abschnitt: Ich habe dort eine »Technik« angewendet, die man das Denken in Metaphern nennen kann. Um dies, wie ich Denkmodelle und Kreativität erlebe, mitteilen zu können, muß ich durch die Sprache versuchen, in Ihnen eine ähnliche Blickrichtung zu erzeugen. Hierzu habe ich »Bilder«, »Metaphern« verwendet: Licht/Schatten, das Bild eines Hauses, den situativen und den Frageraum. Metaphern versetzen uns in eine typische Situation, die wir kennen; oder sie verweisen uns auf wichtige Submodalitäten in Situationen. »Licht/Schatten« sind sehr auffällige Submodalitäten des visuellen Bereichs, Häuser sind für uns Menschen zum Selbstverständlichen geworden. Diese Metapher »Haus« ruft eine Tönung, eine Blickrichtung, eine Stimmung hervor und erlaubt uns, etwas auf bestimmte Weise zu sehen. Würde ich z. B. sagen: »Kreativität und Täuschung sind wie zwei Schwertkämpfer«, so würde dies sofort eine völlig andere Beziehung zwischen diesen beiden Begriffen erzeugen. Es gäbe mit einem Mal Sieger und Besiegte, Kampf, die Stimmung von Ernst und Tod, aber auch die Vorstellung von »Einem«, der übrigbleibt. Das würde aber bedeuten: Kreativität und Täuschung wären trennbar, und das ist nicht der Fall.

Bevor wir eine Auswahl von Denkmodellen näher diskutieren, möchte ich zwei unterschiedliche Beispiele anführen. Das erste Beispiel ist wiederum eine Metapher und zugleich eine Denkfolge (ein Kinofilm); das zweite Beispiel ist der Literatur entnommen und dient vor allem dazu, auf die versteckte Philosophie in ganz unscheinbaren Sätzen aufmerksam zu machen.

Ein Spielfilm besteht aus einer raschen Folge von Einzelbildern. Jedes einzelne Foto hat eine bestimmte Farbe und Struktur im Raum; eine *Bewegung* ist auf einem Foto nicht zu sehen. Eine Bewegung hat einen ganz anderen (zeitlichen) Sinn als eine räumliche Darstellung. Zwar besteht jede Bewegung aus einzelnen Schritten; Einzelschritte sind aber immer nur räumliche Bilder, Farben und Strukturen, nicht ein zeitlicher Prozeß. Der Denkprozeß ist nun, wie wir bemerkt haben, ein noch weit stärker differenzierter Prozeß als ein Film. Wir können in der Vorstellung zwar auch »einen Film« laufen lassen; nichts und niemand hindert uns aber, diesem Film auch Sprache, Gefühle, Duft und Geschmack hinzuzufügen. Jede zeitliche Folge von inneren (vorgestellten, phantasierten) Bildern, Gefühlen, usw. hat eine bestimmte zeitliche Struktur. Die Tatsache, daß ein Tonfilm in uns die Vorstellung eines lebendigen Geschehens erzeugen kann, deutet darauf hin, daß solche Strukturen des Denkens auch auf eine bestimmte Weise äußerlich dargestellt und konserviert werden können.

Jeder Spielfilm ist eine Schablone, eine Anleitung für unser Denken, in uns selbst eine Handlung kreativ zu erzeugen. Die Möglichkeiten hierfür sind naturgemäß sehr begrenzt: Ton, Form und Farbe sind durch den Spielfilm weitgehend vorstrukturiert - nur besonders dunkel ausgeleuchtete Szenen wecken unsere Imaginationskraft auf. Allerdings besetzt ein Film nicht alle situativen Modalitäten. Wenn wir einem Spielfilm achtsam folgen, dann übergeben wir die Lenkung des Denkens dem Regisseur, wir erlauben ihm, mit uns zu spielen. Es gibt auch beim Betrachten eines Spielfilms noch einen kreativen Freiraum: Einmal können wir unsere Achtsamkeit unterschiedlich eng machen und der Faszination somit selbst Grenzen setzen. Zum anderen (eng damit verknüpft) hängt es von uns ab, was wir an Gefühlen und Wahrnehmungen zulassen. Wir setzen dem Film und seiner Wirkung selbst Grenzen. Daß dies nicht so einfach gelingt, läßt sich leicht bei Kindern beobachten, die vor dem Fernsehapparat völlig in Trance verfallen - und auch wir sind bei einem geschickt gemachten Film davon nicht ausgenommen. Regisseure verfügen über ausgefeilte Kniffe, durch Effekte, durch Ton, Bild und Bewegung mit unserem Denken zu spielen und so die innerlich entstehende Welt zu steuern. Die Qualität eines Filmes wird geradezu an dieser Fähigkeit gemessen.

Meist gehen wir davon aus, daß ein Spielfilm etwas »objektiv Gegebenes« ist, das man betrachtet und dann beurteilt. Doch das ist eine Täuschung. *Wir selbst* erzeugen unseren eigenen Film und nehmen nur die Bilder auf der Leinwand als Impuls, unser Denken und Vorstellen lenken zu lassen. Auf der Leinwand erscheint tatsächlich keine Bewegung, nur eine sehr rasche Folge von unbewegten Bildern. Es ist unsere Wahrnehmung, unser Denken und Fühlen, das diese schnellen Impulse in Prozesse, Handlungen, Geschehnisse übersetzt. Selbst beim Betrachten eines Spielfilms verbleibt damit ein »kreativer Rest«, auch wenn die Filmtechnik alle Anstrengungen unternimmt, diesen Rest möglichst klein zu machen.

Eine Kinoleinwand, günstig angebrachte Lautsprecherboxen und ein verdunkelter Raum sind zweifellos ideale Voraussetzungen, unseren Denkprozeß in fremde Hände zu übergeben. Das alltägliche Denken, bei dem wir die *Sprache* als wichtigste Struktur entdecken konnten, wird weit weniger strikt »gesteuert« durch die Situationen, in denen wir uns befinden. Dennoch ist jeder Satz »im Prinzip« dasselbe wie ein Spielfilm. Wörter *hören* wir nur; das fehlende Bild nötigt uns, selbst eine Vorstellung zu entwickeln. Wir konnten sehen, daß diese Fähigkeit, Vorstellungen zu entwickeln, der beständige Rückgriff auf unsere individuelle Erfahrungsgeschichte ist. Mit jedem Wort wird eine situative Stimmung evoziert. Jede Folge von Wörtern, innerhalb der Regeln von Grammatik und Logik, erzeugt eine Folge erinnerter Situationen oder den vielleicht nur schwachen Anklang daran.

Als zweites Beispiel zur Einführung in die Funktionsweise von Denkmodellen wähle ich einen Satz aus dem Roman »Doktor Faustus« von Thomas Mann.[171] Der Kontext braucht uns nicht zu beschäftigen. Wir betrachten nur den Satz und lassen uns ganz auf die darin wirkenden Denkmodelle ein. Das Zitat lautet (die Hervorhebung stammt von Thomas Mann):

> »Er i s t ja jung und gar nicht ›ernst‹ und keineswegs die Person, die Anlaß zu der Betrachtung geben könnte, wie kläglich es ist, wenn Weise zu Narren werden und all ihre Geisteskraft daransetzen, der Albernheit den Schein des Wertes zu verleihen.«

Wenn wir diesen Satz analysieren, dann zerstören wir seine dichterische Kraft, den ästhetischen Schein, der ihm einwohnt und uns - durchaus ähnlich einem Spielfilm - einstimmt. Dieser Satz hat eine kreative Macht und ist durch diese kreative Macht Teil eines Kunstwerkes, einer Dichtung. Doch er hat diese Macht, uns auf eigentümliche Weise zu stimmen, unseren Geist zu tönen und die Gefühle zu färben, weil er auf vielfältige Weise Denkmodelle aneinanderreiht und einsetzt.

Man kann diesen Satz auch grammatikalisch analysieren oder logische Beziehungen in ihm aufdecken. Z. B. verbirgt das Zitat den logischen Schluß: A ist jung ⇒ Albernheit gehört zur Jugend ⇒ folglich hat bei A Albernheit nicht den Schein des Wertes. Diese Impliktation nehmen wir stillschweigend hin, wenn wir lesen. Ein gewöhnlicher Leser wird für diesen Satz, auch bei langsamem Lesen, kaum mehr als 5 Sekunden aufwenden. In diesen 5 Sekunden kann eine logische oder grammatische Beziehung gar nicht thematisiert werden. Sie erscheint uns selbstverständlich - und exakt dies kennzeichnet ein Denkmodell, sowohl in seiner Beschränkung wie in seiner kreativen Kraft.

Untersuchen wir das Zitat hinsichtlich anderer als logischer und grammatischer Strukturen. Thomas Mann hebt das Wort »ist« hervor. Er bekräftigt damit das, was »Er« (die konkrete Person im Roman braucht uns nicht zu beschäftigen) *ist*. Die Logik sagt uns: Entweder etwas ist dies, oder es ist dies nicht; »tertium non datur«, es gibt kein Drittes. Wenn Thomas Mann hier das Sein bekräftigt, dann will er die Tatsächlichkeit, die Wirklichkeit dessen hervorheben, was er aussagt. Das hervorgehobene »ist« verhindert gänzlich den Verdacht: »Vielleicht *scheint* es nur so zu sein«. Die Emphase auf »ist« wählt im Denkmodell eine und nur eine Alternative: Nicht Schein, sondern Wirklichkeit; nicht Lüge, sondern Wahrheit. Derartige Alternativen sind Elemente der metaphysischen Denkmodelle. Wenn wir nämlich »wirklich« darüber nachdenken, was wir eigentlich mit »ist« meinen, dann sieht die Sache weit weniger einfach aus. (Ich werde auf »ist - ist nicht« als Denkmodell noch genauer zurückkommen.)

Das zweite auffallende Denkmodell im zitierten Satz ist »Person«: »Er ist eine Person, zwar nicht jene, aber doch diese.« Wenn man sagt, daß jemand diese Art von Person ist, dann ist die Achtsamkeit ganz auf die Eigenschaft gerichtet, die man betonen möchte: »Er ist wirklich eine Persönlichkeit« - »Sie ist keine Person, die ihre Weiblichkeit zur Diskussion stellt.« usw. Bei solchen Formulierungen ist besonders das wichtig, was wir *nicht* bedenken. Was ist eine Person? Sie ist das, was all die Eigenschaften »trägt«, die wir von ihr aussagen. Für Thomas Mann ist es die Eigenschaft »jung« und dies, nicht jemand zu sein, der zu einer bestimmten Art von Betrachtung Anlaß gibt. Aber dies, eine »Person« zu sein, bleibt unhinterfragt. Bei Marcel Proust, um einen Autor mit ganz anderen Stilprinzipien zu erwähnen, entdecken wir die beständige Frage nach der eigenen Identität, nach den Gefühlen, Stimmungen, Gedanken, die von ganz alltäglichen Dingen ausgelöst werden. Thomas Mann tastet die *letzte* Identität seiner Figuren nicht an und läßt das Person-Sein unhinterfragt. Eine Person kann ihre Identität im Roman heiter oder tragisch *entfalten*, teilweise verlieren - oder sie kann sich selbst fragen, was das überhaupt ausmacht, »mich«. Beide dichterischen Formen führen zu einem völlig differenten kreativen Produkt und hängen doch unauflöslich am Denkmodell »Person«.

Das nächste Denkmodell im Zitat aus dem Doktor Faustus ist »Anlaß zu einer Betrachtung geben«. Dieses Modell hat einen sterotypen Charakter, ist eine Floskel, die man häufiger hört. In dieser Floskel steckt unausgesprochen, daß Betrachtungen einen Anlaß brauchen, oder negativ formuliert, daß ohne nützlichen Grund Betrachtungen überflüssig seien.[172] Als Floskel klingt das Denkmodell »dies oder jenes gibt Anlaß zu einer Betrachtung« völlig harmlos; tatsächlich drückt es aber eine Art Nötigung aus: dies oder jenes *nötigt* mich zu dieser Betrachtung. »Anlaß« ist etwas, das man nehmen, sich ihm aber auch verweigern kann; anders als eine Ursache, die notwendig etwas hervorruft. Wenn man sagt: »Ich habe Anlaß, dies zu glauben«, dann ist das etwas ganz anderes als die Aussage: »Dies ist so«. Die Betrachtung, die einem Anlaß folgt, ist damit nicht auf diesen Anlaß verpflichtet: Anlaß und Betrachtung sind zwei Dinge, die zusammen oder auseinanderfallen können. Die Souveränität des Verfassers drückt sich noch verstärkt darin aus, daß der Anlaß für die Betrachtung fehlt, die Betrachtung selbst gleichwohl angestellt wird (dies, daß sich »Weise gelegentlich zu Narren« machen).

Die verbleibenden Denkmodelle möchte ich nur kurz skizzieren; der Leser kann bereits hier sehen, wie vielfältig und subtil das wirkt, was scheinbar »nur eine Formulierung« ist. Wir finden in dem Zitat weiter die sachliche Form einer Metapher: Die Geschichte vom alten Weisen, der am Ende sich auf Dummheiten einläßt und so zum Gespött der Leute, zum Narren wird - ein beklagenswerter, »kläglicher« Vorgang. In zahllosen Szenen wurde er auf die Theaterbühne gebracht: Der verliebte Alte, der von Schmeichlern hereingelegte Weise, aber auch der Atheist, der auf dem Sterbebett die Beichte ablegt und sich so in den Augen seiner Kampfesgefährten blamiert. Indem Thomas Mann diese Metapher anspricht, bildet sie notwendig einen vielfach differenzierten Hintergrund, vor dem jene Person nun erscheint, die all dies aufgrund ihrer Jugend »noch nicht« ist. Auch das »keineswegs« verhindert dies nicht. Das bloße Aussprechen der Metapher ruft eine Tönung hervor, die durch kein »nicht«, »keineswegs« beseitigt werden kann. Darin verbirgt sich ein spannungsreiches Stilmittel - im wissenschaftlichen oder alltäglichen Gespräch ist dies dagegen oftmals ein Hindernis. Wenn ich zu jemand sage: »Du darfst dir Gott nicht als Bild vorstellen«, dann wird er sich, dem Verbot zum Trotz, zunächst irgendein Bild machen, um dieses Verbot überhaupt bewerkstelligen zu können. Man kann sich das Nichtvorstellen nicht vorstellen, also stellt man sich etwas vor und sagt sich: »So soll es also nicht sein.« Thomas Mann spielt also in diesem Zitat auf mehreren Ebenen kunstvoll mit der Bedeutung von »ist«, das er hervorhebt.

Das Wort »Geisteskraft« im zitierten Text ist in sich ein metaphysisches Modell. Es besagt, daß das Denken, der Geist eine *Kraft* sei, etwas Aktives, eine Tätigkeit. Der Weise, mit Geisteskraft begabt, ist also ein Tätiger, ein Handelnder. Dieses Denkmodell verschweigt, daß man den Geist auch völlig anders beschreiben kann: Der Geist kann kontemplativ, still, offen sein. Mit »Geisteskraft« verstärkt also Thomas Mann den Eindruck der Souveränität der Person, die in der Floskel »Anlaß zu der Betrachtung geben« schon sichtbar war: Der Geist ist nach außen gewandt, wendet eine Kraft auf, um mit Anlässen fertig zu werden. Zugleich wird diesem Geist ein Ernst verliehen, dem Albernheit nicht ansteht. Der Schluß des Zitates verwendet zwei Kategorien: Schein und Wert. »Schein« ist das, was nicht so ist, wie es scheint; es ist nicht »wahr«, hat keinen Wert (wie albernes, jugendliches Gebaren). Wahrheit und Sein sind also eins, zudem stellen sie einen Wert dar. Hier spiegelt sich eine These der mittelalterlichen Metaphysik: Das Sein ist das Wahre, Gute und Schöne. Dieses Denkmodell macht den Satz überhaupt erst »plausibel« - denn weshalb sollte Albernheit keinen »Wert« haben? Albernheit ist dem Spiel, der Kreativität verwandt. Das von Thomas Mann in der zitierten Passage eingeführte Denkmodell verbietet, dies zu denken.

Ich hoffe, daß diese kleine Analyse auch für den nichtphilosophsichen Leser die Neugierde geweckt hat, die Modelle des eigenen Denkens etwas näher nach Strukturen zu untersuchen, die auf ähnliche Weise sowohl einschränken wie etwas erzeugen, wie wir am Zitat aus dem Roman von Thomas Mann entdecken konnten. Ebenso rasch, wie wir diesen Satz bei gewöhnlicher Buchlektüre überlesen, verwenden wir in unserem täglichen Sprechen Denkmodelle, die uns sehr zart und still, aber um so mächtiger lenken. Diese Modelle wirken als *Prozeß* und sind deshalb nicht dinglich anschaubar. Wir benötigen dazu eine sprachliche »Versteinerung« in einem Text, um das Tempo ihrer Wirkung zu verlangsamen und uns so in die Lage zu versetzen, *beim* Denken und Sprechen die Wirksamkeit der Denkmodelle zu beachten und vielleicht bewußt einzusetzen.

Einteilung der Denkmodelle

Bei den Denkmodellen kann man unterscheiden zwischen ihrer *situativen Wirkung* und ihrer *Modellform.* Wählt man den ersten Gesichtspunkt, so lassen sich zwei Gruppen *unterscheiden:*

(1) Makrosituative Modelle sind vollständige situative Modelle. Sie verwenden eine Situation als Vorbild oder als Orientierung. Wie jede Situation ist auch eine »vorbildliche« offen. Diese Modelle haben den Vorzug, äußerst flexibel in ihrer Anwendung zu sein. Zu solchen Modellen gehören von herausragenden Alltagssituation bis zu literarischen Bildern alle »offenen Beschreibungen«. Makrosituative Modelle bestehen nicht aus genau differenzierten Elementen (wie in der Logik oder Mathematik). Sie setzen nur voraus, daß wir diese Situation kennen, erlebt haben. Man nennt sie treffend »Metaphern« (von gr. *metaphorá* = »Übertragung«). Eine typische Metapher ist z. B. das »Boot«, die »Seefahrt«, der

»Gang nach Canossa«, etc. *Sprichwörter* ähneln Metaphern, unterscheiden sich aber von ihnen durch ihre sprachlich starre Form. In ihnen (oder im »man sagt doch...«) ist dic Situation, die als Modell dient, stark strukturiert, dennoch offen genug, zahlloser Anwendungen fähig zu sein (z. B. »Reden ist Silber, schweigen ist Gold.«). Mythen sind ein unerschöpflicher Quell von Metaphern und »Leit-Sprüchen«. Alle heiligen Texte dienen im Alltag in diesem Sinne; auch Atheisten zitieren die Bibel, und Christen können Formulierungen von Marx übernehmen. Jeder Text ist zugleich ein Modell. Die Bedeutung der Modellfunktion liegt ausschließlich in seiner Verbreitung. Bei den Denkmodellen ist ein Moment der »Bequemlichkeit« unabtrennbar. »Treffende« Bilder gehen rasch um die Welt, auch wenn sie oftmals nur einschränken und kaum Kreativität freisetzen. Zudem sind Modelle in ihrer Anwendung geradezu soziale Schichtungsmerkmale. Junge Intellektuelle von heute sind fasziniert von Paradoxien, von Russell und Gödel, von Escher und der Unschärferelation, andere begnügen sich mit dem Fragemodell »Gehört wem?« und »Wieviel?« und überlassen das Denken Politikern, die »an Sesseln kleben«, »Karawanen anführen«, »gemeinsame Häuser errichten« oder »als Lotse von Bord gehen« (eine winzige Sammlung bundesrepublikanischer Denkmodelle).

(2) Mikrosituative Modelle zeichnen sich dadurch aus, daß sie (wenn auch meist nicht ausdrücklich) auf situative Submodalitäten beschränkt sind. Ein Beispiel ist das Modell von »Körper und Geist«. Dieses Modell kann beschrieben werden als Reduktion der Situation auf zwei Modalitäten. Solche Modelle haben den Nachteil, stets die Illusion zu erwecken, als seien andere Aspekte nicht gegeben. Es sind »metaphysische« Modelle, die ihre eigenen Grenzen ziehen und anderes ausschließen. Mikrosituative Modelle sind deshalb geschlossene Beschreibungen. Makrosituative Modelle (z. B. die Metapher vom »Boot«) sind insofern offen, als alle Momente einer Situation herangezogen werden können (die »miese Stimmung an Bord«, der »Kapitän als Kopf«, der »Steuermann« als Verantwortlicher für die Bewegungsmuster, usw.). Bei geschlossenen (logischen, metaphysischen) Beschreibungen kann man sich nur durch *Begriffshierarchien* behelfen (⇒ Kapitel 9). Man muß im Körper-Geist-Modell z. B. die Gefühle entweder dem Geist oder dem Körper zurechnen. Gefühle stehen dann immer unter dem Diktat dieser Unterschei-

dung: Körper - Geist. Durch Begriffshierarchien werden zwar tendentiell auch andere Modalitäten der Situation »einbezogen«. Doch der »Ort«, an den sie gezogen werden, hat immer den Geschmack, das Parfüm der darüberstehenden Kategorie. Zudem entsteht endloser Streit, »wohin« denn nun etwas gehöre. Dieser Streit entsteht durch die Konfrontation verschiedener Denkmodelle und der ihnen notwendig einwohnenden Täuschungen. Gehört z. B. »Information« (ein kybernetischer Begriff) zu »Körper« oder zu »Geist« (zwei metaphysischen Begriffen)? Allerdings ist es gerade umgekehrt die in einem Denkmodell liegende *Täuschung*, die äußerst kreativ und fruchtbar sein kann. Deshalb sollten wir uns nicht genieren, auch abstruse Modelle (Theorien) einfach »durchzuspielen«; man muß ja nicht seine Seele daran knüpfen. Hier können wir von Platon sehr viel lernen: Er macht den Vorschlag, unser Denken in *Dialogen* zu organisieren. In Dialogen können wir Denkmodelle gegen einander spielen lassen, indem wir in die Rolle je eines Gesprächspartners schlüpfen. Man erkennt dann wichtige Hindernisse: Wer nicht einmal im Spiel die Position des anderen übernehmen kann, der ist durch sein Modell in jeder Hinsicht behindert. Selbst wenn man glaubt, es gäbe *das* Denkmodell, *die* Wahrheit, sollte man, wie ich glaube, hierzu fähig sein.

Blickt man nicht auf die Wirkung der Denkmodelle, sondern auf ihre Struktur, so kann man sprachliche von anderen Modellen unterscheiden. Auch ein Spielfilm ist, wie wir sahen, ein Denkmodell; er leitet auf sehr gezielte Weise einen bestimmten Denkprozeß ein. Auch Gesten, Bewegungen, eine Folge von Speisen oder Gerüchen usw. haben - bezogen auf die situative Modalität »Denken« - die Wirkung eines Modells. Ich werde hierauf im Kapitel 13 und 14 zurückkommen. Die weitaus wichtigste Gruppe von Denkmodellen ist aber jene, die in und durch die Sprache wirkt. *Jedes Wort, jeder Satz ist ein Denkmodell.* Wir können diese Modellformen in Obergruppen einteilen. Ich werde jeweils einleitend einige Anmerkungen zu dem besprochenen Typus machen und auf einige Eigentümlichkeiten hinweisen. Diese Liste ist notwendigerweise unvollständig. Ich bitte den Leser auch, die einzelnen Modelle wie etwas Sehenswertes auf einem Spaziergang durch einen Park zu betrachten. Es gelingt uns nie, alle Einzelheiten beim ersten Rundgang zu entdecken. Wer weniger an der Kreativität des Denkens in dem hier behandelten engeren, an der Sprache orientierten Sinn interessiert ist, kann auch die Kapitel 11 und 12 zunächst überschlagen. Es erscheint mir zu einem wirklichen Verständnis der Kreativität des Denkens aber unerläßlich, auf die eine oder andere Weise die wirksamen Denkmodelle als lenkende Kraft zu studieren.

EINTEILUNG DER DENKMODELLE

(1) Alltagsmetaphern
(2) Handlungsmodelle
(3) Metaphysische Modelle
(4) Kybernetische Modelle
(5) Ethische Modelle
(6) Modellverknüpfungen

I Alltagsmetaphern

Jedes Wort ist ein Denkmodell, sofern es erlaubt, die ihm zugehörigen Erlebnisse, Erinnerungen bzw. Situationen wachzurufen. Allerdings sind einige Situationen ganz besonders zu einem Denkmodell geworden. Diese Denkmodelle sind makrosituativ und deshalb offen. Aus eben demselben Grund sind sie nicht besonders präzise. Dennoch tauchen sie auch in der Wissenschaft als Leitbilder auf. Man sagt dann: »Ich will meinen Gedanken illustrieren«, oder: »Hier eignet sich folgendes Bild« Einstein demonstrierte die Relativitätstheorie an einem fahrenden Zug, Maturana und Varela erläutern ein autopoietisches System durch ein U-Boot, Kant vergleicht die Erforschung der Vernunft mit einem naturwissenschaftlichen Experiment, usw. Es besteht kein Zweifel, daß auch »schwierigste« Theorien eben durch den Blick auf solche »Beispiele« gedacht und vorgestellt werden, auch wenn man das dann sofort wegwischt und sagt: »Das war natürlich nur ein Bild.« *Irgendeine* Metapher bildet die Rückseite jeder Theorie, die in ihrer formalen Vorderseite einem »Laien« völlig unverständlich erscheint. Es gibt zwei Gründe, weshalb man eine Theorie nicht versteht: Entweder man kennt die Verwendung bestimmter Zeichen nicht (z. B. mathematische Gleichungen). In diesem Fall kann nur Übung helfen, Erfahrung im Umgang mit solchen Zeichen zu erlangen. Oder aber die Theoretiker verraten (aus Angst, ertappt zu werden) ihre Leitbilder und Leitmetaphern nicht. Große Denker haben hier nie eine Scheu gezeigt: Platon demonstriert die Ideenlehre am Höhlengleichnis, Thomas von Aquin bemüht Handwerker um Gott als Schöpfer vorzustellen, und Darwin benennt ungeniert menschliche Züchter als Vorbild »natürlicher Zuchtwahl«. Der Leser wird unschwer bei genauem Lesen oder Zuhören tausend weitere im Alltag entdecken.

Seefahrt - Schiff. Die Metapher vom Schiff, das allein auf hoher See ins Ungewisse vordringt, erfreut sich sehr großer Beliebtheit. Von den alltäglichen Redeweisen vom »Lotsen an Bord«, dem »gemeinsamen Boot, in dem wir sitzen« bis in die ehrwürdigen Ränge der klassischen Literatur (den Abenteuern des Odysseus) wurde sie vielfältig variiert. Das Schiff hat definierte Grenzen, die es gegen das Ungewisse abschirmen, ist aber *insgesamt* beständig in Gefahr. Als Paasagier kann man Schiffbruch erleiden und findet sich an fernen Gestaden wieder. Man kann das menschliche Bewußtsein als U-Boot interpretieren, das in unbekanntem Gewässer, nur auf die Instrumente blickend, manövriert; oder man überträgt das Modell auf eine Familie, Partei, Firma oder den Staat. Das »Schiff« und seine »Besatzung« erzeugen hier vielfältigste Analogien: Kapitän und Mannschaft, Kurs und Steuermann, Stürme und Seenöte, Disziplin und Stimmung an Bord, backbord-steuerbord (= rechts-links) usw. sind Strukturen, die vielfältiger Anwendung fähig sind. Angesichts anderer Schiffe kann man auf Kollisionskurs gehen oder ausweichen. Die wilde Natur kann stürmen oder in tödlicher Meeresstille verharren. Natürlich erzeugt dieses Modell auch Schranken. Schiffe können nicht fliegen, die Natur ist nicht homogen wie das Meer und mit anderen Schiffen gibt es immer nur sehr steifen Kontakt. Hier wie anderswo ist zu überprüfen, ob und wie eine Veränderung der Metapher etwas bewirkt: Man kann »Schiff« durch »Flugzeug«, »Raumschiff«, »Auto« oder einen »Fußmarsch« ersetzen. Dies wird die Farbe der Beschreibung, den Klang der Wörter, das »Leitbild« völlig verändern.

Der Weg. Der Weg ist eine uralte und auch sehr tiefe Metapher (tief heißt: in vielen Situationen »eingenistet«). Das alte chinesische Weisheitsbuch des Lao Tse »Tao Te King« kann man als die klassische »Wegbeschreibung« interpretieren. Ein Weg unterscheidet sich von der Landschaft, durch die er führt. Man muß ihn aber *gehen*; die Landschaft ändert sich durch das Gehen. Er kann sich verlieren und zum Holzweg werden, kann unkenntlich sein oder nie enden. Ein Weg kann als *Strecke* zwei Orte verbinden; er stellt Gemeinschaft her. Dem Abenteuerer ist er die Metapher des Unbekannten. Man kann Wege suchen oder *auf* Wegen suchen. Wege kreuzen sich und fordern Entscheidungen. In der Entscheidung verharren wir dann un-be-wegt. Man kann umkehren, sich aber auch verirren, wenn man den Weg »verliert«. Auf dem Weg gibt es Führer, die Weg-Bereiter, und solche, die nur alten, ausgetretenen Pfaden folgen. Wege wahren etwas von der Ruhe; man macht Rast unterwegs. Wege sind keine *Bahnen*, die von Flugkörpern beschrieben werden (d. h. mit einem Text, einer Regel, einem Gesetz den Raum erfüllen), oder, abschüssig, in den Abgrund ziehen. Sicherlich gibt es Ab-Wege, auch solche, bei denen keine Wiederkehr möglich ist; doch immer müssen sie *begangen* werden: Wir sind es, die den Weg beschreiten. Er kann uns lenken, an den Wegkreuzungen aber sind wir es, die entscheiden und wählen. Eine Straße kann ein Weg sein; doch nicht jeder Weg ist eine Straße. Straßen sind viel befahren; man kann auch auf ihnen allein sein, doch nur, weil auf Straßen viele zuhause sind: Man ist allein *gelassen*. Wege sind eher solitär. Wir können zwar ein Stück Wegs gemeinsam gehen, doch unsere Wege werden sich trennen. Straßen zwingen uns ans Ziel und werden eines Zieles wegen befahren. Wege gehen über Ziele hinaus: Es gibt Aus-Wege und immer sind wir es, die wir uns be-wegen müssen. (Ein Ding kann nur be-wegt, d. h. ein Weg an ihm geronnen sein, Gestalt gefunden haben; es gehorcht einem Gesetz.) Nicht alle Wege sind gleich, es gibt den Weg des Bettlers und Königswege. - Der Reichtum des Weges und der Wege ist sehr groß; damit die kreative Kraft dieser Metapher. Sie scheint mir das Bild zu sein, das der Kreativität sehr entspricht.

Das Duell. Anders als die Rache (die Blutrache), ist das Duell eine Ordnung der Auseinandersetzung. Auch versucht das Duell nicht, wie ein Gottesgericht, Gerechtigkeit herzustellen. Im Duell ist der *Anlaß* nichtig. Es genügt, daß einer der Duellanten seine »Ehre«, seine »Werte« auf irgendeine Weise als »gekränkt« empfindet. Im Duell ist den Kämpfenden klar, daß sie kämpfen. Der Kampf ist unvermeidlich. Er gleicht einer Schlacht, einem erklärten Krieg. Anders als ein »heimtückischer Überfall«, als eine Guerilla, die sich nicht dem »offenen Kampf« stellt, ist das Duell »ehrenvoll«. Duellanten kneifen das Hinterteil und lassen die Brust schwellen. Im Duell geht es um Sieg oder Niederlage. Die *Modalität* des Kampfes, die Definition der Niederlage, ist variabel. Es gibt ein Rededuell, ein Duell zwischen zwei Konzernen, zwischen Ankläger und Verteidiger, das Duell der finsteren Mächte, das ewige Duell zwischen Gut und Böse. Wichtig ist, daß es schrecklich ernst, ehrenvoll, aufgeblasen und mechanisch zugeht. Ein Duell kann fair sein, wenn sich die Duellanten an die Regeln halten; es ist unfair bei Tiefschlägen. (Beachten Sie bitte: Wie hat sich allein durch die Beschreibung eines Duells im Unterschied zu der Beschreibung des Weges Ihre Stimmung, Ihre Atmung verändert? Fühlen Sie sich nicht eingeengt, kampfeslustig, bedroht beim Gedanken an ein Duell?) Dieses Denkmodell lenkt das Handeln auf kriegerische Bahnen; man will siegen, glänzen, überlegen sein. Tatsächlich zwingen sich die Duellanten wechselseitig ein Gesetz auf, das ohne Grenze ist. Ein Zweck ist mit dem anderen konfrontiert; es herrscht das Gesetz der *Gegnerschaft*. Anders als beim Egoismus, der sich nur *rücksichtslos* verhält, muß ein Duellant alle Aktionen des Gegners beachten und darauf antworten. Das Duell ist eine *lähmende* Denkstruktur: jeder ist des anderen Gesetz. In schwacher Form ist das Duell ein Wettspiel. Es gilt einen Gewinn zu erzielen, nicht aber den Spiel*partner* zu vernichten. Im Wettspiel richtet man sich auf etwas, das der Spielpartner *hat*, beim Duell gegen das, was der Gegner *ist*. Das Duell als Denkmodell ist deshalb, anders als das Spiel, nicht *kreativ*, es ist *destruktiv*. Der Siegende wird durch den Sieg in nichts reicher: Der Gegner ist »vernichtet«. Die im Duell benützten Mittel des Kampfes sind destruktive Mittel; allerdings können sie (wie jedes Mittel) auch anderen Zwecken dienen. Die destruktive Kreativität im Ersinnen von Mitteln, die den Gegener ausschalten sollen, kann zufällig nützlich sein. Insgesamt ist es sehr hilfreich, das Denkmodell »Duell« durch andere zu ersetzen, die »Aus-Wege« bieten.

Diese drei Modelle können hinreichend demonstrieren, wie »Vorbildsituationen« die Blickrichtung, die Stimmung, die Möglichkeiten einer Situation färben und verändern. Die Vielfalt dieser Denkmuster ist unerschöpflich. Städte können ebenso zu Modellen werden wie ganz alltägliche Gesten (z. B. das »Winken«: man winkt herein, herbei, winkt ab, das Glück winkt einem usw.). Hier sind zwei Hinweise vielleicht nützlich:

(1) Versuchen Sie in einem Gespräch, beim Lesen, in Vorträgen sensibel zu bleiben gegenüber den verwendeten Bildern, Metaphern, Redewendungen. Lassen Sie sich nicht einfach von der suggestiven Kraft der Metaphern davontragen; achten Sie auf die Form der Bilder, hören Sie wörtlich. Unser Unbewußtes, sagt Milton Erickson, hört immer *ganz wörtlich*.

(2) Wenn Ihnen irgendetwas an einer Situation unbehaglich erscheint, suchen Sie versteckte Metaphern und tauschen sie aus durch andere. Lassen Sie sich inspirieren von Bildern, gehen Sie »hinein«. Sie werden auf diese Weise Ihre schöpferische Kraft entdecken. Haben Sie z. B. Ihr Leben schon einmal als »Einbahnstraße« interpretiert? Wenn dies der Fall ist, ersetzen Sie »Straße« z. B. durch »Weg«. Oder auch: Lassen Sie die alten Metaphern zunächst bestehen, achten aber *bewußt* auf ihre Logik, ihre Struktur. Gehen Sie in die alte Metapher »hinein«. Wenn Ihnen »Rededuell« ein passendes Wort zu sein scheint, dann hören Sie genau, was »Duell« alles herbeiruft, welche Geister es evoziert.

Die Magie jedes Wortes wird durch Metaphern multipliziert; solche Geister, kaum gerufen, wird man nicht mehr los (eine Metapher Goethes). Eine kleine Warnung scheint mir deshalb angebracht: *Unterschätzen* Sie bitte niemals die Macht von Metaphern. Beobachten Sie, wie schäumende Streithähne, streitende Politiker oder prinzipienfeste Diskutanten die *Sklaven* ihrer Bilder sind. Wenn die Metaphern-Dämonen erst die Gefühle ergreifen, ist ihrer Macht kaum eine Grenze gesetzt.

II Handlungsmodelle

Als nächste Gruppe betrachten wir einige Handlungsmodelle. Unsere Analyse der Grammatik hat schon gezeigt, daß wenigstens in den europäischen Sprachen das Handeln der Menschen für die Beschreibung von Situationen im Mittelpunkt steht. Man kann die Handlungsmodelle nicht völlig von der Philosophie trennen; dennoch scheint es mir zweckmäßig, sie wegen ihrer Bedeutung als selbstständige Gruppe zu behandeln. Auf den ersten Blick mag es sehr merkwürdig vorkommen, daß man das Handeln als »Modell« beschreibt: »Ist nicht, so mag man sagen, Handeln ganz einfach das, was irgendjemand tut?« Schon bei dieser Feststellung wirken zahlreiche Denkmodelle: Was meint man mit »ist«? In welchem Sinne »ist« Handeln das Tun einer Person? Gilt das für mich, für alle, immer, in jeder Situation? Ein Blick in die zahllosen Arbeiten zur Handlungstheorie belehrt, daß hier viele Köpfe sehr Verschiedenes darüber gedacht haben. Einige Autoren sagen, das Handeln »ist« eigentlich nur ein »Verhalten«: Die Umgebung stimuliert bestimmte Reaktionen; »eigentlich« seien wir Menschen wie Tiere oder Maschinen organisiert, nur komplizierter. Andere sagen, eine unsterbliche Seele wohne in des Menschen Brust und sei der letzte Grund allen Handelns. Wieder andere Autoren rücken einen Handlungs*typus* in den Vordergrund und betrachten ihn als grundlegende Einheit: Industriearbeit, Verwaltung, Kommunikation usw. - Ich möchte diesen Katalog weder vertiefen noch den Versuch unternehmen, ihn vollständig vorzustellen. Die folgenden sechs Modelle sind elementar und werden in ihrer Modellfunktion meist gar nicht wahrgenommen. Sie entstammen, wie die allermeisten der sehr abstrakten und daher auch einfachen Denkmodelle, der Philosophie; eine Ausnahme ist hierbei nur das erste Denkmodell.

Handlungsmodelle werden keineswegs nur auf menschliche Tätigkeiten angewendet; auch das konnte unsere Diskussion der Grammatik und ihrer Struktur aufdecken. Alltag und Wissenschaft sind voll von aktiven Wesen, die mit Menschen wenig gemein haben: »Atome senden Lichtimpulse aus, wenn ein Elektron von einer Atomhülle auf die nächst niedrige springt« - »RNS-Moleküle verdoppeln ihre Information und lenken den Aufbau von Zellorganisationen« - »Der Ostwind bringt schlechtes Wetter mit sich« usw. Niemand kann das *Handeln* von »Atomen«, »Molekülen« oder des »Ostwinds« anders als im Modell *menschlichen* Handelns denken. Wir übertragen unser Handeln auf andere Dinge und entdecken so völlig neue Strukturen. Gleichwohl ist es sinnvoll, die Funktion der Handlungsmodelle zunächst dort zu studieren, *wo sie Sinn haben und nicht erzeugen*: Bei unserem eigenen Tun.

Die Hand. Das erste Denkmodell ist die Hand *als Hand*. Die Hand ist ein Teil unseres Körpers, den wir steuern und lenken können. Die Hand *greift*, kann etwas *fassen*. Die Bewegung der Hand erscheint sowohl im sichtbaren Bereich als auch beim Tasten. Handeln kann deshalb »blind«, »tastend«, »versuchend« sein; andererseits verbürgt die Hand das, was wir eben »wirklich in der Hand haben«, nicht nur sehen (»die Taube auf dem Dach«). Hier zeigt sich eine schwankende Interpretation der »Gewißheit« oder »Sicherheit« des Handelns im Modell der Hand: Uns scheint sicher zu sein, was wir wirklich »be-greifen«; andererseits ist ein blindes »Tasten« etwas, das noch sucht. Die Hand ist eine situative Submodalität (kein makrosituatives Modell). Das Auge und der Gedanke, die sie lenken, ist zwar beim »Hand-eln« gegenwärtig, nicht aber selbst thematisiert. Die Achtsamkeit wird durch dieses Modell auf die Tat, das Be-greifen, das Tun gerichtet. Man könnte das Modell Hand als ein Modell mit einer offenen Variablen bezeichnen.

aktiv - passiv. Handeln wird hier dem Nichthandeln entgegengesetzt. Dies geschieht durch ein Denkmodell, das im Begriffspaar »aktiv-passiv« ausgedrückt ist. »Aktiv« wird nach dem lateinische Wort *actio* gebildet (= »Handlung«, »Tätigkeit«, »Klage vor Gericht«, »Gerichtstermin«; verwandt ist *actus* = »Treiben des Viehs«, »Tat«, »Werk«, »Bewegung«, »Schwung«). Man hat den Begriff der Aktivität auch in die Natur übertragen. Beim menschlichen Handeln ist immer mitgedacht: *Jemand* ist aktiv. Die deutsche Entsprechung ist *tun* - *(er)leiden*. Wenn man dieses Modell verwendet, schwingt oft ein wertender Oberton mit: »Er tut wenigstens etwas, ist aktiv.« Passivität kann aber auch eine positive Implikation besitzen als *Hingabe*. Wie bei jeder dualen Modellbildung kann man unschwer andere duale Kategorien überlagern, im vorliegenden Fall: »gut-schlecht«. Als Handlungsmodell ist das Paar aktiv - passiv äußerst arm, sofern es das Handeln überhaupt nur in Gegensatz zum Nichthandeln bringt. Allerdings dürfen wir nicht »logisch« sagen: »passiv« = »nicht aktiv«. Zwar wird bei »passiv« ein »nicht aktiv« anklingen; es kann aber eine völlig andere Bedeutung haben (⇒ Hingabe). Wenn wir das Modell »aktiv - passiv« verwenden und alle Obertöne erklingen lassen wollen, dann ist das logische Seziermesser schädlich. (Diese Anmerkung gilt für alle scheinbaren Gegensatzpaare.) Irreführend wird das »aktiv-passiv-Modell«, wenn man es auf situative Submodalitäten bezieht. Sind Gedanken »aktiv«? Ist die Wahrnehmung »passiv«? Man kann

Gedanken als Obsession erleiden. Die Wahrnehmung ist ein *Unterscheiden* und darin auch ein Tun.

Theorie - Praxis. Dieses Kategorienpaar ist ebenso vertraut wie irreführend. Man hört sehr selten die überlagerten dualen Kategorien, die dem einfachen Modell fremd sind. Das griechische Wort *theoria* (»theorein« = »schauen«) meint das denkende Betrachten von Vorstellungen. Insofern ist »Theorie« eine Submodalität des Denkens. Man kann aber das »Theoretisieren« (wiederum mit überlagertem »gut- schlecht«) auch als *Tätigkeit* beschreiben, das eine ganze Situation umfaßt. Andererseits ist die Praxis nicht nur das Tun der Hand, sondern umfaßt auch ein Erkennen und Interpretieren der Welt. Sonst könnte man nicht von einer »blinden Praxis«, »blindem Aktivismus« sprechen. Auch hier gilt *nicht*, daß Theorie das ist, was Praxis nicht ist. Etwas Unpraktisches ist noch lange nicht »theoretisch«. Praxis bedeutet auch nicht, daß man sich bewegen, aktiv sein muß. Eine »Sitzblockade« ist durchaus eine politische Praxis. Der positive Inhalt der Praxis ist völlig offen; etwas kann *als* Praxis oder *als* Theorie genommen werden. Tendentiell umfassen Theorie und Praxis je eine gesamte Situation. Man sagt nicht: »Meine Gedanken praktizieren« oder »Meine Gedanken treiben Theorie«. Ist die Achtsamkeit in einer Situation auf das Denken gerichtet, dann spricht man gemeinhin von Theorie. Andererseits gibt es durchaus die *Praxis* der Gedankenschulung. So bleibt »Praxis« als Denkmodell des Handelns eine äußerst unbestimmte Kategorie, damit aber auch nahezu beliebig anwendbar.

Platons Handlungsmodell. Platon haben wir schon mehrfach kennengelernt. Seine Philosophie, seine Ideenlehre impliziert auch ein Denkmodell des Handelns. Ideen sind *jenseits* der Wahrnehmung, sind das Licht der Wahrnehmung. Das Handeln ist völlig von ihnen gelenkt. Der Handelnde ist von den Ideen *abhängig*. Bei Platon tritt also zwischen Idee und Tat eine neue Struktur hervor: Die Unterordnung, das Abhängigsein. Das Handeln ist dem die Ideen schauenden Denken untertan. Die Ideen haben *gesetzgebende* Kraft, sind der König des Handelns. Dies wird auch als *personale* Beziehung verstanden. Der die Ideen schauende Denker, der *Philosoph*, soll den *Handwerker* beherrschen. Zugleich ist aber auch derjenige, der die Ideen schaut, passiv. Man kann also nicht das Modell »aktiv-passiv« hierauf übertragen. Handeln erscheint als Hierarchie der Unterordnungen: Der Denker erschaut die Ideen von anderswo her und vermittelt sie an den Tätigen, den Handwerker. Im Christentum sagt man: Die Ideen stammen aus dem Geist Gottes. Auf die Kreativität gewendet: Das »Genie« wird durch göttliche Eingebung »erleuchtet«. Verwendet man also im platonischen Sinne »Idee« als Handlungsmodell, so erzeugt dies sowohl die Vorstellung von Abhängigkeit wie die Vorstellung von »Geheimnis«, »Erleuchtung«.

Die vier Ursachen. Platons Schüler Aristoteles hat ein Modell entwikkelt, das von ihm zwar auch auf die Natur übertragen wurde, seinem Ursprung nach jedoch ein Handlungsmodell ist. Es besteht aus vier Grundkategorien. Aristoteles betrachtet das Produkt einer Handlung und fragt, welche Ursachen zu ihm geführt haben. Er entdeckt hierbei folgende: (1) Zielursache, Zweck (causa finalis), (2) Formursache (causa formalis), (3) Materialursache (causa materialis), (4) Wirkursache (causa efficiens). Diese vier Ursachenarten stellen ein sehr differenziertes Handlungsmodell dar, das in Opposition gegen seine exzessive Anwendung in der mittelalterlichen Metaphysik zu unrecht vergessen wurde. (Es hat sich für dieses Vergessen durch sein unterirdisches Weiterwirken »gerächt«.) Wenn es um die Beschreibung einer Handlung geht, erlaubt dieses Modell, wichtige Elemente zu entdecken. Man kann dieses Modell fast auf jede Arbeitsart übertragen. Betrachten wir den Bau eines Hauses: Zweck des Hauses ist das Wohnen; dies ist das »Wozu«. Dieser Zweck wird erreicht durch

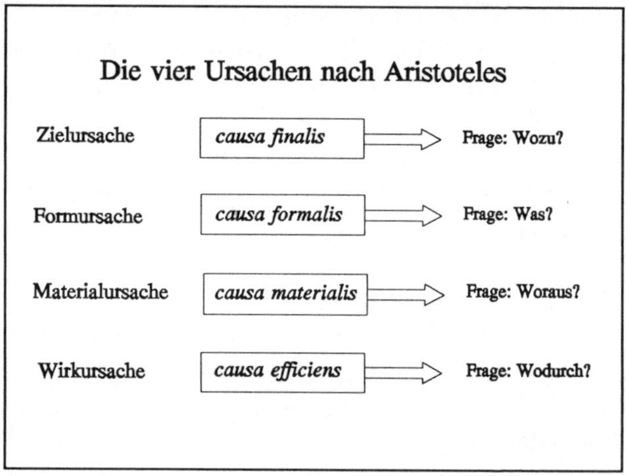

Abb. 16 Modell der vier Ursachen

eine bestimmte Form (Mauern, Fenster, Türen usw.), durch ein »Wie gestaltet?«. Diese Form kann nur als reale existieren, wenn sie einen materiellen Träger besitzt, an dem sie verwirklicht ist, das »Woraus?« des Hauses. Schließlich muß das Haus gebaut werden; hierbei sind Maurer tätig, verwenden Kelle, Schubkarren, Schaufel, usw. (»Womit?«) Die Formursache ist während der Tätigkeit als Plan, als Modell wirksam; der Zweck gibt den Anstoß, das Haus überhaupt zu bauen. Aristoteles hat offenbar so etwas wie eine vereinfachte Form der W-Frage-Methode angewandt. Es steht nichts im Wege, das Modell der vier Ursachen durch andere W-Fragen zu ergänzen. Dies kann für alle vier Kategorien geschehen (z. B. »Wer hat die Form gestaltet?« »Wann wird gebaut?« etc.). Das Modell orientiert sich im Ausgang an nur einer situativen Modalität (ist also mikrosituativ). Es befragt etwas, durch die Wahrnehmung Gegebenes: »Was hat ›dich‹ verursacht?« Die Verursachung ist dann ein Handeln in vierfacher Struktur. *In* der Situation des Handelns sind jedoch nur *drei* Ursachen wirksam (Form = Modell; Material; Werkzeuge = Mittel). Der Zweck spielt in der Handlung keine Rolle. Man kann aber Spuren von ihm finden: In der *Motivation* des Handelns. Allerdings kann die Motivation der Handelnden eine ganz andere sein als der Zweck ihres Tuns. Die Maurer sind nicht (außer sie bauen das Haus für sich selbst) am Wohnen in diesem Haus, sondern am Lohn interessiert.

Das Denkmodell der vier Ursachen wurde von Aristoteles auch in die Natur übertragen; die scholastische Theologie ist ihm darin weitgehend gefolgt. Hier muß man für das »Wozu?« erst ein Subjekt hinzudenken, das in der Natur nicht gegeben ist (Gott). Später haben die Wissenschaften dieses Modell der vier Ursachen übernommen und immer weiter reduziert, bis schließlich nur mehr eine Ursache übrig geblieben ist. Zunächst wurde der Zweck entfernt, dann die Formursache. Es verblieb die allgemeine Idee einer »Ursache-Wirkung-Beziehung« und zwei Begriffe: der einer »passiven« Materie (causa materialis) und einer »aktiven« Energie (causa efficiens). Das Modell »aktiv-passiv« ist also ein Strukturbaustein des Modells der vier Ursachen. In der Relativitätstheorie ist auch dieser Unterschied aufgehoben worden durch die Gleichsetzung von materiellen und energetischen Strukturen ($E = mc^2$). Die Darwinsche Evolutionstheorie hat zunächst die These vertreten, daß auch sie mit den physikalischen Ursacheformen auskommen könnte (Energie,

Materie), obgleich es immer wieder Vertreter der Auffassung gab, es müsse in der Natur auch noch eine Formursache (Entelchie, élan vital) wirksam scin. Die Entdeckung der RNS (= Ribonukleinsäure; ein Träger genetischer Erbinformationen) hat dazu geführt, daß heute wieder eine causa formalis akzeptiert wird, auch wenn man sie nicht durch eine außerphysikalische »Kraft« erklärt. Auch die Physik hat eine Kehrtwendung vollzogen: In der Quantentheorie kann kein Ereignis ohne Beobachter beschrieben werden; d. h. die *Form* der Materie, die Situation in der sie gemessen wird, ist wieder Teil der Naturerklärung geworden. Man könnte dies als schwachen Schatten der causa formalis bezeichnen. Insgesamt war das aristotelische Modell vielleicht das kreativ anregendste überhaupt.

Zweck - Mittel. Man hat das aristotelische Modell auch verkürzt und vereinfacht durch das Kategorienpaar »Zweck-Mittel«; vor allem Kant und der Deutsche Idealismus sahen darin einen Fortschritt. Diese Vereinfachung kostet ihren Preis. »Zweck« wurde zu einer Kategorie, die sowohl die causa finalis als auch die causa formalis umfaßte und so viel Verwirrung stiftete. »Mittel« umfaßt die anderen beiden Ursachen. Dieses Kategorienpaar wird oft mit »Theorie-Praxis« vermengt; eine ebenso produktive wie täuschende Überlagerung von Kategorien. Das Zweck-Mittel-Modell wurde andererseits mit platonischen Elementen angereichert, sofern der Zweck sich die Mittel untertan macht, sich unterordnet. Dieses wichtige Element fehlt im Schema der vier Ursachen: die causa finalis ist darin nur ein Anstoß.

Ferner kann das einfache Zweck-Mittel-Modell auch zur Verknüpfung von Handlungen verwendet werden: Jemand will einen Zweck realisieren, hat dafür aber keine Mittel verfügbar. Er/sie wird dann danach streben, die Mittel zu beschaffen; die Mittelbeschaffung ist so zu einem weiteren Zweck geworden. Dies kann sich fortsetzen. (Ich will Kaffee trinken, benötige dazu aber einen Kaffeefilter; es ist keiner zuhause, also muß ich einkaufen gehen; ich habe aber kein Geld, also muß ich zuerst zur Bank gehen usw.) Wenn Handlungen auf diese Weise verkettet werden, dann ergibt sich aus solchen Ketten zugleich eine *Organisation* komplexer Tätigkeiten (⇒ Kapitel 14). Das platonische Element der Herrschaft des Zwecks über die Mittel wird in diesem Schema zu einer Herrschaft einer Handlung über eine andere. Max Weber hat noch eine weitere wichtige Ergänzung eingeführt. Er betrachtet die Handlung und ihre Resultate (die realisierten Zwecke). Hierbei entdeckt er, daß die Verwirklichung von Zwecken immer *Nebenfolgen* hat. Wir erhalten damit das weit differenziertere Modell: Zweck-Mittel-Nebenfolgen. Diese Beschreibung hat allerdings einen wunden Punkt, den wir nicht übersehen dürfen: Zweck-Mittel ist ein Modell der Handlungssituation (mikrosituativ); Nebenfolgen beziehen sich auf das *Resultat* der Handlung in makrosituativer Perspektive. Man erkennt dies, wenn man fragt: »Nebenfolgen für *wen*?« Ich werde zu diesem Modell im Kapitel 14: »Soziale Kreativität« noch zurückkehren.

III Metaphysische Modelle

»Metaphysik« ist für viele aufgeklärte und moderne Zeitgenossen ein Schreckgespenst geworden - völlig zu Unrecht, wie ich glaube. Das Wort Metaphysik ist ursprünglich der Titel einer Schrift des Aristoteles. Genauer gesagt, es ist ein Titel, den Schüler des großen Philosophen für ein Buch verwendet haben, das keinen Namen besaß, in der Reihenfolge der Schriften aber nach der »Physik« (einem anderen Text des Aristoteles) angeordnet war: Meta-Physik = jenes Buch, das nach der Physik kommt. Wegen des Inhalts dieser Schrift hat man »Meta« dann auch interpretiert als das, was über die »Physik« hinausgeht oder ihr vorausgesetzt ist.

Bei Aristoteles ist die philosophische Diskussion noch von einer frischen Unbekümmertheit, die sie später, durch zahllose Systeme und Schulen, fast völlig verloren hat. Er hat als Platonschüler einfach beobachtet, in welchen Begriffen, mit welchen Wörtern sich diskutierende Partner eines Dialogs unterhalten und hat versucht, die Wörter aufgrund ihrer Funktion im Sprechen zu gruppieren. Jene Begriffe, die keine wahrnehmbaren Dinge bezeichnen, auch keine Handlungen oder überweltlichen Götter, die aber dennoch in unserem Sprechen eine wichtige Rolle spielen, gehören im weitesten Sinne in die Metaphysik, Logik oder Grammatik. Z. B. ist das Wortpaar »wenn - dann« der Logik zuzuordnen; es kann aber auch eine metaphysische Bedeutung haben im Sinne von Ursache und Wirkung. Ursprünglich sind fast alle metaphysischen Begriffe Verben oder logische Partikel. Ganz einfach gesagt bedeutet z. B. »Sein« nichts anderes als jene vielfältige Weise, auf die wir das

Wort »ist« verwenden. Die Metaphysiker drücken dies dann nicht so aus: »Die Vielfalt aller Situationen, in denen das Wort ›ist‹ verwendet wird« - sie bilden eine abstraktere Kategorie und nennen sie: »Das Sein«.[173] Denkt man dann auch noch, daß das so bezeichnete Sein ein *Gegenstand* sei, dann gelangt man sehr rasch zu dem, was auch »Metaphysik« genannt wird: der Anschauung einer über-sinnlichen Welt von Gegenständen, die jenseits der Sinne liegt. Das ist die uns mehrfach begegnete Auffassung Platons, der solche »Gegenstände« die »Ideen« nannte.

In der nachfolgenden Skizze einiger wichtiger Denkmodelle aus der Geschichte der Metaphysik verzichte ich ausdrücklich auf solch eine »gegenständliche« Deutung, die sehr viele metaphysische Texte kennzeichnet. Man kann durch geeignete Kombination metaphysischer Begriffe Texte erzeugen, deren Bedeutung sehr schwer zu beschreiben ist. Es sind ganz sicher keine sinnlosen Texte; sie drücken vielfach sehr subtile Grenzerfahrungen aus und sind auf dunkle Weise auch »verständlich«. Allerdings wird fast immer in solchen metaphysischen Texten verschwiegen, was *genau* sich ein Philosoph denkt und vor allem, *wie* er hierbei denkt. Ich werde im nächsten Kapitel, im Sinn einer »kreativen Analyse«, einige solcher Texte genauer untersuchen.

Die Schwierigkeiten metaphysischen Denkens sollen uns im Augenblick nicht näher beschäftigen. Wichtig ist sicherlich die Einsicht der Metaphysiker, daß unser Denken und Sprechen von merkwürdigen »Wesenheiten« geleitet wird, die man nicht sehen, hören oder fühlen kann. Auch wenn wir keine Metaphysiker sein wollen, denken wir doch metaphysisch, oder besser: Wir denken *in metaphysischen Bahnen*. Die Wellen des Alltagsstromes fließen im Flußbett der Metaphysik. Woran zeigt sich das? An ganz einfachen Wörtern: »Es ist *möglich*, daß es heute noch regnet.« - »Dies *ist* keine Lüge!« - »Die *Ursache* der Überschwemmung ist eindeutig der geplatzte Schlauch an der Waschmaschine.« - Das sind einfache, alltägliche Sätze. Sie verwenden Wörter als lenkende Kraft, die in der Metaphysik (in substantivierter Form) untersucht werden. Deshalb nenne ich solche Denkmodelle, die an Wörtern wie »ist«, »nicht«, »möglich«, »wirklich«, »Ursache«, »Form« usw. kenntlich sind, der Tradition folgend »metaphysische Modelle«. Ich frage hierbei nicht, was »das Sein«, »die Möglichkeit«, »die Ursache« etc. wirklich und wahrhaftig bedeutet; ich frage, wie und auf welche Weise diese Wörter den Denkprozeß *lenken*. Streng genommen sind natürlich auch wissenschaftliche Ausdrücke oder solche der Systemtheorie »Metaphysik«. Da dies aber eine sehr ungewöhnliche Formulierungsweise ist, habe ich den entsprechenden Denkmodellen den Namen »kybernetische Denkmodelle« gegeben und untersuche sie in einem getrennten Abschnitt. Werden metaphysische Modelle achtsam verwendet und in Texten oder Gesprächen erkannt, dann läßt sich das Denken von unbewußten »Lenkungen« befreien: Nicht durch ein Verbot der Metaphysik, sondern dadurch, *daß* man ihr den unbewußt täuschenden Zauber nimmt. Wie bei anderen Denkmodellen auch, muß man nur wissen, daß man ein Modell verwendet, um den Denkprozeß von unbewußten Routinen zu befreien und kreativ zu öffnen. Metaphysische Denkmodelle zu entzaubern, das heißt, »Überzeugungen« (welcher Art auch immer) zu erschüttern. Die bloße Aussage: »Wörter haben täuschenden Charakter«, ist aber ohne Wert und selbst eine Wortfolge mit täuschendem Charakter. Man muß selbst das eigene Denken einer kreativen Analyse unterziehen und die Täuschung schmecken - hierzu sollen die nachfolgenden Skizzen einen Anstoß geben.

Sein - Nichts (ist - ist nicht). Das Wort »ist« wird auf vielfache, höchst unterschiedliche Weise verwendet. Der aus diesen Verwendungen abgeleitete metaphysische Begriff »Sein« (der höchste Gegenstand der Metaphysik) trägt die Spuren dieser Verwendung. Was klingt bei uns an, wenn wir das Wort »ist« verwenden? Am häufigsten verschwindet dieses kleine Wort völlig aus dem Lichtkegel unserer Achtsamkeit; es ist dann nur ein verbindendes Wort, eine Kopula. Wir benutzen es, um von Substantiven Eigenschaften als Tätigkeit auszusagen: »Dieser Tisch *ist* rund.« Die verkürzte Form: »Der Tisch ist.« findet sich fast nur in philosophischen Lehrbüchern. Doch gelegentlich scheint das »ist« aus seinem Schlummer aufzuwachen, dann nämlich, wenn wir betont sagen: »Dieser Tisch *ist* rund.« (Meist fügen wir dann noch eine Verneigung hinzu: »und nicht viereckig«.) In dieser betonten Form besagt das »ist« mehr. Wir würden es vielleicht umschreiben mit: Es ist *wirklich*, *tatsächlich* so; es ist *wahr*, daß der Tisch rund ist; es besteht kein Zweifel, daß der Tisch rund ist. - All diese Bedeutungen sind jedoch nicht identisch. Eine »Tatsache« ist nicht einfach eine »Wahrheit«, und der Zweifel macht andererseits weder vor Tatsachen noch vor Wahrheiten halt. Die

Betonung von »ist« scheint also eindeutig zu sein und erweist sich, genauer besehen, doch als vielfältig. Man kann damit meinen: Es ist für mich jetzt so, oder: Es gilt allgemein, nachprüfbar. Läßt man den genauen Sinn von »ist« im Dunkel, dann ist der Spielraum der Interpretationen weit. Ein Satz kann von verschiedenen Menschen sehr unterschiedlich aufgefaßt werden.

Um der von *uns* gemeinten Intention auf die Spur zu kommen, ist das Gegenteil des »ist« hilfreich: Inwiefern ist etwas »nicht«? Jeweils auf uns selbst bezogen setzt das »nicht«, die Negation immer eine bestimmte Erwartung, einen Gedanken voraus: Ich suche Peter in jenem Zimmer und kann ihn nicht finden. Die Wörter »ist« und »nicht« funktionieren also als Hinweise auf Submodalitäten einer Situation. Etwas ist »nicht« in Relation zu einer Erwartung, einem Gedanken, einem Gefühl. »Ich erwartete, mich bei dir wohlzufühlen, und nun bin ich wütend.« Das »Nichts« ist darin ein Gedanke, der sich *nicht* auf eine andere situative Modalität stützen kann: einen Sinnesgegenstand, eine Bewegung, ein Gefühl. (Wir werden die Angst als generellen Ausdruck hierfür im Kapitel 13 noch genauer kennenlernen.) So betrachtet ist das Nichts nicht nichts. Das Wort »nicht« funktioniert nur in einer Beziehung zwischen Submodalitäten und hat insofern dieselbe Struktur wie das Wort »ist«. Ein Gedanke wird auf eine andere Submodalität bezogen; gelingt dies, dann scheint uns dieser Gedanke wahr, wir sind uns der Sache gewiß, sie »ist« so, wie wir denken. Gelingt es nicht, dann ist der Gedanke falsch, unser Zweifel wird bestätigt (oder geweckt), und wir »stehen vor dem Nichts«. Wahrheit, Gewißheit und Sein wurden deshalb oftmals als dasselbe betrachtet. Etwas gilt uns »bloß als Gedanke«, wenn es nicht »wirklich so ist«. Der Gedanke, das Denken scheint unwirklich, »nichtseiend« zu sein. Aber das Denken *ist* auch auf seine Weise; es ist nicht nichts. Das Denken gehört auch zum »Sein«. Andererseits zeigt sich der Sinn von »ist« nur, wenn eines (ein Gedanke) auf etwas anderes bezogen wird (eine andere Submodalität), wenn also irgendeine Dualität existiert.

Noch eine weitere Implikation ist bei Sein (»ist«) stillschweigend wirksam. Eigentlich gilt uns als etwas Seiendes nur das, was auch *Dauer* hat. Der flüchtige Augenblick kann immer eine Täuschung gewesen sein. Wir sagen dann: »Es schien mir so und so zu sein.« Das wirklich Seiende, das Tatsächliche, das Existierende soll weder nur ein Schein, eine Täuschung noch soll es rasch vergänglich sein. Das »ist« hat darin einen zeitlichen Sinn: Man meint das Dauerhafte, Bleibende. Das Sein soll das sein, was eine Situation überdauert. Mehr noch. Als »tatsächlich« akzeptieren wir nur, was sich in verschiedenen Situationen zeigt, was für viele Menschen »existiert«. (Ein Problem, mit dem sich die Parapsychologen oder die Ufo-Forscher herumschlagen müssen.) Das Sein ist, so verstanden, einmal dem Werden, zum anderen dem (bloß subjektiven) Schein kontrastiert. Die im »ist« wirkende Metaphysik zeigt unverkennbar Platons Handschrift: Das Sein, wirklich Seiendes ist nur das Dauernde, nicht bloß Scheinende. Wirklich sind nur die Ideen, die Allgemeinheiten, die Abstraktionen. Man gerät hier jedoch in arge Verlegenheit, wenn man die Frage stellt, ob die Zeit, das Werden nun eigentlich »ist« oder »nicht ist«. (Läßt man beide Antworten zugleich gelten, so wird man ein »Dialektiker« genannt.) Es ist also sehr hilfreich, bei Tatsachenbehauptungen oder ihrer Verneinung genau auf den Sinn zu achten, mit dem »ist« oder »nicht« gebraucht wird. Der Satz: »Psi-Phänomene sind nicht wirklich« unterstellt z. B. den Sinn: »sind nicht zeitlich und intersubjektiv wiederholbar«; während der Satz: »Das *ist* nun einmal meine Meinung« nur besagt, daß man sich nicht bewegen, daß man festhalten *will*. Wenn man »einfach nur sein will«, dann meint man das »Sein« weder als überprüfbare, denkbare Wirklichkeit, noch als unbezweifeltes Festhalten, eher das Gegenteil: das Loslassen, die Gelassenheit. Weder »ist« noch »nicht« hat also einen eindeutigen (univoken) Sinn.

Sieht man sich also der Aussage gegenüber, daß etwas so oder anders »ist«, dann ist zu fragen: »Wie genau ist dies der Fall?« - »Ist es so für dich, für viele, heute, immer?« - »*Wie* denkst du das, von dem du behauptest, es ist so oder anders?« - »Bist du sicher, weil du es fühlst, siehst, gelesen hast oder weil andere es auch sagen?« - Die W-Frage-Methode kann hierbei die Richtung der Intention aufzudecken helfen. Übrigens: Wenn jemand absolut auf etwas beharrt: »Es *ist* so!«, dann ist etwas Geduld angebracht. Das unerschütterliche »ist« verbirgt zuletzt immer ein *Festhalten*. »Ergreifen« ist der eigentliche Sinn von Sein, »Ablehnung« der eigentliche Sinn von Nichts. Da aber, wie es in einer alten Textversion des I Ging heißt, *nur der Wandel bleibt*, zerrinnt jede festgehaltene Wahrheit - bekämpft man sie, so verleiht man ihr von außen Kraft, erzeugt erneutes Festhalten und bestärkt sie.

möglich - wirklich. Dieses Kategorienpaar verdanken wir Aristoteles, auch wenn die griechischen Wörter »dynamis-energeia«, deren Übersetzung es darstellt, sicherlich etwas anderes bedeuten (⇒ Kapitel 10). Unüberhörbar ist hierbei das Wirken, das Handeln als Modell.[174] Wenn etwas »möglich« ist, dann *kann* es sein, aber es kann auch *nicht* sein. Die beiden Wörter werden also gespeist vom Sinn dessen, wie wir das Paar »ist - ist nicht« interpretieren. Z. B. ist ein Gedanke möglicherweise etwas, das auch sinnlich wahrnehmbar ist. Ein Gedanke kann aber auch selbst »möglich« genannt werden (»Dies zu denken ist möglich«). Dann meint man damit entweder: es ist logisch erlaubt, so zu denken, oder es kann »vorgestellt« werden. Die Logiker stellen sich die logischen Regeln als eine Art Grenzmauer vor: Jenseits der logischen Mauer liegen die Unmöglichkeiten, diesseits das logisch Erlaubte.

Im Alltag meinen wir mit »möglich« meistens »irgendwie denkbar«. Die Möglichkeit ist ein Gedanke, der, mit anderen situativen Submodalitäten konfrontiert, feststellt, ob die dem Gedanken entsprechende Form oder Vorstellung auch sinnlich wahrnehmbar ist. Nicht zufällig kommt »möglich« von »mögen« oder wünschen: Das Mögliche ist das, was wir denkend erwarten. Gelegentlich wird auch die Formulierung »real möglich« verwendet. Das ist eine etwas merkwürdige Formulierung. »Real« interpretieren wir gewöhnlich als »wirklich«. Dann meinen wir mit »wirklich möglich«, daß die Mittel für einen Zweck vorhanden sind (es ist »wirklich möglich«, aus Eigelb, Öl, Salz, Zucker und etwas Zitrone Mayonnaise herzustellen). Eine andere Deutung ist die von »real möglich« = »wahrscheinlich«. Es ist *wahrscheinlich*, daß es morgen regnet. Die Schwierigkeiten der Interpretation von »Wirklichkeit« haben wir schon kennengelernt. Sie werden weitgehend durch die Frage nach der Bedeutung von »ist« erschöpft. Daran

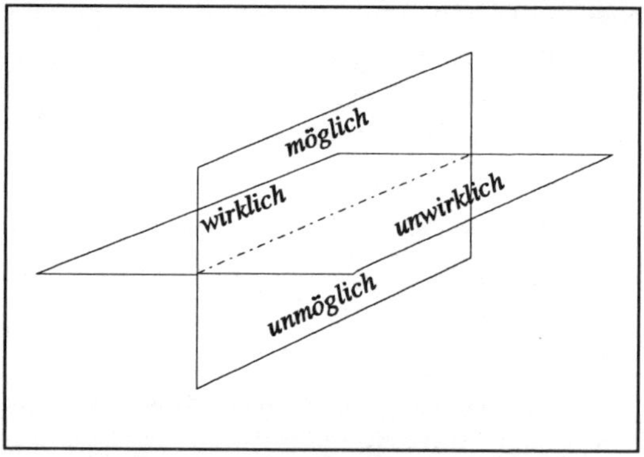

Abb. 17 Negationen von »möglich« und »wirklich«

sehen wir, daß es falsch wäre, die Begriffe »möglich - wirklich« im logischen Sinne zu ordnen: »möglich = nicht wirklich« (vgl. Abbildung 17). Wenn ich einen Gedanken für eine »Möglichkeit« halte, dann kann dieser »bloß« mögliche Gedanke mich sehr wohl in Atem halten; er ist als Gedanke wirklich. Um hier Klarheit zu schaffen, sollten wir fragen: *Als was* (oder: wie genau) ist etwas möglich/wirklich? Zudem ist es sehr hilfreich, auch hier das Schema der situativen Modalitäten zu verwenden und zu fragen: Welcher situativen Submodalität gehört das an, was möglich/wirklich sein soll?

zufällig - notwendig. Die bei diesem Kategorienpaar auftauchenden Probleme haben wir bei der Diskussion physikalischer Gesetze und ihrer *Gültigkeit*, sowie in der Diskussion der Logik schon angesprochen. »Notwendigkeit« ist eine sehr suggestive Kategorie, vor allem, wenn sie mit einem »ist« verknüpft wird: »Dies ist eine Notwendigkeit« heißt oft etwas ganz anderes: »Du sollst tun, was ich sage.« Das muß nun wiederum nicht schlecht sein, hat aber mit »Notwendigkeit« wenig zu tun. »Notwendig« ist nur etwas *innerhalb* einer Situation; *eine ganze Situation ist niemals notwendig.* Das ist eine ebenso einfache wie brauchbare Regel. »Notwendig« bezieht sich ferner auf eine Bewegung, ein Nacheinander. Man kann eine Bewegung räumlich darstellen und sagen: »So sieht die notwendige Bewegung eines Steines aus, der hochgeworfen wird.« Aber man kann nicht sagen: Es ist notwendig, daß A existiert.[175]

»Notwendigkeit« ist mit der Frage »Wie?« verknüpft, nicht mit einer Existenzaussage. Dennoch sagen wir: »Es ist notwendig, daß dort Regen fällt.« In diesem Fall ist die Notwendigkeit Glied in einer Zweck-Mittel-Kette (Regen ist notwendig für die Ernte). Ein Zweck hat aber kaum je *ein und nur ein* bestimmtes Mittel »nötig«; man kann denselben Zweck mit vielen Mitteln erreichen (z. B. die Felder künstlich bewässern, um ernten zu können). »Zufall« ist nicht identisch mit: »nicht notwendig«. Es kann immer sein, daß etwas, das wie ein Zufall aussieht, nur einer Struktur gehorcht, die wir nicht kennen. Es gibt aber auch Submodalitäten einer Situation, die weder notwendig noch zufällig sind: »Habe ich jetzt *notwendig* diesen Gedanken gedacht oder zufällig?« - »Ist dieses Gefühl ein Zufall?« Dies macht zweierlei deutlich: Erstens erzeugt das Modell von Notwendigkeit und Zufälligkeit je nach situativer Modalität eine völlig andere Bedeutung; zweitens denkt man »Zufall« meistens im

Schema von Ursache-Wirkung, während man »Notwendigkeit« im Schema Gesetz und Geltung denkt. Beides ist natürlich völlig verschieden. Zur kreativen Anwendung dieser Modelle sollten wir also fragen: »Welcher Submodalität gehört das an, was notwendig/zufällig ist?« Hilfreich ist auch die Relativierung: »Wie notwendig ist das eigentlich?« oder »Unter welchen Umständen ist das nicht notwendig *so*?«[176] Schließlich ist generell folgende Frage sehr hilfreich: »Gibt es *jemand*, der diese Notwendigkeit bezweifelt oder für einen Zufall eine Ursache angeben könnte? Wenn ja: Wie wird dieser »jemand« argumentieren? Erst wenn eine Notwendigkeit all diese Hürden passiert hat, sollten wir daran gehen, sie zu einer Gewohnheit zu machen, sicherheitshalber aber übermorgen die Fragen wiederholen.

Ursache - Wirkung. Wir haben bereits kennengelernt, woher dieses Modell stammt. Man darf nicht vergessen, daß wir alle dieses Wort »wirken« in einem Zusammenhang erlernt haben, der etwas mit »Handeln« zu tun hat. Was immer wir beschreiben, wir beziehen es auf Situationen, modellieren an Situationen, die das Wirken *auch* als Handeln verstehen. Diese »Kontaminierung« wird aus keiner Beschreibung verschwinden können. Gewöhnlich denkt man beim Modell von Ursache und Wirkung an etwas, das in der ersten situativen Modalität vor sich geht. Wir *sehen* eine Billardkugel eine andere anstoßen und sprechen von Ursache und Wirkung. Doch hier ist viel Täuschung am Werke. Wenn auf einem Video zwei Kugeln erscheinen (schön bunt und »räumlich«), die durch einen Rechner einfach simuliert werden, dann haben wir zwar den Eindruck, als würde hier eine Kugel auf die andere »einwirken«, zugleich »wissen« wir aber, daß dies nur ein buntes Muster auf einem Bildschirm ist. (Man kann zur Verstärkung der Illusion noch ein synchrones Geräusch hinzufügen.) Wann interpretieren wir Bewegungsmuster in einer Submodalität nach dem Schema von Ursache und Wirkung? Das ist ziemlich schwer zu beantworten, genauer, es ist völlig offen. Kann man z. B. sagen: Das Magnetfeld eines »Stecknadelmagneten« (wie er beim Schneidern verwendet wird) ist die Ursache dafür, daß eine Stecknadel sich bewegt und angezogen wird. Wir sehen, daß sich die Nadel zum Magneten bewegt und Physiker können uns dieses Phänomen durch ein exaktes Modell beschreiben. Aber eigentlich meinen wir doch: Daß die Nadel sich so bewegt, ist *notwendig*. »Ursache« heißt nur: Es ist *nicht* nichts dafür verantwortlich, es ist keine Magie, keine Zauberei. Das Magnetfeld sehen wir gar nicht. Man kann es vermessen und die Bewegung des Zeigers an einem Amperemeter als Induktionswirkung des Magneten interpretieren, wenn wir ihn bewegen, das Feld selbst sehen wir nicht.

»Hat eine Ursache« heißt damit eigentlich (nüchtern gesprochen) nur: »Wir sind nicht hilflos, wir können das irgendwie erklären«. Aber der genaue Sinn von »verursachen« und »wirken« bleibt ziemlich dunkel. Hierzu ein Beispiel aus der Physik. Es gibt zwei völlig differente Betrachtungsweisen: Ein räumlich abgegrenztes Ding trifft auf ein anderes Ding (Teilchen), und: Es gibt eine mathematische Struktur als Modell für ein räumliches Muster (Feld). Die Wirkung eines Teilchens interpretiert man so, wie unsere Hand wirkt (situativ als Tasten erlebt); ein »Feld« ist dagegen eine visuelle Struktur, die man sich veranschaulichen oder vorstellen kann. (Ein Feld ist - im Modell der vier Ursachen - eine causa formalis, ein Teilchen repräsentiert die causa efficiens. Wo die Quantenphysiker einen »Widerspruch zwischen Teilchen und Welle« sehen, würde ein Aristoteliker einfach zwei von vier möglichen Ursachenformen entdecken.) Eigentlich haben ein Tasteindruck und eine sichtbare Form nichts gemeinsam, sie gehören völlig differenten Submodalitäten einer Situation an. Nur ihr *gleichzeitiges* Auftreten veranlaßt uns, von »einem Dinge« mit tastbaren und sichtbaren Eigenschaften zu sprechen.

Ursache ist folglich eine Interpretation, die auf einer intermodalen Relation der Situation beruht. Daß das Gehirn z. B. Gedanken verursacht, ist ein zwar aufschreibbarer Satz, wir können ihm aber niemals in *einer* Situation eine Bedeutung zuweisen. Mein Gehirn als Ursache und mein Denken als Wirkung ist nicht in einer Situation unterzubringen, auch nicht durch Bio-Feedback-Geräte. Wenn ich Schmerz empfinde, sobald ich mir in den Arm kneife, so *interpretiere* ich das Kneifen als Ursache des Gefühls. Weshalb bleibt das Gefühl aber in einigen Situationen aus (z. B. nach einer lokalen Vereisung)? Was Ursache ist, was Wirkung, ist eine innersituative Interpretation. Um dies zu sehen, sollten wir fragen: »Gibt es Situationen, in denen diese Ursache nicht diese Wirkung hat?« - »Ist dies *allein* die Ursache?« - »Welcher Submodalität gehört die Ursache, welcher die Wirkung an?« - »Zu welcher Art von Ursache gehört der betrachtete Fall?« - Dies wird die Grenzen des

Ursache-Wirkung-Modells rasch aufzeigen und neue Anwendungen entdecken lassen.

Form - Inhalt. (Form-Materie; Ganzes-Teil; a priori - a posteriori; analytisch-synthetisch; Figur-Hintergrund) Hier kommen wir zu einer sehr wichtigen Kategoriengruppe, die in ihrer Bedeutung so heillos verflochten ist, daß ich sie zusammen betrachten möchte. Es wäre aber ganz falsch, wenn man sie im logischen Sinne als »äquivalent« betrachten würde. »Form-Inhalt« ist ein in unserer Sprache schon so weit eingeführtes und abgegriffenes Kategorienpaar, daß seine Verwendung nahezu beliebig geworden ist. Eingeführt wurde die Dualität »Form-Materie« (Form-Stoff) von Aristoteles. Er hat die Dualität von Form und Materie durch seine Kritik an Platons Ideenlehre entwickelt, bei dem sich die Form (= eidos) der Idee verdankt, während die Materie als »unreine« Idee in der Wahrnehmung verstanden wird. Dieser situative Blick bei Platon ist bei Aristoteles verschwunden; für ihn sind Form und Materie Aspekte der Dinge. Er setzt sie unmittelbar in Beziehung zur Lehre von den vier Ursachen, wenn er sagt: »Ziel-, Form- und Wirkursache laufen oft auf dasselbe hinaus«.[177]

Mit einem Wort: Form-Materie ist ursprünglich ein Aspekt des Handlungsmodells. In diesem Ursprung ist die Unterscheidung deutlich: Ein Künstler formt aus Bronze (Material) eine Statue (Form). Das trifft auch für das Modell »Ganzes-Teil« zu. Es läßt sich etwas Ganzes in Teile zerlegen (Analyse) oder Teile zu einem Ganzen zusammenfügen (Synthese). Das Zusammenfügen von Teilen erfolgt nach einer »Idee«, einer »Form«, die den Teilen im Geist des Handwerkers oder Künstlers vorausgeht. Man hat dies dann in der Erkenntnistheorie umgekehrt: Wenn eine Vorstellung, ein Gedanke (die Form der Statue im Geist des Künstlers) sich der Materie tätig überstülpen kann, dann kann umgekehrt der denkende Geist die Form von Naturdingen wieder »abziehen«, d. h. abstrahieren (Lat. »abstrahere« = weg-, fortziehen; entfernen, trennen). Voraussetzung ist nur, daß das »Dingmodell« auf alles übertragbar ist. Natürlich ist diese Vorstellung nicht ohne Täuschungen. Was ist an einer Wahrnehmung nun eigentlich die Form, was die Materie? Ist der Umriß einer Figur ihre Form, die Farbe und Musterung die Materie? So kann es ein Maler sehen. Eine »Figur« ist vorwiegend in *einer* Submodalität gegenwärtig (sichtbarer Bereich). Beim Ertasten einer Form hat man schon erheblich mehr Schwierigkeiten.

Kant hat den Schluß gezogen, daß die Formen unserer Wahrnehmung vom Bewußtsein erschaffen werden; alle Formelemente sind a priori in unserem Bewußtsein vorhanden; ihre konkrete »Zusammenstellung« kommt vom »Ding an sich« (von dem, was unsichtbar »hinter« den Sinnen liegt) und wird »a posteriori«-Erkenntnis genannt. Er hat also betont, daß Gestalten der Wahrnehmung jeweils *erzeugt* werden. Die Gestaltpsychologie spricht nicht mehr von Form und Materie, sondern von »Figur (Gestalt) und Hintergrund«. Der Hintergrund gehört jeweils derselben Sinnesmodalität an, ist aber auf irgendeine Weise von der Figur verschieden (durch die Farbe, das Muster etc.). Auch hier bleibt noch eine Spur des Handlungsmodells erhalten: Formen kommen nicht wie Bilderchen von außen hereingeflattert, sie werden *erzeugt*. Das Ding-Abstraktions-Modell geht davon aus, daß die Dinge Bilder aussenden, die wir durch die Sinne empfangen: Die Materie bleibt draußen, die Bilder kommen herein (»Sinnesdaten«, »Informationen«). Wenn das Denken sich auf die Formen richtet, dann bewegt es sich im eigenen Reich. Ist man der Auffassung, daß das Denken hierbei völlig von logischen Gesetzen beherrscht wird, dann nennt man die Bewegung des Denkens im Reich der Formen auch »analytisch«; richtet man das Bewußtsein auf die Wahrnehmung, so erzeugt das »Ding an sich« (eine Art Handwerker jenseits der Sinne) »synthetische« Formen und fügt einen »Inhalt« hinzu. In diese Vorstellung von Form und Inhalt spielt wiederum auf dunkle Weise das Denkmodell »Ganzes-Teil« herein. Man könnte auch sagen: »Form« ist das Ganze, »Materie«, das sind nur die Teile. Die Physik hat in der Atomtheorie dieses Denkmodell fruchtbar gemacht. Da Formen anders erfaßt werden als Teile (⇒ Wahrnehmung), liegt es nahe, das Ganze *als* Form zu begreifen. Zu einer Theorie der Formen hat es die Physik aufgrund der Logik ihres Denkmodells nur in Ansätzen gebracht. Vor allem qualitative Sachverhalte (wie z. B. die Farben) lassen sich weder auf Atome noch auf allgemeine »Gesetze« reduzieren; das Ganze (ein farbiger Gegenstand) ist nicht nur durch Teile (Gewicht, Material, Frequenz des reflektierten Lichtes usw.) zu erklären.

Bislang wurde »das Ganze« oder »die Form« immer noch dem Bereich der Sinnesgegenstände zugerechnet. Zwingend ist das keineswegs. Man hat wohl deshalb auch in anderen Beschreibungen versucht, in der Stimmung den Indikator der Ganzheit oder der Entwicklung von Situationen (»Geschichte«) zu sehen. Der *Sinn* der Form oder der Ganzheit ist hierbei ein völlig anderer, wenn wir zum Vergleich eine sichtbare Form oder Gestalt heranziehen. Derartige Erklärungen, auch die der Physik, versuchen immer, ganze Situationen durch eine oder wenige Submodalitäten zu »erklären«, sie darauf zu reduzieren. Hierbei wird fast immer der Unterschied zwischen den situativen Modalitäten vergessen oder verwischt. Man kann die Form eines Blattes oder einer Küstenlandschaft z. B. durch relativ einfache mathematische Beziehungen *nachbilden*. Dennoch bleibt die wahrgenommene Form, ihr Sinn und ihre Bedeutung für uns immer etwas anderes als ein paar mathematische Gleichungen oder ein Computerprogramm. Wenn man sagt, diese oder jene Form *»ist«* eine »Ausprägung« dieses oder jenes Gesetzes, dann erliegt man völlig der Täuschung des »Sein-Nichts«. Eigentlich bedeutet solch ein Satz nur, daß man eine *ähnliche* Form mit Hilfe der genannten Gesetze oder Teile *nachbauen* kann - und hieran können wir die kreative Kraft und die täuschende Macht der Dualität von Form und Inhalt erkennen.

Bei weniger »strengen« Anwendungen des Modells wird »formal« - »inhaltlich« zu einer kaum mehr klar beschreibbaren Phrase. Dort sind der Dualität sehr oft Wertungen überlagert (»bloß formal«), oder man vermischt sie mit »Theorie-Praxis«, »möglich-wirklich« usw. Um die Täuschungen des Form-Inhalt-Modells zu entdecken, sollten wir die Fragen stellen: Welcher Submodalität gehört die Form an? Welcher der Inhalt? Wechselt in einer Beschreibung die Form die Submodalität (z. B. »sichtbare Form« ⇒ »gedachte Form« ⇒ »abgebildete Form«)? Gehören Form und Inhalt derselben Situation an? Ähnliche Fragen sind für das Ganze und die Teile zu stellen. Und natürlich können wir auch hier die W-Frage-Methode nutzen: W... ist Form/Inhalt, Ganzes/Teil usw. *genau*?

Das Ding-Modell. Das Ding-Modell ist so weit verbreitet, daß man seine Struktur sehr oft gar nicht mehr bemerkt. Deshalb kann seine kreative Kraft nur durch ein genaues Verhör wieder geweckt werden. Hinzu kommt, daß (wie wir schon andeuteten) unsere abendländische Sprachstruktur nach dem Ding-Modell organisiert ist. Was ist ein Beispiel für ein Ding? Ein Buch, ein Stein, ein Haus. Aber auch Tiere rechnen wir dazu wir sagen »es« und das Bürgerliche Gesetzbuch in Deutschland nannte in früheren Fassungen sogar Tiere eine »Sache«. Auch Menschen sind Dinge, nicht nur in der Anatomie (»Sie ist wirklich ein hübsches Ding«). Meister Eckhart nennt sogar Gott »das höchste Ding«. Was ist eigentlich ein Beispiel für kein Ding? Hier wird die Sache schwieriger. Ist der Raum ein Ding? ein Gedanke? ein Gefühl? eine Bewegung? die Achtsamkeit?

Eng verwandt mit »Ding« ist »Sache«. Das Wort »Sache« verweist auf Rechtshändel, auf einen Verhandlungsgegenstand (Lat. *causa* = Ursache, Rechtssache, eine Sache, der man dient). Der Sache haftet gleichsam die trockene, nüchterne Atmosphäre eines Gerichtssaales an. Man ist »sachlich«, hält sich an Regeln. Die Verwandtschaft von »Ding« und »Sache« wird noch deutlicher, wenn wir uns daran erinnern, daß »thing« bei den Germanen eine Art Stammesversammlung war, in der auch »Gericht« gehalten wurde. Das Ding-Modell denkt das Ding im Unterschied zur Sache allerdings überlagert durch die Kategorie »aktiv«. Ein Ding kann etwas *be-dingen*; es tut etwas. Wir Menschen sind die von den Dingen be-dingten (man sollte das »hören« wie: »Die Dinge ängern uns, tun uns etwas an«). Das Ding ist also ein »Wesen«, aber sein »Leben« ist ziemlich unklar.

In welcher Submodalität unserer Situation zeigt sich das Ding? Ist es das Gesehene, Gehörte, Getastete usw.? Wir neigen dazu zu sagen: »Alles zusammen«. Aber wir *meinen* doch: Das Ding ist eine *Einheit*, eine *Substanz* hinter all diesen Submodalitäten. Das Ding-Modell besagt eigentlich: Es gibt eine Basis, eine Substanz, eine Materie als *Träger* all jener Eigenschaften, die wir wahrnehmen. In diesem Fall ist die Substanz aber notwendig das, was wir jeweils nicht erkennen; denn was wir erkennen, ist nur eine Erscheinung des Dings. Das hat Kant dazu verführt, vom unerkennbaren »Ding an sich« zu sprechen. Die »Logik« des Ding-Modells verführt auch uns. Wenden wir dieses Modell auf uns selbst an: Was ist an uns eigentlich diese Substanz? Wir sind doch auch ein »Ding«. Eine nicht erst durch Fichte und den Deutschen Idealismus populär gemachte Antwort hierauf lautet: Unsere Substanz ist unser Ich. Kennen wir dieses Ich? Die Struktur des Ding-Modells kann man auch als *Übertragung* des Handlungsmodells begreifen: Dinge tragen ihre Eigenschaften, so, wie wir beim Handeln etwas »tragen«. Die »Substanz«

ist das »Ego« des Dings. In der altindischen Sanskritsprache nennt man »Atman« das Selbst der Dinge ebenso wie das Selbst des Menschen.

Was ist die »Substanz« eines Fünfmarkstücks? Eigenschaften hat es viele: eine sichtbare Form, eine tastbare Oberfläche, einen metallenen Geschmack (den Sie nicht testen sollten), es fühlt sich schwer an und kann chemisch und physikalisch analysiert werden. Ferner hat das Fünfmarkstück einen ökonomischen Wert, vielleicht aber auch eine künstlerische Bedeutung in einem Theaterstück. Auch einem Soziologen, Verhaltensforscher, Theologen oder Politiker werden zu einem Fünfmarkstück sehr wesentliche Dinge einfallen. Aber was ist nun das »Ding« Fünfmarkstück? Noch etwas »dahinter« oder einfach alles zusammen? Ist das Ding »das Ganze«? Wenn ja, ist es dann mehr als die oder gleich der Summe seiner Teile? - Ich breche hier ab; der Leser kann selbst die Anwendung des Ding-Modells in seinen täuschenden oder neuartigen Momenten durch die W-Frage-Methode entdecken.

Ich - Du - Es. Das Ich-Du-Es-Modell wurde explizit nur von wenigen Philosophen verwendet.[178] Dennoch geistert es als strukturierendes Element in zahlreichen Beschreibungen und wirkt unbewußt. Wir sollten vor allem auf die andere Art der Differenz achten, die zwischen Ich-Du und Ich-Es besteht. Was ist »Ich«? Die Weisen dieser Erde raten hier: »Glaube niemand, forsche dir selbst nach!« (»gnothi seautón«, »erkenne Dich selbst« lautet die berühmte Aufforderung des Delphischen Orakels.) Ich kann mir allerdings nach langer Praxis den Hinweis nicht zu verkneifen: Diese Suche kann auch leer ausgehen; und vielleicht ist die Leerheit ihr Ergebnis. Betrachten wir die situativen Modalitäten, so läßt sich die Differenz zwischen Ich und Du vielleicht so angeben: »Du« erscheinst in meiner Situation als Körper, als Sinnesgegenstand, auch als Bewegung und Gedanke (»Ich denke an dich«). Allerdings gehen wir davon aus, daß ich *deine* Gefühle nicht fühlen, deine Gedanken nicht denken, deine Wahrnehmung nicht teilen kann. Zwar können wir etwas gemeinsam »sehen« (ein Es oder anderes Du), doch nur mit verschiedenen Augen. Ich kann nie wirklich wissen, was du eigentlich wahrnimmst. (Nehmen Sie das »Du« bitte metaphorisch, nicht als lästige Vertraulichkeit des Autors.) Mit einem Wort: Ich kann nie »ganz« in deiner Situation sein.

Allerdings können wir eine Situation teilen. Was ist es, das Ich und Du »teilen«? Man ist geneigt zu sagen: »Dinge«. Doch das ist nur eine Möglichkeit der Beschreibung, zudem keine sehr hilfreiche. Was *genau* teilen wir in einer Situation? Zunächst die Sprache, sie ist das große Band zwischen Ich und Du (»Ego und Alter«). Ich glaube zu »sehen«, daß du mich verstehst. Wie mache ich das? Du verhältst dich so, daß ich dies glauben kann, weil ich bestimmte Bewegungen, einen Gesichtsausdruck oder deine Antwort als dein Verstehen interpretiere. Doch all dies vollzieht sich *in meiner Situation*. So betrachtet neigt man zur Verzweiflung oder zum solipsistischen Weltbild (dem Weltbild, das *ein* Ich als Weltgrund ansetzt). Beides ist unangebracht. Wenn ich an deinen Handlungen sehe, daß an meinem »Glauben«, du hättest mich verstanden, zu zweifeln kein Anlaß besteht, dann glaube ich es. Wenn wir »nicht zusammen kommen«, wenn eine Handlung scheitert, wenn »Mißverständnisse« auftreten, dann werden wir uns erneut »verständigen«. Der Punkt ist also: In meiner und in deiner Situation vollzieht sich jeweils symmetrisch eine Interpretation, die es uns erlaubt zu glauben, daß wir tatsächlich in einer gemeinsamen Situation sind.

Geheimnisvoll ist das, genau betrachtet, schon. Es gibt in unserer Interpretation des Ich-Du-Es-Modell so etwas wie »gemeinsame« Elemente differenter Situationen. Diese gemeinsamen Elemente bezeichnen wir auch mit »Es«. Allerdings reduziert sich das »Es« ganz und gar nicht darauf; es führt eine Art Eigenleben. Man kann das »Es« durch das Ding-Modell interpretieren. In der Sprache taucht es allerdings wie ein allmächtiger Gott auf: »*Es gibt* dies und jenes.« - Das klingt so wie: »Herr Maier *gibt* mir ein Geschenk.« Man setzt sogar »Sein« mit dem »Es« gleich: »In dieser Stadt sind Hunde.« = »Es gibt in dieser Stadt Hunde.« Man kann auch sagen: »Es *gibt* ein Ich.« (Ob dieser Satz überhaupt etwas bedeutet, ist allerdings sehr fraglich.) Das Ich-Du-Es-Modell wird deshalb besonders verwirrend, weil man ein Du *als* Es interpretieren kann. Umgekehrt kann man ein Es auch als Du interpretieren. Das Kantsche »Ding an sich« ist *eigentlich* nach dem Du-Modell konstruiert. »Du Ding, scheint Kant zu sagen, affizierst mich in meinen Sinnen, willst aber nicht sagen, was du bist!« Das Du hat für sich selbst wohl ein Ich, aber ich kann dein Ich nicht »sein«. So war und ist das Ich-Du-Es-Modell geeignet, allerhand kreative Verwirrung zu stiften, sogar in den Studierstuben des alten Königsberg.

Dasein - Vorhandensein. Ich möchte den Reigen metaphysischer Denkmodelle nicht beenden, ohne noch ein von Heidegger eingeführtes Kategorienpaar vorzustellen, das weniger vertraut ist, aber dennoch ein sehr wirksames Denkmodell liefert. Heidegger war mit dem Subjekt-Objekt-Modell der nach-cartesischen Philosophie sehr unzufrieden. Dieses Modell stellt nämlich die Frage: *Was* ist die Seele (das Ich)? Wenn man diese Frage stellt, gerät man in eine bestimmte »Blickrichtung«. Eine Antwort auf die Was-Frage legt immer irgendein Wesen nahe, das uns gegeben ist wie ein Ding. (»Was ist das?« - »Ein Kofferradio.«) »Bewußtsein«, »Leben«, »Stimmung«, »Kreativität« etc. sind Wörter, die auf »Subjektives«, nicht aber Vorhandenes hinweisen. Was meinen wir mit »etwas ist vorhanden«? Heidegger *hört* auf das Wort und sagt: »Vorhandensein« heißt eigentlich: »Vor-der-Hand-sein«. Und das können wir wieder übersetzen als etwas, das in einer *Hand*-lung eine Rolle spielt. (Heidegger war es auch, der »*Wirk*-lichkeit« in diesem Sinne *hörte* und nicht die Bedeutung über*sah*.) Eine Stimmung ist nicht vorhanden; wir selbst sind es, die »gestimmt« sind. Menschen sind in Situationen, und die Momente der Situationen sind nicht alle »gleichwertig«. Es gibt darin einerseits »Vorhandenes« und andererseits das, was wir auf uns selbst beziehen, was unsere Existenz ausmacht, was unser »Dasein« ausmacht. Die Unterscheidung von »Dasein« und »Vorhandensein« ist situativ. Allerdings wäre zu fragen, ob uns denn Gedanken, Gefühle nicht auch »gegeben« sein können, zwar nicht als *vorhandene* Dinge, aber als etwas, was *wir* nicht sind? Heidegger meint, die Strukturen des Daseins (in seiner Terminologie: »Stimmung«, »Sorge«, »Angst«, »Entwurf«, »Entschlossenheit« etc.) seien die Antwort auf die Frage »Wer?«: »Wer ist das, je ›ich‹?«, und er antwortet: »Das, was wir sind, ist das, zu was wir uns selbst je machen, wie wir uns selbst entwerfen.« Das Dasein-Vorhandensein-Modell eröffent damit einen neuen Ausblick. Man kann den Unterschied vielleicht so benennen: Das Dasein ist die *innersituative* Perspektive; Vorhandensein ist das, was in der Situation »begegnet«. Ersetzt man das Wort »vorhanden« durch »begegnen« oder »gegeben«, dann wird diese kategoriale Unterscheidung allerdings schwierig nachvollziehbar: Sind Gedanken »gegeben« oder »bin ich mein Gedanke«? Begegnet (widerfährt) mir eine Emotion oder bin ich meine Emotion? Vor allem in der Psychologie und den Sozialwissenschaften vermag aber das Denkmodell »Dasein-Vorhandensein« von Fixierungen auf »Ich-Du« zu befreien und damit kreativ zu wirken.

Ich beende damit den kurzen Überblick über die im alltäglichen Sprach- und »Denkgebrauch« fortwirkenden metaphysischen Denkmodelle, ein Überblick, der nicht einmal den Anschein von Vollständigkeit erwecken möchte. Hier auf Entdeckungsreise zu gehen, kann zu einer wahrhaften Odyssee geraten, vor allem, wenn wir das Hören unterwegs erlernen.

IV Kybernetische Modelle

Jede Wissenschaft ist in ihren Grundbegriffen auch eine Metaphysik. Die allermeisten wissenschaftlichen Grundbegriffe haben ihre Quelle ohnehin unmittelbar in der Metaphysik: Energie, Impuls, Einheit, usw. Ein kleines Beispiel aus der Mathematik: Die Zahl »Null« wird seit dem 16. Jahrhundert als italienische Übersetzung (nulla) des arabischen Wortes »sifr« verwendet. Dieses arabische Wort, das in unserer »Ziffer« noch unmittelbar nachklingt, weist eine merkwürdige Geschichte auf. Der in Indien entstandene Buddhismus, vor allem seine etwa seit dem 1. Jahrhundert vorherrschende Form des Mahayana-Buddhismus, kennt als Begriff für die letzte Wahrheit die »Leerheit« (»Offenheit«), »sunyata« genannt. Das zugehörige Wort »leer« (sunya) wurde von den Arabern im 9. Jahrhundert mit »as-sifr« übersetzt. Dieses Wort wurde dann im 13., 14. und 15. Jahrhundert in der italienisch-französischen Sprachtradition in »zefirum«, »zefiro-zero« verwandelt; im Französischen spaltete sich ferner noch das Wort »zifra - chiffre« ab, aus dem schließlich im 15. Jahrhundert unser deutsches »Ziffer« wurde.

Neben solchen Anklängen an religiöse oder metaphysische Begriffe hat aber die Wissenschaftsentwicklung zahlreiche neue Kategorien bereitgestellt, die nicht nur die Denkformen des Wissenschaftsbetriebes darstellten. Seit dem Zweiten Weltkrieg hat sich so etwas wie eine verallgemeinerte Sprache entwickelt, die von zahlreichen Disziplinen verwendet wird und oft auf eher unbewußte Weise in den Alltag diffundiert ist. Man nennt diese Denkform »Systemtheorie« oder, nach einem Begriff ihres wichtigsten Begründers N. Wiener, »Kybernetik«. In ihrer Funktion als täuschende und kreative Denkmodelle unterscheiden sich die aus diesem Bereich stammenden Kategorien in nichts von Alltagsmetaphern oder metaphysischen Begriffen. Ihre vor allem im wissenschaftlichen Kontext häufige Verwendung verleiht diesen Kategorien allerdings die Aura absoluter Gültigkeit oder Wahrheit. Die Kybernetik ist die große moderne Denkgewohnheit. Die zugehörigen Denkmodelle nicht zu verwenden, wird heute zu einem wissenschaftlichen und sozialen Unterscheidungsmerkmal. Dennoch sind auch dies nur Denkmodelle, vielfältiger kreativer Verwendung fähig - doch ebenso vieler Täuschungen und Beschränkungen.

Information - Code - Redundanz. Der Informationsbegriff wurde durch die Nachrichtentechnik in den Sprachgebrauch eingeführt. Hierbei blickt man ausschließlich auf jene Seite von Wörtern, Bildern usw., die in der ersten situativen Modalität erscheinen. Die *Bedeutung* eines Wortes ist die Beziehung auf die Erinnerung, auf jene Situationen, in denen es etwas be-deutet. Das ist unabtrennbar vom Denken, Fühlen, von den situativen Modalitäten. Andererseits ist ein Wort, ein Zeichen auch sinnlich wahrnehmbar (anders hätten wir es gar nicht erlernen können). Als Klang oder Schriftbild ist ein Wort nur ein »materieller« Gegenstand. Durch Telefonleitungen oder modulierte elektromagnetische Schwingungen werden keine Gedanken übertragen, sondern nur dieser äußere Aspekt von Zeichen. Auch als äußere Gestalten sind Wörter und Zeichen *unterschieden*, sie bilden Gestalten in der Wahrnehmung und können Gegenstand einer Bearbeitung sein. Einen Text abzuschreiben, ist eine sehr einfache Informationsverarbeitung. Man kann hierbei Fehler machen, Zeichen falsch erkennen (unterscheiden) oder übersehen. Dies gilt bei komplizierteren technischen Apparaturen ebenso.

Ein Zeichen (z. B. ein Buchstabe auf weißem Papier) ist eine sehr unwahrscheinliche Form; sie kommt in der Natur so gut wie nie vor. Wenn wir an einem Strand in den Sand geschrieben das Wort »Hallo« lesen, gehen wir davon aus, daß hier deutsche Touristen am Werke waren und nicht der Wind. Je mehr sinnvolle Zeichen zusammentreffen, desto unwahrscheinlicher ist eine zufällige Anordnung. Man hat deshalb »Information« auch als Maß der *Unwahrscheinlichkeit* eines Ereignisses definiert. Das Rauschen eines Radioempfängers ist sehr wahrscheinlich, das Erklingen des Beatles Songs »Hey Jude« nicht. Innerhalb technischer Übertragungen, Verarbeitungen von Informationen etc. gibt es Operationen der Zuordnung und Auswahl. Man kann jedem Buchstaben eine bestimmte Tonhöhe zuordnen, eine Anzahl von Rauchringen (Indianer verwenden - wir kennen das aus Wildwestfilmen - dieses Signalsystem) oder die Höhe der Amplitude einer elektromagnetischen Welle. Solch eine Zuordnung ist ein »Code«. Wir kennen vermutlich alle aus unserer Schulzeit »Geheimzeichen«; das sind Codes. (Geheimdienste, deren Mitarbeiter möglicherweise noch nicht ganz erwachsen sind und immer noch Krieg spielen, sind große Meister im Codieren.) Gelegentlich kann man durch Codierung auch abkürzen. Wenn hierdurch kein Verlust an »Information« eintritt, dann sagt man: Die ursprüngliche Information war »redundant«. Einige Elemente der Zeichen besagen dasselbe. - Dieses Denk-Modell eignet sich (dazu ist es entwickelt worden) vorzüglich für technische Prozesse. Man hat es aber auch auf andere Systeme übertragen. Hierbei treten notwendig Täuschungen auf. Z. B. kann man nicht generell sagen, daß der Satz: »Hier herrscht eine fröhliche Stimmung, eine heitere Atmosphäre« redundant ist. »Fröhliche Stimmung« und »heitere Atmosphäre« ist in *gewisser Hinsicht* dasselbe, in anderer Hinsicht nicht (wie würde sich Goethe lesen, wenn man seine Redundanz reduzierte). Redundanz existiert immer nur für eine bestimmte Operation, eine bestimmte Bedeutung, einen bestimmten Zweck.

Auch der Informationsbegriff birgt tückische Fallen. Eine hohe Strukturiertheit hat mit Bedeutung nichts zu tun; »Informationen« in der Natur sagen nicht, daß dort notwendig »gedacht« würde. Wenn jemand sagt: »Ich muß hier erst Informationen sammeln«, so enthält das einen unklaren Beigeschmack. Wenn man nur Bücher kauft, Aufsätze fotokopiert und säuberlich abheftet, so sammelt man Information, versteht aber nicht mehr. »Informationen sammeln« und »Lernen« ist zweierlei, auch wenn beim Lernen Informationen beteiligt sind. Man hat Denkmodelle auch als »Codierungen« bezeichnet. Das kann sehr irreführend sein. Ein Code hat nur Bedeutung durch das, was er codiert. Denkmodelle dagegen haben dadurch ihrerseits »Bedeutung«, daß man sie wiederholt verwendet. Wenn man Wahrnehmung *als* Informationsprozeß beschreibt, dann haben »Wahrnehmung« und »Information« je vorher schon eine Bedeutung, die man aufeinander bezieht. Es entsteht eine Art »Bedeutungsinterferenz«, weniger eine Codierung. (Wer aber »Codierung« häufig im Sinne von »Denkmodell« gebraucht, für den gewinnt dieses Wort eine andere als die kybernetische Bedeutung. Das Denken ist nun einmal kreativ, es erschafft auch hier »Sinn«.) Ich möchte auch erwähnen, daß die systemtheoretischen Kategorien »Information«, »Code«, »Redundanz« natürlich ein »Parfüm« verströmen: Es

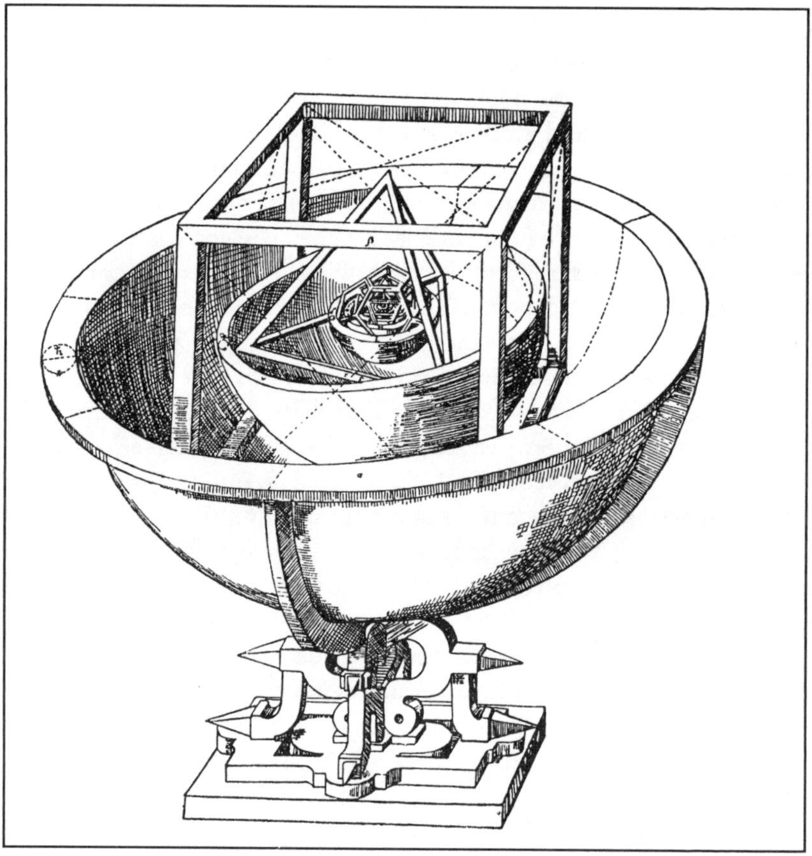

Abb. 18 **J. Kepler: Mysterium Cosmographicum** [Quelle: Kepler 1923]

»schmeckt« modern, sachlich, formal elegant und überhaupt zeitgemäß. Das kann sich aber ändern: Im ausgehenden 19. Jahrhundert wurde das Gehirn mit einem Schaltwerk verglichen, heute mit dem Computer - und morgen vielleicht mit biologischen Speichern. Der Geist kann die Form jedes Denkmodells annehmen, ohne jemals damit identisch zu sein.

Maschinen. Neben der Information ist die »allgemeine Maschine« *die* kybernetische Grundkategorie. Maschinen sind durch die Übertragung eines Modells entstanden: Man baute den sichtbaren Lauf der Planeten in Planetarien nach. Die Drehbewegung der Sonne im Planetarium wurde, wie die der Sonne selbst, als »Zeitmodell« verwendet: Die Uhr war geboren. Die Uhr wiederum war das Ur-Modell der Maschinen. Auch der Systembegriff wurde vom »Himmel« abgelesen.[179] Maschinen sind, spezifischer formuliert, *bewegte* Systeme. Während Dinge nur Wirkungen ausüben (die causa efficiens im Modell der vier Ursachen), können Maschinen *Formen* erzeugen oder reproduzieren. Deshalb können sie auch die Formen-setzende Tätigkeit des Menschen *ersetzen*. Man hat deshalb »Kybernetik« auch dadurch definiert, daß man sagt, es handle sich um Systeme, die Tätigkeit des Menschen ersetzen können.[180] Da Formen aber in anderer Hinsicht wieder als Zeichen interpretiert werden können, kann man Maschinen auch als Systeme betrachten, die *Informationen* verarbeiten oder von Informationen gesteuert sind. (N. Wiener hat das Wort »Kybernetik« neu gebildet aus dem griechischen »kybernetes« = »Steuermann«). Das Ursache-Wirkungs-Modell ist form- und richtungslos; es ist rein »energetisch« und wird unbewußt dem kinästhetischen Sinn zugeordnet. Fügt man die Formursache hinzu, dann erhält man im Grundprinzip eine Maschine. Aus diesem Grund kann überall dort, wo das reduzierte Modell der vier Ursachen anwendbar ist, auch eine Maschine an die Stelle treten. Man kann das Weltall als Maschine (wie z. B. in Keplers Planetarium, Abbildung 18) betrachten oder als durch eine Formursache (Naturgesetz) gelenkte Ganzheit. Um die Grenzen des Maschinen-Modells abzutasten, sind einige Fragen angebracht: Für wen oder was hat die von der Maschine ausgeführte Bewegung (Formbewegung) einen Sinn? Ist die »Maschine« selbst in einer Situation oder ist sie eine Struktur in einer situativen Submodalität? Was genau ersetzen eigentlich Maschinen?

Funktion - Struktur. Eng verwandt mit dem Maschinenbegriff ist das Begriffspaar »Funktion-Struktur«. Auch hier stand ein Handlungsmodell Pate: Funktion ist das, was eine Maschine »tut«, Struktur das, was sie »ist«. Funktion ist die *Form* (In-formation), die eine Struktur in einer Bewegung ausführt oder realisiert; Strukturen sind die Bestandteile, aus denen die Maschinen zusammengesetzt ist. Die Struktur einer Maschine (eines Systems) kann doppelt existieren: Sinnlich wahrnehmbar (»Phänotyp«), oder als Bauplan, Konstruktionsplan, »Landkarte« der Maschine (»Genotyp«); die Klammerbemerkungen deuten an, wie Biologen, die das Maschinen-Modell auf Tiere übertragen, diese Begriffe verwenden. Statt »Funktion« spricht man auch von »Systemverhalten« oder den »Operationen« einer Maschine (eines Systems). Wir erkennen unschwer auch hier vier Ursachen des Aristoteles wieder: Die Struktur einer Maschine ist das »Material«, aus dem sie gebaut ist (causa materialis); die Funktionen der Maschine, ihr Verhalten folgt den Bewegungen der Formursache (causa formalis). Problematisch ist die Trennung von Funktion und Struktur, wenn Strukturen ihrerseits Funktionen sind. Ein verspannter Muskel ist eine (Fehl-)Funktion, die nicht von der Körperstruktur (verkrampfte Haltung) getrennt werden kann. »Struktur« legt die Bedeutung von »räumlich«, »wohlunterschieden in den Teilen«, »klar« nahe, während »Funktion« auf »Bewegung«, »Zeit«, »Prozeß« hinweist. Was wäre an fließendem Wasser (als Element einer Maschine) »Struktur«, was »Funktion«? Funktionen sind den Bewegungsmustern der situativen Modalitäten zuordenbar. Allerdings brauchen wir dieses Begriffspaar nur auf diese Modalitäten zu übertragen, um einen täuschenden Beigeschmack zu erkennen: Haben Gefühle Strukturen oder Funktionen? Ist Wahrnehmung nun Struktur oder Funktion des Unterscheidens, Erinnerns?

System - Umwelt. Der Umweltbegriff und seine Hochzeit mit der Kybernetik hat diese in eine neue Metaphysik verwandelt. »System« im Sinne einer »Kybernetik zweiter Ordnung« (wie man es genannt hat), eines Beschreibungssystems, das sich auf Beschreibungen bezieht, ist immer stärker dem Modell des Bewußtseins nachgebildet worden. Genauer gesagt: »System« ist etwas, das selbst in einer Situation ist. Ein System ist in einer Situation und hat seine Umwelt. - Im *technischen* Sinne ist ein System nur etwas Vorhandenes, ein Gegenstand, dessen Grenzen und Interaktion mit einer Umgebung man untersuchen kann. Ein elektrischer Verstärker mit Ein- und Ausgängen, Stromanschluß und Gehäuse umschließt ein *elektrisches System* aus Transformator, Leitungen, Transistoren, Widerständen, Kondensatoren, Spulen usw. Dies ist seine Systemstruktur, die über die Ein- und Ausgänge in der »Umwelt« bestimmte Funktionen erfüllt. Ein technisches System ist auf einen »Beobachter« bezogen oder einer bestimmen Submodalität der »Beobachtungssituation« zuzuordnen. Neuere Systemtheorien bzw. -theoretiker beherrschen eine Art Seelenwanderung. Sie schlüpfen »in« ein System und beschreiben sein Funktionieren von »innen«. Dann erscheint die Umwelt als eine situative Submodalität, die durch Informationsprozesse, Codierungen usw. beschrieben wird. Das System-Umwelt-Modell ist damit eine (stark) reduzierte Beschreibung situativer Modalitäten, allerdings mit der Behauptung, es gäbe auch außerhalb unserer menschlichen Situation Situationen. Das System-Umwelt-Modell modelliert *fremde* Situationen so, als wären es eigene Situationen. Darin liegt seine große Stärke *und* Schwäche. Eine Täuschung dieses Modells besteht in der stillschweigenden Schwankung zwischen »innersituativer« Perspektive und der Beobachtung von System und Umwelt »von außen«. Man kann hier auch nicht sagen, dieses Denkmodell sei richtig oder falsch; man sollte einfach seine Grenzen sehen. Im Zweifelsfall ist bei Anwendungen außerhalb der Technik meistens die Situation des Theoretikers das Modell dieses »Modells«. (Entsprechende Fragen danach können sehr ernüchternd wirken.) Generell schlägt sich dieses Modell mit dem Problem des »Du« herum, weitet aber sympathischerweise dieses »Du« auf Tiere aus, neuerdings auch auf Pflanzen. Anstatt zu fragen: »Wie fühlt man sich denn so als Affe in einer Affensituation?« fragt man: »Welche Unterscheidungen vollzieht das System Affe, um sich von seiner Umwelt zu differenzieren?«

Selbstreferenz - Selbstorganisation. In der Hitparade zeitgenössischer Denkmodelle belegt die Denkfigur »Selbstreferenz/-organisation« einen der obersten Ränge. Was den traditionellen Logikern ein Greuel war (die »Kreisbewegung«, der »Zirkelschluß«), ist ein Leitmodell des Denkens geworden. Ein häufig gebrauchtes Bild für Selbstreferenz ist das »Möbius -Band«. Eine Form, ein Begriff kann sein Gegenteil bedeuten, wenn wir die Perspektive verändern. »Selbstreferenz« ist ein Phänomen, das zunächst in der Kybernetik bekannt wurde und dort einen völlig neuen Typ von Maschine zu definieren erlaubte: die »Rückkopplung«. Eine Maschine führt *Operationen*, eine Form-Bewegung, einen Informationsprozeß durch. Dies ist der *Output* einer Maschine. Andererseits werden Maschinen auch gesteuert (so, wie durch die Lenkbewegung ein Auto gesteuert wird). Die Funktion, die Bewegung, die die Maschine ausführen soll, wird durch ein *Signal* in die Maschine als *Input* eingegeben. Wenn man nun Output und Input »kurzschließt«, dann ergibt dies eine »Rückkopplung«, ein »feedback«. Rückkopplungen benutzen eine externe Energiequelle und setzen diese Energie in eine sich selbst verstärkende, aufschaukelnde Bewegung um. Auch das Umgekehrte ist möglich: Man spricht dann von »negativer Rückkopplung«: Je größer das Output-Signal eines Systems ist, desto kleiner wird das Input-Signal. Diese rückgekoppelte Struktur erwies sich als äußerst fruchtbares technisches Denkmodell. Bereits N. Wiener, der Vater der Kybernetik, hat es auf zahlreiche Strukturen übertragen. Eine *Regelung* kann als negative Rückkopplung beschrieben werden. Wenn wir z. B. *gehen*, dann läßt sich die Bewegung unserer Beine als negative Rückkopplung interpretieren: Wir fallen nach vorne, weil wir instabil auf ein Bein unser Gewicht verlagert haben. Diese Instabilität gleichen wir dadurch aus, daß wir das andere Bein vorziehen und das Gewicht darauf verlagern. Hierdurch entsteht eine neue Instabilität usw. Dies nennt man dann »Gehen«. Es ist einem Thermostaten analog, bei dem ein Relais bei steigender Temperatur die Heizung abschaltet; sinkt die Temperatur unter einen bestimmten Wert, dann verbiegt sich im Relais ein Bimetall und betätigt erneut den Schalter; die Heizung wird wieder angestellt usw.

Technische oder biologische Systeme waren aber keineswegs das Ende der Anwendung dieses Modells. Man hat es auch auf *Denkprozesse*, auf das Bewußtsein übertragen. Hier findet das aus der Computertechnologie stammende Begriffspaar von »Software« und »Hardware« seinen Platz: Die Software ist ein Programm, eine Funktionsweise, eine »Handlungsanleitung« für eine Maschine (causa formalis); die Hardware ist die *Struktur* der Maschine. Enthält nun das Programm, die Software die Beschreibung der Maschine selbst, so kann die Maschine durch die Operationen, die sie ausführt, an den Widerständen der Umwelt lernen. Man kann sich das so denken: Das Programm (Software) der Maschine wird auf irgendeine Weise zufällig variiert, z. B. durch Fehler beim Kopieren. Diese Fehler geben eine Fehlinstruktion, eine »falsche« Handlungsanweisung. Wird diese Operation dann ausgeführt, so wird sie gelingen oder scheitern. Auf diese Weise erwirbt die Maschine »selbst« einen Vorrat an erfolgreichen Programmen, die auch die eigene Konstruktion betreffen können. Die Maschine beginnt sich »selbst« zu »organisieren«. Begreift man eine Tierart, eine Gattung, Pflanzen und

Tiere zusammen, die Menschen und ihre Gesellschaft, den Kosmos usw. als solch eine »lernende Maschine«, dann kann man von »Selbstorganisation« sprechen. Selbstreferenz und Selbstorganisation hat man auch auf das Bewußtsein und das menschliche Leben übertragen. Hier sind einige Fragen zur Abgrenzung dieses Modells angebracht: Was ist mit »Selbst« eigentlich gemeint? Ist es das Programm, die Struktur, der Bewegungsprozeß? Was kann »Selbst« bei einer Gruppe heißen? Sind Gefühle ein Teil des Programms (vielleicht eine skalare Bewertungsfunktion)? Sind die Gedanken oder die Gefühle, die Bewegungen oder die Wahrnehmungen das Selbst? Wie vollzieht eine Maschine ein Unterscheiden in der Erkenntnis (um eine Information »rückzukoppeln«)? Ist das, was man als Maschine beschreibt, *achtsam*, offen für beliebig neue Situatonen?

Bei kybernetischen oder systemtheoretischen Denkmodellen ist nochmals besonders daran zu erinnern (gerade wegen ihrer großen Popularität), daß sie unseren Blick, unsere Gedanken in eine ganz bestimmte Richtung lenken. *Grundsätzlich* suggerieren Maschinenmodelle oder Systeme immer hohe Rationalität und »Machbarkeit«. Kreativität erscheint in diesen Denkmodellen als *Zufall*, als Mutation einer Beschreibung, eines Programms und erhält so einen eher passiven Rang. Kybernetische Kategorien sind zur Beschreibung von mechanischen Elementen *innerhalb* von Denkstrukturen hervorragend geeignet; nahezu keine Denkstruktur, kein Denkprozeß ist frei von formalen Systemstrukturen. Diese Strukturen in ein kybernetisches Modell zu übersetzen ist sehr hilfreich. Allerdings sollten wir uns nicht selbst zu Computern degradieren, die auf eine bestimmte Codierung verpflichtet sind.

V Ethische (moralische) Modelle

Daß es sich bei ethischen Sätzen um »Denk*modelle*« handelt, mag befremdlich klingen. Man wittert vielleicht sehr rasch »ethischen Relativismus«, eine »Umwertung aller Werte« oder ethische Willkür. Ich kann das sehr gut verstehen. Wer dies glaubt (und ich vermute, hier spielt das Christentum ein nicht unerhebliche Rolle), sollte vielleicht bedenken, daß »Kreativität« und »oberstes Gut« nicht auseinanderfallen müssen. Auch denke ich, daß man bei Nietzsche, dem Ahnherr einer Umwertung aller Werte, gerne seine Ironie übersieht. Die übelsten Taten wurden meist von denen vollbracht, die ganz genau wußten, was »gut und böse« heißt.

gut - böse (gut - schlecht). Wer »gut«, »böse« oder »schlecht« als Modell verwendet, ist vermutlich nie so ganz ohne Emotion: Das »Gute« ist auch ein »gutes Gefühl«, das »Böse« ein »schlechtes Gefühl«. Andererseits ist »gut-böse« auch ein Urteil, ein Gedanke. Auf einer sehr einfachen Stufe ist das Modell gut-böse identisch mit: »mag ich - mag ich nicht«. Jemand nicht zu mögen, von dem wir sagen, er sei ein guter Mensch, ist nur möglich, wenn dem gut-böse-Modell ein erlaubt-verboten-Modell überlagert wird. (Dann kann man aus Pflicht einen guten Menschen schlecht behandeln und umgekehrt.) Verwirrend wird die ethische oder moralische Modellierung dadurch, daß das moralische Urteil als *Existenzaussage* auftritt: »A *ist* gut«. Situativ ist die moralische Wahrheit, diese Wertung, durchaus verständlich. »Etwas ist gut«, das heißt ganz einfach: Es gefällt mir, ich habe ein gutes Gefühl dabei, ich mag es. Auf Kanzeln, Lehrstühlen oder Präsidentensesseln gesprochen liegt der Fall anders. Dort ist das moralische Urteil ein Imperativ: *Du sollst* dies oder jenes als gut interpretieren. Die Struktur dieses Modells wird noch verwirrender, wenn wir bemerken, daß eine Sache durchaus nicht für jeden und immer gut oder schlecht ist: »Heute tut mir ein Glas Wein gut, morgen ist mir schlecht davon.« Man könnte nun sagen: Das Modell »gut-böse« ist einfach eine verkürzte Aussage. Sie sollte etwas ausführlicher so lauten: Ich habe ein gutes/schlechtes Gefühl hierbei. Doch das hilft uns auch nicht viel weiter: Denn auch Gefühle können von uns als gut oder schlecht bewertet werden. Zuletzt ist »gut-schlecht« immer ein Gedanke: Wir sagen zu uns: »Das ist gut«. Das bedeutet: Uns kann in *einem* Denkmodell eine Sache als *gut*, in einem *anderen* als *schlecht* erscheinen - unsere Kreativität erlaubt den Austausch von Denkmodellen; z. B. kann jemand sagen: »Früher war ich Marxist; Tote bei einer Revolution sah ich als notwendigen Preis für eine gute Sache an. Heute bin ich Buddhist, und mir erscheint eine Sache dann als schlecht, wenn es Tote gibt.« Die Bibel verwendet hier ein schönes Bild: Das Bild von der Erkenntnis von Gut und Böse, die zur Vertreibung aus dem Paradies führt. Aber was erkennt man eigentlich bei diesem *Unterschied*? Wenn man logisch argumentieren wollte, müßte man sagen: Es gibt gute und böse Gegenstände. Doch diese Gegenstände sind weder für eine

Person noch für viele Menschen und Zeiten eindeutig definierbar; man kann keinen Kreis um diese Gegenstände herum zeichnen. Dennoch können wir offenbar auf dieses Modell nicht ganz verzichten. Um diesem Denkmodell ein wenig von seinem Zauber zu nehmen, sind wiederum Fragen sehr nützlich: Gibt es jemand, dem das, was mir »gut« dünkt, »schlecht« erscheint? Ist es möglich, daß ich es morgen auch für etwas »Schlechtes« halte? Was ist genau der Unterschied zwischen gut und schlecht (gut und böse) in diesem Fall? Welcher situativen Modalität gehört das Gute oder Schlechte an? Anstatt auf den Unterschied zu zielen, kann auch ein Wert isoliert befragt werden: Wer, Was, Warum etc. ist (etwas) gut? »Ich mag/mag nicht« ist vermutlich das erste Denkmodell, die Urform der Unterscheidung eines Säuglings; es sollte von uns deshalb *zuletzt* verwendet werden, wenn kein anderes Denkmodell mehr funktioniert. Und selbst dann kann man es lassen. Die »kreative« Funktion dieses Modells scheint mir gering zu sein, die »destruktive« ziemlich hoch.

erlaubt - verboten. Erlaubt wird etwas von einem Gesetzgeber. Der Gesetzgeber kann ein Mensch, ein Gott oder einfach ein Zweck sein. Relativ zu einem Zweck ist etwas erlaubt. Ein Zweck ist wie ein Herrscher. Er scheint zu sagen: »Ich will realisiert werden; erlaubt ist ein Mittel, das mich realisiert; verboten eines, das dies verhindert.« Verboten werden *Handlungen* oder Dinge, die in unerwünschten Handlungen eine Rolle spielen. Wenn zwei Zwecke konkurrieren, gerät auch die Erlaubnis und das Verbot durcheinander: Des einen Held ist des anderen Schurke. Ein Verbot errichtet eine Grenze, eine Schranke. Die Erlaubnis bewegt sich *innerhalb* dieser Grenze. Die *erlaubte Freiheit* entfaltet sich innerhalb der definierten Grenzen. Ganz allgemein formuliert ist das Verbot das Gegenteil der Kreativität. Wir sollten deshalb genau klären, wie sich das Verbot zeigt. Ist es eine äußere Schranke, eine Schranke der *Gewohnheit*? (Mir kann etwas verboten erscheinen, nur weil ich nie anderes ausprobiert habe.) Viel wichtiger ist aber: Wenn ich mir etwas erlaube, beschränkt dies dann jemand anders (oder ein anderes Lebewesen)? Wie würde auf mich wirken, wenn jemand anders diese Erlaubnis hätte? Und: Wenn ich mir etwas verbiete (ein moralisches Gesetz errichte), aus welchem Grund sollte dies dann für andere *verbindlich* sein? Wenn ich mir eine Regel, ein Verbot setze, weshalb sollte es für andere als etwas *Gesetztes* (Gegebenes, Vorgeschriebenes) gelten?[181] Außerdem ist folgende Frage immer sehr hilfreich: Wie macht sich eine Übertretung eines Verbotes bemerkbar? Muß eigentlich ein Verbot durch Gewalt in Kraft gesetzt werden? Wie wäre es mit einem Dialog? - Dieses Denkmodell ist sehr »heiß«. Allzuviele Gefühle sind an »das Erlaubte/Verbotene« geheftet und tauchen mit diesem Modell auf. Jeder wittert hier sogleich irgendeine Bedrohung seines Standpunktes.

VI Verknüpfung von Denkmodellen

Denkmodelle treten fast niemals isoliert auf. Sie entfalten ihre schöpferische und täuschende Wirkung durch die rasche Abfolge, wie wir dies an dem eingangs zitierten Satz aus Thomas Manns »Doktor Faustus« feststellen konnten. Jedes Denkmodell ist geeignet, andere Denkmodelle zu verknüpfen; jede Beschreibung kann sich auf eine (andere) Beschreibung beziehen und darin eine neue Ordnung stiften. Man findet in der gegenwärtigen Philosophie häufig die Auffassung, daß sich Beschreibungen immer nur auf Beschreibungen beziehen können, daß es also so etwas wie eine unbeschriebene, jungfräuliche Wirklichkeit nicht geben kann. Das ist zwar *letztlich* nicht bestreitbar, vermag aber die Sachlage eher zu verdunkeln. Sicherlich sind die »Informationen«, die uns die Sinne »liefern«, nicht so aufzufassen, als würde die Außenwelt viele Fotos aussenden, die dann unser Auge auffängt und wie ein Computer verarbeitet. Unser Auge ist allein durch seine Struktur eine ganze Weltinterpretation, die sich von der anderer Lebewesen mehr oder weniger deutlich unterscheidet. Aber derartige Erkenntnisstrukturen sind keine *Beschreibungen*, auch dann nicht, wenn man (wie die Verhaltensforschung und Biologie lehrt) darin bereits deutlich Kategorien und Begriffe beobachten kann. All dies, was sich uns in unserer Wahrnehmung als Struktur der Welt zeigt, ist eine interpretierte, ausgelegte Welt. Unsere Analyse der Wahrnehmung hat das bereits deutlich gezeigt. Richtig ist auch, daß wir durch die Wahl der Wörter vergangene oder »ererbte« Situationen evozieren und im Licht dieser Situationen der Vergangenheit unsere Gegenwart auslegen. Dennoch ist eine Wahrnehmung kein *Gedanke*. Ein Gedanke ist stets nur ein *Moment* einer Situation. Das, worauf sich Beschreibungen beziehen, sind niemals *nur* Beschreibungen - auch wenn Wörter und Sätze in zahlreichen Situationen eine lenkende und wichtige Rolle spielen. Eine Verknüpfung von Denkmodellen ist deshalb nicht einfach nur eine Verbindung von Wörtern, Sätzen oder Texten. Das »Verbinden« vollzieht sich als situativer Prozeß, setzt also das Ganze der Situation immer schon voraus.

Das wichtigste sprachliche Verknüpfungsmodell ist die *Kopula*, das Wort »ist« mit seinen verwandten Formen. Wir haben das »ist - ist nicht«-Modell schon kennengelernt und auch kurz auf diese synthetische Funktion hingewiesen. Das Rätsel des »ist«, das sich im metaphysischen Begriff »Sein« spiegelt, gründet vorrangig in dieser doppelten Funktion als verbindendes Wort, das Denkmodelle verknüpft, und als Existenzaussage. Tatsächlich verbirgt sich in jedem Verknüpfen der Gedanke der Einheit. Neue »Ideen« sind entweder alte Gedanken in veränderten Situation oder neue Verknüpfungen. Man kann ein Denkmodell mit einer veränderten Situation, oder man kann mehrere Denkmodelle neuartig verknüpfen und auf diese Weise neue Strukturen entdecken. Das bloße Verknüpfen ist für einen »kreativen Gedanken« keineswegs hinreichend: Es muß eine Verknüpfung sein, die in einer Situation eine *Neuorientierung* erlaubt.

Eine Verknüpfung von Denkmodellen hat als etwas, das wir denkend vollziehen, *immer* eine verändernde Wirkung auf unser Erleben. Insofern ist die Achtsamkeit darauf, mit welchen Gedanken wir unseren Geist alltäglich berauschen, von eminenter Wichtigkeit (ich kehre dazu im Kapitel 13 zurück). Beziehen wir allerdings solche Verknüpfungen auf die sinnlichen Submodalitäten, dann verwandeln sie sich in nur mögliche Sätze, in mögliche Wahrheiten oder mögliche Beschreibungen. Dennoch, so hat uns die Analyse der Wahrnehmung gezeigt, hat auch diese Möglichkeit schon ihre Wirklichkeit, sofern sie unsere Blickrichtung verändert und die Achtsamkeit neu ausrichtet. Wenn wir z. B. sagen: »Es ist möglich, daß aus dieser Seitenstraße ein Auto kommt«, dann schärfen wir unsere Achtsamkeit und sind vielleicht, selbst am Steuer eines Wagens, bremsbereit. Wir sehen eine Seitenstraße, beschreiben sie durch einen Gedanken (»Seitenstraße«) und fügen dann ein neues Element hinzu. Diese neue Beschreibung (»Ein Auto fährt aus dieser Seitenstraße«) ist keine Aufzeichnung unserer Wahrnehmung, auch nicht eine Aufzeichnung unserer Furcht vor einem Autounfall (der erwähnte Gedanke beschreibt nicht unsere Furcht als *Gefühl*). Der Gedanke stellt vielmehr eine mögliche Situation dar, die wir ahnend vielleicht erleben, nicht aber durch unsere Sinne »beobachten« können.

Dieses kleine Beispiel zeigt, was die Verknüpfung von Denkmodellen in unserem Geist eigentlich bewerkstelligt: *Verknüpfungen von Denkmodellen erzeugen mögliche Situationen*, die vorgestellt, phantasiert, »gedacht« sind und in spannungsreicher Beziehung zu den anderen situativen Modalitäten stehen. Während ein Wort oder Denkmodell die Spur von zahlreichen Erlebnissen an sich trägt (wir erinnern an die Übung des »Wortechos«), schränkt die Verknüpfung von Denkmodellen die vorgestellte Situation in ihrem Spielraum um so stärker ein, je zahlreicher und komplexer die verwendeten Denkmodelle sind. Zwar erzeugt die Verknüpfung von Denkmodellen keine Wirklichkeit, nicht eine Situation, in der man das, was beschrieben wird, auch tatsächlich erlebt, aber sie führt viele Elemente auf, wie solch eine erlebte Situation beschaffen sein müßte. Dies erlaubt es möglicherweise, diese Situation tatsächlich herzustellen. Wie ein Koch sich in seiner Phantasie die Zutaten eines Gerichts vorstellt und sie kombiniert, ebenso erzeugen wir durch die Verknüpfung von Denkmodellen eine »Handlungsanleitung« zur Herstellung von »Situationen«.

Meist spielen die Denkmodelle hierbei eine sehr dunkle Rolle. Wir überlassen es dem Zufall, welche Modelle wir auf welche Weise verknüpfen. Vor allem beim unachtsamen Denken im Alltag, das uns sehr oft zu einer Obsession werden kann, sind wir die Sklaven unserer Denkmodelle, unendlich kreativ darin, uns in unangenehme oder schlechte Stimmung hineinzudenken. Aber auch bei eher theoretischer Beschäftigung mit einem Gegenstand lassen wir uns vom Schatten der Modelle lenken, ohne ihre Macht wirklich zu bemerken; im nächsten Kapitel werden wir sehen, daß dies auch den ganz großen Denkern nicht anders gegangen ist. Ein kybernetisches Denkmodell läßt uns völlig andere Dinge entdecken als ein metaphysisches - und eine Kombination beider Modelltypen erlaubt ebenso tiefe Einsichten wie die Produktion von Nonsens. Das Möglichkeitsfeld, das sich aus der Verknüpfung von Denkmodellen ergibt, ist unüberschaubar. Es sind auch hier die Denkroutinen und Denkstile, die der Kreativität Fesseln anlegen.

Umkehrung. Eine sehr häufige Form, durch die in der Geschichte des Denkens neue Verknüpfungen zwischen Denkmodellen erzeugt wurden, sind die Umkehrungen. Oftmals kristallisieren sich wissenschaftliche oder philosophische Einsichten in *einem* Satz. Solche Kernsätze haben fast immer eine dreiwertige Struktur: Das A von B ist C oder: A - B - C. Die Buchstaben stehen für Denkmodelle oder für zentrale Kategorien aus solchen Modellen. Nur in der Theologie oder Philosophie findet man gelegentlich zweistellige Modellverknüpfungen an zentraler Stelle (»Gott existiert - Gott existiert nicht«). Einige Beispiele für dreistellige »Kernsätze«: »Die Geschwindigkeit des Lichtes ist konstant«; »Jesus ist der Sohn Gottes«; »Das Sein bestimmt das *Bewußtsein*«; »Seuchen entstehen durch Ansteckung«. Die Kreativität des Denkens zeigt sich dann darin, daß derartige Kernsätze verwandelt werden; die Umkehrung stellt die allereinfachste Form dar.

Tatsächlich gibt es einige sehr berühmte Beispiele hierfür. Wer kennt nicht den Marxschen Satz: »Es ist nicht das Bewußtsein der Menschen, das ihr Sein, sondern umgekehrt ihr gesellschaftliches Sein, das ihr Bewußtsein bestimmt.« Bei solchen Umkehrungen ist die Achtsamkeit fasziniert von den extremen Polen, die vertauscht werden. Der einfache kreative Akt der Umkehrung erwächst natürlich bei einem Denker nicht aus einer Willkür oder Wortspielerei, sondern aus vielen »Erprobungen« auf seine Richtigkeit. Dennoch bleibt immer ein Schatten, ein unerhelltes Moment erhalten - und es ist dieser Schatten, der die kreative Leistung erst ermöglicht. Beim Marxschen Satz ist es das Wort »bestimmt«. Man wird in seinem Werk schwerlich Erklärungen dafür finden, wie es gesellschaftliche Tatbestände anstellen, Bewußtsein zu »bestimmen«. »Sein«, »Bewußtsein« und »Bestimmung« sind also Denkmodelle, die je ihre eigene Aura, ihre eigene Struktur besitzen. Nimmt man hier Umkehrungen vor, so sollte man klären, wie sich dadurch der Sinn dieser Modelle verändert. Ist eines der Denkmodelle unerhellt, so zeigt jede Umkehrung einen Mangel, der einer erneuten Änderung Platz macht. Husserl, um das eben erwähnte Beispiel zu variieren, hat z. B. die These vertreten, daß »Sein« nichts anderes ist als »bewußte« Intentionalität (= Bestimmung). Hier liegt die Betonung also auf der Bestimmung und ihrer Eigentümlichkeit. Ein anderes Beispiel für eine Umkehrung ist der Satz von Hegel: »Der Begriff ist die Macht der Zeit«, den Heidegger ausdrücklich umgekehrt hat in: »Die Zeit ist die Macht des Begriffs.« In diesem Fall bleibt die »Macht« das dunkle Denkmodell, zu dem beide Denker auch außerhalb ihrer Philosophie ein nicht immer denkendes Verhältnis unterhalten haben. Übrigens finden sich für diesen Satz und seine Umkehrung noch weitere, wenn auch nicht ganz wörtliche Varianten: Nietzsche sah in der Macht den Begriff allen Werdens (= Zeit), und Horkheimer/Adorno interpretierten den Begriff als Ausdruck der Machtverhältnisse einer Zeitepoche. Kombinatorisch möglich wäre, wenn wir die Substantive mit Anfangsbuchstaben abkürzen (Z = Zeit, M = Macht; B = Begriff): Z ist die M des B; M ist die Z des B; Z ist der B der M; B ist die Z der M; B ist die M der Z; M ist der B der Z - zwei Varianten warten noch auf ihren Philosophen.

Es hat mitunter den Anschein, als würden höchst unterschiedliche Denker nach und nach jeweils eine Variante im möglichen Beziehungsgefüge von grundlegenden Denkmodellen als kreative Neubeschreibung formulieren, ohne das Beziehungsgefüge (die Denkmodelle) selbst jemals zu thematisieren. Die Achtsamkeit ist so sehr gebannt von dem, was mit den Denkmodellen beschrieben scheint, daß ihre schöpferische und verzaubernde Macht nicht zutage tritt. Sicherlich hat für jeden Denker eine Folge von Modellen ihre situative Wahrheit; doch diese Wahrheit entschwindet und ist uneinholbar. Was bleibt, sind die Schalen des Werdens, die Denkmodelle und ihre Neuverknüpfungen. Zweifellos entsteht durch rein kombinatorische Umkehrungen noch längst kein philosophischer oder theoretischer Satz. Solch ein Satz muß seine situative Wahrheit erst offenbaren, es muß ihm der Odem des Erlebens eingehaucht werden: Solange (im Denkstil der Bibel gesagt) das Wort nur bei Gott ist, bleibt es leer; es muß im »Sohn« in irdischen Situationen lebendig werden, um schöpferisch zu wirken.

Überlagerung. Eine sehr häufige, gleichwohl aber dunkle Form der Verknüpfung von Denkmodellen ist die *Überlagerung*. Die Überlagerung ist selten als Verknüpfung von Denkmodellen erkennbar; man spricht eher von »Regel und Anwendung«, »Gesetz und Beispiel«, »Prinzip und Einzelfall« - kurz, man stellt sich die »Überlagerung« als Begriffshierarchie vor. Wenn ein Physiker aus einem physikalischen Gesetz eine Regel ableitet und sie experimentell testet, dann überlagert er (ganz formal betrachet) der Beschreibung seiner Versuchsanordnung ein anderes, ein abstrakteres Denkmodell. Das Gesetz, die Regel, das Prinzip wird dem überlagert, was man die »Einzelfälle«, ein »Beispiel« oder die »Anwendung« nennt. Hierbei herrscht die platonische Vorstellung, eine

Idee würde zahllose Einzelfälle »regieren«. Dieser Gedanke des »herrschenden Gesetzes« ist uns schon begegnet. Wir konnten feststellen, daß die Zuordnung von Gesetz und Anwendung, von Prinzip und Einzelfall immer situativ vollzogen wird und nur darin durch das Denkmodell »wahr/falsch« organisiert und geordnet werden kann. Im Alltag sind uns allgemeine Überlagerungen oftmals sehr hilfreich, rasch eine Orientierung zu finden. Für das kreative Denken ist die Vorstellung, alle Einzelfälle würden sich in Kästchen von Regeln und Gesetzen einpacken lassen, dagegen hinderlich.

Wir geraten sehr leicht dahin, Überlagerungen stillschweigend vorzunehmen, ohne uns darüber Rechenschaft abzulegen. Wenn jemand z. B. wegen seiner »bloß subjektiven Meinung« mit den »objektiven Fakten« konfrontiert wird, dann ist dem Modell Subjekt-Objekt oft eines oder mehrere andere Denkmodelle überlagert. Das »bloß« vor »subjektiv« kann ganz einfach »wertlos« bedeuten; in diesem Fall ist dem Denkmodell Subjekt/Objekt das Modell Wert/Unwert überlagert, ohne explizit aufzutauchen. Das *überlagerte* Modell dient gleichwohl als Regel, als Gesetz, als Orientierungsgröße, derzufolge das *tatsächlich* verwendete Denkmodell eingesetzt wird. Denkbar ist auch die Überlagerung »zufällig/notwendig«: Das Subjektive ist bloß zufällig und sieht sich der intersubjektiven, der notwendigen Wahrheit gegenüber. Hier schleicht leicht ein weiteres überlagertes Denkmodell ein: subjektiv = Einzelfall, objektiv = allgemeiner Fall (= Mehrheit). Man kann aber (ich verbleibe immer noch bei der Formulierung »bloß subjektiv«) damit auch meinen: »innerlich«, im Sinne von »Gefühl«, »Phantasie« - im Unterschied zu »äußerlich«, im Sinne von »sichtbar, hörbar, tastbar«.

Es läßt sich vielleicht sehen, weshalb ich hier nicht von »Hierarchie« sprechen möchte, sondern von »Überlagerung«: Die erwähnten Beispiele sind fast immer umkehrbar. Man kann das Wort »zufällig« ebenso im Sinne der Stochastik wie im Sinne von »bloß subjektiv« verwenden. Die dualen Denkmodelle Zufall/Notwendigkeit und Subjekt/Objekt können einander wechselseitig überlagern, ohne daß wir einem von beiden einen höheren Rang zubilligen würden. Auch in den Naturwissenschaften gilt das: Ein Naturwissenschaftler nimmt ein experimentelles Ergebnis als Bestätigung der von ihm aufgestellten Theorie, während ein Techniker dieselbe Theorie als Handlungsanleitung bei der Produktion eines Apparates verwenden kann. Im ersten Fall gelingt es, einem theoretischen

Satz eine empirische Beschreibung zu überlagern, im zweiten Fall wird der theoretische Satz als Wahrheit akzeptiert und (auch ganz praktisch) einzelnen Dingen überlagert. Ein Beispiel: Die mechanische Bewegung eines Kolbens durch Dampfdruck (Wärme) kann als empirische Überlagerung des Satzes von der Erhaltung der Energie betrachtet werden, während ein Ingenieur den Satz von der Erhaltung der Energie als Ausgangspunkt zur Konstruktion einer Dampfmaschine mit hohem Wirkungsgrad macht. Die kreative Offenheit, die in jeder Überlagerung von Denkmodellen liegt, kann nicht von vorherein durch ein drittes, äußeres Denkmodell geregelt werden. Jede Überlagerung ist situativ.

Einbettung. Eng verwandt zur Überlagerung ist die *Einbettung*. Ich möchte hier ein ganz alltägliches Beispiel anführen. Lesen Sie bitte folgenden kurzen Text:

> »Das langwierige Be*heben* eines Problems kann *Sie* dazu verleiten, *den* Kopf auf Hand und *Arm* zu stützen und zu sagen: *Hoch*gefühle empfinde ich nicht, wenn ich *schnell* zu Werke gehe.«

Achten Sie bitte nur auf die hervorgehobenen Wörter: »heben-Sie-den-Arm-hochschnell«. Dies ist eine eingebettete Suggestion, wie sie in der Hypnose verwendet wird; in geeigneter Umgebung und Stimmung (wenn wir in einer der vielen Alltagstrancen sind) können wir uns bei solch eingebetteten Suggestionen sehr schnell dabei ertappen, wie wir tatsächlich den Arm heben.

Die Einbettung als hypnotische Technik ist nur ein extremes Beispiel für zahllose andere Einbettungen in unserem Sprechen, die als unbewußte, aber auch schöpferische Kräfte wirken. Versuchen Sie bitte einmal, bei einem ganz alltäglichen Gespräch nicht auf die Substantive zu hören, sondern auf die Adjektive, Demonstrativpronomen, Verben usw. Philosophen können mitunter Experten darin sein. So sagt z. B. Hegel, daß wir sinnliche Dinge als etwas Allgemeines aussprechen, wenn wir z. B. sagen »*dieses* Haus«, dann sprechen wir »das Diese« aus; oder bei: »*es ist* Tag« reden wir vom »Sein überhaupt« usw. Hier könnte man sagen: »Eine typisch philosophische Verdrehung; erst substantiviert der Philosoph das Hilfszeitwort ›ist‹ zu ›Sein‹, um dann zu behaupten, immer, wenn ich ›ist‹ sage, würde ›das Sein‹ ausgesprochen.« So kann man sagen

- doch dieser Typ Philosoph sind wir allemal auch. Wir sind sehr rasch bereit, eingebettete Wörter oder Denkmodelle in ein Prinzip zu verwandeln. Allerdings ziehen wir meist lebendige Prinzipien vor: »Dies ist ›typisch‹ für Franz, jenes für Deutsche, Russen, Juden oder Amis.« Ein Adjektiv kann so sehr schnell zum Judenstern, zum kommunistischen Parteibuch oder sonst einem Tabu werden. Situative Aspekte, ausgedrückt in Adjektiven, Verben etc., erhalten ein Eigenleben als eingebettete Wesenheiten. Im achtsamen oder bewußten Hören auf Einbettungen überschreiten wir eine gegebene Situation; dies vollzieht sich in einer überraschenden Neubeschreibung ebenso wie im ärgsten Vorurteil.

Einbettungen sind keineswegs nur in der Sprache zuhause. Formen, Farben, Töne oder Geschmack und Geruch können, sofern sie sehr häufig auftreten, den Charakter eines Zeichens bekommen. Ein eingebettetes Wort ist eine besonders markante, nicht aber die einzige Form eines Zeichens. Ein *Zeichen* ist ein situativ eingebetteter Unterschied. Zeichen »erinnern uns an etwas«, sie evozieren vergangene Erlebnisse und lösen Gewohnheitsmuster aus. In seiner dunklen Form wirkt das situativ eingebettete Zeichen als Startsignal für Routinen. Die Werbung, in der musikalische Signale, Bilder etc. mit Produkten verknüpft werden, ist für diese Unachtsamkeit ein auffallendes Beispiel. Die Durchdringung der Situationen mit Zeichen (und prinzipiell kann jede unterscheidbare Struktur zum Zeichen werden) zeichnet unseren Weltblick, unsere Orientierung aus. In gewohnten Situationen auf gewohnte Zeichen zu blicken, in fast gewohnten Sätzen auf die gewohnten Einbettungen zu reagieren, dies ist die Weise, in der die Denkmodelle uns von Situation zu Situation bewegen - und wir wähnen uns als Lenker dieses Prozesses. Achten wir auf die Hinweise der Einbettungen, so eröffnet sich uns eine völlig neue Möglichkeit: Wir können dem Zeichen folgen oder es auch sein lassen. Wir können bislang *Überhörtes* neu entdecken und den durch die Sprache offenbarten unbewußten Erfahrungsschatz nutzen - oder wir können uns von den eingebetteten Suggestionen freimachen.

Einbettungen stellen Überlagerungen dar, die eine ganz andere Situation oder situative Modalität evozieren als jene, auf die sich eine Beschreibung bezieht. Dies kann sehr häufig zu einem plötzlichen Umschlagen unserer Blickrichtung führen, zum Erkennen einer ganz neuen Gestalt. Die neue Gestalt liegt schon vor unseren Augen, sie ist auch schon in unserem Denken, Teil unserer Denkmodelle. Doch erst, wenn wir ihre Einbettung erkennen, kann sie selbst hervortreten. Dies kann sehr oft durch eine Verkehrung von Substantiv und Verb/Prädikat begleitet sein. Z. B. taucht in der klassischen Physik »etwas messen« als eher subalterne Tätigkeit im Umgang mit selbstständigen Dingen auf. In der Quantenphysik wird das Messen selbst zur Bezugsbasis, von der die Dinge abhängen; »Ding« ist zum Adjektiv des Meßvorgangs geworden. Gleichwohl war das Messen immer schon »eingebettet«; außerhalb der Meßsituation kommen auch in der klassischen Physik keine Gegenstände vor, die von physikalischen Theorien beschrieben werden (Kraft, Masse, Energie, Geschwindigkeit usw.).

Vernetzung - Matrixverknüpfungen. Eine vor allem durch die Systemtheorie populär gemachte Verkettung von Denkmodellen ist die *»Vernetzung«*. Die einfachste Form der Vernetzung ist die *Matrix.* Zahlreiche Kreativitätstechniken konzentrieren sich vor allem auf diese Form der Verknüpfung. Z. B. kann man einem Fahrzeug durch alternative Antriebssysteme und den Verwendungszweck zwei Klassen von Denkmodellen zuordnen, die sich in einer »Matrix«, einem rechteckigen Schema anordnen lassen. Jeder Verknüpfung kann dann eine bestimmte Lösung entsprechen. Hier ein Beispiel aus der Technik; ein (+)-Zeichen deutet eine brauchbare, ein (–)-Zeichen eine unbrauchbare Lösung an:

	Benzinmotor	Dieselmotor	Elektromotor
PKW	(+)	(+)	(–)
Bus	(+)	(+)	(+)
Lagerfahrzeug	(–)	(–)	(+)

Hier haben wir versucht, die beiden Denkrichtungen (Antrieb, Verwendung), durch einige Beispiel näher zu bestimmen und durch die Konfrontation beider Denkmodelle oder Blickrichtungen mögliche Kombinationen zu finden. Bei Matrixmethoden bildet man generell zwei Begriffsklassen, deren Elemente vertikal und horizontal angeordnet werden. Verknüpfungspunkte stellen dann »mögliche«, d. h. inspirierende Kombinationen dar, die »Ideen« suggerieren. Man kann diese Methode auch weitertreiben und auf analoge Weise *drei* Begriffsgruppen (wie in einem räumlichen Koordinatensystem) anordnen und in Würfeln noch mehr Kombinationsmöglichkeiten suchen.

Bei diesem Beispiel sind die Verknüpfungen sehr einfach im Sinn des Wortes »mit« zu verstehen (»PKW« wird mit »Benzinmotor« verknüpft zu einem bestimmten Autotyp). Wenn es sich um Produktideen oder Konstruktionshilfen handelt, dann sind derartige Matrixverknüpfungen sehr hilfreich. Wir finden sie auch vielfältig in den Wissenschaften, gelegentlich auch in der Philosophie. Sie sind immer dann geeignet, wenn es sich um Objekte handelt, die räumlich kombiniert werden und sich ansonsten kaum wechselseitig beeinflussen. Auf die Kombination von komplexen Denkmodellen angewendet, müssen wir weit mehr Verknüpfungsmöglichkeiten unterscheiden als die Addition. Ferner ist bei räumlichen Dingen meist (wir hatten dieses Problem schon am Beispiel der Logik demonstrieren können) eine klare Trennung und Abgrenzung möglich. Doch selbst hier sind die Grenzen fließend: Ist ein Kleinbus nun ein Bus oder ein PKW? Die Matrix-Methode setzt klar abgrenzbare, logische Elemente voraus. Das trifft auf die meisten Denkmodelle nicht zu, und das ist der einfache Grund, weshalb diese Methode zwar eine Hilfe, ein Element einer Problemlösung, kaum aber das zentrale Kreativitätsprinzip darstellen kann.

Nicht anders steht es um den Gedanken der *»Vernetzung«*. Bei einer Vernetzung werden zwischen klar definierten Elementen zwei einfache Beziehungen definiert: Ursache und Wirkung. Jedes Element kann zugleich Ursache und Wirkung sein (⇒ Rückkopplung). Dies bedeutet gegenüber einer kausalen, nach regierenden Ursachen und Gründen suchenden Denkweise, tatsächlich einen wichtigen Fortschritt in der Entdeckung neuer Strukturen. Als universale Denktechnik wird der Vernetzungsgedanke, wie die Systemtheorie generell, aber zur Fessel. Erstens sind, wie bereits erwähnt, keineswegs alle Elemente eines Systems klar abgrenzbar, durch einen »Kreis« abzugrenzen und nach dem Modell innen/außen unterscheidbar. Die »Kreise« sind *gedachte* Einheiten, damit ihrerseits Denkmodelle. Sie müssen vor aller Vernetzung wahrgenommen und erkannt werden. Und darin liegt die ganze Offenheit (der kreative Raum), die wir bislang schon entdecken konnten. Zweitens gibt es zahllose andere Beziehungen zwischen Denkmodellen als jene, die durch das Modell »Ursache/Wirkung« hergestellt wird. Ein Gespräch ist eine völlig andere »Vernetzung« als das Bohren eines Brunnens oder die Wirkung von Kohlenmonoxyd in der Luft einer Stadt.

Dennoch kann es äußerst hilfreich sein, zwischen den *Wörtern* Zuordnungen herzustellen und sich von den Bedeutungsinterferenzen inspirieren zu lassen. Es handelt sich dann nicht um eine »Tatsachenbehauptung«, vielmehr um die Eröffnung neuer Blickrichtungen, die durch Denkroutinen verhindert werden. Es ist hier empfehlenswert, ganz analog zur W-Frage-Methode vorzugehen. Tauchen in der Beschreibung einer bestimmten Situation Denkmodelle auf, so kann man sich die Elemente dieser Modelle als räumlich vernetzte oder Matrix-Anordnung vorstellen oder aufschreiben und sich von möglichen Beziehungen inspirieren lassen. Wenn wir in diesem Fall eine Vernetzung herstellen, dann ist dies nur ein Hinweis für uns, eine mögliche Verbindung zu denken und so vielleicht Neues zu entdecken.[182]

Ur-Teile. Die Lehre vom Urteil ist die traditionelle Form, in der Beziehungsverhältnisse zwischen Begriffen (»Denkmodellen«) hergestellt werden. Das Geheimnis allen Beurteilens wird sichtbar, wenn man betrachtet, was Urteile mit Situationen »anstellen«. Genau betrachtet, versucht die Verknüpfung von Wörtern, Zeichen oder Denkmodellen das wieder rückgängig zu machen, was die sprachliche Form der Beschreibung zuvor mit den Dingen angestellt hat: Die Wörter und Begriffe zerteilen die Situationen in getrennte »Wesen«, um die wir »Kreise malen« oder für die wir Namen erfinden. Da die Situation aber eben keine Summe isolierter Teile, sondern immer eine Ganzheit ist (auch die Situation aller Lebewesen auf der Erde), versucht man durch »Vernetzung« der getrennten Teile wieder eine nachträgliche Einheit herzustellen. Das Bezeichnen durch Sprache und Begriffe zerschneidet den Kosmos; die Urteile, Systeme und Systemtheorien flicken die Schnipsel wieder zusammen. *Analyse und Synthese* sind die beiden traditionellen Kategorien für dieses Vorgehen. Die Stärke dieser Methode liegt in der Möglichkeit, zwischen klar getrennten Teilen ebenso klare (möglichst mathematische) Beziehungen herstellen zu können. Ihre Schwäche ist die Tatsache, daß die getrennten Teile auf einer Täuschung beruhen.[183] Situationen sind nicht aus Lego-Bausteinen aufgebaut, die auseinandergenommen und dann immer wieder neu zusammengesteckt werden können. Dennoch gaukelt unser Weltbild dies vor: Menschen werden interpretiert als abgetrennte, Ich-sagende Individuen inmitten von »realen«, isolierten Dingen. Wir *beurteilen* Situationen - das bedeutet (hören wir auf die Einbettung), wir zerlegen im Ur-*Teil* das Erlebte, Wahrgenommene in Teile, die wir als Urbausteine betrachten und aus denen wir durch geeignete Vernetzung wieder etwas Ganzes, womöglich Neues erzeugen. Jedes Denken ist ein Urteilen, ist also ein Teilen und erneutes Verknüpfen der Teile. Wir teilen die Welt in Wörter und Denkmodelle und verknüpfen dann diese Modelle zu neuen Einheiten. Dies ist die aktive, die kreative Macht des Denkens. Seine dunkle, täuschende Seite beruht auf dem Glauben, die Teile seien - wie die Wörter - getrennte, selbständige Wesen. Wir haben indes gesehen, daß die Wörter ihre Kraft zur *Bezeichnung* situativer Aspekte nur dadurch gewinnen, daß sie in die Vergangenheit, auf unsere Erfahrungen und Erlebnisse zurückverweisen. Die Denkmodelle teilen räumlich und in situativen Modalitäten, was die Zeit an Erfahrung, an Routinen und Erinnerungen aufgehäuft hat. Jedes Urteil durch ein Denkmodell stellt eine Rückbindung an die Vergangenheit dar: Im Ur-Teil ist der Ur-Sprung gegenwärtig.

Damit ist der Überblick über einige ausgewählte Denkmodelle beendet.

Offenheit der Denkmodelle

Jedes Denkmodell ist nur dadurch definiert, daß es sich von anderen Denkmodellen unterscheidet. *Für sich selbst* ist jedes Wort, jedes Denkmodell, leer und ohne Sinn (das »situative Denkmodell« ist hiervor natürlich nicht ausgenommen). Wörter oder Denkmodelle können nur definiert, nur *beschrieben* werden durch andere Denkmodelle und Wörter. Definitionen sind Grenzen, die durch jeweils andere Wörter und Begriffe gezogen werden. Insofern ist jedes Denkmodell durch das *bestimmt*, was es *nicht* ist - es ist selbst, außerhalb dieser Definition, ohne Bestimmung. Ohne diese wesentliche Leerheit wäre ein Denkmodell nicht offen, damit nicht vielfältiger Beziehungen fähig. Wenn wir uns »im Denken«, im Wirbel der Gedanken wiederfinden, dann dient uns immer ein Gedanke als Fahrzeug, um andere Gedanken zu erklären, zu kommentieren, zu beschreiben. Unser Denkprozeß ist die zeitliche

Entfaltung der Offenheit (Leerheit). *Der Prozeß des Denkens ist der »Sinn« der Wörter und Begriffe.*

Die Zuordnung genau definierter Begriffe oder Wörter zu selbständigen Dingen oder Menschen beruht auf einer grundlegenden Täuschung. Es ist aber generell diese Täuschung, die uns in kreative Wesen verwandelt. Ohne diese Täuschung wäre das Leben und Erleben »definiert«, d. h. abgeschlossen und endgültig begrenzt. Sich vor Täuschung bewahren zu wollen heißt, sich in ein selbstgeschaffenes Gefängnis zu begeben. »Am schädlichsten ist es, sich vor Irrtümern bewahren zu wollen« sagt Hegel.[184] Ein Stein bleibt ohne Irrtum und ohne Täuschung. Kreativität ist der Prozeß der Täuschung, den Denkmodelle vollziehen. Es ist riskant, sich auf Täuschungen aktiv einzulassen. Wir wissen nie, ob uns die gerufenen Geister dienen oder nur behexen, ob wir Genies oder irrsinnig werden. Die Größe der Gefahr korrespondiert der Größe der Täuschung. Das gilt bei den kleinen, harmlosen Täuschungen und Ent-Täuschungen, bei dem gleitenden Übergang von der Begeisterung zur Arbeitssucht, bis hin zu den großen Kreativen, denen seit jeher eine Nähe zum Irrsinn nachgesagt wird. Es gibt, wir wissen es bereits, eine *große Magie*, die Geister in zahme Gefährten zu verwandeln: Die Achtsamkeit. Je mehr wir das Wirken dieser Geister, der Denkmodelle erkennen, je weniger unsere Achtsamkeit heillos in einer Kette von Denken und Handeln gefesselt ist, die uns im Kreis der Gewohnheiten herumführt, desto mehr wird Kreativität unsere Kraft - nicht unser Schicksal. - Sollte dem Leser bei soviel Spuk gruseln, so bitte ich zu bedenken: All dies sind auch nur Denkmodelle, Metaphern.

Denkmodell und Achtsamkeit, Täuschung und Kreativität sind wie Schatten und Licht, hatten wir zum Eingang dieses Kapitels gesagt. Die lichte Seite des Schöpferischen ist vom Dunkel der Täuschung, von der Verblendung nicht zu trennen. Wir werden nicht dadurch kreativ, daß wir *über* Kreativität sprechen und sie in etwas anderem suchen, als in dem oft verwirrten Erleben und Denken unserer alltäglichen Situationen. Wir werden kreativ, wenn wir die Denkmodelle und ihre situative Kraft in das Licht unserer Achtsamkeit heben. C. G. Jung sagt an einer Stelle sehr schön:

> »Man wird nicht hell dadurch, daß man sich Helles vorstellt, sondern dadurch, daß man Dunkles bewußt macht.«

Wir werden dadurch kreativ, daß wir uns Denkmodelle bewußt machen, auf sie achten. Erleuchtung und Täuschung sind identisch. Wir werden erleuchtet von neuen Ideen, wenn wir die Täuschungen, die Modelle des Denkens be-achten und ihnen so ihre dunkle, mechanische, routinierte, ihre nicht-kreative Macht nehmen. Und was wir be-achten, das werden wir auch achten, d. h.: lieben - bei uns und bei anderen.

12 Anwendung von Denkmodellen: Beispiele

Komplexe Denkmodelle

Wir konnten Denkmodelle in den letzten Kapiteln in ihrer generellen Funktionsweise kennenlernen. Hierbei zeigten sich drei unterschiedliche Strukturmomente: *Erstens* wirken Denkmodelle mikrosituativ immer verändernd; ihre bloße Anwendung ist schon eine Veränderung der Situatiton. *Zweitens* gibt es eine Gruppe von Denkmodellen, die andere Situationen als Modell für die gegenwärtige Situation verwenden. Diese Modelle stellen *offene Beschreibungen* eines bestimmten Situationstyps dar (»Seefahrt«, »Weg«, »Duell« hatten wir als Beispiele kennengelernt). Oft verwenden sie in ihrer Modellfunktion jeweils nur bestimme Elemente (der »Steuermann« als Element des Modells »Seefahrt«); die ganze Situation bleibt jedoch als Möglichkeit latent. Sie ist mit gegenwärtig. Da diese Modelle jeweils eine ganze Situation umfassen (oder die Erinnerung, die Vorstellung einer ganzen Situation), finden sich bei ihrer Anwendung auf eine andere Situation für alle Modalitäten »Entsprechungen«, »Analogien«. Man kann das Modell immer so erweitern, daß Elemente zutage treten, die in der gegenwärtigen Situation gebraucht werden. Gelegentlich wird hierbei das Modell auch aus seinem ursprünglichen Kontext völlig entfernt, und es werden ihm neue Submodalitäten angefügt (etwa beim »Fliegenden Holländer«, »Luftschiff«, »Raumschiff«). *Drittens* hatten wir Modelle kennengelernt, die jeweils bestimmte Submodalitäten einer Situation strukturieren. Hierzu gehören Handlungsmodelle, metaphysische, ethische, kybernetische u.a. Modelle. Diese Denkmodelle organisieren die Relationen zwischen bestimmten situativen Submodalitäten auf besondere Weise (»möglich-wirklich« orientiert sich z. B. am Verhältnis von Gedanken und Wahrnehmung). Auch bei diesen mikrosituativen Modellen besteht eine Tendenz, alle Elemente einer Situation wachzurufen. Situationen sind niemals »unvollständig«, und insofern stellt *jedes* Denkmodell eine »Färbung« der ganzen Situation dar.

Eine wichtige Differenz wurde aber deutlich bei der *Kombination* oder Verknüpfung von Modellen. In Texten, in Sätzen oder in Gedanken folgen zahlreiche Wörter aufeinander, die unterschiedlichste Modelle »aktivieren« können. Mikrosituative Denkmodelle werden hierbei sehr oft aneinandergereiht, um eine vollständige Beschreibung zu ermöglichen. Weit häufiger ist allerdings eine Bewegung durch verschiedene Situationen hindurch, bei der die Achtsamkeit jeweils von einem Aspekt, einer Modalität »gefesselt« wird. Texte suggerieren solch eine »Blickrichtung« der Achtsamkeit ebenso wie Bilder oder Zeichen. Einige Punkte sind aber doch erwähnenswert. Beim Übergang von einer Situation in eine andere spielen Denkmodelle eine herausragende Rolle. Wenn wir diesen Übergang nach dem Schema »aktivpassiv« interpretieren, können wir sagen, daß Übergänge zwischen Situationen durch *Handlungen* und durch *Ereignisse* erzeugt werden. In beiden Fällen hat aber die Selbstbeschreibung der Situation, das »aktivierte« Denkmodell eine lenkende Funktion. Wie man ein passiv erlebtes »Ereignis« interpretiert, hängt ab von der verwendeten Denkform. Daß Handlungen durch ein Denkmuster *gelenkt* werden, kann man nahezu als Tautologie bezeichnen. Es gibt aber bei situativen Übergängen (und sie zu vollziehen ist das Werk der Kreativität) allerdings so etwas wie »Leitmodalitäten«. Dies kann die Orientierung an »nüchternen Gedanken« sein, die Orientierung am »Sehen«, an Bewegungen (der Zeit) oder an Emotionen. Für viele, höchst unterschiedliche Typen finden wir eine Art einseitiger Spezialisierung auf situative Modalitäten. Dies (andersherum betrachtet) macht es möglich, Situationstypen überhaupt einzuteilen. Es gibt den Typus der nüchternen, sachlichen Handlung ebenso wie den des rauschhaften Erlebens, die graue Monotonie einer Bewegung wie die Buntheit der Sinnlichkeit. In diesem Fall sind makrosituative Leitbilder am Werke. Die *theoretische Einteilung* in Handlungstypen (rationale, emotionale, kommunikative usw.) kann dies ebenso zum Ausdruck bringen wie die Unterscheidung differenter Systemtypen (Wissenschaft, Politik, Wirtschaft usw.). Faktisch liegt in diesem Fall immer eine einseitige Zentrierung und Fokussierung von situativen Modalitäten vor, die lenkend in den »Handlungsverlauf«, in das »Systemverhalten«, in das »Ereignis« eingreifen.

Noch eine Anmerkung scheint mir als Voraussetzung für eine Analyse von komplexen Denkmodellen anhand von einigen Beispielen nützlich zu sein. Wenn man unterschiedliche Denkmodelle *konfrontiert*, sei es spielerisch als Quelle der Inspiration, sei es in Diskussionen, Auseinandersetzungen oder im theoretischen »Duell«, dann macht sich die Differenziertheit der Modellstrukturen deutlich bemerkbar. Wer seine Welt nur mit »gut-böse« erklärt und hierzu gelegentliche Autoritätsbeweise aus einer »heiligen« Schrift oder einer »auctoritas« zitiert, verfügt über ein sehr undifferenziertes Denkmodell. Wird dies einem komplexen Modell, das über viele Teilmodelle verfügt, entgegengehalten, so wird die Diskussion ziemlich unfruchtbar verlaufen. Was immer ein Gesprächspartner sagt, ein Fundamentalist des »gut-böse« (»richtig-falsch«) wird die Sätze auf zwei große Haufen legen und den vermutlich größeren verwerfen. Ich möchte vorschlagen, ein Denkmodell *fundamentalistisch* zu nennen, wenn es vorwiegend nur ein Gegensatzpaar (man könnte auch sagen: eine zweiwertige »Codierung«) verwendet und ansonsten an irgendeine Evidenz appelliert. Bei fundamentalistischen Denkmodellen ist nur das *Unterscheiden* wichtig, nicht der Inhalt einer verwendeten Kategorie. Z. B. ist das Modell »möglich-wirklich« schon in sich komplex, weil Möglichkeit nicht identisch ist mit »nicht wirklich«. Hingegen ist das »Theorie-Praxis-Modell« dann fundamentalistisch, wenn man auf eine »evidente« Praxis pocht und sie als Substitut für das Denken anführt. Wenn zwei völlig verschiedene Denkmodelle als Gegensätze verwendet werden, dann ist nicht einmal ein Gespräch möglich. Die Tatsache, daß zwei Menschen eine Sprache sprechen, setzt voraus, daß sie über einige Denkmodelle gemeinsam verfügen. Das Erlernen einer Sprache stellt bereits solch eine »Ausrichtung« des Geistes auf einen Denkkomplex dar. Deshalb ist es im Streitfall immer ratsam, alle Modellbausteine in die *Alltagssprache* zu übersetzen, um so dem Gesprächspartner ein Verständnis zu erleichtern.

Die Differenz, ob *wir* das Modell beherrschen oder das *Modell* uns »beherrscht«, zeigt sich an der Fähigkeit, »Dinge einfach sagen zu können«. Wer sein Konzept, seine Wissenschaft, seine Religion, seine Philosophie nicht »verständlich« machen kann, der hat sie noch gar nicht verstanden: Er wird von ihr nur *gesteuert*. Man erkennt dies in vielen Diskussionen. Die Gesprächspartner oder Kontrahenten geraten in Bandschleifen und verwandeln sich in Kassettenrecorder: Sie wiederholen (»bekräftigen«) ihren Standpunkt, vielleicht mit »etwas anderen Worten«, doch ohne Möglichkeit einer Änderung. Da aber Begriffe, Wörter, Modelle niemals geschlossen sind, bedeutet solch ein Verhalten ganz einfach, daß das Modell, daß der Gedanke *mechanisch* geworden ist. Man könnte Standardsätze in einem Computer programmieren, der nur »synonyme« Wörter zufällig variiert, wir erhielten dasselbe Verhalten. Weit schlimmer an diesen Bandschleifen ist: Wir vollführen sie in unseren *inneren Dialogen*, meist ohne es zu bemerken. Hier kann uns die Achtsamkeit darauf, wie Denkmodelle in komplexen Zusammenhängen funktionieren, aufwecken. Die nachfolgenden Beispiele dienen der Illustration. Ich muß mich dabei auf das Medium »Buch« beschränken, obgleich mir das Hören, Riechen, Schmecken, Tasten und Bewegen nicht minder wichtig erscheint. Um für uns das »Erlebnis«, mit einem Text konfrontiert zu sein, möglich genau rekonstruierbar zu machen, werde ich aus einigen Büchern eine Seite wiedergeben und diese Seite in ihren Denkmodellen näher untersuchen. Daß ich hierbei vor den Großen des Geistes nicht zurückschrecke, ist das Gegenteil einer Anmaßung oder einer Respektlosigkeit: Bei wem sonst sollten wir kreativ denken lernen können? *Wie* denkt eigentlich solch ein »Großer«? Das werden wir untersuchen. So *völlig* anders als bei uns gewöhnlichen Sterblichen wird das vermutlich nicht ablaufen können. - Die ersten beiden Beispiele dienen der »Einübung«, einem Spiel mit unserem Geist im »Leerlauf«. Die anderen Texte, das sollte ich noch hinzufügen, werden nicht nach *traditionellen* Methoden analysiert, also *nicht* durch die inhaltliche Interpretation der jeweiligen Experten oder durch Textdeutungen im Hinblick auf verschiedenen hermeneutischen Verfahren. Für die Analyse der Texte nach wirksamen Denkmodellen ist nur ihre vorliegende Textform wichtig; mögliche Quellen und andere Faktoren bleiben mit *Absicht* unberücksichtigt. Ich bitte also alle Experten, den Anfängergeist zu bewahren, von dem der Zen-Meister Shunryu Suzuki spricht:[185]

> »Des Anfängers Geist hat viele Möglichkeiten, der des Experten hat nur wenige.«

Beispiel 1: Die leere Seite

Auf der gegenüberliegenden Seite sehen Sie eine *leere* Seite. Ist eine leere Seite ein Beispiel für irgendetwas? Sie scheint doch einfach *leer* zu sein; nichts steht darauf. Aber »nichts« können wir nur in einem Denkmodell, dem Modell »ist-nicht« denken. Wir erwarten auf einer ordentlichen Buchseite, zudem im laufenden Text, keine leere Seite: Eine Seitenzahl mit einem Kopftext steht darüber; das deutet darauf hin, daß diese Seite *gezählt* wird. Das Modell der natürlichen Zahlen legt nahe, daß hier *Textseiten* gezählt werden. Doch hier steht kein Text. Die leere Seite ist ein Modell für unsere *Erwartung* eines Textes. Andererseits, wenn eine gewisse Hemmschwelle überwunden wird, kann man diese Seite als eine Fläche betrachten, auf die sich etwas schreiben läßt. (Bei manchen Büchern finden sich am Ende einige Leerseiten mit der Überschrift: »Raum für Notizen«.) Wenn wir also unsere *enttäuschte Erwartung*, daß auf einer Seite ein Text stehen soll, überwinden, so wandelt sich die Leere, das Nichts eines Textes in einen *Raum*, den wir selbst gestalten können. Dann wird die leere Seite zum Denkmodell einer Fläche, die einen Text erwartet. Sie kann zu einer Aufforderung, zu einer Herausforderung werden: Wir sitzen vor der leeren Seite, und es fällt uns nichts ein. Unsere Gedanken »wandern« vielleicht. Die leere Seite wird zu einer Art Kinoleinwand. Sie setzt dem Wandern unserer Gedanken keinen Widerstand entgegen. Kein Wort, kein Bild, kein Zeichen, das irgend einen Anhalt böte. Aber auch kein Zeichen, das uns einschränkte. Keines? Wir sind auf die Seite fixiert, auf die Dimension des Textes, des Lesens. Das Denkmodell, das uns prägt, ist die Erwartung eines Textes auch dann, wenn kein Text vorhanden ist. Ein Kleinkind hat hier kein Problem; es zerreißt Bücherseiten oder tapst darauf herum. Allein die Tatsache, daß die »Leere« als Seite eines Buches auftritt, verwandelt sie in ein Denkmodell. Sehen Sie die Seite an, die Maserung des Papiers, das einfallende Licht, die vier Kanten; das Phänomen zeigt keinen Hinweis auf einen Text. Doch oben am Seitenende steht ein Kopftext - und dies setzt unser Denkmodell des Erwartens in Gang.

BEISPIEL 2: DER SPIEGEL

Wenn Sie den Text auf der gegenüberliegenden Seite lesen, fällt ihnen vielleicht etwas auf. Sie lesen dort in der Mitte der ersten Zeile das lange Wort »gegenüberliegenden«. Dieses Wort fordert stillschweigend auf, die andere Seite zu betrachten. Doch auf dieser anderen Seite lesen Sie auch nur deutlich hervorgehoben: ***Hier lesen Sie das Hervorgehobene.*** Dieser Text bedeutet sich selbst. Aber um sich selbst zu »bedeuten«, muß er sich verdoppeln, wie in einem Spiegel. Blicken Sie bitte auf die gegenüberliegende Seite: Sie finden dort die Aufforderung auf die gegenüberliegende Seite zu blicken. Andererseits kann ich, während ich das hier schreibe, nur sicher auf etwas verweisen, das ich schon geschrieben habe. Ich kann mir vornehmen, unten die Formulierung »grünes Quadrat« zu verwenden, und dann sagen: Sehen Sie auf der gegenüberliegenden Seite: auf der 8ten Zeile von unten steht die Phrase »grünes Quadrat«. Ich habe das so konstruiert, daß ich zuerst »x-te Zeile« geschrieben habe und, nachdem der Text formuliert war, das »x« durch die Zahl »8« ersetzte. Man kann also einen wirklich rückbezüglichen Text nur schreiben (sofern er nicht nur Gemeinplätze enthält, die für jeden Text gelten), indem man Variablen einführt, die später, wenn der Text formuliert ist, durch genaue Werte ersetzt werden. Daran ist zu erkennen, daß man Selbstreferenz nicht ohne Rückkehr und Änderung erzeugen kann. Um einen geschlossenen Zirkel zu erhalten, muß man schon einmal die ganze Runde gangen sein. Lebendige Selbstreferenz bezieht sich niemals auf dasselbe zurück. Die Rückbeziehung (ein Modellieren), verändert das, worauf man sich zurückbezieht. Wenn ich behaupte, daß hier »grünes Quadrat« stehen wird, dann muß in meinem Geist der Plan, so zu verfahren, bereits fertig sein. (Oder ich muß diesen Text hier vorher entwerfen und dann dafür sorgen, daß die Wörter, auf die er sich bezieht, zugleich dies besagen.) Eine *Negation* darf allerdings nicht vorkommen, sonst entsteht eine Paradoxie. (Z. B.: »Der Text gegenüber ist falsch.«) Selbstreferenz eines Textes kann uns also nur darauf aufmerksam machen, daß wir Wörter in ihrer äußeren Gestalt und ihrer Bedeutung unterscheiden.

Beispiel 2: Der Spiegel

Wenn Sie den Text auf der gegenüberliegenden Seite lesen, fällt ihnen vielleicht etwas auf. Sie lesen dort in der Mitte der ersten Zeile das lange Wort »gegenüberliegenden«. Dieses Wort fordert stillschweigend auf, die andere Seite zu betrachten. Doch auf dieser anderen Seite lesen Sie auch nur deutlich hervorgehoben: ***Hier lesen Sie das Hervorgehobene.*** Dieser Text bedeutet sich selbst. Aber um sich selbst zu »bedeuten«, muß er sich verdoppeln, wie in einem Spiegel. Blicken Sie bitte auf die gegenüberliegende Seite: Sie finden dort die Aufforderung auf die gegenüberliegende Seite zu blicken. Andererseits kann ich, während ich das hier schreibe, nur sicher auf etwas verweisen, das ich schon geschrieben habe. Ich kann mir vornehmen, unten die Formulierung »grünes Quadrat« zu verwenden, und dann sagen: Sehen Sie auf der gegenüberliegenden Seite: auf der 8ten Zeile von unten steht die Phrase »grünes Quadrat«. Ich habe das so konstruiert, daß ich zuerst »x-te Zeile« geschrieben habe und, nachdem der Text formuliert war, das »x« durch die Zahl »8« ersetzte. Man kann also einen wirklich rückbezüglichen Text nur schreiben (sofern er nicht nur Gemeinplätze enthält, die für jeden Text gelten), indem man Variablen einführt, die später, wenn der Text formuliert ist, durch genaue Werte ersetzt werden. Daran ist zu erkennen, daß man Selbstreferenz nicht ohne Rückkehr und Änderung erzeugen kann. Um einen geschlossenen Zirkel zu erhalten, muß man schon einmal die ganze Runde gangen sein. Lebendige Selbstreferenz bezieht sich niemals auf dasselbe zurück. Die Rückbeziehung (ein Modellieren), verändert das, worauf man sich zurückbezieht. Wenn ich behaupte, daß hier »grünes Quadrat« stehen wird, dann muß in meinem Geist der Plan, so zu verfahren, bereits fertig sein. (Oder ich muß diesen Text hier vorher entwerfen und dann dafür sorgen, daß die Wörter, auf die er sich bezieht, zugleich dies besagen.) Eine *Negation* darf allerdings nicht vorkommen, sonst entsteht eine Paradoxie. (Z. B.: »Der Text gegenüber ist falsch.«) Selbstreferenz eines Textes kann uns also nur darauf aufmerksam machen, daß wir Wörter in ihrer äußeren Gestalt und ihrer Bedeutung unterscheiden.

Beispiel 3: Die Erschaffung der Welt

Auf der Seite gegenüber findet sich den Anfang der Einheitsübersetzung »Die Bibel«. Dies ist ein mythologischer, ein heiliger Text. Er beginnt mit einem Zeitbegriff im *örtlichen* Sinn: Im Anfang. (Luther übersetzte, wie es heißt ungenau, »Am Anfang« - doch auch »am« ist eine räumliche Orientierung: Am Haus, am Hang, am Straßenrand.) Man könnte dies also verstehen als Vereinigung von Raum und Zeit: »Im Anfang« ist paradox; aber die Einheit von Raum und Zeit vor der Entstehung der Welt *ist* vielleicht paradox. Wenn wir auf die Reihenfolgen blicken erhalten wir: (1) »Im Anfang«, (2) »schuf«, (3) »Gott«. Das *Schaffen* steht in der Rangfolge vor Gott. Gott leiht sich sozusagen seine Natur vom Modell des Tuns, des Schaffens. Wir können dies auch so verstehen: In der raumzeitlichen Paradoxie des Anfangs ist ein Schaffen, das auch Gott vorhergeht. (Es heißt nicht: »Gott schuf im Anfang...«) »Gott« ist im Text eine offene Stelle; es gibt keine Situation (außer für Mystiker) der *Erfahrung* mit etwas, das man »Gott« nennen könnte. Dieses Wort bezieht sich auf keine situative Modalität. - »Himmel und Erde« ist ein duales Modell; es sagt so viel wie »oben und unten«, »Unterschied«; aber auch einfach nur Himmel im gewöhnlichen Sinn (ein blauer, bewölkter Himmel usw.) und Erde. Die Dualität, der Unterschied folgt Gott nach, ist ihm nachgeordnet. Man könnte Gen. 1,1 auch so formulieren: »Himmel und Erde schuf Gott im Anfang.« oder: »Gott schuf im Anfang Himmel und Erde.« oder: »Gott schuf Himmel und Erde im Anfang.« Wenn ein mythologischer Text eine *Reihenfolge* wählt, dann ist auch die Reihenfolge ein Modell. In ein metaphysisches Modell übersetzt ergibt sich im Text die Folge: Raum-Zeit-Paradox ⇒ Kreativität (schaffen) ⇒ Gott ⇒ Dualität (Unterschied). Die Natur der Erde wird näher bestimmt, die des Himmels nicht. Dies setzt sogleich einen Wertunterschied: »die Erde aber war wüst und wirr, Finsternis lag über der Urflut, und Gottes Geist schwebte über dem Wasser.« Das klingt wie eine Ortsbeschreibung, in der jemand etwas tut (»schweben über dem Wasser«); eine Art Urzeitidyll. Wer hat dieses Idyll beobachtet, wer war in dieser Situation? Offenbar war nur Gott anwesend; es ist so, als berichte er aus seinem Gedächtnis, seiner Erinnerung. Das Denkmodell suggeriert hier eine Vorstellung von Chaos (»tohuwabohu«), von fehlender Ordnung. Kein *Licht* (kein Bewußtsein) gab Struktur, gab Form. Chaos ist nicht

DIE ANFÄNGE: 1,1 - 11,9

1 ***Die Erschaffung der Welt: 1,1 - 2,4a.*** Im Anfang schuf Gott Himmel
und Erde; 2 die Erde aber war wüst und wirr, Finsternis lag über der Urflut,
und Gottes Geist schwebte über dem Wasser.
3 Gott sprach: Es werde Licht. Und es wurde Licht. 4 Gott sah, daß das
Licht gut war. Gott schied das Licht von der Finsternis, 5 und Gott nannte
das Licht Tag, und die Finsternis nannte er Nacht. Es wurde Abend, und
es wurde Morgen: erster Tag.
6 Dann sprach Gott: Ein Gewölbe entstehe mitten im Wasser und scheide
Wasser von Wasser. 7 Gott machte also das Gewölbe und schied das
Wasser unterhalb des Gewölbes vom Wasser oberhalb des Gewölbes. So
geschah es, 8 und Gott nannte das Gewölbe Himmel. Es wurde Abend,
und es wurde Morgen: zweiter Tag.
9 Dann sprach Gott: Das Wasser unterhalb des Himmels sammle sich an
einem Ort, damit das Trockene sichtbar werde. So geschah es. 10 Das
Trockene nannte Gott Land, und das angesammelte Wasser nannte er
Meer. Gott sah, daß es gut war. 11 Dann sprach Gott: Das Land lasse
junges Grün wachsen, alle Arten von Pflanzen, die Samen tragen, und von
Bäumen, die auf der Erde Früchte bringen mit ihrem Samen darin. So
geschah es. 12 Das Land brachte junges Grün hervor, alle Arten von Pflan-
zen, die Samen tragen, alle Arten von Bäumen, die Früchte bringen mit
ihrem Samen darin. Gott sah, daß es gut war. 13 Es wurde Abend, und es
wurde Morgen: dritter Tag.

einmal »Materie«. Über diesem Chaos schwebte nun nicht etwa *Gott*, sondern sein *Geist*. Gott der Creator, der Erschaffer der Welt weist selbst eine duale Struktur auf: er ist Schöpfer, und er ist Geist. Der Geist ist dem Chaos kontrastiert als Ordnungsprinzip. Was ist die Bestimmung des ordnenden Geistes? Die Sprache. Denn der Text fährt fort: »Gott sprach«. Dem erschaffenden Werden, der kreativen Tat Gottes eignet eine Trennung von Geist und Schaffen; das ordnende Prinzip ist die Sprache. Die Reihenfolge lautet hier: Er sprach - Es werde - Es wurde. Das Wort ist Befehl und Bewirkendes. Das Bewirkte ist der Submodalität Sehen zugeordnet: »Gott *sah*, daß...« Und vor allem: Das Geschaffene wird sogleich im Modell von gut-schlecht beschrieben: Gott *sah*, daß es *gut* war. Wir erhalten die Modellverknüpfung: Sprache - Befehl - (Geworden-)Sein - Gut. Der Schöpfungsmythos enthält in seiner Modellstruktur unverkennbar die Elemente einer Handlung; er ist ein in Gott angeschautes Kreativitäts- und Handlungsmodell (oder umgekehrt: Kreativität ist göttlich). Der Text verwendet Kategorien unterschiedlichen Rangs. Der Mythos ist zugleich eine Metaphysik und eine Leitmetapher. Er versteht sich darin auch als Vorbild; Gen 1,26: »Laßt uns Menschen machen als unser Abbild, uns ähnlich«. Was ist das »Bild« Gottes am Menschen? All die Elemente, die auch Gott eigentümlich sind: Schaffen, Sprechen, Befehlen, Sehen, Werten. Ein Abbild spiegelt sich in einem Spiegel. Wenn die Menschen auf Gott blicken (*als* Abbilder), erblicken sie *ihr* »Wesen«, *ihre* Struktur, *ihr* Modell. Das Spiegelbild spricht: »Ich bin dein Spiegel, der dich nach deinem Bild entwirft.« - Der Anfang der Genesis kann deshalb auch als Modell »des« Menschen verstanden werden, das sich in einem Geheimnis verbirgt (»Gott«). Durch seine Form ist es ebenso offen für Metaphysiker wie für Fundamentalisten, für wörtliche Kritiker wie metaphorische Denker. Dies ist die kreative Kraft des Mythos.

Beispiel 4: Die Ware

Auf der Seite gegenüber findet sich der Anfang des Hauptwerkes »Das Kapital« (Hamburg 1867) von Karl Marx. Dieser Text versteht sich als *wissenschaftlicher* Text, der kritischen Ansprüchen genügt. Ich möchte aber nicht »kritisieren«, sondern nur die wirksamen Denkmodelle aufspüren. Zunächst fällt die Ordnung in Kapiteln auf, in der sich wissen-

Erstes Buch.

Der Produktionsprozess des Kapitals.

Erstes Kapitel.

Waare und Geld.

1) Die Waare.

Der Reichthum der Gesellschaften, in welchen kapitalistische Produktionsweise herrscht, erscheint als eine „ungeheure Waarensammlung"[1]), die einzelne Waare als seine Elementarform. Unsere Untersuchung beginnt daher mit der Analyse der Waare.

Die Waare ist zunächst ein äusserer Gegenstand, ein Ding, das durch seine Eigenschaften menschliche Bedürfnisse irgend einer Art befriedigt. Die Natur dieser Bedürfnisse, ob sie z. B. dem Magen oder der Phantasie entspringen, ändert nichts an der Sache[2]). Es handelt sich hier auch nicht darum, wie die Sache das menschliche Bedürfniss befriedigt, ob unmittelbar als Lebensmittel, d. h. als Gegenstand des Genusses, oder auf einem Umweg, als Produktionsmittel.

Jedes nützliche Ding, wie Eisen, Papier u. s. w., ist unter doppeltem

---

[1]) Karl Marx: „Zur Kritik der Politischen Oekonomie. Berlin 1859", p. 4.

[2]) „Desire implies want; it is the appetite of the mind, and as natural as hunger to the body . . . . the greatest number (of things) have their value from supplying the wants of the mind." Nicholas Barbon: „A Discourse on coining the new money lighter, in answer to Mr. Locke's Considerations etc. London 1696", p. 2, 3.

schaftliches Denken organisiert. Man verwendet hierzu meistens Zahlen. Sie erlauben es, Gegenstände abzugrenzen und zu definieren. Es gibt hier auch eine Hierarchic: »Erstes Buch«, »Erstes Kapitel«, »1) Die Waare«. Die Ware erscheint als untergeordnetes Element des »Produktionsprozesses des Kapitals«, der, so legt der Text nahe, auf den ersten Blick durch »Waare und Geld« zu charakterisieren sei. Das Buch benennt in seinem ersten Begriff, worum es ihm geht: Um den »Reichtum«. »Reichtum« ist offenbar einschränkend verstanden; ein Reichtum der Gedanken, Gefühle usw. kann nicht gemeint sein. Marx zielt auf einen äußeren Gegenstand. Dieser äußere Gegenstand ist die »Waare«. Zugleich ist die Ware aber »Elementarform«. Der Reichtum erscheint in Gesellschaften mit kapitalistischer Produktionsweise als Ware. Das Wort »erscheint« ist ein Teilbegriff des Modells »Erscheinung-Wesen«, das in der Nachfolge Platons gebildet wurde. Das Wesen gibt der Erscheinung Licht, bestimmt sie in ihrer Form. Die Erscheinung ist Form, darin aber Element eines Ganzen (des Reichtums). Marx verwendet damit im ersten Absatz drei Modelle: (1) »kapitalistische Produktionsweise« als eine Gesellschaft (neben anderen), in denen der (materielle) Reichtum die Situationen des Alltags dominiert. (2) Das Modell von Wesen und Erscheinung; der kapitalistische Reichtum erscheint als Ware. (3) Das Modell vom Ganzen und vom Teil. Dieses letzte Modell ist in einem eher »additiven« Sinn gebraucht (»Waaren*sammlung*«). Die verwendeten Denkmodelle werden nicht als sie selbst reflektiert; Marx läßt sich von ihnen lenken, ohne sie selbst darin zu befragen, ob und inwiefern sie die Situationen beschreiben, die er »kapitalistische Produktionsweise« nennt. Der Reichtum »erscheint« doch darin auch noch als Geld, Besitz, Eigentum, Vermögen, usw.? Allerdings erscheint in der *Ordnung* des Buches die Ware als Elementarform. Inwiefern ist nun die Ware die Elementarform? Ist die Ware das Erste (im Denken, in der Zeit, im Rang), das

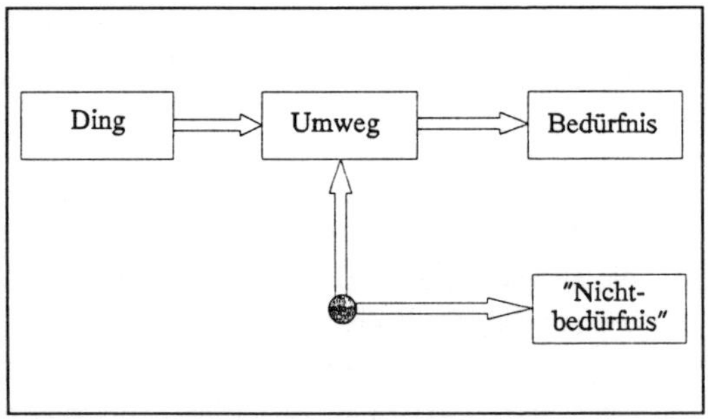

Abb. 19 Wegmodell der menschlichen Bedürfnisse

Oberste, das Allgemeinste, oder das strukturell Elementarste? Was macht das Ganze dieser Elemente aus? Die erste Zeile des nächsten Abschnittes verwendet zwei metaphysische Modelle scheinbar gleichlautend *nebeneinander*: »äusserer Gegenstand« und »Ding mit Eigenschaften«. Hier erkennen wir das Modell »außen-innen« und das »Ding-Modell« wieder. Was ist *innen*, wenn die Ware ein *äußerer* Gegenstand ist? Marx scheint das Innen mit »menschliche Bedürfnisse« gleichzusetzen. Es gibt dann innere Bedürfnisse, die zu äußeren Gegenständen eine Relation unterhalten, »Befriedigung« genannt. Diese Bedürfnisse kommen in physiologischer (der Magen) und geistiger (Phantasie) Form vor. Merkwürdigerweise können sie sogar *indirekt* befriedigt werden. Hier findet sich die Metapher des Weges. Ein Produktionsmittel ist ein *Um-Weg* zum Bedürfnis.[186] Die Wegmetapher suggeriert, als bewege das Ding seine Eigenschaft, Bedürfnisse zu befrieden, auf Umwegen. »Hat« es seine Eigenschaften nun direkt oder indirekt (in der Wegmetapher gedacht als: mit und ohne Weg)? Die Wegmetapher hindert Marx zu sehen, daß auch ein Produktionsmittel »als Ding« direkt auf menschliche Bedürfnisse wirkt. Auch ein Produktionsmittel ist Element der »ungeheuren Waarensammlung«, ist Ware. Wenn Marx für die Ware das Modell »Ding = Bedürfnis« einführt, dann schließt er die Negation aus: »Ding = kein Bedürfnis«. Hier ist »menschliche Bedürfnisse« also ein offener Begriff, der den möglichen Gegensatz verdeckt.[187] Was ist eigentlich ein Bedürfnis? Es kann dem Magen entspringen oder der Phantasie. Wie kann dem Magen ein Bedürfnis entspringen? Hat eine hungrige Kuh (mit Magen) ein »Bedürfnis«? Gehört zum Bedürfnis nicht *immer* ein Moment des Erkennens? Wie verhält sich die erkannte Form zum Bedürfnis? Für wen ist die Ware Form? Damit kommen wir zur situativen Struktur des Textes. Als wissenschaftlicher Text wendet er sich an einen Leser in bestimmter Situation; Marx lebte 1867 in London. Haben für uns seine Begriffe noch dieselbe »Bedeutung«? Ist eine »Waare« tatsächlich eine »Ware«? Alle Wissenschaften gehen davon aus, daß ihre Begriffe klare Grenzen haben. Aber wie steht es bei »Gegenständen«, die in Situationen mit uns weiterleben? Die von Marx verwendeten Denkmodelle haben für uns ganz andere, unsere Situation verändernde Wirkungen. Und nicht zuletzt sind wir mit politischen Wirkungen der Marxschen Modelle konfrontiert. Doch sehen wir hiervon ab. Was würde sich durch eine Veränderung der verwendeten Modelle verändern? Marx bezieht »Eigenschaften« (der Dinge), ihre Formen, auf »Bedürfnis«. Die Dinge *haben* diese Eigenschaften, das ist die Logik des Ding-Modells. Welches Ding hatte zu Marxens Zeiten die Eigenschaften, die das Ding »Fernsehapparat« heute als Bedürfnis befriedigt? Interpretiert man »Eigenschaften der Dinge« als Gestalten der Wahrnehmung, so ergibt sich ein ganz anderer Blick. Ferner: Wenn Bedürfnisse der Phantasie entspringen, die Phantasie aber *kreativ* ist, dann *entwirft* sie erst Eigenschaften. Oder kann die »Phantasie« nur erkennen, was als Form an den Dingen »real« ist? Dient ersteres als Modell, dann übersteigt die Phantasie immer die Dinge (qualitativ und quantitativ). Im zweiten Fall ergibt sich ein geschlossenes Bild: Eine Anzahl von Bedürfnissen steht einer Anzahl von Dingen mit Eigenschaften gegenüber. Die *Anzahl* kann verglichen werden. Marx glaubte, daß der Kapitalismus *notwendig* die Nichtübereinstimmung von Bedürfnissen und verfügbaren Dingen als Gesetz erzeugt: Verelendung, Krisen usw. Der Kommunismus sollte die Übereinstimmung herstellen. Ich bemerke noch, daß diese Folgerungen eine Konsequenz jener Denkmodelle sind, die bereits auf der ersten Seite verwendet werden.

Beispiel 5: Die Tatsache

Der nächste Text gibt den Anfang von *Ludwig Wittgensteins »Tractatus logico-philosophicus«* wieder. Hier werden Sätze vorgeführt, die nach »logischem Gewicht« durch Dezimalzahlen numeriert sind. Diese Ordnung erinnert an mathematische Beweise, die von wenigen Axiomen ausgehend, logische Folgerungen ableiten; die Zahlenhierarchie *suggeriert* eine Hierarchie der Argumente. In welchem Sinne ist das Erste (Satz 1: »Die Welt ist alles, was der Fall ist.«) ein Erstes? Ist das Erste Anfang oder Axiom (also letzter Grund von Folgerungen) oder einfach ein Stilprinzip? Wittgenstein sagt in der Fußnote dieser Seite, daß Sätze n.1, n.2 usw. »Bemerkungen zum Satz No. n« sind. Es sind Beschreibungen, die eine vorausgesetzte Beschreibung erläutern. Das eigentliche Rätsel in diesem Ordnungsprinzip ist somit der *Übergang* von Satz 1 auf 2 usw. Lesen wir einmal diese Hauptsätze des Tractatus (der so etwas wie ein Modell aller Denkmodelle sein möchte):

1[1] Die Welt ist alles, was der Fall ist.

1.1 Die Welt ist die Gesamtheit der Tatsachen, nicht der Dinge.

1.11 Die Welt ist durch die Tatsachen bestimmt und dadurch, daß es *alle* Tatsachen sind.

1.12 Denn, die Gesamtheit der Tatsachen bestimmt, was der Fall ist und auch, was alles nicht der Fall ist.

1.13 Die Tatsachen im logischen Raum sind die Welt.

1.2 Die Welt zerfällt in Tatsachen.

1.21 Eines kann der Fall sein oder nicht der Fall sein und alles übrige gleich bleiben.

2 Was der Fall ist, die Tatsache, ist das Bestehen von Sachverhalten.

2.01 Der Sachverhalt ist eine Verbindung von Gegenständen. (Sachen, Dingen.)

2.011 Es ist dem Ding wesentlich, der Bestandteil eines Sachverhaltes sein zu können.

2.012 In der Logik ist nichts zufällig: Wenn das Ding im Sachverhalt vorkommen *kann,* so muß die Möglichkeit des Sachverhaltes im Ding bereits präjudiziert sein.

2.0121 Es erschiene gleichsam als Zufall, wenn dem Ding, das allein für sich bestehen könnte, nachträglich eine Sachlage passen würde.

Wenn die Dinge in Sachverhalten vorkommen können, so muß dies schon in ihnen liegen.

(Etwas Logisches kann nicht nur-möglich sein. Die

[1] Die Dezimalzahlen als Nummern der einzelnen Sätze deuten das logische Gewicht der Sätze an, den Nachdruck, der auf ihnen in meiner Darstellung liegt. Die Sätze n.1, n.2, n.3, etc., sind Bemerkungen zum Satze No. n; die Sätze n.m1, n.m2, etc. Bemerkungen zum Satze No. n.m; und so weiter.

1 Die Welt ist alles, was der Fall ist.
2 Was der Fall ist, die Tatsache, ist das Bestehen von Sachverhalten.
3 Das logische Bild der Tatsachen ist der Gedanke.
4 Der Gedanke ist der sinnvolle Satz.
5 Der Satz ist eine Wahrheitsfunktion der Elementarsätze.
6 Die allgemeine Form der Wahrheitsfunktion ist: $(\bar{p}, \bar{\xi}, N(\bar{\xi}))$.
7 Wovon man nicht sprechen kann, darüber muß man schweigen.

Hier sind die von Wittgenstein neu definierten Modellelemente deutlich erkennbar: Die Welt wird durch »Tatsachen« erklärt, die wiederum »Sachverhalte« genannt werden. Von diesen Sachverhalten gibt es Bilder, die »logische« heißen und das ausmachen, was Wittgenstein »Gedanke« nennt. Der Gedanke ist ein *Satz*, der durch das Wort »sinnvoll« qualifiziert wird. Satz 5 besagt m.a.W.: Kleinste Einheiten der Welt, elementare Sachverhalte, erscheinen in Elementarsätzen, die nur logisch (= tautologisch) bearbeitet werden. Dieses Denkmodell wird bereits auf der ersten Seite des Tractatus deutlich. Der Satz 1.13 verwendet ein Leitbild zur Erläuterung: Die Tatsache ist etwas in einem Raum. Der Raum ist für Wittgenstein nicht leer, er ist strukturiert durch die »Geometrie« der logischen Gesetze. Zugleich ist die Geometrie dieses Raumes (die Logik) *notwendig*; in der Logik ist nichts *zufällig*. Die Logik steckt als absoluter Gesetzgeber die Möglichkeiten der Dinge ab. Wenn man im logischen Raum einen Punkt festlegt, dann legt man einen Elementarsatz fest, der exakt einer Tatsache »entspricht«, ihr »Bild« darstellt. Die Gedanken sind immer Sätze (Sprache). Es kann auch Sätze geben, die keinem Punkt im logischen Raum zugeordnet werden können. Sie heißen »sinnlos«. Wittgensteins Tractatus »will also dem Denken eine Grenze ziehen« (Vorwort), und er ergänzt: »oder vielmehr - nicht dem Denken, sondern dem Ausdruck der Gedanken: Denn um dem Denken eine Grenze zu ziehen, müßten wir beide Seiten dieser Grenze denken können (wir müßten also denken können, was sich nicht denken läßt).« (Ibid.) Hier wird das Leitbild des Denkmodells im Tractatus (ausgesprochen im Satz 1.13) noch deutlicher: Wir sind im logischen Raum und können ihn nicht verlassen, denn »denken« heißt immer, sich im logischen Raum zu bewegen. Wittgenstein kann eine neue Tatsache nur als bislang noch von keinem Ding eingenommene Stelle im logischen Raum denken. Eine neue Idee ist, in diesem Modell, eine bislang unbesetzte Koordinate, die Besiedlung eines neuen Gebietes, dessen Landkarte wir schon genau kennen. Aber wenn wir die Landkarte schon genau kennen, dann kennen wir auch *alle möglichen* Dinge. Folglich kann es gar kein *Erschaffen* von Dingen geben. Wichtig sind aber neben dem Raum als Metaebene auch die Grundkategorien »Welt«, »Fall«, »Gesamtheit«, »Tatsache« usw. Diese Wörter sind im Text nicht oder nur kurz erläutert. Wenn wir die Sätze 1 bis 1.13 lesen, entdecken wir »Tatsache« als elementare Größe. Dieses Wort wird nicht weiter erklärt: Es wird aber später als etwas interpretiert, nämlich als »Tatsache im logischen Raum«. Wie kommt eine Tatsache (z. B. die Tränen in den Augen eines Kindes) in einen logischen Raum? Zudem verwendet Wittgenstein das metaphysische Modell der Ganzheit. Der Satz 1.11 trennt zwischen »Tatsachen« und »alle Tatsachen« - wie soll man das denken: »alle Tatsachen«? Was ist eine Gesamtheit und wie ist sie wem wann und wo gegenwärtig? Weshalb ist die Welt alles, *was* der Fall ist und nicht *wie* es der Fall ist? oder für *wen* es der Fall ist? Wenn es eine Gesamtheit der Tatsachen (= Welt) gibt, wie gelingt es dieser »Gesamtheit«, in Tatsachen zu »*zerfallen*« (Satz 1.2)?

Adorno erzählt irgendwo, Beckett habe ihm gegenüber Wittgenstein als seinen Lieblingsphilosophen benannt, was Adorno sehr erstaunte. Beckett begründete dies (nicht wörtlich) so: » ›Alles, was der Fall ist‹, das klingt für mich nach ›fallen‹, ›stürzen‹, ›Niedergang‹.« Die Sensibilität des Dichters deckt den *Modellcharakter* von »Fall« auf. »Fall« suggeriert etwas, das in einen gegebenen Rahmen hineinfällt, wie der straffällig gewordene Täter dadurch »Täter« ist, daß er im »Raum der Gesetze« einen Platz einnimmt. Die Welt zerfällt. Wohin zerfällt sie? Sie zerfällt »in Tatsachen« (wie der Täter in die Maschen des Gesetzes). Dieses Gesetz (die Logik) ist der einzige Halt in einer in Zu-*fälle zerfallenden* Welt. »In der Logik ist nichts zufällig«. Dort herrscht Ordnung. Die Tatsache wiederum ist eingesponnen in das Netz der Sachverhalte, dem, was den Sachen Halt bietet. Und der Sachverhalt ist es, der die zerfallenen Dinge »verbindet«. Ein Sachverhalt fällt nicht, er »besteht« (Satz 2). So ist das Wesen des Dinges auch nicht sein zu-*Fall*-kommen, sondern dies, Be-*stand*-teil eines Sachverhaltes sein zu können (Satz 2.001). Bestandteil zu sein, eingeordnet zu sein, ist der Schutz der Dinge, und die

Logik ist ihr Gesetzgeber. Auch ohne die *Situation* des Soldaten Wittgenstein im Ersten Weltkrieg - in der er den »Tractatus« niederschrieb -, seine *Stand*festigkeit und seinen Blick auf eine zer*fall*ende Ordnung zu kennen, sprechen seine Denkmodelle eine deutliche Sprache.

Beispiel 6: Der seelische Apparat

Das folgende Beispiel entstammt einem Werk von *Sigmund Freund* (aus dem Jahre 1923): *»Das Ich und das Es«* (Werke XIII, 246/47). Der Text erinnert sogleich an etwas, das bei der Psychoanalyse als Weltbild vielleicht gerne vergessen wird: Freuds Theorie ist ursprünglich eine medizinische Theorie, eine Psychologie, die in der Auseinandersetzung mit den Problemen der Pathologie und Hypnose entstanden ist. Freud verwendet als erste und grundlegende Modellstruktur das Modell: »Bewußtsein-Unbewußtsein«. Das Unbewußte wird eingeführt, weil es so etwas wie »Verdrängtes« gibt. Dieses Verdrängte wird dem Ich zugerechnet. »Ich« ist etwas, das (in diesem Modell) zwei »Modalitäten« annehmen kann, von Freud mit »bw« (= bewußt) und »ubw« (= unbewußt) abkürzt. Bewußtsein definiert er als »an Wissen geknüpft« (»be-wißt«). Um das Ubw kennenlernen zu können, muß es die Modalität »bw« annehmen. Freud fragt, wie dies »möglich« sei. »Möglichkeit« als Denkmodell wird von ihm näher bestimmt als »möglicher Vorgang«: »Wie kann das vor sich gehen?« Die Möglichkeit des Vorgangs wiederum ist durch eine Struktur erklärt, die Freud »seelischer Apparat« nennt (auch »psychischer Apparat«). »Apparat« ist ein sehr stark strukturiertes Modell. Was meinen wir, außerhalb der Seelenkunde, mit »Apparat«? Ein Apparat ist ein komplexes Werkzeug, das man steuert und bedient. Hier ist ein kybernetisches Modell hilfreich: Ein Apparat ist eine Maschine, die Bewegungen ausführen kann und durch ein Programm gesteuert wird. Freud erläutert das Modell »seelischer Apparat« näher: Der seelische Apparat ist eine Struktur mit der Funktion, den auch anatomisch abgegrenzten Apparat »Körper« mit der »Außenwelt« in Verbindung zu bringen. Freud überlagert dem Apparatmodell damit das traditionelle philosophische Bild vom »Innen-Außen«, »Bewußtsein-Außenwelt«. Von »außen« heran kommen Sinneswahrnehmungen; sie erhalten im Freudschen Modell die Modalität »bw«. Es gibt aber auch innere Wahrnehmungen, die vom Apparat selbst ausgehen (Empfindungen, Gefühle).

DAS ICH UND DAS ES

Die pathologische Forschung hat unser Interesse allzu ausschließlich auf das Verdrängte gerichtet. Wir möchten mehr vom Ich erfahren, seitdem wir wissen, daß auch das Ich unbewußt im eigentlichen Sinne sein kann. Unser einziger Anhalt während unserer Untersuchungen war bisher das Kennzeichen des Bewußt- oder Unbewußtseins; zuletzt haben wir gesehen, wie vieldeutig dies sein kann.

Nun ist all unser Wissen immer an das Bewußtsein gebunden. Auch das *Ubw* können wir nur dadurch kennen lernen, daß wir es bewußt machen. Aber halt, wie ist das möglich? Was heißt: etwas bewußt machen? Wie kann das vor sich gehen?

Wir wissen schon, wo wir hiefür anzuknüpfen haben. Wir haben gesagt, das Bewußtsein ist die Oberfläche des seelischen Apparates, das heißt wir haben es einem System als Funktion zugeschrieben, welches räumlich das erste von der Außenwelt her ist. Räumlich übrigens nicht nur im Sinne der Funktion, sondern diesmal auch im Sinne der anatomischen Zergliederung. Auch unser Forschen muß diese wahrnehmbare Oberfläche zum Ausgang nehmen.

Von vornherein *bw* sind alle Wahrnehmungen, die von außen herankommen (Sinneswahrnehmungen), und von innen her, was wir Empfindungen und Gefühle heißen. Wie aber ist es mit jenen inneren Vorgängen, die wir etwas — roh und ungenau — als Denkvorgänge zusammenfassen können? Kommen sie, die sich irgendwo im Innern des Apparates als Verschiebungen seelischer Energie auf dem Wege zur Handlung vollziehen, an die Oberfläche, die das Bewußtsein entstehen läßt, heran? Oder kommt das Bewußtsein zu ihnen? Wir merken, das ist eine von den Schwierigkeiten, die sich ergeben, wenn man mit der räumlichen, topischen Vorstellung des seelischen Geschehens Ernst machen will. Beide Möglichkeiten sind gleich unausdenkbar, es müßte etwas drittes der Fall sein.

Das Bewußtsein, die Modalität »bw« ist von Freud auch mit dem Bild »Oberfläche« beschrieben (eine Systemgrenze des seelischen Apparats). Freud setzt die »Oberfläche« mit »Bewußtsein« gleich: »das Bewußtsein ist die Oberfläche des seelischen Apparates«. Und er fragt weiter: »Wie ist es mit den Denkvorgängen?«. Sind Denkvorgänge ein innerer Prozeß »seelischer Energie«? Oder »geht« das Bewußtsein zu den Denkvorgängen *»hin«*? Freud sieht, daß er hier in einem *räumlichen* Modell denkt und nennt beide Möglichkeiten »unausdenkbar«. (Freuds Weiterentwicklung des Modells durch die Einführung von *Wortvorstellungen* klammere ich hier aus.) - Halten wir hier inne. Freud überhäuft uns mit einer solchen Fülle von höchst unterschiedlichen Modellen, in denen er sein Denken vorantreibt, daß vielleicht etwas Ruhe angebracht ist. Die Ausgangsstruktur setzte zwei Kategorienpaare voraus: »bw« und »ubw«, sowie »Ich« in verschiedenen »Zuständen«. Um die Differenz von bw und ubw zu *erklären*, verwendet Freud das Modell des seelischen Apparates. Dieses Modell ist ein Modell der Seele, dennoch kommt in ihrem Modell ein Begriff der *Oberfläche* vor, den Freud auch dem *Körper* zuordnet. D. h. er denkt hier auch in der Dualität »Seele-Körper«. Diesen Modellen: »Seele-Körper«, bw-ubw, System-Funktion (des seelischen Apparats) überlagert er auch die Strukturen »Innen-Außen« mit unverkennbar räumlichem Sinn: »von außen *her* und von innen *her*«.

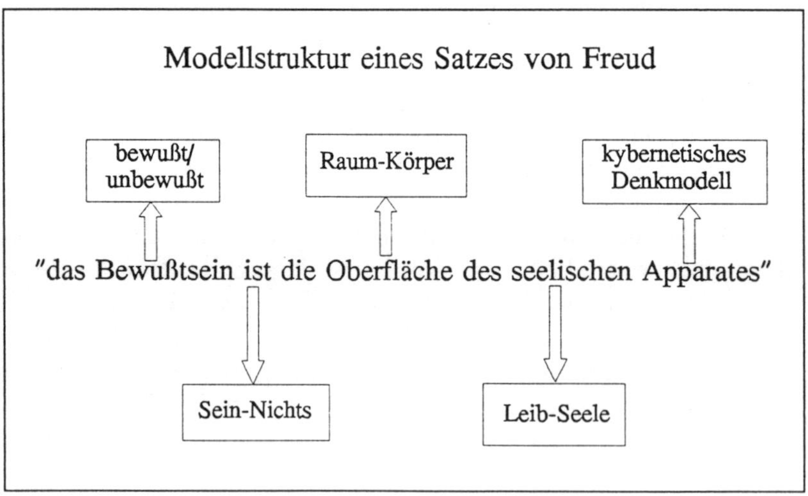

Abb. 20 Denkmodelle bei S. Freud

Keines dieser Modelle ist in seiner das Denken strukturierenden Weise näher reflektiert; sie purzeln übereinander und durcheinander. Erst beim Begriff *»Denken«* hält Freud inne und fragt: *»Kann* man überhaupt räumliche Bilder anwenden?« und *verneint* diese Frage. Er stellt sich aber nicht die Frage, inwiefern die Modelle, die er verwendet, *notwendig* diese räumliche Vorstellung erzeugen. Die »Oberfläche« eines Apparates, dessen Grenzen auch identisch sein können mit der Körperanatomie, als Modell für das *Bewußtsein* verwendet, *kann* gar nicht anders als räumlich gedacht werden. Freud interpretiert »innen« als räumliches Innen, das er (als Beobachter, als Arzt) von einem Außen unterscheidet. Dieses »innen« ist aber völlig verschieden von dem »innen«, das wir meinen mit: »Ich befinde mich *in* dieser oder jener Situation«. Freud spricht über Strukturen, deren *Form* allesamt der ersten situativen Modalität angehören, solange er *erklärt*, d. h. ein theoretisches Modell konstruiert und auf »Empfindungen«, »Gefühle«, »Gedanken« usw. *anwendet.* Diese Blickrichtung *nötigt* ihn, durch die Modellstruktur, in eine räumliche Anschauung, die er zugleich als Fessel empfindet. Ein Apparat benötigt Energie, um betrieben zu werden. Deshalb gesellt sich der Raumvorstellung (»Oberfläche«) auch die Vorstellung »Energie« hinzu, die in diesem Apparat umgesetzt wird. Man kann sagen, daß Gedanken, Gefühle und Wahrnehmungen »energetisch« empfunden werden; doch hier ist »Energie« in einer völlig anderen Innen-Perspektive erlebt, als dies der Beobachter eines physikalischen Systems beschreiben würde. Freuds Konsequenz aus seiner komplexen Modellstruktur: Das Bewußtsein ist eine *Funktion* des seelischen Apparats; zugleich können wir uns aber »etwas bewußt machen«. Was bedeutet in diesem Fall »wir«? Wir *als* Bewußtsein? Wir erleben uns nicht als Apparat, auch nicht als Oberfläche eines Apparats. Wir erleben uns als »Ich bin bewußt«. Wie kann man, mit anderen Worten, über das Ich, das Bewußtsein, das Denken sprechen, als wäre es ein wahrnehmbares, beobachtbares und räumlich strukturiertes »Ding«? Freud formuliert diese Frage in der Abweisung einer räumlichen Interpretation. Doch diese Frage ist eine unabweisbare Konsequenz seines Denkmodells, das eine innere Perspektive durch eine äußere Anschauung ersetzt. - Man kann nicht leugnen, daß die dem Freudschen Denkmodell immanente *Täuschung* sehr produktiv gewirkt hat. Es lieferte eine völlig neue Methode zur Therapie von Erkrankungen, über deren heilende Wirkung ich mir hier kein Urteil anmaßen möchte.[188]

Beispiel 7: Sein und Nichts

In diesem Beispiel wagen wir uns an einen Text, der als einer der schwierigsten in der philosophischen Literatur gilt: Der Anfang von *G.W.F. Hegels »Wissenschaft der Logik I«* (Werke Bd. 5). Dieses Beispiel unterscheidet sich von den anderen in diesem Kapitel besprochenen: Hegel betrachtet das Denken, seinen Prozeß, seinen Inhalt »selbst«. Mehr noch: Es sind Gedanken, die ihre eigene Struktur im Prozeß des Denkens erzeugen wollen. Man kann sich, sagt Hegel, auch so ausdrükken, daß der Inhalt seiner »Logik« »die Darstellung Gottes ist, wie er in seinem ewigen Wesen vor der Erschaffung der Natur und eines endlichen Geistes ist.«[189] Der Text ist also *unendlich anspruchsvoll.* Dennoch sollten wir nicht vergessen, daß er von einem endlichen Menschen geschrieben wurde und in einer endlichen Form vorliegt, wie die nachfolgende Seite belegt. Die dort erkennbare Struktur Sein ⇒ Nichts ⇒ Werden ist zugleich die Keimzelle der Dialektik, einer Denkform, die keinen Begriff in seinen Grenzen (»Ende«) gelten lassen will, sondern das »Ende«, die Grenze denkend aufhebt (und so »un-endlich« ist). Hegel will buchstäblich mit Nichts anfangen. Er gibt zunächst einen Überblick über den Fortgang des Gedankens im ersten Abschnitt (Qualität). Wir wollen ihm in den Abschnitten A-C des ersten Kapitels folgen. Dieses Kapitel beginnt mit »Sein, reines Sein, - ohne alle weitere Bestimmung.« Dies kommt der Aufforderung gleich, das »Unbestimmte« zu denken, das »unbestimmte Unmittelbare«. Doch anstatt anzugeben, *wie* man so etwas macht, gibt Hegel sogleich eine *Eigenschaft* des reinen Seins an. »Das Sein ist...« Bei *»ist«* denkt man, *wie* etwas »ist (existiert)«. Man weiß schon, was dieses Wort bedeutet, allein durch die Kenntnis der Sprache. Auch Hegel geht davon aus, denn er schreibt ein Buch, in dem er seine Einsicht anderen mitteilt. Seine Leser haben aber unvermeidlich *irgendeine* Vorstellung von »Sein«, »unmittelbar«, »Bestimmtheit« usw. Von einigen dieser Kategorien räumt Hegel Inhalte aus: Er sagt, das Sein gehorcht nicht dem Modell »Form-Inhalt«, denn es hat keinen Inhalt. Allerdings ist es »sich selbst gleich« (drei Wörter, drei völlig differente und unerhellte Begriffe) und auch nicht »ungleich« gegen Anderes. Eigentlich sagt Hegel damit: All diese Kategorien, wie Form, Inhalt, Bestimmtheit usw., haben beim Gedanken an das reine Sein nichts verloren. Er wehrt ab, definiert nicht *positiv.* Das reine Sein zu denken,

Erster Abschnitt
Bestimmtheit (Qualität)

Das Sein ist das unbestimmte Unmittelbare; es ist frei von der Bestimmtheit gegen das Wesen sowie noch von jeder, die es innerhalb seiner selbst erhalten kann. Dies reflexionslose Sein ist das Sein, wie es unmittelbar nur an ihm selber ist.

Weil es unbestimmt ist, ist es qualitätsloses Sein; aber *an sich* kommt ihm der Charakter der Unbestimmtheit nur im Gegensatze gegen das *Bestimmte* oder Qualitative zu. Dem Sein überhaupt tritt aber das *bestimmte* Sein als solches gegenüber; damit aber macht seine Unbestimmtheit selbst seine Qualität aus. Es wird sich daher zeigen, daß das *erste* Sein an sich bestimmtes [ist], und hiermit

Zweitens, daß es in das *Dasein* übergeht, *Dasein* ist; daß aber dieses als endliches Sein sich aufhebt und in die unendliche Beziehung des Seins auf sich selbst,

Drittens in das *Fürsichsein* übergeht.

Erstes Kapitel
Sein

A. Sein.

Sein, reines Sein, – ohne alle weitere Bestimmung. In seiner unbestimmten Unmittelbarkeit ist es nur sich selbst gleich und auch nicht ungleich gegen Anderes, hat keine Verschiedenheit innerhalb seiner noch nach außen. Durch irgendeine Bestimmung oder Inhalt, der in ihm unterschieden oder wodurch es als unterschieden von einem Anderen gesetzt würde, würde es nicht in seiner Reinheit festgehalten. Es ist die reine Unbestimmtheit und Leere. – Es ist *nichts* in ihm anzuschauen, wenn von Anschauen hier gesprochen werden kann; oder es ist nur dies reine, leere Anschauen selbst. Es ist ebensowenig etwas in ihm zu denken, oder es ist ebenso nur dies leere Denken. Das Sein, das unbestimmte Unmittelbare ist in der Tat *Nichts* und nicht mehr noch weniger als Nichts.

B. Nichts

Nichts, das reine Nichts; es ist einfache Gleichheit mit sich selbst, vollkommene Leerheit, Bestimmungs- und Inhaltslosigkeit; Ununterschiedenheit in ihm selbst. – Insofern Anschauen oder Denken hier erwähnt werden kann, so gilt es als ein Unterschied,ob etwas oder *nichts* angeschaut oder gedacht wird. Nichts Anschauen oder Denken hat also eine Bedeutung; beide werden unterschieden, so *ist* (existiert) Nichts in unserem Anschauen oder Denken; oder vielmehr ist es das leere Anschauen und Denken selbst und dasselbe leere Anschauen oder Denken als das reine Sein. – Nichts ist somit dieselbe Bestimmung oder vielmehr Bestimmungslosigkeit und damit überhaupt dasselbe, was das reine *Sein* ist.

das ist »nur dies reine, leere Anschauen selbst. Es ist ebensowenig etwas in ihm zu denken, oder es ist ebenso nur dies leere Denken.« Der weitere Gedanke scheint dann naheliegend: Wenn man tatsächlich *nichts* denkt, dann denkt man *das* Nichts. Sein, *rein* gedacht, heißt »eigentlich«, das Nichts zu denken. Der Begriff »Sein« ist »umgeschlagen« in »Nichts«. Auf dieselbe Weise verfährt Hegel mit »Nichts«. Wenn man »Nichts« denkt, darf man keinen Inhalt denken. Nichts heißt »Inhaltslosigkeit«. Aber »das Nichts« denken heißt gleichwohl *denken.* Man denkt an »nichts«, und dies ist ein Denken, sofern eben im *Denken* das Nichts »ist (existiert)«. Wie man die Sache anfängt, beim Sein oder beim Nichts, immer schlägt eines ins andere um, oder: Es zeigt sich, daß es schon je in den anderen Begriff übergegangen ist. Also ist die »Wahrheit« von Sein und Nichts dieses Übergehen selbst oder das *Werden.*

Dieses Denkmuster kehrt bei Hegel vielfach wieder. Doch ist, ehe wir im Strudel dialektischen Werdens versinken, etwas Ruhe angebracht: Hegel spricht von einem Tun, dem »leeren Anschauen«. Weshalb ist dies ein *Schauen*, nicht ein *Hören* oder *Tasten*? Man könnte hier sagen: Hegel meint das »im übertragenen Sinn«, man darf es »nicht wörtlich« nehmen. Aber wie geht das: »leeres Anschauen« ohne zu *schauen*? *Was genau* tut Hegel? Ferner: Ist nicht das leere Anschauen eine sehr spezifische Bestimmung (im Unterschied zum leeren Hören oder Tasten) und damit eben nicht etwas, das dem reinen Sein zukommen kann? Hegel verrät das ihn leitende Denkmodell, wenn er von »Inhaltslosigkeit« spricht. Das Sein soll ein reiner Gedanke sein, ohne Inhalt, eine logische Form ohne Bestimmung. »Sein« wird ferner von Hegel als *Gegenstand* gedacht: Es ist das, was angeschaut, gedacht wird. Auch wenn man keinen Inhalt denkt, so bleibt doch die »Blickrichtung«, die »Intention« auf einen Gegenstand erhalten. Man könnte deshalb ebensogut sagen: »Reines Sein als reines Anschauen«, das ist das grundlegende nach-außen, auf einen Gegenstand gerichtet-«sein« - und insofern eben nicht nichts. Wie also geht das: etwas *leer* anschauen, inhaltslos denken? Hegels Leser sind hierbei nicht im Tiefschlaf oder in Ohnmacht (dann haben sie keinen Gedanken). Man kann nicht vom reinen Sein oder reinen Nichts sprechen, ohne zu sagen, *wie* man es denkt. Hegel selbst legt diese Frage nahe; denn im Abschnitt B spricht er nicht von einem »Was ist?« (das reine Sein), sondern davon, *wie* das reine Nichts gedacht wird (nämlich durch ein »unterscheiden«). Schließlich vertauscht Hegel stillschweigend die Blickrichtung: Beim Sein (Nichts) fragt er zuerst: »Was ist es?«, und dann »Wer denkt es?«, oder: »Wie sieht das Bewußtsein aus, das Sein (Nichts) denkt?«. Er antwortet jeweils: »das leere Anschauen«; der dialektische Übergang wird wie folgt vollzogen:

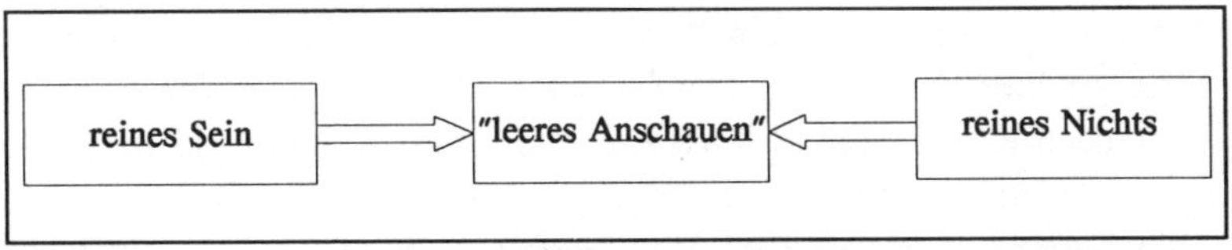

Abb. 21 Struktur des Hegelschen Arguments

Folglich: »Das reine Sein und das reine Nichts ist also dasselbe.«[190] Man kann sagen: Die Intention auf reines Sein hin ist zwar von der Intention zur Erfassung des reinen Nichts verschieden; sie schlägt aber um in ihr Gegenteil, wenn sie auf irgendeine Weise »enttäuscht« wird. Man kann in seiner *Intention*, jemand zu einer bestimmten Zeit treffen zu wollen, enttäuscht werden, aber doch nur deshalb, weil dieser »jemand« von bestimmter Statur und bestimmtem Aussehen ist. Wie kann die *Intention*, reines Nichts denken zu wollen, je enttäuscht werden? Es ist der *Beobachter Hegel*, der von außen auf einen Denkenden blickt und feststellt: »Sein Geist ist leer.« Also ist das »Werden« bei ihm ein Wechsel der Perspektive (den wir in der logischen Paradoxie schon kennengelernt haben). Hegel denkt »reines Sein« als Gegenstand, tritt dann neben sich selbst und betrachtet nun seinen Geist als Gegenstand, um festzustellen: Er ist leer.

Obgleich also Hegel voraussetzungslos und ohne Denkmodell zu denken sich vorgenommen hatte, finden wir dennoch leitende und lenkende Strukturen am Werke, die Denkmodelle sind. Die Vorstellung, daß »ist« und »nicht« »*absolut* unterschieden« sind, behält Hegel als bewegendes Element bei, auch wenn er es gleichsam als »Täuschung« entschlüsselt. Dies gelingt ihm nur durch eine stillschweigende Differenz zwischen Beobachter und Gegenstand, die er vertauscht. Das Modell »Beobachter-Gegenstand« bleibt ein lenkendes Modell. Ferner verwendet Hegel eine Form (sie geht auf Platon zurück), die »Denken« und »Sehen« gleichsetzt. Weder das Denken noch das Sehen sind jedoch jemals »rein«. Ein Gedanke ist sehr wohl von einem Gefühl, der Wahrnehmung oder einer Bewegung verschieden. Ebenso ist es etwas anderes, ob man sich ein leeres Bild vorstellt oder das Wort »reines Sein« »denkt«, d. h. innerlich ausspricht. Was Hegel *wörtlich* sagt (scin Denkmodell), ist verräterisch: Man hält Aus-schau nach dem reinen Sein und bemerkt, daß hierbei nichts anzuschauen ist: »Es ist nichts in ihm anzuschauen«. Er bemerkt, daß ihn hier ein Bild verführt und relativiert: »wenn von Anschauen hier gesprochen werden kann«. Wenn *nicht* davon gesprochen werden kann, weshalb *spricht* er dann davon; wenn davon gesprochen werden kann, dann ist »anschauen eines Gegenstandes« eine Struktur, die Gedanken in eine Richtung zwingt. Diese Täuschung findet sich häufig, auch in den Wissenschaften. Man verwendet ein Bild, ein Beispiel, eine Metapher, um ein bestimmtes Argument zu begründen, ein bestimmtes Ergebnis »abzuleiten«. Nachdem man das Ergebnis erhalten hat, *verwirft* man das Modell als Modell und streitet ihm die Funktion ab, das Ergebnis zu *erzeugen*. In einem Bild gesagt: Man verwendet ein Floß, um das andere Ufer eines Flusses zu erreichen und sagt am anderen Ufer: »Das Floß war nur eine Metapher!« Meist wenn gelehrte Herren etwas ahnen und ihr System wanken sehen, bekommen sie Angst und werden arrogant oder aggressiv. Auch Hegel: »Die Frage nach dem Wie? gehört selbst zu den üblen Manieren der Reflexion, welche nach der Begreiflichkeit fragt, aber dabei ihre festen Kategorien voraussetzt«.[191] »Unbegreiflich« hat Hegel ganz und gar nicht gedacht; sein leitendes Modell und die ihm eigene Täuschung kann man als kreative Kraft beobachten.

BEISPIEL 8 ABBILDUNG UND GLEICHUNG

Auf der gegenüberliegenen Seite finden sich zwei Bilder und eine Gleichung. Abbildung a ist dem Buch *»On the Origin of Species by Means of Natural Selection, or the Preservation of Favoured Races in the Struggle for Life, London 1859«* von *Charles Darwin* entnommen.[192] Abbildung b gibt das einzige Diagramm in *John Maynard Keynes'* Buch *»The Generel Theory of Employment, Interest and Money«*[193] wieder. Die in Abbildung c gezeigte Gleichung entstammt dem Aufsatz *»Die Grundlage der allgemeinen Relativitätstheorie«* von *Albert Einstein*, Annalen der Physik 49 (1916).[194] Zur »Bedeutung« der drei Abbildungen möchte ich nur ein paar kurze Anmerkungen machen:

Abb. a

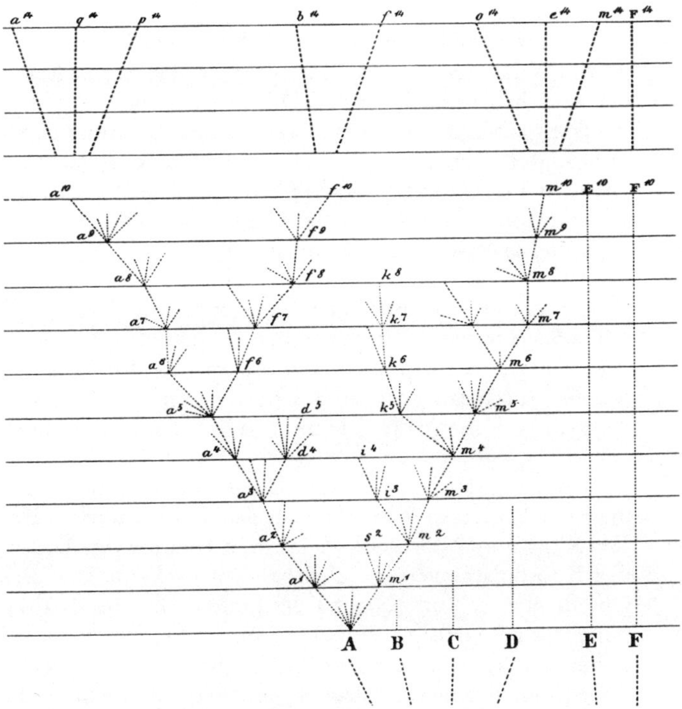

Abb. b

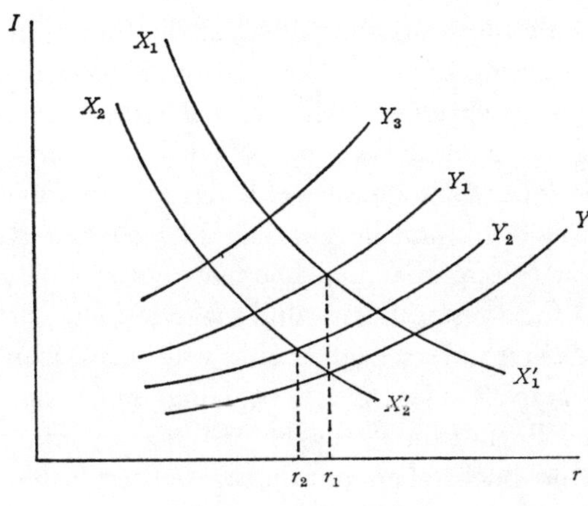

Abb. c

$$(1) \qquad ds^2 = - dX_1^2 - dX_2^2 - dX_3^2 + dX_4^2$$

(1) Darwin schreibt zu seiner Abbildung: »Die beigefügte Zeichnung wird uns das Verständnis dieser verwickelten Dinge (die Prinzipien der natürlichen Zuchtwahl, KHB) erleichtern.«[195] Er erläutert, daß die Buchstaben A bis L Arten einer großen Gattung darstellen. Die punktierten Linien oberhalb des Buchstaben A stellen die »variierenden Nachkommen« dieser Art dar. Die Zwischenräume zwischen den mit römischen Ziffern beschrifteten ausgezogenen Querlinien sind jeweils tausend Generationen.

(2) Keynes illustriert in seinem Diagramm den Zusammenhang zwischen der Summe der Investitionen I (»amount of investment«) und dem Zinssatz r. Die Linien X-X drücken das Verhalten der Investitionen bei Zinsänderungen aus (mit steigendem Zins sinkt das Investitionsvolumen); die Kurven Y geben das Sparangebot wieder.

(3) Einsteins Gleichung besagt, daß ein Linienelement ds im vierdimensionalen Raum (bestehend aus den drei räumlichen Koordinaten X1, X2, X3 und der Zeitkoordinate X4) durch die Änderungen der vier Koordinatenwerte beschrieben werden kann. Die Gleichung (1) gibt an, wie sich das Quadrat des Linienelementes ds aus den Komponenten des vierdimensionalen Raumes von vier unendlich benachbarten Punkten zusammensetzt. Ist ds^2 positiv, so nennt Einstein dieses Linienelement »zeitartig«, ist es negativ, heißt es »raumartig«.

(1) Wir wollen uns ausschließlich auf die Funktion dieser Modelle im Denkprozeß konzentrieren. Die in den kurz angegebenen Erläuterungen formulierten *Erklärungen* stellen eine Beschreibung der Bilder bzw. der Gleichung dar (auch die Algebra ist ein Bild). Darwins Bemerkung, die Zeichnung (oder Gleichung) werde das »Verständnis erleichtern«, trifft für alle drei Denkmodelle zu. Sein Bild stellt auf einer Fläche einen »Baum« dar (»Stammbaum«). Die quer notierten Buchstaben vertreten Arten von Lebewesen. Dieses Bild suggeriert also, daß die Arten ebenso klar und diskret unterscheidbar sind wie Buchstaben. Die oberste Linie XIV kann man als »Gegenwart« begreifen, in der sich die beobachtbaren Arten einer Region im »Struggle for Life« gegenüberstehen (angedeutet durch kleine Buchstaben mit hochgestellten Zahlen). In diesem Bild kommen die beiden wesentlichen Elemente der Darwinschen Theorie deutlich zum Ausdruck: Die Variabilität der Arten (vertikale Richtung) und ihr Kampf gegeneinander (horizontale Bezeichnungen). Offen bleibt

in dieser Zeichnung, wie sich die kleinen Buchstaben mit hochgestellten Zahlen zueinander verhalten. Das Bild stellt sie unbewegt nebeneinander. Jedenfalls scheint die Vervielfältigung der Arten (angedeutet durch die Verzweigungen des Baumes) nichts mit den jeweils daneben liegenden Art-Bäumen zu tun zu haben. Obgleich z. B. dem tierischen *Verhalten* (einer funktionalen, keiner strukturellen, in Buchstaben erkennbaren Veränderung) im Evolutionsmodell von Darwin[196] große Bedeutung zugesprochen wird.[197] Beim Verhalten wird besonders deutlich, was auch für die »körperliche Organisation« gilt: Die Unterschiede zwischen »Arten« (die Buchstaben A, B, etc.) sind nicht immer diskret; sie können »fließend« sein, so daß gar nicht zwei Stammbäume nebeneinander bestehen. Dies bereitet der Evolutionstheorie gegenwärtig unter dem Stichwort »genetisches Driften« einiges Kopfzerbrechen. Das Bild kann diesen Sachverhalt nicht verdeutlichen; seine Struktur suggeriert eine klare Trennung zwischen horizontalen Unterschieden (Selektion) und vertikaler Entwicklung (Mutation). Wenn man in Darwins Bild denkt, dann werden wir in eine Denkform versetzt, die eine durch das Bild gegebene Struktur besitzt. Man kann nicht *im Bild* »Arten« denken. Ein erfahrener Biologe kann zwar unschwer mit den Buchstaben Namen von Tierarten und mit jedem Namen zahllose Situationen verknüpfen, in denen er diese Tierarten studierte. Er verläßt aber dann das Bild des Stammbaumes und vollzieht einen ganz anderen Denkprozeß. In diesem Denkprozeß mögen ihm, anders als im Diagramm, zwei Arten als »sehr ähnlich« erscheinen; überträgt er sie in das Bild des Stammbaumes zurück, so ist der Unterschied zwischen ihnen auf den Unterschied zwischen A und B reduziert. Die begriffliche Klarheit der Buchstabenlogik ist eine ganz andere als die Differenz zwischen Gestalten von Lebewesen und Verhaltenstypen. Das Bild des Stammbaumes hat allerdings gerade *wegen* dieses täuschenden Elements seine kreative Kraft bewiesen.

(2) Das Gesagte gilt auf analoge Weise für das Keynessche Diagramm. Der räumliche Unterschied der Achsen eines cartesischen Koordinatensystems dient zur Abbildung *kausaler* Beziehungen. Dieses Diagramm, unabhängig von seiner Interpretation, könnte in fast jeder Wissenschaft vorkommen. (Das algebraische Zeichen »X1« ist bei Keynes ein Name für das Investitionsverhalten von Menschen, in Einsteins Aufsatz das Längenmaß einer Raumkoordinate.) Was das Diagramm »klar macht«,

ist nur seine *eigene* Struktur.[198] Wenn wir in diesem Diagramm Kurven verschieben und neue Schnittpunkte finden, so »sieht« dies plausibel und eindeutig aus. Die »Logik« des Bildes ist einfach und klar, sie besitzt ihre suggestive Kraft: Nach einer Verschiebung der Kurven ergibt sich *ein* neues »Investitionsvolumen« und *ein* neuer »Zinssatz«. Doch wie ordnet man als Ökonom den Größen »I« und »r« einen Gedanken zu? Wie kann man »Investitions*volumen*« überhaupt denken? Vermutlich werden sich die meisten Ökonomen eine Zahlenreihe vorstellen, die vom Statistischen Bundesamt zusammengestellt worden ist. Man kann sich auch daran erinnern, was »Investitionen« eigentlich sind, und dann das eine oder andere Bild einer neuen Maschine oder eines neuen Gebäudes visualisieren. Doch »Investitionsvolumen« faßt alle Investitionen eines Landes innerhalb eines Jahres zusammen; es ist als Ganzes nicht vorstellbar. Im Denken bewegt sich der an Keynes geschulte Ökonom in Größen (»Aggregaten«), die immer schon selbst eine Beschreibung darstellen. Aggregate können in der ersten situativen Modalität (Sinnesgegenstände) nicht anders als durch Bilder, Zahlen usw. erscheinen. Auch das Denken kann sich auf nichts anderes beziehen. Bedeutung haben die Größen »Investitionsvolumen« und »Zins« nur dadurch, daß sich verschiedene Menschen auf bestimmte Weise an diesen Größen orientieren. Wenn das Diagramm einem Fachmann eine Folgerung nahelegt und er seine Schlußfolgerung als *Experte veröffentlicht*, so hat dies Einfluß auf die Handlungen von Menschen. Diese Handlunglen der Menschen werden vom statistischen Bundesamt dann (sofern sie »sichtbar« werden durch Steuererklärungen, veröffentlichte Bilanzen usw.) nach einem Maßstab interpretiert (den umgesetzen Zahlungen, der Höhe der Preise) und wieder veröffentlicht. Diese zusammengefaßten Größen können dann wieder auf ein Diagramm des abgebildeten Typs bezogen werden. Man verbleibt also in einer Welt der Beschreibungen, die auf wundersame Weise doch unsere »reale Welt« ist.

(3) Einsteins Gleichung ist in noch viel höherem Maße strukturiert. Die Bedeutung der Begriffe »vierdimensionaler Raum«, »raumartiges Linienelement« usw. sind vollständig relativiert auf die Variablen der Gleichung. Mit diesen Variablen kann man nach bestimmten Regeln der Algebra verfahren. Man kann z. B. die Vorschrift »Wurzel aus (.)« anwenden, nach den Regeln der Wurzelrechnung verfahren und die Glei-

chung anschließend integrieren. Bei all diesen Regeln werden auf dem Papier Zeichen miteinander nur verknüpft. Die Kreativität hat einen Spielraum in der Auswahl zwischen *erlaubten* Regeln. Man darf z. B. aus Gleichung (1) die Wurzel ziehen, aber sie nicht durch die Zahl »0« dividieren. Allerdings könnte man z. B. die Größen »X_i« (i = 1,...,4) als *komplexe Zahlen* interpretieren und daraus Schlußfolgerungen ziehen, die auf irgendeine Weise mit meßbaren Größen vergleichbar wären (ein Vorschlag von S. W. Hawkins). Einstein hat sich in seinem Aufsatz kaum auf Beobachtungen beziehen können, er konnte aber Situationen beschreiben, in denen seine Theorie zur Prognose von Ereignissen führen würde, die als Bestätigung ausgelegt werden könnten. Anders als in der Ökonomie sind die Meßvorschriften der Beobachtung in der Physik relativ einfach. Die Größe »X_4« z. B. ist für Einstein eine an einer Uhr abgelesene Zahl. Die Zuordnung »Zahl« - »algebraisches Zeichen« ist relativ einfach zu bewerkstelligen. Allerdings verkörpert ein Meßgerät (gebaut durch die Anwendung von Denkmodellen) eine bestimmte Interpretation der Strukturen in der Wahrnehmung. Im algebraischen Denkmodell kann man sich von solchen Bindungen völlig emanzipieren; man kann mit Regeln experimentieren und das Ergebnis dann auf irgendeine Weise interpretieren, die einer Experimentalsituation zuzuordnen ist. Eine Forderung nach »Anschaulichkeit« der theoretischen Struktur ist überflüssig, weil die mathematische Darstellung bereits die »Anschauung« selbst ist. Bei einem Diagramm sind es die räumliche Struktur und die darin vollzogenen »Bewegungen«, die zu »anschaulichen« Ergebnissen führen; in der Mathematik ist es die richtige Rechnung und ihr Ergebnis. Die Regeln des mathematischen Denkmodells sind sehr streng festgelegt und deshalb ist dort das strukturierende Moment besonders hoch. Doch die Algebra als Denkmodell hat mit Sinnesgegenständen ebensoviel oder wenig zu tun, wie ein anderes Bild, das Darwinsche oder Keynessche. Diese »Unverbundenheit« wird überbrückt durch das *Denken,* das Beziehen auf andere situative Submodalitäten. Der Weg der Überbrückung jedoch, den das Modell leistet, ist nur durch seine Struktur gestiftet. Man kann Gleichungen illustrieren (auch vierdimensionale Räume), d. h. das Modell wechseln nach bestimmten Regeln der Interpretation. Und gerade in diesem Wechsel liegt eine ebenso inspirierende wie täuschende Kraft. Die Täuschung ist möglich, weil *kein* Modell sich wie ein Kleidungsstück an den Körper (die Sinnesgegenstände) anschmiegt; es gehört einer ganz anderen situativen Modalität an. Die Zuordnung von Denkmodell und Sinnesgegenstand ist situatives *Erleben*, keine gleichsam räumliche Anordnung *nebeneinander*. Ebensowenig aber ist ein Bild, eine Gleichung ein »Jenseits«, das als Idee in einem eigenen Reich anzusiedeln ist. Es ist vielmehr das Diesseits in einer *anderen* Modalität, eine der Formen, in denen sich Gedachtes zeigt.

Eine grundlegende Täuschung

Die obigen Beispiele sind in hohem Maße willkürlich gewählt; ich hoffe, daß sie ein wenig von dem Verfahren zeigen, Denkmodelle in komplexen Denkstrukturen und die »Spur«, die sie hinterlassen, entdecken zu helfen. Es wäre falsch, wenn man diese Form der »kreativen Analyse« mit dem verwechseln würde, was »Metaaussage« oder »Beschreibung zweiter Ordnung« genannt wird. Ich habe vielmehr versucht, die Texte nicht als fertige Objekte zu betrachten, sondern ihren *Prozeß* neu zu evozieren. Man kann anhand dieser Beispiele sehen, wie Denkmodelle tatsächlich etwas *erzeugen*. Die Zusammenstellung, die Wahl der Kategorien und Bilder ist allerdings nicht rekonstruierbar. Man kann nicht sagen, weshalb Wittgenstein, Hegel, Darwin, Einstein oder Freud in den Modellen denken, die sie verwenden. Die Kreativität ist situatives Erleben und erscheint nicht in einem Text. Wir können zwar fragen, wie jemand überhaupt die Struktur denken kann, die er beschreibt. Doch *nacherleben* kann dies niemand. Niemand kann für jemand anders »kreativ« sein.

Wir sollten aber einen Punkt besonders betonen: Es gibt eine *grundlegende* Täuschung darüber, wie das Denken »funktioniert«. Diese Täuschung erwächst aus einer Verwechslung unserer Achtsamkeit mit *Gedanken*. Unsere Achtsamkeit hat keine Form oder Farbe, sie ist kein Gefühl und weder bewegt noch unbewegt, sie ist tatsächlich leer, kann jede situative Modalität erfassen und so »zu Bewußtsein« bringen. Ein *Gedanke* ist immer eine bestimmte Folge von Vorstellungen, Erinnerungen, Wörtern. Man kann gar nicht »rein« denken, auch wenn man »rein« auf die eigenen Gedanken achten kann. Durch unsere Achtsamkeit können wir »bewußt denken«. Aber Gedanken verlaufen auch unbewußt. Wir können (vielleicht) bewußt wählen, welchen Gedanken wir denken, aber wir können nicht *strukturlos* denken. Die Gedanken sind ferner nicht identisch mit einem inneren Sprechen - eine auf Platon zurückgehende These, die wir bereits betrachtet haben. Zwar sind Wörter und Sprache untrennbare Elemente des Denkprozesses, doch auch Gefühle, innere Bilder etc. gehören zu seinen Submodalitäten. »Gedanken« haben deshalb *immer* eine Struktur; die Achtsamkeit »lenkt« Gedanken und bearbeitet diese Strukturen (wir erleben dies als unser Denken). Wie immer das kreativ veränderte Denken verläuft, es ist und bleibt eine Struktur, vor allem dann, wenn ein Gedanke *ausgesprochen* wird.

Man hat um das »Unbeschreibliche«, »Unaussprechliche«, »Unsagbare« einen großen Kult gemacht. Ich weiß nicht, ob es jenseits unserer Achtsamkeit noch etwas »anderes« Unsagbares gibt, glaube aber, daß jeder von uns intuitiv die Unsagbarkeit der Achtsamkeit »versteht«. Das heißt nicht, daß man nicht jemand darauf hinweisen könnte und er dann »versteht«, was gemeint ist. Gleichwohl ist die Achtsamkeit nicht ein Gedanke neben anderen Gedanken. Wo immer gedacht wird, handelt es sich um Strukturen. Es ist nicht leicht, über Gefühle zu sprechen. Aber man *kann* es; jedes Gedicht schafft eine Atmosphäre, eine Stimmung. Aber auch innere Bilder sind oft sehr schwer zu beschreiben und nicht jeder ist dazu in der Lage. Auch hier lehren uns Künstler, daß es möglich ist. Und wir sehen einem Bild, hören einem Musikstück *sofort* an, ob es etwas trifft, das wir »erkennen«, nur nicht so *sagen* können. Die »Ausdrucksfähigkeit« ist keine leere Rede. Auch Gedanken *zur Sprache bringen* ist nicht leicht. Je genauer ein Künstler, ein Wissenschaftler oder ein Philosoph jedoch hierbei seinen Denkprozeß schildert, desto eher »verstehen« wir ihn. Andererseits: Völlig dunkle, »unverständliche« Sätze sind dennoch fähig, Stimmungen zu erzeugen. Das Denken kann jede situative Submodalität »vergegenwärtigen« und insofern auch zur Sprache bringen. Eine »unpräzise« Sprache ist dann hinderlich, wenn es sich um technische Dinge handelt, wenn es darum geht, Handlungen zu koordinieren. Doch über Gefühle oder unsere Achtsamkeit in logisch-diskreten Kategorien zu sprechen, ist gleichfalls, wenn auch in ganz anderem Sinn, eine »unpräzise« Ausdrucksweise.

Gedanken haben eine innere Struktur. Die *Sprache*, mit der wir versuchen, Gedanken auszudrücken, ist nur bei stereotypen Floskeln *identisch* mit diesen Gedanken. Man kann, wie bei einem Gedicht, innerlich reden und dies dann »laut« wiederholen. Das meinen wir gewöhnlich aber nicht, wenn wir von »Denken« sprechen. Der *Denkprozeß* als Abfolge von inneren Bildern, Klängen, Gefühlen oder vorgestellten Tastempfindungen wird beim Sprechen *beschrieben*. Wir *sagen*, was wir innerlich sehen, tasten, hören usw. Allerdings drängen uns in diesem »Sagen« Denkmodelle in eine bestimmte Richtung. Eine präzise Beschreibung dessen, was wir genau »sehen, hören, tasten, innerlich sagen« ist deshalb immer ein Moment der Klarheit. Es ist eine grundlegende Täuschung, zu glauben, daß das Denken ohne Struktur sei und erst die Äußerung eine erkennbare Form erhalte.

Hinweise zur Analyse komplexer Denkstrukturen

(1) Versuchen Sie, einen Text in eine *vollständige* Situation zu übertragen, und klären Sie darin, auf welche Submodalitäten einer Situation sich die Beschreibung bezieht. Achten Sie auf Wechsel in den Submodalitäten, besonders dann, wenn durch einen Wechsel ein Argument konstruiert wird. (Kontrollfrage: »Wie genau?«)

(2) Identifizieren Sie in einer Beschreibung (oder klären Sie beim Abfassen einer Beschreibung) die Art der Modellierung:

- Beschreibungen von Situationen durch Wörter, die auf *Sinnesgegenstände* zielen. Frageform: »Was ereignet sich?« (Hans geht über die Straße.)
- Elemente in Beschreibungen, die ein Ereignis oder ein Teilereignis insgesamt modellieren durch die Beziehung auf eine andere Situation. Frageform: »Wie ereignet sich etwas im Vergleich zu einem etwas anderem? (Hans geht *langsam* über die Straße.)
- Beschreibungen, die sich *nicht* auf die erste situative Modalität beziehen oder diese beurteilen. Eine hilfreiche Frage hierzu wäre: »Kann man diese Beschreibung unter ein Bild kleben und darin alle Elemente wiedererkennen?« Wörter, die nicht im Bild »sichtbar« sind, verweisen auf andere situative Modalitäten. Dasselbe gilt analog auch für die anderen Sinnesbereiche: Hören, Tasten, Schmecken und Riechen. Beim Hören kann man z. B. nicht »die Wärme« eines Klanges hören, dennoch kann man ihn »warm« empfinden. (»Hans geht *möglicherweise* morgen über die Straße.« ⇒ bezogen auf das Denken; »Hans geht *glücklich* über die Straße.« ⇒ Emotion; »Es ist nicht *klar zu erkennen*, ob Hans über die Straße geht.« ⇒ Wahrnehmung; »{Hans geht über die Straße} soll sehr langsam gesprochen werden« ⇒ Bewegungsmuster.)

(3) Wenn ein Begriff in einer dualen Modellierung erscheint, fragen Sie, welche Konsequenzen sich aus einer Reformulierung ergeben würden, die die jeweils andere Kategorie verwendet. (»A ist ein praktisches Problem.« ⇒ »A ist ein theoretisches Problem.« - »A ist grün.« ⇒ »A ist nicht grün.« - »A ist möglich.« ⇒ »A ist unmöglich/wirklich.«)

(4) Klären Sie bei Leitbildern (Metaphern), was die Elemente der als Vorbild dienenden Situation sind und welche ausgelassen wurden. Verändert sich die Aussage, wenn andere Elemente eingeführt werden?

(5) Fragen Sie immer: »Wie kann man das wissen?« - »Wie denkt man das *genau*?«

(6) Beachten Sie, daß *»verstehen«* nichts anderes heißt, als ein Modell zu benützen. Wenn Sie ein Modell nicht »verstehen«, dann gelingt Ihnen die »Handhabung« nicht. Hier ist immer ratsam, ein anderes Modell vorübergehend zu verwenden. »Verstehen« kann heißen: (a) Regeln befolgen können (z. B. der Logik, der Konvention); (b) Anschauen von Formen oder Bewegungen und Gestaltänderungen darin (Zeichnung, Diagramm, Film, »Vormachen«); (c) die Wörter eines Satzes (anders) *hören* (z. B. *Leiden-schaft*) oder eine Stimmung erfassen (z. B. wenn man »alles, was der *Fall* ist« als »fallen« hört); (d) ein Modell durch ein anderes überlagern (»sich an etwas erinnert fühlen«; »etwas *als* etwas sehen«);(e) eine Folge (Sequenz) aus (a)-(d).

13 Körper, Denken, Gefühl

Gesundheit

Wir wollen den Körper, unsere Gefühle und ihr Eingeflochtensein in unser Denken in diesem Kapitel ausschließlich aus einer situativen Perspektive betrachten; die Möglichkeit eines »Konfliktes« mit Medizin oder Psychologie ist deshalb ausgeschaltet. In der Medizin wird der menschliche Körper als statische Struktur oder als Funktionssystem betrachtet. Die Psychologie (soweit sie sich nicht ohnehin physiologischer Methoden bedient) verwendet als vorrangiges Medium die *Sprache* in der Kommunikation mit Patienten. Jeweils ist darin der Körper und seine Erlebnisweise aus der Perspektive eines anderen, des Arztes oder des Psychologen, beschrieben.[199] Der gemeinsame Standpunkt in Medizin und Psychologie ist jener der *Pathologie*. Man geht aus von einer *Erkrankung* des Patienten und strebt eine *Heilung* an. Hierbei gilt ein »Ideal« der Gesundheit, einer normalen Körperstruktur und normaler Funktionen. Die Medizin ist hierin vielfach dem Ideal der Naturwissenschaften nachgefolgt und hat versucht, meßbare Definitionen dieser »Normalität« vorzulegen (Blutdruck, Blutzuckergehalt, Puls, etc.). Wird eine strukturelle Schädigung (ein gebrochenes Bein) oder eine Funktionsstörung (zu hoher Blutdruck) diagnostiziert, so wendet die Medizin chemische, chirurgische und komplexe therapeutischen Methoden an, um den »Normalzustand« wiederherzustellen. Auch die Klinische Psychologie ist diesen Weg gegangen. Im Bestreben, den formalen Methoden der Naturwissenschaften nachzueifern, hat man auch das Denken, sogar die menschliche Kreativität in ein Meßobjekt verwandelt.

Es scheint mir ziemlich abwegig, der Mode zu folgen und die großen Erfolge der Medizin, die ihr Wissen durch diese Modellstruktur organisiert, zu bestreiten. Im Zweifelsfall findet sich auch der »alternative« Heiler bei Blinddarmentzündung im traditionellen OP.[200] Die Frage ist eine ganz andere: Ist das, was aus der Perspektive der Pathologie ein »normaler« Körper, ein »normales« Denk- und Gefühlsleben ist, auch jeweils für *uns* etwas, das wir selbst nicht mehr verbessern können? Noch präziser: Vielleicht ist die »Normalität« trotz ihrer Massenhaftigkeit etwas, das einer kreativen Veränderung noch ungeahnte Spielräume eröffnen kann. Sind wir tatsächlich, auch wenn uns ein Physiologe oder Psychologe mit dem Stempel »gesund« versehen würde, mit unseren

Gefühlen, mit unserem Körper »zufrieden«? Es gibt hier eine sehr merkwürdige Arbeitsteilung: Im Krankheitsfall übergeben wir die Verantwortung weitgehend in fremde Hände; ansonsten wissen wir selbst »ganz genau«, was für uns gut ist. Das Krank*werden* geht aber aus dem hervor, was wir »ganz genau« zu wissen glauben. Unsere schlechten Launen, die Stimmungsschwankungen, die Kopf- oder Rückenschmerzen, unsere Eß- oder Trinkeskapaden und der nachfolgende Katzenjammer, all dies sind Momente unserer Normalität. Und an diesen Stimmungen, an diesen kleinen Freuden und Leiden des Alltags orientieren wir uns. Die »Methoden«, die hierbei angewendet werden, sind so alltäglich, daß man sich gemeinhin geniert, sie auch nur zu erwähnen: Sie sind »selbstverständlich«. Daß man sich »vor dem Fernsehgerät entspannt«, »im Urlaub Erholung sucht«, »Tapetenwechsel braucht«, »neue Menschen kennenlernen möchte«, »einen ganz neuen (oder alten) Sport betreibt«, »gemütlich zum Essen geht« usw., dies sind völlig »normale« Verhaltensweisen, die als »Privatsache« zu verfolgen jeder für sich in Anspruch nimmt. Es liegt mir auch hier *völlig* fern, jemanden zu kritiseren. Aber das *Phänomen* ist immerhin auffällig und bedenkenswert: Die »Ideale« dessen, was man im Alltag tun und genießen möchte, sind von einer höchst erstaunlichen Gleichförmigkeit. Gewiß, jeder hat seine Hobbies, seine Besonderheiten. Die *Auswahl* aus den bekannten Verhaltensmustern ist tatsächlich mehr oder minder »individuell« (d. h. zufällig oder vom Einkommen abhängig). Die *Verhaltensmuster* »selbst« aber sind von auffallender Monotonie. Es lohnt also zu fragen, was diese Muster eigentlich »tun«.

In unseren alltäglichen Verhaltensweisen spielen die *Emotionen* eine äußerst wichtige Rolle. Auch der Körper, die Haltung, Bewegung, sogar die Kleidung erhalten einen hohen Rang. Ich sage nicht, daß dies immer achtsam beobachtete und bewußt verfolgte Ziele sind. Sehr oft zeigen sich unsere Emotionen, die Aktivitäten und die Masken unseres Körpers eingebettet in Dinge, die uns »unendlich viel wichtiger« sind. Unsere Achtsamkeit ist fasziniert von der Rede eines Politikers, dem, was uns ein Chef aufträgt (oder wir jemandem als Chef auftragen), was wir noch zu »besorgen« haben und »tun« müssen. In unserem Arbeitsalltag und in unserer Freizeit sind wir mit höchst verschiedenen Zielen beschäftigt, die wir irgendwie erreichen wollen. Selbst wenn wir kreativ darin sind, uns neue Ziele zu setzen, so bleiben unser Körper und unsere Emotionen beim *Erreichen* dieser Ziele außer Acht. Wenn wir uns ihm zuwenden, beim Essen, in der Sexualität, bei der »Körperpflege« oder der Erholung, so formulieren wir auch darin wieder *Ziele*.

Hier kann man berechtigt sagen: »Na und?« Das »Na und?« könnte das Ende dieser Erörterung sein, wenn es bei diesen alltäglichen Zielen und Routinen nicht merkwürdigerweise immer wieder »Probleme« gäbe. Wir essen zu viel (oder das Falsche, zu schnell, zu einseitig); es klappt nicht im Bett; nach dem Fernsehen, bei dem wir uns erholen wollten, sind wir verwirrt, gelangweilt, fühlen uns leer oder schlafen gleich ein - eine Liste, die beliebig zu verlängern wäre. Noch viel merkwürdiger ist aber, daß wir trotz all dieser Probleme nicht daran denken, etwas zu verändern. (»Jedesmal bekomme ich Kopfschmerzen von Wein, Zigaretten und spätem Zubettgehen. Doch ich mache es immer wieder.« - »Wenn das einer zu mir sagt, dann werde ich einfach wütend« - »Immer in solch einer Situation verspanne ich mich und bekomme Kopfschmerzen.«) Wir machen »irgend etwas«, das uns in Situationen bringt, die wir nicht wollen und bedauern. Es widerfährt uns meist kein Unheil, kein »Kismet«. *Wir selbst machen es.* Wenn wir es aber schaffen, uns selbst zu verkrampfen, wütend zu werden, traurig zu sein, Angst zu empfinden, wäre es dann nicht umgekehrt auch möglich, daß wir uns wirklich entspannen, schöne Gefühle empfinden und angstfrei leben können? Wenn überhaupt: Wo wäre Kreativität besser angebracht als hier?

Die gefesselte Achtsamkeit

In unserem Alltag sind wir genötigt, sehr viele Ziele zu verfolgen, die auf irgendeine Weise nicht ganz die unseren sind. Wenn wir arbeiten, Besorgungen machen, Vorkehrungen treffen, so verfolgen wir diese Ziele nicht (oder doch sehr selten) um ihrer selbst willen. Wir tun all dies, um uns oder andere auf irgendeine Weise in die Lage zu versetzen, Wünsche zu erfüllen, Bedürfnisse befriedigen zu können. Auf diese seltsame Tatsache, daß wir immer *Umwege* gehen müssen, um das zu erreichen, was wir eigentlich wollen, sind wir schon gestoßen (⇒ Kapitel 3). Das Genießen, die Erholung, die Entspannung erscheint in der Organisation unseres Alltags als eine begrenzte, wohl definierte Zeit: Freizeit. (Wenigstens gilt dies für die weit überwiegende Zahl der Menschen.) Während der anderen Zeit, der »Arbeit«, der »notwendigen Wege«, der »Besorgungen« benutzen wir unseren Körper und unsere Gedanken, um Dinge zu tun, die »getan werden *müssen*«. Unser Denken und unsere Bewegungen sind hierbei nur ein Mittel zum Zweck. Es wäre eigentlich wie ein Wunder, wenn dies nicht auf unsere Emotionen und unseren Körper sich *einschränkend* auswirken würde. In *makrosituativer* Perspektive zeigt sich also, daß wir uns sehr häufig in Situationstypen befinden, deren Leitmodalität (die, auf die wir unsere Achtsamkeit vorrangig richten) nicht unser Körper und unsere Gefühle sind. Beim Arbeiten müssen wir uns auf die *Aufgabe* konzentrieren; unser Körper, seine Funktionen und Bewegungen, sowie unsere Gedanken sind von der Aufgabe »gefesselt«. Wir vergessen bei anstrengender oder auch bei spannender, faszinierender Tätigkeit »uns selbst«; damit meinen wir, genauer gesagt, fast immer unsere Gefühle, unsere Körperempfindung oder unsere Bewegungen.

Wir können dies wiederum in einem kleinen Experiment klären. Lesen Sie bitte ganz ruhig weiter. (Sie kennen diese Methode der langsamen Umlenkung der Achtsamkeit schon aus einem früheren Kapitel.) Achten Sie nun, während Sie weiterlesen, auf Ihre Zunge. Ist sie gegen den Gaumen gedrückt oder gegen die Zähne, oder ist sie entspannt in der Mundhöhle? Fühlen Sie ihr Kiefer, Ihren Nacken? Sie können sogar Ihre Ohren empfinden. »Tasten« Sie bitte in Gedanken Ihren Kopf wie von innen ab. Fühlen Sie irgendwo einen Druck, eine Spannung? Sie können dies auf Ihren ganzen Körper ausdehnen. Fühlen Sie Ihre Füße, die Beine, Ihre Hüfte, den Rücken usw. - Was bemerken Sie? Während Sie ruhig weiterlesen, können sie Ihre Achtsamkeit auf Ihren Körper lenken und ganz nach Wunsch bestimmte Teile fühlen. Bei *intensivem* Lesen verschwindet Ihr Körpergefühl manchmal ganz: Sie »gehen« ganz in eine gedachte Situation. Sogar *Schmerzen* können dabei verschwinden.

Was zeigt dieses einfache Experiment? Wenn wir uns auf eine Aufgabe, einen Text, eine Besorgung konzentrieren, dann »blenden« wir unseren Körper, unsere Gefühle weitgehend aus. Das ist einfach die Kehrseite der Tatsache, daß wir unsere Achtsamkeit auf anderes fokussieren. Wir hatten schon die Übung der *Ausweitung* des »Lichtkegels« der Achtsamkeit kennengelernt. Gewöhnlich machen wir unsere Achtsamkeit viel enger, als zur Erledigung einer Aufgabe nötig wäre. Wir lassen uns von einem Ziel *fesseln*. Mehr noch. Es ist eine unserer erstaunlichsten Eigenschaften, daß wir im Denken Situationen überschreiten können, daß wir vorstellend und denkend mögliche Situationen erfinden können. Diese Eigenschaft verwenden wir gewöhnlich bei jeder Art von Planung. Auch hier zeigt sich ein merkwürdiges Phänomen: Wir scheinen von einem Wiederholungszwang besessen zu sein. Bei »schwierigen« oder ganz alltäglichen Handlungen beginnen wir schon Stunden, Tage *zuvor*, uns die künftige Situation auszumalen; auch dann, wenn wir am Eintreten dieser Situation nichts ändern können. Schließlich umfaßt unser Wiederholungszwang auch *vergangene* Situationen. (»Habe ich mich richtig verhalten?« - »Wie wird er/sie wohl jetzt von mir denken?«)

Pläne, Erinnerungen und die Fesselung der Achtsamkeit beim Erledigen von Aufgaben, weit über das geforderte Maß hinaus, versetzen uns im Alltag in den Zustand einer Art Dauertrance. »Trance« ist, wie wir von Milton Erickson lernen können, kein *außerordentlicher* Bewußtseinszustand. Sicherlich gibt es auch eine *tiefe* Trance; sie ist aber nur ein Extrem dessen, was wir im Alltag unentwegt erleben. »Trance« heißt einfach, daß unsere Achtsamkeit fokussiert, daß sie auf eine Submodalität der Situation fixiert (konzentriert) ist. Trotz dieser Fesselung der Achtsamkeit bleiben die anderen Sinne nicht »untätig«. Sie »funktionieren« automatisch. Die häufigste Form einer Trance ist der innere Dialog. Wäre es möglich, das endlose Geplapper in unseren Köpfen auf einen Lautsprecher zu übertragen, so gliche vermutlich jede noch so »stille« Versammlung von Menschen der New Yorker Börse. Der innere Dialog ist ein unerläßliches Moment bei Planungen; er ist Teil des Denkprozesses. Auch das Aufarbeiten von Erlebnissen, die konzentrierte Verengung der Achtsamkeit auf einen Gegenstand - all dies sind für bestimmte Aufgaben äußerst wichtige Fähigkeiten. Die Schwierigkeit besteht nur darin, daß wir diese Fähigkeiten *exzessiv* mißbrauchen. Und sicherlich spielt es keine geringe Rolle, daß die Struktur unseres Alltags uns in diese Dauertrance »hineinstößt«. Hinzu kommt die Hektik und Eile, mit der wir glauben, Aufgaben erledigen zu müssen. Bei der Fülle von Handlungen, die unseren Alltag ausmachen, wählen wir zur Lösung von Aufgaben eine Strategie, die der Aufgabe gerecht wird und die *funktioniert*. Funktionierende Handlungen werden durch Wiederholung zur Routine. Und je routinierter eine Handlung wird, desto weniger brauchen wir auf ihre einzelnen Schritte zu achten. Sie verschwindet mehr und mehr aus unserem Bewußtsein. Dies ist eine ebenso nützliche wie fatale Funktion. Sie schafft einen »Raum« für unserer Achtsamkeit, den wir sogleich durch Pläne, Erinnerungen, durch innere Dialoge anfüllen. Wir scheinen davon auszugehen, daß das, was funktioniert, zugleich die beste Handlungsmöglichkeit ist, dic dcshalb *wiederholt* werden muß. Schlimmer noch, wir scheinen auch den Umkehrschluß zu ziehen: Was nur hinreichend oft wiederholt wird, ist auch gut. Es scheint so, als sei die achtsam ausgeführte Handlung beständig im Begriff, in ein unbewußtes Verhalten zurückzusinken, als wären wir bestrebt, zu den mechanischen Gesetzen der unbelebten Materie zurückzukehren.

Die situative Aura des Erlebens

An dieser Stelle wird ein erneuter Blick auf die situative Modalität »Bewegungsmuster« (die vierte Modalität im Modell der kreativen Situation) unerläßlich. Was ist ein Bewegungsmuster (»pattern«)? Bewegungsmuster haben eine bestimmte *Struktur*. Das Wort »Struktur« legt allerdings eine räumliche Vorstellung nahe. Tatsächlich kann man Bewegungen räumlich festhalten: Ein »verwackeltes« Foto ist z. B. ein im Raum fixiertes Bewegungsmuster. Die Flugbahn eines in die Höhe geworfenen Steines kann man in einem Diagramm abbilden; hierbei wird der zeitliche Prozeß in eine räumliche Struktur übertragen (durch eine räumliche Struktur modelliert). Alle *Bewegungen im Raum* kann man also auch als (unbewegte) *Struktur im Raum* abbilden. Es gibt aber auch Prozesse, die nicht auf sichtbare Weise in einem Raum vorgehen. Wenn wir eine Melodie, einen gesprochenen Satz hören, dann hat auch die Melodie eine »Gestalt«, der Satz einen Klang. *Gedanken und Wahrnehmungen* haben eine Struktur als Prozeß (eine »Prozeßstruktur«). Diese Struktur ist zeitlich. Wir verwenden allerdings räumliche *Modelle*, um auch solche Strukturen zu analysieren und darzustellen. Die Partitur eines Musikstückes ist z. B. die räumliche Darstellung eines zeitlichen Vorgangs, wie der nachfolgende abgebildete Anfang des F-Dur Streichquartetts, Op. 135 von Ludwig van Beethoven. Die räumliche Struktur der Abbildung wird beim Lesen der Partitur in den *Prozeß* der Wahrnehmung, des »Empfindens und Denkens« und (beim Spielen der Instrumente) der Körperbewegungen verwandelt.

Auch unsere Wahrnehmung ist, wie wir schon gesehen haben (⇒ Kapitel 5), nicht einfach das statische Erfassen von »Sinnesdaten«, son-

Abb. 22 **Partitur als Modell für Bewegungsmuster**

dern ein Prozeß des Unterscheidens. Auch hierbei, wenn wir einen Satz lesen (wie den, den Sie eben lesen), vollzieht sich eine Denkbewegung des »Verstehens«. Ein Satz ist eine Art *Partitur* der Bewegungsmuster unseres Denkens. Die Analyse von Denkmodellen, der wir uns in den letzten drei Kapiteln gewidmet haben, ist, wie sich zeigte, die Analyse von *Bewegungsmustern* des Denkens. Nur dadurch, daß wir einen Text *nachdenken*, die Denkbewegung also tatsächlich »erzeugen« oder »zulassen«, können wir einen Satz »verstehen«. Das Verstehen ist in der »Handhabung« eines Denkmodells ein Bewegungsmuster.

Wir hatten gesehen, daß mit jedem Wort *Situationen* evoziert werden können, auch, daß hierbei jeweils die *ganze* Situation »latent« ist. Unsere Achtsamkeit ist mikrosituativ auf einen Aspekt fokussiert, doch dieser Aspekt ist der einer *ganzen* Situation. Wenn wir uns an eine Aussage erinnern, die uns wichtig erscheint, dann bleibt an ihr stets der Geruch der ursprünglichen Situation haften: Wir erinnern uns z. B., wo in einem Buch ein für uns wichtiger Satz stand, oder wer auf welche Weise zu uns etwas gesagt hat. Bei vielen Wörtern ist die »situative Aura« verblaßt, weil wir sie zu häufig verwendet haben. Allerdings können wir auch diese Wörter nicht anders als *situativ* denken; wir wählen bei *genauem* Nachdenken irgendeine Situation als Leitvorstellung, die vielleicht frei phantasiert ist (ein »Beispiel«). Solange wir nur das »Gerüst« der Denkmodelle erkennen wollen, spielt ihre Stellung im Satz, in einer gesprochenen Folge von Wörter keine besondere Rolle. Als Element eines *Bewegungsmusters* ist allerdings niemals die Stellung der Wörter, die Reihenfolge gleichgültig (zu schweigen von der *Betonung*, der Tonhöhe usw.).

(*) Halten wir also fest: *Jedes* Bewegungsmuster hat seine eigene Aura, seinen eigenen Geschmack. Wir können Wörter nicht anders als *situativ* »verstehen«. Wenn nun jedes Wort unsere Achtsamkeit auf eine bestimmte Situation oder einen Situationstyp lenkt, so bedeutet eine *Bewegungsfolge* von Wörtern, eine Folge von Denkmodellen zugleich ein inneres »Durchleben« von Situationen. Ich möchte hierzu zwei kleine Übungen vorschlagen. Kehren Sie bitte, nachdem Sie *diesen* Satz hier zuende gelesen haben, zum Anfang des Abschnitts (*) zurück und lesen ihn nochmals, versuchen Sie aber während des Lesens zu *hören*. - Wir hatten diese Übung schon einmal gemacht. Ich möchte Sie jetzt bitten, wenn Ihnen das innere Hören des Gelesenen gelingt, diesen Abschnitt (oder irgendeinen anderen Text) wiederholt zu lesen; wählen Sie aber jedesmal eine andere Stimme; die Stimme ihres Partners, Freundes, oder die Ihres Lieblingsschauspielers. Ändert sich dadurch die Stimmung des Gelesenen? »Klingt« es nicht etwas anders? Sie brauchen sich nur vorzustellen, der Text würde Ihnen von jemand vorgelesen, der *stottert* oder der sehr *zornig* ist. Bemerken Sie, wie sich durch diese Änderung einer Submodalität die »Bedeutung« des Textes völlig verändern kann?

Ein zweites kleines Experiment: Lesen Sie bitte sehr langsam folgenden Satz: »Ein zierliches, kleines Mädchen wird von einer finsteren

Gestalt beobachtet.« Achten Sie beim Lesen des Satzes auf die Änderung Ihrer Gefühle, Bilder und Vorstellungen. Lesen Sie nun folgenden Satz: »Eine finstere Gestalt beobachtet ein zierliches, kleines Mädchen.« - Bemerken Sie die Differenz? Im zweiten Satz bauen wir die Situation ausgehend von der »finsteren Gestalt« auf. Die bedrohlichen Momente sind sogleich mit gegenwärtig. Beim Weiterlesen fügen wir dann in die offene Situation einer »finsteren Gestalt« ein »zierliches, kleines Mädchen« ein, und in uns wird sogleich ein Widerstand wach, dies zu tun. Im ersten Satz verfahren wir ganz anders. Wir bauen in unserer Vorstellung eine Situation mit einem kleinen Mädchen auf; in diese Situation bricht als plötzliches Ereignis eine dunkle Gestalt ein. Obgleich beide Sätze »semantisch« identisch sind, ist ihr *Bewegungsmuster* völlig different. Das wird vor allem dann wichtig, wenn bestimmte Gefühle untrennbar mit Wörtern und Elementen einer Situation verknüpft sind. In Situationen, in denen Gefühle *ausgeklammert* sind, betrachtet man den ersten und zweiten Satz als logisch äquivalent. Um eine Handlung erfolgreich anzuleiten sind die beiden Sätze: »Nimm bitte den Hammer, und schlage den Nagel dort ins Brett«; und: »Schlage bitte mit dem Hammer den Nagel dort ins Brett« äquivalent. Doch selbst hier *suggeriert* das Bewegungsmuster des Satzes zugleich eine bestimmte Reihenfolge der Handlung: Es kann sein, daß man in der ersten Version zuerst den Hammer nimmt und dann auf den Nagel und das Brett blickt, während man in der zweiten Version sich bei »Schlag!« zunächst etwas anspannt, dann auf Hammer und Nagel blickt, um dann erst ans Werk zu gehen. Für den Zweck, für die zu erledigende *Aufgabe*, ist das differente Bewegungsmuster gleichgültig. Für das Erleben besteht ein großer Unterschied. Wir bemerken hier (aus einem anderen Blickwinkel) etwas, das uns schon mehrmals begegnet ist: Makrosituativ können bestimmte Resultate von Handlungen gleichwertig sein, während der mikrosituative Handlungsprozeß (das Bewegungsmuster) gleichzeitig völlig verschieden ist. *Jede* Änderung eines Bewegungsmusters des Denkens oder unseres Körpers verändert den mikrosituativen Prozeß, das Erleben und die Emotionen.

Auch für Stimmungen benutzen wir mitunter ein räumliches Bild, wenn wir von »Stimmungsschwankungen« sprechen. Natürlich können Stimmungen nicht räumlich schwanken, wie ein Betrunkener oder eine Weinflasche auf dem Tablett eines Kellners. Dennoch können wir ihr

»Nacheinander«, ihr oft plötzliches »Umschlagen« deutlich gewahren. Eine Stimmungspartitur nach der Art des oben abgebildeten Musikstükkes zu notieren, dürfte allerdings sehr schwer fallen. Stimmungen und Gefühle wechseln nicht völlig autonom; sie wechseln mit anderen situativen Modalitäten (z. B. der Folge von Wörtern in einem gesprochenen Satz). Es wäre aber falsch oder wenigstens voreilig, wenn wir mit bestimmten Submodalitäten bestimmte Stimmungen eindeutig verknüpfen würden. Es gibt sicherlich sehr enge Verbindungen; anders würden nicht Musikstücke in uns eine Folge von Gefühlen wachrufen können. Dennoch haben auch Stimmungen und Gefühle ihre modale Selbständigkeit. Wie man jedes Bild mit jedem Ton verknüpfen kann, verschiedenste Gedanken mit unterschiedlichsten Wahrnehmungen, so können auch Gefühle mit unterschiedlichsten Gedanken oder Sinnesgegenständen verbunden sein. Welches Gefühl entsteht und wachgerufen wird, hängt jeweils ab von der gesamten Situation und ihrer Geschichte. Um aber wirklich ein *bestimmtes* Gefühl, eine *bestimmte* Stimmung zu werden, muß das Gefühl »gedacht« werden, erkannt sein. In der »Tönung«, der »Färbung« einer Stimmung (die »Farbe« scheint mir hier am ehesten zur Modellierung geeignet) drückt sich immer ein bestimmtes Denken aus, auch eine Fokussierung der Achtsamkeit. Wir können in uns sehr wohl Gefühle wachrufen durch »Konzentration« der Achtsamkeit; meist bemerken wir jedoch gar nicht, daß wir dies *tun*.

Der heilige Zweck und die vergessenen Mittel

Sicherlich gibt es für uns tausend Aufgaben und Geschäfte, die »dringend« sind, die wir nicht aufgeben oder aufschieben können. Sie »müssen« erledigt werden. (Auch hier lohnt es, sich immer wieder zu fragen: Warum eigentlich?) Die Ziele des Alltags, die Aufgaben und Zwecke schreiben uns eine fremde Struktur, eine Grenze vor. Doch *innerhalb* dieser Struktur sind wir immer noch in kleinem Maße frei. Vor allem diese Freiheit, diese Offenheit kann von uns kreativ neu gestaltet werden. Wir glauben hingegen, daß eine Neugestaltung immer mit einem neuen Ziel, einem neuen Zweck einhergehen müsse. Ich habe nichts dagegen, Zwecke zu ändern oder aufzugeben, Aufgaben auch einmal unerledigt zu lassen. Doch es ist keineswegs immer notwendig, eine *Aufgabe* zu ändern, um sich besser zu fühlen, um die Emotionen so zu verändern, daß wir »gut gestimmt« sind. Auch hier kann sich Kreativität nur dann entfalten, wenn wir zuerst achtsam auf unser Handeln und Denken blicken und darin die »Freiräume«, die »Offenheit« entdecken. Allgemeiner ausgedrückt: Zwecke werden mit bestimmten Mitteln verwirklicht. Hierin liegt jedoch eine Offenheit. Man kann denselben Zweck mit höchst unterschiedlichen Mitteln erreichen; wie auch umgekehrt Dinge unterschiedlichsten Zwecken als Mittel dienen können. »Zwecke« sind all die Ziele unseres Alltags; das erste »Mittel« sind wir selbst, unser Körper, unser Denken: »Wir stellen uns in den Dienst einer Aufgabe«, sagt man vornehm dazu. Zahllose unserer Handlungen sind nur ein Mittel zum Zweck; wir »müssen« dies oder jenes tun, um etwas zu erreichen. Unsere Achtsamkeit ist auf das Ziel gerichtet und das Mittel (wir *selbst*) ist vergessen. Alle Handlungen neigen zu dieser »Mittelvergessenheit«.

Woran erkennen wir diese »Mittelvergessenheit«, das einfache Vergessen unseres Körpers und unserer Gefühle? Wir erkennen sie dann, wenn unser Körper rebelliert, wenn wir plötzlich Schmerzen empfinden, weil wir uns »zuviel« zugemutet haben, wenn wir uns einfach unwohl fühlen. Die Gefühle sind die zarten und leisen Bekundungen unseres Körpers, die eher stillen Signale. Wenn wir sie mißachten, behauptet unser Körper »sein Recht« gegen die Diktatur der Ziele und Aufgaben in unserem Denken durch eine *Verweigerung*: Er wird krank; nicht, ohne zuvor durch eine kontinuierliche Skala von einfachem Mißgelauntsein über Mattigkeit und leichten Schmerzen seine Ansprüche bekundet zu haben. Ich möchte hier nicht mit der Schulmedizin wetteifern; dennoch: Eine *einfache* Ursache haben Krankheiten aus diesem Grund ziemlich selten. Die Psychosomatik hat diese Einsicht klar formuliert. Wir haben allen Grund, schon lange vor einer Erkrankung unser eigenes Erleben kreativ zu verändern. Hinderlich hierbei ist allerdings eine grundlegend falsche Haltung; wir glauben, *Änderungen* immer nur durch *neue Ziele* zu erreichen. Es ist für eine kreative Selbstveränderung aber weitaus wichtiger, unsere »Funktion« als Mittel bei den alltäglichen Zielen, die wir ohnehin nicht (oder nur sehr langsam) neu gestalten, grundlegend zu ändern. Der Zustand des »Krankseins« ist für diese falsche Haltung symptomatisch. Ich spreche hier weniger von einem Unfall oder einer Grippe, ich spreche von jenen »Erkrankungen«, die wir *selbst* definieren. An einer bestimmten Grenze scheinen wir uns zu erlauben, krank zu sein. Wir definieren, wir interpretieren unseren Zustand *als* krank und verändern *dann* völlig unsere Ziele. Nun, »krank« geworden, betrachten wir unsere *Gesundheit als Ziel* und unternehmen Schritte, sie »wieder herzustellen«. Am bequemsten ist das Anheuern eines Lotsen, der uns wieder auf Gesundheitskurs bringt, d. h. wir übergeben die Verantwortung einem Arzt oder einem Medikament. Hierbei tauschen wir aber immer nur Ziele aus (»Erledigung einer Aufgabe« ⇒ »Kopfschmerzen« ⇒ »Pause plus Aspirin«), nicht das *Verhältnis* unseres Körpers zu den Zielen. Sind wir wieder hergestellt, so kehren wir zu unseren alten Aufgaben zurück, die wir dann auf gewohnte Weise erledigen.

Was geschieht hier eigentlich? Wir erledigen die Aufgaben unseres Alltags durch zahllose *Routinen*, durch mechanische Bewegungsmuster unseres Körpers und unseres Denkens. Wie Pawlows Hund reagieren wir auf eine bestimmte Frage, eine bestimmte Aufgabe *mechanisch* durch eine Routine. Doch gerade diese Routine kann es sein, die ungute Gefühle und schlechte Laune bis hin zu Erkrankungen erzeugt.[201] Tatsache bleibt, daß wir bei zahllosen Handlungen Bewegungsmuster (»anwenden« wäre bereits zu viel gesagt) geschehen *lassen*, die für uns unangenehme Folgen haben. Mehr noch. Unser heimlicher Wiederholungszwang bringt uns dahin, daß wir unangenehme Handlungen verdoppeln und vervielfachen, indem wir sie *in Gedanken wiederholen*: »Wir können nicht abschalten.« All diese Phänomene haben eine einfache Struktur: Durch die Umlenkung unserer Achtsamkeit auf die Zwecke und Aufgaben werden zahllose Handlungen mit automatischen Denk- und Verhaltensmustern durchsetzt. Diese Gewohnheitsmuster evozieren auf mechanische Weise Erinnerungen an Situationen, evozieren Gefühle, belasten höchst einseitig die Muskulatur und das Skelett unsers Körpers und verwandeln unser Denken in ein Computerprogramm.

Gegen die *Magie der Gewohnheit* gibt es aber einen Gegenzauber: Auch hier ist der Königsweg, das Allheilmittel, der große Zauberstab *die Achtsamkeit.* Sie vermag fast alles. Die Bewegungsmuster des Körpers, des Denkens und die begleitenden Gefühle sind wie Eiskristalle. Unbewußt und mechanisch-routiniert ablaufend sind sie starr und scheinen sehr »real« zu sein. Im warmen Licht unserer Achtsamkeit schmelzen sie dahin und verlieren ihren falschen Zauber. Wir können tatsächlich jeden Gedanken achtsam denken, jede Bewegung unseres Körpers bewußt ausführen und unsere Gefühle und Stimmungen tatsächlich *entdecken* und dadurch *verändern*. Allein die Ausweitung unserer Achtsamkeit verleiht unseren Bewegungen eine gewisse Eleganz, unseren Gedanken Klarheit und nimmt unseren Gefühlen ihre uns plötzlich überkommende Macht.

Selbst und Angst

Allerdings gelingt uns dies wohl kaum inmitten der Hektik unserer Aktivitäten. Die *Verhaltensweise* der Beschränkung unserer Achtsamkeit ist *selbst* zu einem Gewohnheitsmuster geworden, das wie ein dunkler Grundton die Melodien und Klänge täglicher Handlungen trübt. Durch all die zahllosen *Selbstbeschränkungen*, die wir im Denken und Handeln vollziehen, ist uns das »Beschränken« selbst zu einem Grundmuster geworden. *Wir vertrauen unseren Schranken mehr als unserer kreativen Freiheit.* Dies ist in der Regel mit einem gleichfalls sehr grundlegenden Gefühl verbunden, einer Grundstimmung situativen Daseins: *Der Angst.* Wir klammern uns an unsere Routinen, an unsere Schranken (die gewohnten Handgriffe, die gewohnte Moral, die gewohnte Logik, die gewohnten Bilder und Metaphern). Wie klammert man sich an »Routinen«? Wie macht man das? *Durch Nicht-Achtsamkeit*, durch die Automatik, mit der sich Routinen selbst vollziehen, durch das, was wir das »Selbstverständliche« nennen. Die Bewegungsmuster erscheinen uns als das, worauf man sich verlassen kann, als das, was für uns selbst »wirklich« ist. Die Angst ist das Spiegelbild dieses Festhaltens durch Nichtbeachtung. Aber merkwürdig hierbei ist, daß wir eine tiefe Freude, ekstatische Erlebnisse, erlösende Gefühle als loslassen erleben. *Lassen* wir tatsächlich los, so ist das zugleich ein tief ent-spannendes Gefühl. Dies gilt sowohl für »befreiende Gedanken«, die »erlösende Einsicht«, die »Auflösung« der drängenden Frage, als auch für eine Entspannung des Körpers. Bei Gefühlen und Stimmungen gebrauchen wir nicht zufällig diese Wörter: »erlösend«, »entspannend«, »befreiend«, »ausgelassen«. Das angenehme bis ekstatische Gefühl entsteht durch das Loslösen von einer Begrenzung, durch eben jenes Loslösen, das unsere Angst verhindert. *Angst hält fest, Freude läßt los.* Kreativität ist immer das Überschreiten von Grenzen, das Verändern von alter Routine, die Aufhebung der

Mechanik. Deshalb ist das kreative Erlebnis befreiend (es kann sogar rauschhaft, ekstatisch sein), nie aber von Angst erfüllt.

»Angst« und »Furcht« werden in der Existenzphilosophie unterschieden; mir scheint diese Differenz sehr sinnvoll zu sein. »Furcht« ist Furcht *vor* einem bestimmten Ereignis, davor, was uns widerfahren könnte. Sie beschränkt sich keineswegs nur auf die erste situative Modalität (etwas, das uns wahrnehmbar bedrohen könnte). Man kann sich auch vor Emotionen fürchten oder vor bestimmten Gedanken. Wie geht das: »sich fürchten«? Es gehören zur Furcht zwei Dinge: eine gewisse *Stimmung*, die wir oft nur zu genau kennen, und der Gedanke an etwas, das *möglicherweise* eintreten könnte. Die Stimmung ist modal von Gedanken verschieden. D. h. dieselbe Stimmung kann uns zu unterschiedlichen »Befürchtungen« (Vorstellungen, Gedanken darüber, was eintreten könnte) Anlaß geben. Umgekehrt kann derselbe Gedanke uns einmal fürchterlich, ein andermal lächerlich erscheinen. Durch einen bloßen Gedanken verwandeln wir eine vage Stimmung in Furcht. *Angst* ist dagegen grundlegender. Kurz gesagt, ist Angst immer Angst »um uns selbst«. Was aber ist dieses »Selbst«, um das wir uns ängstigen? *Dieses Selbst ist die Summe all unserer Denk- und Bewegungsmuster*, das Kapital all unserer Handlungen, das, worauf wir uns verlassen und was wir für unser Wesen halten. Wir halten an unserem *Selbstbild* fest, indem wir einfach unsere Bewegungsroutinen automatisch und unbewußt vollziehen. Das *Festhalten* an einem Bewegungsmuster darf nicht so verstanden werden, als wäre in unserem Gehirn ein kleines Männchen, das mit noch kleineren Schnüren abgespeicherte Bewegungsmuster an Neuronen festbindet. Das Festhalten ist vielmehr nur die *Kehrseite* der Automatik, der Routine, der Unachtsamkeit. Man muß das Festhalten an Bewegungsmustern nicht noch eigens »tun«; wir tun es vielmehr zugleich mit und in unseren automatischen Handlungen und Gewohnheiten durch *Nichtbeachtung*.

Die Angst ist ein Gefühl, eine Stimmung, die entsteht, wenn wir das Festhalten an ein Bewegungsmuster aufgeben (ich zögere in der Wahl des Wortes) »müssen«, »sollen«. Genauer gesagt: Angst entsteht eigentlich immer dann, wenn meine oder deine *Freiheit und Kreativität* auftaucht, wenn eine Situation ihre Offenheit, ihren Spielraum zeigt. Denn diese Offenheit, verschwistert mit unserer Achtsamkeit, kann jedes Bewegungsmuster auflösen. Da wir aber diese Bewegungsmuster (nicht haben, sondern) *sind*, fühlen *wir selbst* uns in unserer »Existenz« bedroht. Anstatt die Kreativität, die achtsame »Ausführung« und damit immer latente Veränderung eines Bewegungsmusters zu wählen, *verteidigen* wir unser Muster: Die Angst schlägt um in Aggression, gelegentlich sogar in Haß. Wir werden wütend, wenn jemand »unsere Werte«, »unsere Überzeugungen« angreift, wenn jemand unser Aussehen, unsere Haltung und Bewegung kritisiert, oder das, was wir uns zurechnen (»mein«, »mir«). In Abneigung, Wut, Aggression und Haß schützen wir unsere Bewegungsmuster und verbergen unsere Angst vor der Freiheit, vor der Kreativität. Das *körperliche* Angstmuster (das Anhalten des Atems, Anspannen der Beugungsmuskulatur, Vorziehen der Schultern), teilen wir bereits mit unseren tierischen Verwandten. Das Angstmuster (= »pattern of anxiety«, ein Terminus, den Moshe Feldenkrais verwendet) ist äußerst elementar und deshalb gar nicht so leicht zu verändern. Schaffen wir es umgekehrt, etwas *loszulassen*, lassen wir der Kreativität den Spielraum, achtsam neue Muster zu denken oder auszuführen, so verbindet uns dies mit der Offenheit einer Situation. Die wirkliche Kreativität zeigt sich in der Offenheit von Menschen, in der Offenheit, neue Strukturen als Möglichkeit zu begreifen und nicht als Bedrohung. Der *Offenheit* korrespondiert deshalb zugleich ein Gefühl der Freude, des Mitempfindens mit anderen. Wer »zu« ist, kann andere gar nicht verstehen, sondern nur durch Aggression ablehnen. Wir sehen also, daß Angst und Aggression ebenso Brüder sind wie Freude und Liebe.

Fünf Methoden der Veränderung

Das mag vielleicht plausibel klingen. Es scheint uns nur »so unendlich schwer«, Kreativität und Angstfreiheit auch zu praktizieren. *Innerhalb* der Alltagshektik ist dies auch kaum möglich. Wir können, wenn wir unsere Gefühle kreativ verändern und öffnen wollen, dort ansetzen, wo wir eigentlich glauben, dies ohnehin zu tun: in unserer Freizeit. Von dort können dann neue Fähigkeiten, mit dem eigenen Körper und den Gefühlen kreativ umzugehen, auch in stärker strukturierte Situationen diffundieren. In der Zeit, in der wir uns eigentlich entspannen könnten und dies nicht richtig zuwege bringen, können wir etwas verändern. Vieles von dem alten Wissen in der Kunst der Selbstveränderung, das durch Aufklärung und Rationalismus an den Rand gedrängt wurde, können wir heute wieder ganz anders sehen. Wir können diese alten Methoden oftmals nicht naiv übernehmen, uns aber gleichwohl von ihr inspirieren lassen. Von fünf dieser Methoden möchte ich eine Skizze geben.

Ich knüpfe zunächst an die Sprache an. Wie die kleinen Experimente im ersten Drittel dieses Kapitels gezeigt haben, löst das (laute oder innere) Sprechen in uns Gefühle aus, versetzt uns in Stimmungen. Wenn wir in unserer Freizeit durch innere Dialoge oder endlose Gespräche über unsere Alltagsgeschäfte diese Situationen auch *dann* evozieren, wenn sie längst vorüber sind, brauchen wir uns nicht zu wundern, wenn daraus keine Entspannung entsteht. Diese Einsicht ist durchaus verbreitet; wenn es ums Detail geht, zeigt sich indes durchaus etwas anderes. Es gibt sicherlich die großen (makrosituativen) Änderungen; im Urlaub, in sehr netter Gesellschaft, im Kino mag es uns gelingen, »abzuschalten«. (Nebenbei: Hier gibt die Sprache einen deutlichen Wink: Was soll eigentlich *abgeschaltet* werden?) Aber in den kleinen Pausen, an einem gewöhnlichen Abend, da scheinen unsere Gedanken mit uns zu machen, was *sie* wollen. Banalste Situationen, in denen uns unwohl war oder wir »falsch« gehandelt zu haben glauben, kehren immer wieder. Sätze plappern wie nicht abgeschaltete Radios, und ein Streitgespräch scheint in unserem Geist seine Lebendigkeit erst richtig beweisen zu wollen.

Wie kann man die Automatik der Denkmuster verändern, vor allem dann, wenn sie uns unangenehme Gefühle bereiten, verstärken oder angenehme abtöten? Ich möchte einige Methoden hierzu kurz vorstellen. Prinzipiell ist zu sagen, daß der Denk*prozeß* niemals völlig vom Denk*inhalt* zu trennen ist, wie wir in den letzten Kapiteln gesehen haben. Man kann innerhalb der Submodalitäten des Denkens (die formal den anderen situativen Modalitäten entsprechen) eine Form, eine Struktur, oder man kann ihre Prozeßstruktur verändern. Es lassen sich aber auch vollständige und neue Situationen schaffen, in denen man die begleitenden Denkbewegungen verwandeln kann.

(1) Ritualisierung. Eine sehr einfache, aber um so wirksamere Methode, ganz alltägliche Handlungen von der Kontaminierung automatischer Denkmuster zu reinigen, besteht in dem, was ich ihre »Ritualisierung« nennen möchte. Dieser Methode liegt ein Gedanke Karlfried Graf Dürckheims zugrunde. Rituale in den Religionen sind nicht nur tote, leere Muster, es sind Methoden der Selbstveränderung durch eine Wekkung der Achtsamkeit. Wenn wir uns rasieren, die Zähne putzen oder Geschirr abwaschen, sind diese Handlungen sehr oft kontaminiert; wir denken nebenbei dies und jenes und sind alles, nur nicht achtsam auf unser Tun. Man braucht nun die Bewegungen bei solch einfachen Handlungen gar nicht auf irgendeine Weise zu verändern, man kann sie aber *als* ein »Ritual« betrachten. Wir handeln dabei so, als wären wir ein Hoher Priester des Zähneputzens oder Abspülens. Wir spielen die Routinehandlung als Rolle in einem Film, ganz so gewöhnlich und einfach, wie wir das immer tun, nur sehr achtsam als Schauspieler des »Gewöhnlichen«. Durch diese Haltung wird unsere Achtsamkeit von dem, was wir tun, fasziniert und ist nicht abgelenkt von tausend Gedanken. Durch Ritualisierung verwandeln wir Routine in ein Kunstwerk. Versuchen Sie es bitte zuerst mit nur einer eher kurzen und sehr einfachen Handlung. Achten Sie darauf, wie sich Ihre Gefühle und Ihre Stimmung verwandeln. Eine Variation dieser Methode besteht darin, das, was man ohnehin macht, einfach etwas langsamer zu tun und auf jeden Schritt zu achten. Man erreicht übrigens dieselbe »Wirkung«, wenn die alltägliche Handlung nur in der Vorstellung ausgeführt wird; allerdings sollte man hierbei kein noch so kleines Detail auslassen. Haben Sie schon einmal genau in Gedanken das getan, was Sie alltäglich unbewußt vielmals als Handlung ausführen? Gehen Sie z. B. in Gedanken den täglichen Weg zur Bushaltestelle *genau* nach, in allen Einzelheiten. Hierdurch entdecken Sie die Offenheit in jeder Handlung, in jeder Situation, und dieser Offenheit korrespondiert ein Gefühl sanfter Freude.

(2) **Veränderung der Beschreibung.** Beim inneren Dialog bemerken wir oftmals eine Art Wellenbewegung; es ist, als schwanke er zwischen bewußten und unbewußten Phasen. Wir »schieben« den Gedanken »beiseite«, doch wenige Augenblicke später ist er wieder »da«. Dieses halbbewußte Spiel zwischen uns und den als automatisches Bewegungsmuster ablaufenden Gedanken hat zur Folge, daß wir uns »auf nichts richtig konzentrieren können«. Wir setzen uns vor den Fernsehapparat und sehen einen Film, doch wenig später ist er wieder da, dieser Gedanke; wir essen: er kehrt wieder; wir wollen einschlafen: er ist immer noch da. Es ist, als sagte unser Gehirn zu uns: »Das ist wichtig, willst du dich

nicht darum kümmern?« Es gelingt uns nicht, den Gedanken »loszuwerden«, weil wir ihn ganz verdrängen wollen. Wir wollen die ganze Situation verdrängen; doch diese Situation (ein Ereignis der Vergangenheit oder Zukunft) hat soviel »Energie«, daß sie immer wieder erscheint. Wir nehmen ihr diese Energie nur, wenn wir die ganze Situation achtsam betrachten und zu unserem »Thema« machen. (Das »Wegschieben« bewirkt das gerade Gegenteil.) Allerdings sollten wir hierbei unser kreatives Potential benutzen. Die Situation zeigt sich uns in einer bestimmten Perspektive, die für uns mit bestimmten Gefühlen verbunden ist. Diese Perspektive können wir ändern, wenn wir die Beschreibung der Situation ändern. Das belächelte Tagebuch der Teenager hat hier sehr positive Wirkungen: Indem wir darin ein Ereignis »eintragen« und überhaupt konzentriert eine Situation beschreiben, vollzieht sich schon eine Veränderung. Uns wird beim Aufschreiben »etwas klar«. Gemeint ist damit eigentlich, daß sich der Strom unruhiger Gedanken, die sich an ein Ereignis knüpfen, beruhigt und unsere Achtsamkeit sich sammelt. Bei sehr hartnäckigen Gedanken ist deshalb die schriftliche Form empfehlenswert. In »leichteren Fällen« genügt es, den inneren Dialog selbst in die Hand zu nehmen und bewußt als Beschreibung der Situation zu benutzen. Tatsächlich »hängt« das Gefühl aber untrennbar an der Satzstruktur. Wir haben zahlreiche Methoden kennengelernt, um Denkmodelle zu erkennen und zu verändern. Wir können das hier anwenden, können unseren inneren Dialog selbst strukturieren und die darin wirkenden Modelle erkennen. Hierbei kann man einfach das tun, was bei einem freundschaftlichen Gespräch auch geschieht: Hören wir genau zu, welche Wörter oder Metaphern verwendet werden, und verändern diese Wörter und Metaphern.

(3) Veränderung der situativen Perspektive. Zahlreiche »Erinnerungen« oder wiederkehrende Vorstellungen künftiger Situationen erleben wir in einer ganz bestimmten Perspektive. Wir können Submodalitäten der Situation »sehen« oder »hören« (so wie wir uns immer wieder eine Rede vorsagen, die wir halten wollen); oder wir können ganz in einer Situation »drin« sein, wir erleben sie nach. All dies vollzieht sich nur in der Erinnerung, in unserem Denken - und das können wir verändern. Eine beklemmende Situation ist fast immer dadurch gekennzeichnet, daß wir »mittendrin« sind. Das ist wörtlich gemeint. Gehen Sie ganz in solch eine Situation hinein, betrachten Sie die darin vorkommenden Elemente. Ändern Sie sodann die Perspektive und betrachteten Sie sich in dieser Situation, ihren Körper, ihre Bewegungen usw. von *außen*, so, als würden Sie die Szene auf dem Bildschirm eines Fernsehapparates sehen. Betrachten Sie den Fernsehapparat, seine Knöpfe, sein Design, das Regal (den Tisch), auf dem er steht. Kehren Sie nun wieder ganz in die Situation zurück und gehen anschließend wieder auf dieselbe Weise heraus. Wiederholen Sie dies so oft, bis sie das Gefühl haben, es leicht zu können. (Richard Bandler, der diese Methode: »assoziieren« - »dissoziieren« nennt, sagt, man solle den Vorgang wenigstens fünf Mal wiederholen. Nach meiner Erfahrung ist das zutreffend; man sollte allerdings erwähnen, daß zur Beseitigung emotional sehr stark »aufgeladener« Erinnerungen dieser Vorgang an späteren Tagen jeweils wiederholt werden sollte.) Sie können dies vielleicht zunächst an einer ganz einfachen, vorgestellten Situation üben: Beim Einkaufen oder beim Zähneputzen. Bemerken Sie die Veränderung ihrer Gefühle hierbei? Im Tantra gibt es eine ähnliche Methode: Man visualisiert ein Wesen (ein Vorbild, eine »Gottheit«), dem man tiefe Gefühle entgegenbringt, gewöhnlich vorne über dem Kopf. Dann vertauscht man die Perspektive und identifiziert sich mit diesem Wesen. Auf diese Weise kann man seine Gefühle völlig verwandeln. Bei dieser Veränderung der situativen Perspektive (man verwandelt das gesamte Erlebnis in eine bloße Submodalität) ist nur eines wirklich wichtig: *Man muß es tun.* Man benötigt keinerlei äußere Bedingungen. Denken »tun« wir ohnehin, weshalb nicht auf eine Weise, die unsere Gefühle verbessert?

(4) »Der Fernsehabend«. Diese Methode knüpft unmittelbar an die vorhergehende an. Wenn Sie beim Verändern der situativen Perspektive einige Geschicklichkeit erreicht haben, sollten Sie daran gehen, mit Ihrer Phantasie zu spielen. Nehmen Sie eine Situation, die Sie auf irgendeine Weise bedrängt oder die ein Problem für Sie darstellt. Gehen Sie aus dieser Situation heraus und stellen sich vor, Sie würden sie auf dem Bildschirm Ihres Fernsehapparates sehen. Legen Sie in Ihrer Vorstellung leise Musik unter die betrachtete Szene. Sie kennen die Tricks der Werbeleute: Sanfte, heitere Musik verändert völlig das Bild; Waldhörner stimmen feierlich, eine Rockband turnt an. Benützen Sie diese Möglichkeiten! Um über eine Situation lachen zu können, brauchen Sie einfach den Film schneller laufen zu lassen und Dixieland-Musik darunter zu legen. Oder machen sie eine »traurige« Szene heller, lassen Sie die Sonne scheinen, knipsen Sie das Licht an. Lassen Sie den Film rückwärts ablaufen, Bewegung für Bewegung, Szene für Szene. Beobachten Sie, was hierbei mit Ihren Gefühlen geschieht. Eine weitere Möglichkeit besteht darin, Personen, die in ihrem erinnerten Situation vorkommen, mit anderen Stimmen sprechen zu lassen. Tauschen Sie einfach alle Bild- und Tonelemente aus, ganz nach Ihrem Belieben und achten Sie nur auf die Veränderung Ihrer Stimmung. Eine Möglichkeit besteht auch darin, die *Stimmen* von bekannten Menschen auszutauschen. Besonders bei unangenehmen Erinnerungen reicht es oft aus, die in einer Situation gesprochenen Sätze jemand anders in den Mund zu legen: einem guten Freund oder einem Schauspieler. Wer gewohnt ist, mit dem Computer zu arbeiten, kann sich auch eine Software ausdenken, die eine Erinnerung in eine durch Tastendruck beliebig veränderbares Szenerie verwandelt. Sicherlich spricht auch nichts dagegen, selbst beliebige Szenen zu *erfinden*.

(5) **Das Mantra.** Im Tantra[202], aber auch in anderen Religionen wird eine Technik verwendet, die Gefühle völlig verwandeln kann: »Mantras« sind Silbengruppen, die sehr oft wiederholt werden. Es kann aber auch ein altes Stoßgebet oder eine Gedichtzeile sein. (z. B. Goethes »über allen Gipfeln/ ist Ruh'«) Wenn wir sehr aufgewühlt sind und unsere Gedanken »verrückt« spielen, dann reicht die Kraft für die Methoden, die wir eben skizziert haben, oft nicht mehr aus. Machen Sie dann einfach das bewußt, was Ihr »Gehirn« Ihnen ohnehin vorschlägt: Wiederholen Sie (wie eine Bandschleife des Tonbands) einen Satz, einige Wörter. Es sollten allerdings Wörter sein, die Sie tatsächlich beruhigen. (Als Beleg folgende kleine Übung: Sagen Sie sich einmal »stechen, beißen, schlagen« 100 Mal leise vor - ich garantiere Ihnen, daß Sie sich bedroht und ziemlich elend fühlen. Versuchen Sie es dagegen dann mit »sanft, liebevoll, zärtlich«. Der Unterschied ist frappierend.) Die Methode, mit Mantren zu arbeiten, ist eine besondere Form von »Autosuggestion«. Sie können hier beliebige Sätze wiederholen, die »gut klingen«, und sich das einreden, was sie erreichen möchten. »Sich etwas einreden« - das wird meist von uns negativ verstanden (als: »sich etwas einbilden«, »einer Täuschung erliegen«). Jeder Satz ist aber solch eine Täuschung. Weshalb

sollten wir diese Kraft nicht für Täuschungen gebrauchen, die angenehm sind. (Man vergißt meist: Der Gedanke »Ich bin ein nüchterner Mensch, der sich nicht selbst täuscht.« ist auch nur eine Autosuggestion und eine Täuschung.) Diese Methode funktioniert auch umgekehrt: Wenn Sie sich dabei ertappen, bestimmte Sätze immer wieder zu wiederholen, dies aber unbewußt oder in unangenehmen Situationen, dann sprechen Sie *diese* Sätze innerlich deutlich und oft wiederholt, wenn Sie gerade Lust dazu haben. Dadurch verlieren sie von selbst ihre Faszination und dadurch ihre unbewußte, magische Kraft, unsere Stimmungen zu beeinflussen.

Diese fünf Methoden sind nur Beispiele. Ich denke aber, daß sie eine Blickrichtung eröffenen können. Allerdings möchte ich eine Einschränkung machen. Es gibt zahlreiche Methoden, vor allem im Anschluß an den großen Psychotherapeuten Milton Erickson entwickelt, die Bewegungsmuster von Gefühlen und Gedanken zu verändern erlauben.[203] Auch wenn die verwendeten Modelle gelegentlich etwas befremdlich sind und allzuleicht der Illusion verfallen, Menschen seien kybernetische Maschinen, so kann ihre Wirksamkeit nicht bestritten werden; es ist einfach leichtsinnig, sie nicht anzuwenden. Eine große Täuschung liegt nur in der Vermutung, man könne mit »Psychotechniken« sich selbst wie eine Maschine neu programmieren. *Erstens* (diesen Punkt greife ich sogleich nochmals auf) sind Gefühle nicht von den körperlichen Funktionen zu trennen; deshalb finden nicht nur bei Pathologien Techniken zur kreativen Selbstveränderung der Gefühle eine Schranke. Die Gefühle sind sehr eng in Bewegungsmuster des *Körpers* verwoben und können deshalb nur durch deren Veränderung verwandelt werden. *Zweitens* kann *keine* »Technik« oder »Methode« *grundlegende* Strukturen unseres situativen Daseins verändern: Sterben, alt werden oder überhaupt geboren zu sein, läßt sich kaum vermeiden. Was immer man von Religion halten mag: *Hierin* findet sie ihr Reich, ihre Wahrheit, und die religiösen Praktiken finden ihren Ort. Die meisten Religionen kapitulieren nicht vor dem *Tod* und betrachtet das Sterben als etwas, das erlernt und kreativ beeinflußt werden kann.[204] Dieses Problem zu kommentieren, übersteigt meine Möglichkeiten, und ich möchte es deshalb ausklammern. Es scheint mir aber sehr wichtig, zwei Extreme zu vermeiden: Einmal sollte man nicht situative Strukturen, die auf Gewohnheitsmustern beruhen, zu »ewigen Gegebenheiten« machen. Zum anderen aber ist *nicht alles machbar.*[205] Der Machbarkeitswahn ist von menschlicher Kreativität sehr genau zu unterscheiden: Er verlängert nur die Rationalität der ZweckMittel-Beziehung als »Herr-Knecht-Verhältnis« in uns selbst. Francisco Varela sagte einmal: »Wir übersehen völlig, daß der Körper nicht einfach eine Ansammlung von Zell-Sklaven ist. Jede Zelle hat bestimmte Dienste zu leisten, doch gleichzeitig ist sie völlig autonom - und sie kombiniert beides miteinander.«

Was ist das: »Mein Körper«?

Mechanische, unbewußte Bewegungsmuster sind keineswegs nur unserem Denken eigentümlich. Auch die Aktivitäten unseres Körpers vollziehen sich in sehr hohem Maß automatisch. Was genau meinen wir eigentlich mit »Körper«? Im Sinne der cartesischen Philosophie ist ein Körper ein *räumlich vorhandener* Gegenstand. Ein Körper ist eine Gestalt in unserer Sinneswahrnehmung: Wir können ihn sehen und tasten. In anderen Submodalitäten hat das Wort Körper keinen klaren Sinn. Am ehesten können wir noch den Geschmack körperlich interpretieren, auch wenn hierin das Wort Körper ein wenig seltsam klingt (wir würden eher von einer »Geschmackskomposition« als von einem »Geschmackskörper« sprechen). Wenn wir das Wort »Körper« gebrauchen, herrscht jedenfalls eindeutig eine visuell-räumliche und eine Tastbedeutung vor. Inwiefern können wir also vom *»menschlichen Körper«* sprechen? Für die medizinischen Wissenschaften ist dies bestenfalls ein abstrakter Begriff, mit dem man Nerven, Muskeln, vegetatives Nervensysem, Blut, Atmung, Säure-Basen-Haushalt, Niere, Herz- und Kreislaufsystem, Wärmehaushalt, Ernährung und Verdauung, endokrines System und Hormone, Zentralnervensystem und die Sinnesorgane zusammenfaßt. Funktion und Struktur des menschlichen Körpers werden also in einer *systemtheoretischen* Sprache beschrieben, die auch in anderen Wissenschaften vorherrscht. In dieser Bedeutung ist der menschliche Körper nicht das, was wir *als* unseren Körper *erleben*; er ist ein vorhandener, medizinisch-wissenschaftlicher Gegenstand.

Wie *erleben* wir unseren Körper? Wir können ihn zuallerst fühlen. Unsere Achtsamkeit kann fast jedes Körperteil »bewußt« machen, wenn wir uns darauf einlassen (vgl. die kleine Übung am Anfang des Kapitels). Darüber hinaus meldet sich aber der Körper auch »von selbst«: beim

Hunger, bei angenehmen Gefühlen, Schmerzen usw. Dieses »sich melden« des Körpers erleben wir nicht als etwas, das wir machen. Andererseits ist es auch nicht unabhängig von unserem Denken und unserer Stimmung. Wir können an Essen *denken* und Appetit, an unsere Liebhaber *denken* und Sehnsucht bekommen. Hier zeigt sich eine merkwürdig verschwommene Grenze. Betrachten wir Fakire oder Asketen, so scheinen gewöhnliche »Bedürfnisse« keine Rolle zu spielen und gänzlich durch das Denken kontrollierbar zu sein. Es ist kaum mehr bestritten, daß Yogis ihren Sauerstoffbedarf auf ein Maß reduzieren können, der bei uns längst zum klinischen Tod führen würde; wie schon erwähnt, verschwinden auch bei in der Meditation geübten Meistern einige der in der empirischen Psychologie als Quasi-Naturgesetze behauptete Zusammenhänge (z. B. der Gewöhnungseffekt bei Sinnesreizen). Andererseits gibt es wenigstens für uns gewöhnliche Sterbliche Grenzen, die als vom Körper gesetzt erscheinen. Sie können *vorübergehend* außer acht gelassen werden, nicht aber auf Dauer, ohne größere gesundheitliche Schäden (oder Schlimmeres) nach sich zu ziehen. Diese Grenzen zeigen sich allerdings niemals außerhalb einer bestimmten Interpretation durch unser Denken. Anders gesagt: »Bedürfnis« ist keine objektiv definierbare, physiologische Kategorie. Man kann Mangelerscheinungen haben, ohne das, woran einem mangelt, als Bedürfnis zu empfinden. In einem kybernetischen Bild: Was immer der Körper an Signalen »sendet«, wir »codieren« sie durch unser Denken und ordnen dies jeweils in unsere Situation ein.

Unser Körper ist uns damit keineswegs auf einfache, sondern auf höchst vielfältige, auch teilweise »autonome« Weise gegeben: *Erstens* als Teil unserer Sinneswahrnehmung; wir sehen unsere Arme, Beine etc. wie wir andere Formen auch sehen. *Zweitens* fühlen wir unseren Körper, seinen aktuellen Zustand, unsere Anspannung und unser Gleichgewicht. *Drittens* meldet sich der Körper in dem, was wir als »unsere Bedürfnisse« interpretieren. Die situativen Modalitäten sind nicht auf eindeutig erkennbare Weise auf den Körper bezogen. Unsere Gefühle können wir meist körperlich lokalisieren. Ich habe viele Leute gefragt: »Wo genau fühlst du es, wenn du traurig bist?« Selbst bei meiner relativ kleinen Stichprobe waren die Antworten höchst vielfältig: Einige fühlen ihre Trauer eine Handbreit unter, einige eine Handbreit über dem Nabel, einige in der Brust, andere in der Kehle, wieder andere an der

Stelle zwischen den Augen. Mir ist zwar auch aufgefallen, daß dies ziemlich genau den Stellen entspricht, die man die »Chakren« nennt; aber besonders tiefe oder esoterische Schlüsse kann ich daraus nicht ziehen. Ebenso häufig werden nämlich Gefühle auch entlang der Wirbelsäule, im ganzen Kopf, einige sagen sogar in den Oberschenkeln empfunden. Eine eindeutige Zuordnung zwischen Gefühl und Körper ist deshalb nur schwer möglich. Stimmungen schließlich können ganz undefinierbar sein. Man hat eine bestimmte Stimmung, die dem Körper zuzuordnen kaum möglich ist. Unsere Wahrnehmungen hingegen haben ihren genauen Platz in den Sinnesorganen. Die Gedanken schließlich scheinen auf wenig genaue Weise unserem Kopf zugeordnet; gelegentlich scheint uns aber auch ein Satz aus tiefster Brust aufzusteigen. Diese vielleicht etwas diffusen Anmerkungen sollen eigentlich nur deutlich machen, daß wir unser situatives Erleben nicht auf besonders einfache Weise unserem Körper zuordnen können.

Körperliche Bewegungsmuster

Das, was wir als »unseren Körper« betrachten, ist (mit den gemachten Einschränkungen) innersituativ eine *Interpretation*, ein Modell, ein Gedanke, den wir von uns selbst haben. Wir haben ein »Bild« vom Körper, eine Vorstellung, die der Neurologe Henry Head als »Körperbild« bezeichnet.[206] »Ich fühle mich so oder anders« ist ebenso ein Gedanke wie der Satz »Ich denke mit dem Gehirn«. An der *wissenschaftlichen* Feststellung, daß Gedanken etwas sind, das als Prozeß im Gehirn vorgeht (wenn man Körper als äußere Gegenstände beschreibt), brauchen wir keineswegs zu zweifeln. Dennoch ist für uns das Körpererleben etwas, das wir als Körperbild selbst erzeugen. Es ist aber äußerst hilfreich, die wissenschaftliche Beschreibung des menschlichen Körpers als *Modell zu verwenden*, um uns selbst und unsere Bewegungen zu verändern. Wenn wir wissen, welche Muskeln mit welchen Partien unseres Skelettes verbunden sind, wie »Protagonist« und »Antagonist« zusammenwirken oder wie der Brustkorb mit der Wirbelsäule verknüpft ist, dann können wir dieses Wissen zu einer achtsamen Neuorganisation unserer Bewegungen anwenden. Anatomische Kenntnisse als Modelle unsere Körpers sind äußerst hilfreich zur Veränderung unseres illusionären Selbstbildes.[207] Unser Körper zeigt sich in seinem Erscheinungsbild, in seinen Bewe-

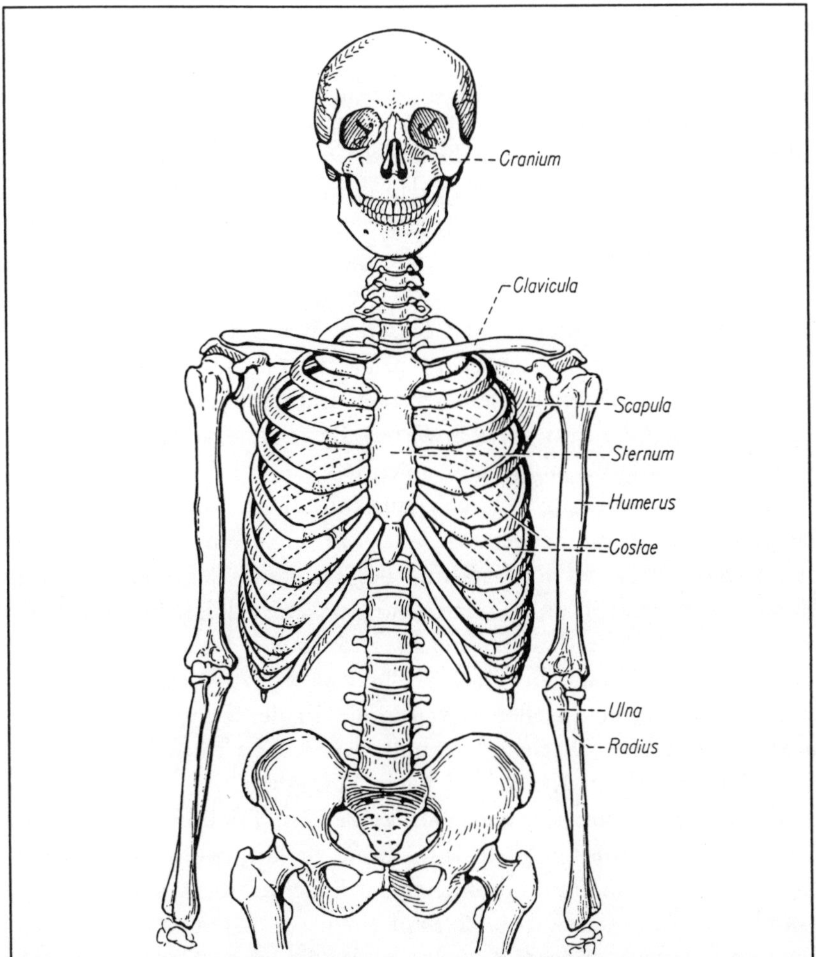

Abb. 23 Skelett als »Partitur« des Körpers [Quelle: Voss-Herlinger 1983]

gungen so, wie wir ihn denken, welches Selbstbild wir von uns als Körper haben. Zweifellos gibt es angeborene Strukturen, wie es auch angeborene Bewegungsmuster gibt, die nicht oder nur sehr schwer zu verändern sind - über pathologische Aspekte wäre modifiziert zu sprechen. Aber auch die *eingeschränkten* Möglichkeiten sind noch Möglichkeiten der Veränderung; auch »angeborene Bewegungsmuster« sind durch Achtsamkeit veränderbar. Das Selbstbild ist ein weitgehend *zufällig* entstandener Komplex von Routinebewegungen. Obgleich wir einen

Teller Suppe auf höchst unterschiedliche Weise essen könnten, wenden wir nur eine Methode an. Wir haben sie uns irgendwann in unserer Kindheit angeeignet und geben uns jetzt, in unserem erwachsenen Dasein, nicht mehr mit »Kindereien« ab. Achten Sie bitte einmal darauf, auf welch höchst unterschiedliche Weise sich Menschen von einem Stuhl erheben. Wäre es nicht denkbar, daß darunter auch eine angenehmere Methode ist, die der unseren überlegen ist? Man kann z. B. beim Aufstehen zuerst den Atem anhalten, die Bauchmuskeln und die Beinmuskulatur anspannen und sich dann mit der Kraft dieser Muskeln erheben. Die Hüften werden hierbei steif gehalten. Wenn man den Oberkörper aus den Hüften zuerst nach vorne neigt, das Gewicht nach vorne verlagert, die Füße etwas auseinander stellt und dann aufsteht, ergibt sich eine viel elegantere und unbeschwertere Bewegungsweise, die sich auch noch mit 80 oder 90 Jahren anwenden läßt.

Den Grund, weshalb wir Bewegungsmuster als Routinen festhalten, haben wir schon kennengelernt: Wir *sind* selbst ein Komplex solcher Bewegungsmuster des Körpers und des Denkens. Wir benützen diese Muster kaum je achtsam zur Erreichung unserer alltäglichen Ziele. Was wir als Selbstbild festhalten, sind *funktionierende* Muster; sie erlauben uns alltäglich zu handeln. Daraus scheinen wir zu folgern, daß es die *besten* Muster seien. Vielleicht waren sie zu der Zeit, als wir sie uns angewöhnt haben, durchaus sinnvoll. Als Kinder verfügten wir über einen Überschuß an Kraft, und keine Bewegung war uns zu anstrengend. Vor allem aber: Wir haben als Kinder den Trick erlernt, durch das Anspannen bestimmter Muskeln Gefühle zu kontrollieren. Man kann durch das Anspannen und Einziehen der Bauchmuskeln z. B. ein Angstgefühl mindern, meist verbunden mit einem Anhalten des Atems. Ähnlich können wir in anderen Körperregionen verfahren, die emotional für uns bedeutsam sind. Behält man diese Methode zur Kontrolle von Gefühlen bei, so verliert sie nicht nur ihre Wirksamkeit, sie wird Teil unseres Selbstbildes, das wir endlos reproduzieren. Man gewinnt eine unbewußte Überzeugung davon, daß auf bestimmte Weise angespannte Muskeln eine starre Struktur des Körpers sind, nicht etwas, das wir aus unserem Denken und Erleben heraus machen.

Die Körperhaltung ist ein aufgeschlagenes Buch der Gefühlshaltungen. Ein eingezogener Bauch, ein gekniffenes Hinterteil und eine aufgeblasene Brust ist z. B. bestimmten Situationstypen zugeordnet (in Wildwestfilmen und auf Kasernenhöfen treibt dieses Muster sein Unwesen). Man weiß, wie man sich darin fühlt: eingeschränkt, bedroht, die Gefühle versteckt, getarnt oft durch ein spöttisches Lächeln, Schlacksigkeit oder »cooles« Getue. Wenn man diese Haltung als *Bewegungsmuster* beibehält, dann bleibt auch die zugehörige Grundstimmung erhalten. Das »Benehmen« ist ein nicht weniger stark codierter Bereich. Dies wird noch dadurch kompliziert, daß wir derartige Bewegungsmuster sehr frühzeitig mit den zugehörigen »Haltungen« übernehmen und sich so unser Körper auch *strukturell* »um dieses Muster herum« aufbaut. Unbewußt wissen wir sehr genau, daß ein eingezogener Bauch einfach ein Angstmuster ist. Ein entspannter, runder Bauch wirkt »gemütlich« (achten Sie z. B. darauf, wie entspannt viele kleine Kinder stehen!). Man kann seinen angespannten Bauch deshalb auch hinter einer reichlichen Fettschicht verstecken um das Gegenteil zu »signalisieren«. Das Selbstbild, das in unseren Bewegungen und Haltungen zum Ausdruck kommt, führt auch zu strukturellen Veränderungen unseres Körpers, zu einer chronischen Anspannung von Muskeln ohne jeden funktionalen Sinn. *Unser Ego kristallisiert sich in unserer Haltung.* Was ursprünglich ein Bewegungsraum, voll Offenheit und Spiel war, wird zu einem starren *Körper*. Die Dynamik (die Zeit) gefriert zur Struktur (dem Raum).

Die eigentliche Schwierigkeit mit unserem Körper, unseren Gefühlen und unserem Denken ist die Tatsache, daß wir kaum *isolierte* Veränderungen vornehmen können. Gefühle, das Körperbild, ausgedrückt in den körperlichen Bewegungen und Strukturen, und unsere Denkprozesse sind immer situativ *zentriert*. Mit unserer Verkörperung als Ich sind jeweils andere mit *da* und - denkend und fühlend - mit verkörpert. Das Körperbild ist kein mechanisch getrennter Körper, sondern eine situative Perspektive. Trotz aller Wirksamkeit zahlreicher neuer Methoden, trotz der Möglichkeit kreativen Wandels auch und vor allem unserer Gefühle und unseres Körpers, bleibt jede isolierte Veränderung situativ eingegossen und dadurch beschränkt. Wir können allein sehr viel erreichen; aber kaum sind wir mit anderen Menschen zusammen, die uns durch tausend Beispiele *ihre* Einschränkungen demonstrieren, so verfallen wir allzuleicht wieder in die alten Muster, die wir schon überwunden glaubten. Wer Erfahrung in einer der zahlreichen neueren »Psycho- und Bewegungstherapien« besitzt, wird dies vermutlich bestätigen können. Kreative Veränderungen besitzen deshalb immer eine soziale Dimension (⇒ Kapitel 14). Es wäre etwas naiv, wenn man von »Kreativitätstechniken« Wunder erwarten würde. Dieser Punkt wird gerne von den begeisterten Protagonisten dieser Methoden übersehen. Die Tatsache aber, daß eine kreative Öffnung nur schrittweise und mit Rückschlägen vollzogen werden kann, ist alles, nur kein Grund, gar nichts zu tun. Hier ist das Modell von »ja-nein«, »Sein-Nichts« wie auch an anderen Stellen schädlich und einschränkend. Die Kreativität ist nicht »digital«, sondern lebendig. In der Technik funktioniert eine einfache zweiwertige Ja-Nein-Logik, weil sie es mit räumlichen Körpern zu tun hat. Unser »Körper« ist aber erlebt, er ist ein *Leib* mit völlig offenen Grenzen. Unser Leib ist nicht unser »Körper« - das ist nur ein Denkmodell. Der eigentliche »Leib« ist die ganze Situation, sein Herz die Achtsamkeit.

14 Soziale Kreativität

Der Dialog

Der Begriff des »Sozialen« umfaßt prinzipiell alle Phänomene, in denen mehrere Menschen gemeinsam leben und handeln. Man kann mit gutem Grund diese Struktur auch auf Tiergesellschaften übertragen. Während der Begriff der »Ökologie« (wenigstens im wissenschaftlichen Sprachgebrauch) auf unterschiedlichste Tier- und Pflanzenarten, ihre Wechselwirkungen untereinander und mit der unbelebten Natur bezogen wird, ist der Begriff des »Sozialen« auf je eine »Art« (Pflanzen, Tiere, Menschen) beschränkt. Ich will auch hier nichts am gewöhnlichen Wortgebrauch verändern: Ein »soziales Phänomen« sind ebenso das intime Gespräch zwischen zwei Personen wie die höchst komplexen Strukturen internationaler Beziehungen. Einige Denkmodelle zur Beschreibung gesellschaftlicher Phänomene und ihrer Veränderung werden wir in ihren Strukturen analysieren.

Ich möchte als Leitbild unserer Analyse eine einfache Struktur verwenden: Den *Dialog* zwischen zwei Personen. Gespräche zu führen, zu diskutieren, sich knapp oder ausführlich über etwas zu verständigen - dies dürfte die häufigste, wenn auch nicht einzige situative Struktur sein, die wir in Gesellschaften beobachten können. Prinzipiell können wir einen Dialog aus zwei Perspektiven betrachten: von außen (wie das Paarungsverhalten zwischen einem Tierpaar); oder wir können uns selbst in die Situation eines Gesprächspartners versetzen. Die Differenz dieser beiden Perspektiven ist grundlegend. Wenn wir zwei Personen, die miteinander sprechen, nur *beobachten*, dann reduzieren wir sie auf die erste situative Modalität. Eigentlich *verstehen* wir hierbei vom Dialog nichts, obgleich auch diese Struktur sicher nicht ohne Interesse ist. Wenn wir in der Beobachtung eines Gesprächs Wörter, Gesten und Handlungen *interpretieren* oder »verstehen«, dann haben wir die Position eines bloßen Beobachters bereits verlassen. Wir können nicht »abstrakt« über Kommunikationsstrukturen sprechen, ohne sie auf irgendeine Weise zu *verstehen*. »Verstehen« heißt aber immer, Wörtern und Zeichen *eigenen* Erlebnissen, Erfahrungen, der eigenen Geschichte zuzuordnen. Wenn wir z. B. sagen, ein Affe sei »wütend«, dann versetzen wir uns auf gewisse Weise in seine Situation, denn wir wissen, daß »Wut« mit einem bestimmten Körperausdruck verbunden ist.

Diese Schwierigkeit ist für das Verständnis der sozialen Kreativität grundlegend. Wenn wir zwei Personen bei ihrem Gespräch »beobachten«, so sind sie für uns als räumlich getrennte Körper »sichtbar«, »hörbar«. Das, was die beiden Personen ausmacht, erscheint ausschließlich in der ersten situativen Modalität. Man findet häufig diese (oder verwandte) soziale Strukturen durch folgende Darstellung abgebildet:

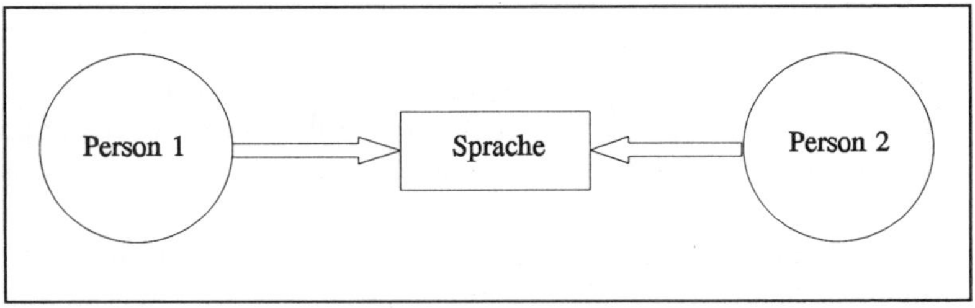

Abb. 24 **Standardmodell des Dialogs**

Unsere, nun bereits kreativ aufgeweckte Achtsamkeit, bemerkt hier sogleich, daß man in dieser Abbildung gar nicht von »Personen« spricht, sondern von räumlichen Beziehungen zwischen beschrifteten Kreisen. Wir beschreiben und kommentieren eine Zeichnung (eine Submodalität unserer Wahrnehmung). Die Logik dieser Darstellung, ihre Funktion als Denkmodell, enthält also sehr viele täuschende Elemente. *Genau* betrachtet, können wir auf diese Weise niemals einen Dialog beobachten. Wir sehen vielmehr bewegte Körper und registrieren zugleich Geräusche. Man kann auch die beiden Personen als physiologische Systeme beschreiben und Blutdruck, Herzschlag, Gehirnsignale usw. messen. Doch all dies sind keine *sozialen* Phänomene, sondern eben physikalische oder biologische. Sobald wir aber beginnen, von den gesprochenen Wörtern auch nur eines zu »verstehen«, haben wir die Position des neutralen Beobachters verlassen. Die Idylle mit zwei Personen hat sich in eine Dreiergruppe verwandelt, selbst wenn der Beobachter sich hinter Wanzen, Sendern und Kopfhörern verbirgt.

Was ich mit diesem Beispiel demonstrieren möchte, läßt sich in einem Satz zusammenfassen: *Soziale Phänomene sind nur situativ ganz verständlich.* Das heißt nicht, daß es nicht zwischen Personen auch Beziehungen gibt, die z. B. durch die Physik beschreibbar wären. (Telefonverbindungen bei einem Gespräch bergen zahlreiche physikalische oder technische Strukturen.) Tatsächlich sind sehr viele in die Gesellschaft eingeflochtene Strukturen technische oder mechanische Massenphänomene. Dennoch »besetzen« diese Strukturen jeweils nur eine situative Modalität. Man kann den Begriff »Person« als räumlich strukturierten Kreis vorstellen (wir hatten dies schon einmal am Beispiel der Logik illustriert) und zwischen »Kreisen« Systembeziehungen herstellen. Allerdings bleiben in solchen Modellen Emotionen, kognitive Strukturen, Denk- und Bewegungsmuster und vor allem Gedanken fremde Modalitäten. Es sieht in dieser Perspektive dann immer so aus, als wären die »Teile« unabhängige, abgegrenzte Einheiten, die (wie nebenbei) auch noch soziale Beziehungen eingehen können. Das erscheint mir *wenigstens* eine zu enge Modellstruktur zu sein. Die »Kreise«, mit denen Personen abgegrenzt werden, sind offen (Abbildung 25).[208]

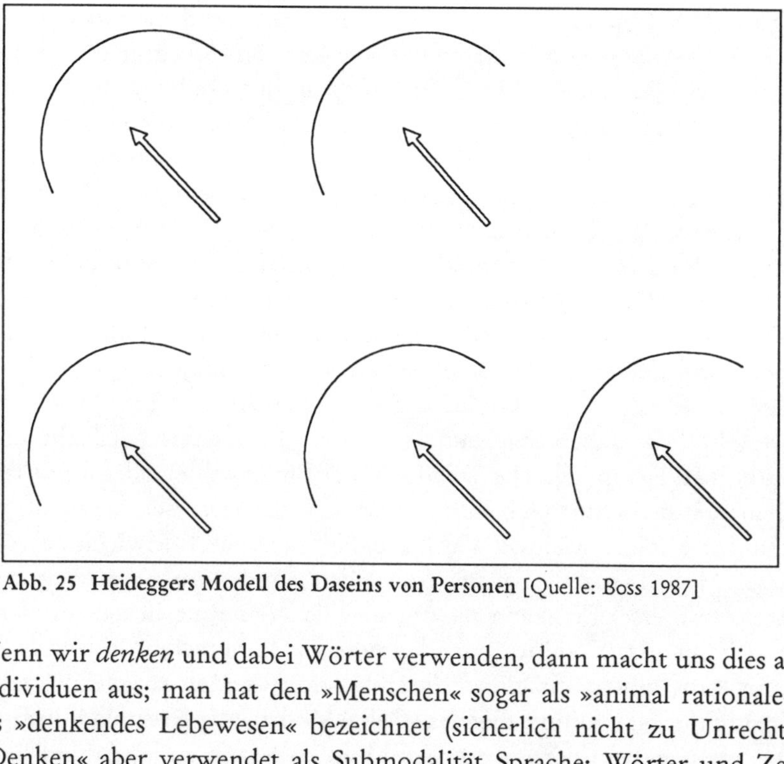

Abb. 25 Heideggers Modell des Daseins von Personen [Quelle: Boss 1987]

Wenn wir *denken* und dabei Wörter verwenden, dann macht uns dies als Individuen aus; man hat den »Menschen« sogar als »animal rationale«, als »denkendes Lebewesen« bezeichnet (sicherlich nicht zu Unrecht). »Denken« aber verwendet als Submodalität Sprache; Wörter und Zeichen sind aber nichts »Individuelles«, sondern das wichtigste soziale Phänomen. Man kann also »Individuum« und »Gesellschaft« nicht trennen, ohne in erhebliche Schwierigkeiten zu geraten. Um dies auf die erste Skizze (Abbildung 24) zu übertragen: Das, was Person 1 und Person 2 ausmacht, was »innerhalb« des Kreises liegt, ist ebenso das, was zwischen ihnen vorgeht.

Modelle der Gesellschaft

Wenn wir einen Dialog *verstehen* wollen, müssen wir an ihm teilnehmen. Obgleich wir durch unsere Sätze gewisse Strukturen unserer Gedanken mitteilen und durch unser Sprechen unser Handeln koordinieren können, sind wir doch nicht in der Lage, alle situativen Modalitäten miteinander zu teilen. In der Struktur des Ich-Du-Modells gesagt: Ich sehe jeweils deinen Körper, deine Bewegungen und höre, was du sagst. Aber deine Gedanken, deine Wahrnehmung, deine Gefühle bleiben mir verborgen. Aus dieser (sehr verkürzten) Struktur des Dialogs ergibt sich eine andere Modellstruktur zur Beschreibung des Sozialen (die allerdings wiederum nur ein Denkmodell ist). Im Bild der beiden Kreise um Person 1 und Person 2 gesprochen (Abbildung 24): Die Sprache kann man als die der Gesellschaft gemeinsame »Vernunft« bezeichnen. An ihr haben wir jeweils »Anteil«. Wir vergesellschaften uns durch die Teilnahme an der Kommunikation, wir *fügen* uns in ihre Ratio ein. Hierdurch wird die Paradoxie vermieden, daß in unserem individuellen Denken jeweils eine *soziale* Struktur kenntlich ist. Die anderen situativen Modalitäten bleiben als »bloß Subjektives« für den je anderen »Privatsache«. Ob man die »Vernunft« nur auf Sprache beschränkt (wie dies weitgehend in diesem Jahrhundert geschieht; man nennt dies die »sprachliche Wende« in der Philosophie), oder ihr weitere Elemente zuerkennt (»objektive Werte«, »Sittengesetz«), bleibt für die Struktur weniger wichtig. Was uns daran interessiert: Inwiefern erlaubt dieses Modell, soziale *Kreativität* zu denken? Sofern Kreativität neue Strukturen erschafft, kann die Quelle aller Neuerung in diesem Denkmodell nur das isolierte Individuum sein. Da Sprache das jeweils Bekannte ist, gibt es (in dieser Interpretation) keinen sozialen Ort der Kreativität. Man könnte dies das »Genie-Modell« der Kreativität nennen: Die Sprache dient dazu, die neuen Ideen *erscheinen* zu lassen und sie so allgemein zugänglich zu machen. Man hat dieses Modell sogar auf die Struktur des menschlichen Gehirns übertragen: Die linke, rationale und sprachliche Gehirnhälfte ist die soziale Seite, die rechte, irrationale und kreative Gehirnhälfte gilt als innerer, privater Wert.

Die platonische Dualität von Idee und Erscheinung kehrt hier wieder als Dualität des Privaten und Öffentlichen.[209] Diese duale Modellstruktur erscheint nun in vielfältigen Varianten. Ich möchte, starkt vereinfacht, drei Formen kurz beschreiben: das *konservative*, das *revolutionäre* und das *evolutionäre* Modell. Das Bild des in öffentliches Denken (⇒Syntax, Logik) und privates Erleben (⇒Semantik, Pragmatik) aufgespaltenen Menschen, das zahlreiche Schattierungen kennt (»Körper-Geist«, »Geist-Gehirn«, »rational-irrational«, »Logik-Sinnesdaten«, »Rolle-Träger«, »bourgeois-citoyen« usw.), liegt auch dem Zweck-Mittel-Denken zugrunde, das wir auch schon kennengelernt haben. Danach setzt sich die »Vernunft« Zwecke, sucht durch rationale Wahl geeignete Mittel und verwirklicht diese Zwecke. Sind Mittel nicht verfügbar, so werden sie selbst zu einem Zweck, der nun seinerseits Mittel sucht. Die daraus abgeleiteten Zwecke sind auf den obersten Zweck hingerichtet, ihm untergeordnet. Ich will dies kurz an einem Beispiel demonstrieren: Um rasch und bequem eine bestimmte Strecke zwischen zwei Städten überwinden zu können, will man eine Straße bauen. Die Straße ist das Mittel für den Zweck, rascher reisen zu können. Um die Straße aber bauen zu können, sind zahlreiche andere Zwecke zu verfolgen: Man muß Wälder abholzen, Wiesenböden trokkenlegen oder steinigen Untergrund beseitigen. Dies sind nachgelagerte Zwecke »zweiter Ordnung«. Um *diese* wiederum zu erreichen benötigt

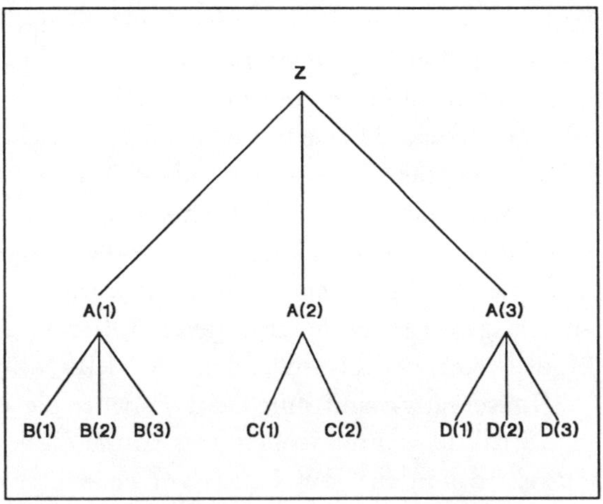

Abb. 26 Allgemeine Struktur einer Hierarchie

man Bauwerkzeuge, Sägen, Preßluftbohrer usw. (Zwecke dritter Ordnung). Ist ein Teil dieser Instrumente nicht verfügbar, so müssen sie erst *gebaut* werden. Man erteilt einer Firma einen Auftrag und für diese Firma wird nun die verlangte Maschine zu einem Zweck »vierter Ordnung«. Zum Bau der Maschine benötigt man andere Maschinen, Gebäude, Arbeitskräfte etc. - all dies wären nachgelagerte Zwecke »fünfter Ordnung«. Jedem Zweck ist wiederum eine bestimmte Tätigkeit zugeordnet: Das Fahren auf der Straße, das Umsägen von Bäumen, das Konstruieren von Maschinen, Drehen, Bohren etc. Jeder Zweck niedrigerer Ordnung erhält vom darüberliegenden Zweck einen »Auftrag«. Man gelangt durch solch eine Überlegung sehr leicht zu einem Bild hierarchischer Aufgaben, die (zuende gedacht) schließlich eine oberste, letzte Aufgabe erfüllen.[210] Da jeder Aufgabe auch eine Tätigkeit zugeordnet ist, ergibt sich eine Hierarchie auch von Personen, die man als *Struktur* der Gesellschaft interpretieren kann. Die obige Skizze (Abbildung 26) gibt eine visuelle Repräsentation dieser Vorstellung in einem Beispiel. Dem obersten Ziel »Z« sind auf erster Ebene drei Zwecke untergeordnet, die mit dem Buchstaben »A« gekennzeichnet werden. Ihnen ist wiederum jeweils eine andere Gruppe von Aufgaben untergeordnet, die mit den Buchstaben »B«, »C« und »D« gekennzeichnet sind. Derartige Strukturen sind bekannt. Man kann z. B. anstelle von »Z« »Papst« setzen, die zweite Ebene durch »Bischöfe« und die dritte durch »Gemeindepriester« ersetzen; oder: »Bundeskanzler« ⇒ »Minister« ⇒ »Staatssektretäre«; oder: »Aufsichtsräte« ⇒ »Firmendivisionen« ⇒ »Abteilungsleiter«; oder »Bundesgerichte« ⇒ »Landesgerichte« ⇒ »Bezirksgerichte«. Die durchgezogenen Linien lassen sich als »Weisungsbefugnis«, »Befehlsgewalt« usw. interpretieren. Offenbar liefert das »Zweck-Mittel-Modell« eine vielfach anwendbare Modellstruktur sozialer Organisation.

»Konservativ« sind nun Denkmodelle, die eine *bestimmte* hierarchische Struktur wahren wollen. Das konservative Modell sozialer Kreativität geht davon aus, daß *individuell* neue Zwecke gesetzt werden, neue Ideen »zufällig« entstehen können. Wenn es gelingt, diese neuen Ideen »einzuordnen«, d. h. in die Hierarchie der Ziele und Werte einzufügen, dann wird eine Idee als »wertvoll« akzeptiert. Ideen, welche die Hierarchie selbst in Gefahr bringen (oder auch nur Personen, die eine Stelle in der Hierarchie einnehmen), werden mit unterschiedlichen Mitteln bekämpft. Beschränkt man sich hierbei auf bestimmte relativ abstrakte

Ziele (»Werte«), so kann man solch ein Modell sozialer Kreativität »wertkonservativ« nennen. Auch Werte lassen sich auf ähnliche Weise wie in der obigen Abbildung anordnen. Umfaßt der »hierarchische Baum« auch konkretere Aufgaben, so verwandelt sich solch eine soziale Ordnung rasch in eine »ständische Ordnung«. - Das »revolutionäre Modell« sozialer Kreativität ist damit leicht begreiflich: Darin wird angenommen, daß die neuen Ideen nur durch eine *Beseitigung* der alten Hierarchie verwirklicht werden können. Bei »Palastrevolutionen« werden nur Personen in der Hierarchie ausgetauscht. In Organisationen ist dies der gewöhnliche Fall: z. B. bei der Umbesetzung eines Managerpostens oder beim Sturz eines Präsidenten. »Demokratien« haben für »Palastrevolutionen« bestimmte Regeln aufgestellt; eine Wahl hebt nicht die staatliche Ordnung auf; sie tauscht bekanntlich nur Personen und einige Ziele aus. Allerdings wird sich jeder »radikale« Regierungswechsel immer durch die Schaffung auch neuer Strukturen auszeichnen.

Soziale Strukturen, wie die skizzierte Hierarchie der Ziele und Aufgaben, sind in gewissem Maß das Resultat von *Prozessen*. Die Hierarchie der Aufgaben beim Straßenbau (unser eben besprochenes Beispiel) ergibt sich aus der Natur der »Aufgabe«. Man hat deshalb in der betriebswirtschaftlichen Organisationstheorie auch vom Organisationstyp der »Aufgabengliederung« gesprochen. In diesem Modell kann man zwischen »Struktur« und »Prozeß« unterscheiden: Die »Verfassung« ist z. B. die Struktur eines Landes, die demokratischen *Wahlen* sind der darin vorgehende Prozeß. Wenn ein völlig neuer Prozeß sozial installiert werden soll, dann verlangt dieses Modell die »revolutionäre« Lösung, den Aufbau einer völlig neuen Struktur. Auf diese Weise verwandeln sich Revolutionäre allerdings sehr rasch in Konservative: Dann nämlich, wenn sie erfolgreich sind. Die Schwierigkeit des revolutionären oder konservativen Modells besteht darin, daß Neuerungen entweder weitgehend verdrängt oder durch eine Umstülpung der ganzen Ordnung durchgesetzt werden. Obgleich sich dies immer wieder beobachten läßt, gibt es auch zahlreiche Änderungen, in denen sich *Struktur und Prozeß* der sozialen Ordnung gleichzeitig ändern. Hier versagt diese Modellierung und verlangt eine andere Erklärung.

Das *evolutionäre* Modell rückt die Kreativität als *Dauerphänomen* in den Vordergrund. Es gibt eine soziale Sphäre, in der alle neuen Ideen in Erscheinung treten. Diese gemeinsame Sphäre ist ein vielfach differenzierter Kommunikationsprozeß. Dennoch wird diese gemeinsame Sphäre akzeptiert als das Medium, in dem Ideen ausgetauscht werden. Bei wissenschaftlichen Debatten ist diese gemeinsame Sphäre das Fachbuch, die Fachzeitung oder die Fachtagung; in der Politik das Parlament, die Parteiversammlung, oder (in der internationalen Politik) die Diplomatie, bis hin zum Krieg; in der Ökonomie das gemeinsam akzeptierte Medium »Geld« und der Güterstandard für einzelne Märkte; in privaten Diskussionen die Sprache (jeweils differenziert nach »Dialekten« verschiedener Gruppen). Die »gemeinsame Sphäre« ist eine Struktur, die auch beim evolutionären Prozeß wenigstens mittelfristig nicht verändert wird. In diesem Modell sozialer Kreativität formulieren die Beteiligten an solch einem Kommunikationsmedium, solch einer Kommunikationsstruktur jeweils »zufällig« und »privat« neue Ideen, bieten sie auf dem Markt der Güter, in der »Parteienlandschaft«, dem »Ideenmarkt« der Wissenschaft an und werben um Erfolg. Im Modell der Biologie sind neue Ideen »Mutationen«. Das Erfolgskriterium (der Gewinn in der Wirtschaft, die Wählerstimmen in der Politik, die Bekanntheit in den Wissenschaften) selektiert aus diesen neuen Ideen (Produkte, Parteiprogramme, Theorien) wenige aus, die dann »gültig«, »erfolgreich« sind. Dies kann jeweils für ein Projekt, für einen Markt vorübergehend auch zum Aufbau von hierarchischen Strukturen führen (z. B. bei der Gründung einer neuen Firma; der Gründung einer neuen Partei oder eines Parteiflügels) - prinzipiell bleibt diese Struktur aber immer dem Risiko späterer Selektion ausgesetzt. Das Evolutionsmodell sozialer Kreativität kann also auch das Kommen und Gehen von hierarchischen Strukturen beschreiben.

Allerdings ist dieses Modell nicht ohne Schwierigkeiten. Die neuen Ideen (Programme, Güter, Organisationsstrukturen, Gesetze, etc.) erscheinen als *zufällige* Ereignisse. Darin drückt sich die Einsicht aus, daß Kreativität keine Ursache hat. Gleichwohl kann sie begünstigt oder gehemmt werden, und exakt hierin steckt eine Täuschung des evolutionären Modells. Dieses Modell scheint zu sagen: »Die Entwicklung einer evolutionären, ›offenen‹ Gesellschaft ist nicht planbar. Das gesamte soziale System ist viel zu komplex, um von einem Modell erfaßt und rational beschrieben zu werden. Deshalb ist jede Entwicklung, die das System kennzeichnet, auch die ›richtige‹ Entwicklung. Man kann zwar *innerhalb* einer Gesellschaft planen, nicht aber die gesamte Gesellschaft (ohne sie in ein Gefängnis zu verwandeln).« - Dieser Gedanke, der sicherlich sympathische Aspekte besitzt, leidet an der unerhellten Struktur der Kreativität. Man kann sehr wohl auch gezielt planen und »neue Ideen« begünstigen: Jedes Projekt der Forschung belegt das. In den *Rahmenbedingungen* der Forschung werden sowohl die Freiräume für neue Ideen als auch ihre Grenzen definiert. Die Schranken der Kreativität, die jeweils wirksam werden, definieren für die gesamte Gesellschaft einen einheitlichen Selektionstyp. Offenkundig ist dies in der Ökonomie: Es werden nur solche Projekte finanziert, die auf irgendeine Weise *wirtschaftliche* Ergebnisse versprechen. Die Veränderung der *Ziele* erfolgt bereits im Hinblick auf ihre Selektion. Die Evolution ist also nicht offen, sondern durch die bei der Veränderung der Ziele wirksamen Beschränkungen in eine Richtung gedrängt. »Mutation« und »Selektion« sind nicht funktional getrennt. Das gilt übrigens auch in der Natur: Die schnellsten *Veränderungen* in der tierischen Evolution sind Änderungen des *Verhaltens.* Das Verhalten schafft einen »Kontext«, in dem Mutationen auftreten und schließlich selektiert werden. Und dies legt fest, welche *Art von Mutationen* überhaupt der Selektion ausgesetzt werden.

Ein weiteres Element kommt hinzu: Die Variation der Ideen besitzt keine klaren Grenzen. Man kann z. B. nicht genau sagen, was eigentlich eine bestimmte Art von Produkt ist. Die Grenzen zwischen alternativen Computertypen sind fließend, obgleich jede Firma durch ihr Firmenschild und Design »Individualität« suggeriert (»Corporate Identity«). Die Logik des Selektionsprozesses setzt *diskrete* Elemente voraus, zwischen denen gemäß dem »gut-schlecht«-, »erfolgreich-erfolglos«-Modell unterschieden (selektiert) wird. Auch dieses Phänomen hat eine biologische Entsprechung: das »genetische Driften«. Das Driften der Ideen in einer Gesellschaft ist nicht rein zufällig, sondern in hohem Maße gesteuert und strukturiert; obgleich dies vielleicht stark überschätzt wird (revolutionäre oder konservative Modelle sehen gerne »heimliche Drahtzieher« am Werke). In den Selektionsstrukturen kommt eine Schranke zum Ausdruck, die einerseits schon in der Variation der Ideen wirksam wird, andererseits nur eine sehr enge Klasse von situativen Submodalitäten als möglicherweise »wertvoll« und »nützlich« ausscheidet. Die durch das Selektionskriterium (»schwarze Zahlen in der Bilanz«, »rechtmäßig«, »moralisch«, »nützlich für den Beruf« usw.) *ausgegrenzten* Modalitäten treten dann als »Probleme« wieder hervor: Krankheiten, psychische

Probleme, »soziale Unzufriedenheit« und nicht zuletzt ökologische Probleme. Man entdeckt, wenn ein Problem »offenkundig« wird, merkwürdigeweise häufig, daß es in der Vergangenheit Menschen gab, die lange zuvor auf eben diese Probleme hingewiesen haben; sie kamen nur nicht »zu Wort«. Dies ist ein Anzeichen dafür, daß offenbar die Kreativität durch beherrschende Denkmuster eingegrenzt war und in ihrer Wirksamkeit verhindert wurde.

Soziale Resonanz

»Die Gesellschaft« ist eine Vielfalt von Situationen, in denen bestimmte Typen in der Regel dominieren.[211] Es gibt aber keine Situation: »die Gesellschaft«. »Gesellschaft« ist immer eine Interpretation, ein Modell, das in vielen Situationen wirksam ist. Martin Heidegger sagt in einem Gespräch mit Richard Wisser:

> »Wann sagt den Soziologen jemand, was das Gesellschaftliche ist? Das ist nicht mit Definitionen getan, und Aktionen reichen allein nicht aus. Das Gesellschaftliche ist eine Interpretation. Sie sollten dahinterkommen und das erst einmal begreifen.«[212]

Eine »demokratische Gesellschaft« ist dadurch gekennzeichnet, daß das Demokratiemodell in zahlreichen alltäglichen Situation gegenwärtig ist, nicht nur am Wahlsonntag. Moderne Gesellschaften sind durch ein hohes Maß an »sozialer Resonanz« gekennzeichnet. »Resonanz« ist in der Akustik ein Phänomen, das auftritt, wenn z. B. zwei Saiten gleich gestimmt sind. Wir stellen Gesellschaft her, indem wir uns gleich »stimmen«. Die Medien, Zeitungen, Funk, Fernsehen, etc. dringen in private Situationen ein und verbreiten darin relativ wenige, »normierte« Modelle. Indem wir solche Modelle annehmen und unser Denken ihnen gemäß strukturieren, »stellen wir Gesellschaft her«. Es gibt Situationen von Massenaufläufen, Großdemonstrationen und -veranstaltungen, die ihre eigene situative Struktur besitzen, aber es gibt nicht »die« Gesellschaft als Situation.

Die »soziale Resonanz« ist vielleicht das, was Jaspers die »geistige Situation der Zeit« genannt hat. Durch die Übernahme bestimmter Formen der Weltinterpretation stellen wir eine Überein*stimmung* her, die jeder Zeit ihre Färbung verleiht. Soziale Denkmodelle funktionieren wie alle Denkmodelle: Wir wiederholen im Alltagsgespräch, im inneren Dialog eine Struktur und machen sie uns zu eigen. Sie wird Teil unseres Selbstbildes, das wir oft gar nicht als Denkmodell gewahren. Die moralischen, politischen und sozialen Anschauungen »unserer Zeit« sind uns »selbstverständlich«, während z. B. das Gebaren der Menschen zur »Kaiserzeit« oftmals als völlig »lächerlich« erscheinen mag. Sich an »Ihrer Majestät« zu relativieren, das ist den Menschen zur Zeit vor dem Ersten Weltkrieg ebenso selbstverständlich erschienen wie uns ein Gang zur Wahlurne oder der laute Protest über einen »öffentlichen Skandal«. Diese »soziale Resonanz« der Modelle umfaßt allerdings weit mehr als nur Politik, Moral und Kunst. Bis in die Körperhaltungen hinein dringen soziale Modelle in unseren Alltag ein. Man ist »lässig« wie ein Cowboy, »streng« wie ein Würdenträger, »dynamisch« wie ein Politiker, »vorsichtig abwägend« wie ein Wissenschaftler. (Beobachten Sie bitte einmal, wie Politiker während einer Rede ihre Brillen auf- und absetzen. Ist Ihnen aufgefallen, daß dieses Ritual der Gestik in tausend Alltagssituationen wiederkehrt, wenn jemand eine »Rede« hält oder ein Schauspieler die Qualität einer Lebensversicherung im Werbespot anpreist?) Derartige Modelle, von den Medien standardisiert und endlos wiederholt, werden zur allgemeinen sozialen Struktur durch *Resonanz* und *Wiederholung*.

Die öffentliche *Rede* besteht in der Regel beinahe nur aus einer Aneinanderreihung von sozialen Denkmodellen. Nicht zufällig erscheinen politische Reden, Sonntagsreden, Ansprachen zu feierlichen Anlässen usw. in einer völligen Leerheit. Die Denkmodelle unterscheiden sich; man kann ebenso »kritisch« wie im »Jargon der Eigentlichkeit« reden. Das ist hinlänglich bekannt und vielfach kabarettistisch persifliert worden. Jede Kritik an öffentlichen Modellen erzeugt aber nur selbst neue und andere Modelle, sobald sie öffentlich wird, sobald »soziale Resonanz« entsteht. Man verkennt aber oftmals die *tatsächliche Wirkung* öffentlicher Reden, die konservative, revolutionäre oder evolutionäre Denkmodelle ventilieren. Die »Verblasenheit« der »Phrasen« täuscht über deren *hypnotischen* Charakter hinweg. Die hypnotischen Modelle von Milton Erickson verwenden exakt jene Struktur, die wir bei öffentlichen Reden wiederfinden. Allgemeinplätze haben, wie alle Denkmodelle, die Funktion einer *Tranceinduktion*. Wir »hören gar nicht zu« - in diesem Eingeständnis bekennen wir nur, daß unsere Achtsamkeit abgelenkt ist und wir *uns* unbewußt von den Denkmodellen strukturieren lassen. Dieses Phänomen ist das Geheimnis der »sozialen Resonanz«. Denkmuster besitzen *mechanische* Kraft, weil sie ohne unsere Achtsamkeit wirken. Jene Muster, die sehr allgemein verbreitet sind, besitzen beinahe die Kraft einer »objektiven Wirklichkeit« (von Hegel als »zweite Natur« bezeichnet). Sie sind das, was man traditionell auch den »objektiven Geist« nennt (Popper spricht von »Welt III«). Tatsächlich haben sie eine »geistige« Form; wir reproduzieren sie jeweils selbst durch unser Denken, und sie sind »objektiv«, sofern viele Individuen sie teilen, sofern sie in zahlreichen Situationen wirken. Dennoch sind es hypnotische Muster. Wenn wir »Stellung beziehen«, uns einer »Auffassung anschließen«, »Positionen einnehmen« usw., dann erlauben wir unserem Denken, *mechanisch* zu funktionieren. Wir übergeben die Kontrolle an Routinen. Unsere Achtsamkeit wird eingeengt. Man kann auch soziale Denkmuster völlig ablehnen und sich unentwegt über dies und das »aufregen«, dennoch bleibt man eben durch die Ablehnung ihr Sklave. Mit Patienten, die »Widerstand« zeigen, konnte Milton Erickson besonders leicht arbeiten. »Omnis determinatio est negatio« - »Jedes Bestimmtsein ist Negation«, lautet ein berühmter Satz von Spinoza.

Wir haben »Gesellschaft« in sehr weitem Umfang »mechanisch« organisiert. Dies ist keine Mechanik, die uns von einer fremden Gewalt aufgezwungen wäre; wir selbst sind es, die wir uns mit dieser Mechanik einschränken und unser *soziales* Leben in eine Folge von Routinen verwandeln. Um nicht mißverstanden zu werden: Ich predige keinen Nihilismus. Die ethischen Denkmodelle, mühsam in Jahrtausenden durch die großen Religionen in unserem Geist verankert, machen geradezu unsere Vermenschlichung aus. Nicht zu töten ist ganz und gar nicht »selbstverständlich«; und sehr oft finden wir hier immer noch und kaum weniger als in barbarischen Zeiten »zweierlei Maß« (»Der Terrorist des Feindes ist unser Freiheitskämpfer«). So wie man nicht ohne Modelle denken kann, ebenso gibt es ohne »Denkmodelle« keine Gesellschaft. Es besteht aber kein Grund, die soziale Funktion (»soziale Resonanz«) der Denkmodelle zu verkennen und behindernde Strukturen in ihnen nicht kreativ zu verwandeln.

Die soziale Struktur der Kreativität

Auffällig an den verbreiteten Denkmodellen sozialer Kreativität (dem revolutionären, konservativen und evolutionären) bleibt die Beibehaltung der platonischen Trennung zwischen einer Sphäre der Ideen und einer eher alltäglichen Welt des Wettstreits, der »Praxis«, der »Wirklichkeit«. Diesem Modell korrespondiert die Bewunderung des Genies, des bekannten Politikers, des großen Wissenschaftlers, in denen man die personifizierten Quellen der Kreativität vermutet. Die soziale Kreativität gründet nach dieser Beschreibung im Individuum. Eine Aufhellung der Kreativität *selbst* erfolgt hierbei nicht. Wir sollten deshalb versuchen, unsere gewonnenen Einsichten und Fertigkeiten auch hier anzuwenden. Aus diesem Grunde kehre ich nochmals zu der einfachen sozialen Struktur des Dialogs zurück. Nicht zufällig, so hatten wir gesehen, wurde die früheste »Kreativitätstechnik«, der platonische Dialog, eben als *Dialog* vorgeführt und entwickelt. Er offenbart, daß Kreativität nicht in die Elfenbeintürme einsamer Genies eingesperrt, sondern offenbar selbst ein sozialer Prozeß ist. Vor allem aber ist wichtig zu sehen, daß Kreativität auf sensible Weise von der »Bewertung« der kreativen Produkte abhängt. Während wir im individuellen Fall dies immer in die Hände desjenigen legen können, der eine Veränderung zuwege bringt, spielt in der Gesellschaft die merkwürdige Tatsache der *Anerkennung durch andere* eine entscheidende Rolle. Im einfachen Dialog wird das Urteil über einen Gedanken immer der Kritik des anderen ausgesetzt. Man erwartet den Wider-Spruch. Dies ergibt eine völlig neue Struktur der Kreativität.

Wenn sich zwei Personen unterhalten, dann sind sie in einer gemeinsamen Situation. Es gibt (makrosituativ) den Typus des »intensiven Gesprächs«, der »freundschaftlichen Unterhaltung«, des »Streits«. Aber es ist kaum sinnvoll, einen höchst abstrakten Typus »kommunikatives Handeln« abzugrenzen; gesprochen wird *innerhalb* nahezu jedes Handlungstyps. Der Typus hängt von der Richtung unserer Achtsamkeit ab; »sprechen« ist, wenigstens im »inneren Dialog«, nahezu immer eine Submodalität der Situation. Im *Gespräch* wird die Sprache zum Zentrum der Achtsamkeit; man »hört« aufeinander und »spricht« bewußt. Als Submodalität hat die Sprache die soziale Funktion der *Koordination* von *Handlungen*. Eine Handlung vieler Personen gelingt nur als *eine*, wenn sich jeder in eine Struktur einfügt. Dies ist vom Warnruf im Tierreich bis zu komplizierten Bauplänen zur Errichtung ganzer Städte prinzipiell dieselbe Struktur. Im Handlungsmodell von Zweck und Mittel ausgedrückt: Einen Zweck können Viele nur realisieren, wenn sie sich selbst als Mittel dem *einen* Ziel unterordnen. Der Zweck kann hierbei *fremd* sein (vom militärischen Befehl bis zur Arbeitsanweisung in einem Betrieb), oder er kann in uns selbst wirksam sein (wie ein moralisches Gebot, oder ein Ziel, das wir uns vornehmen). Wie nun der »Körper« in der kollektiven Handlung dem »Befehl der Zwecksetzung« gehorcht, so wird auch der »Körper« als durch den »Geist« beherrscht interpretiert.

Kehren wir zu unserem Gespräch zwischen zwei Personen zurück. Wenn wir zu einem Gesprächspartner etwas sagen, dann unterstellen wir, daß er uns *versteht*; wir unterstellen vor allem, daß er unsere Sprache spricht. Somit ist die Sprache das auffälligste Merkmal, das eine Gesellschaft kennzeichnet. Was heißt es aber: »eine« Sprache sprechen? Ich spreche ein Wort, einen Satz aus und erwarte, daß du ihn verstehst. »Verstehen« heißt, wie wir gesehen haben, Situationen evozieren zu können, in denen ein Wort, ein Satz »funktioniert«. Das Verstehen ist ein virtuelles Handeln. Wir vollziehen beim Verstehen von Sprache in uns gesellschaftliche Situationen, denn in gemeinsamen Handlungen mit anderen Menschen erlernen und gebrauchen wir Wörter und Sätze. Der Satz ist hierbei ein *Koordinator* des Handelns, er überbrückt unsere körperliche Differenz und stellt eine Form von Handlungsgemeinschaft her. Deshalb heißen »Verben« nicht zufällig »Tätigkeits-« und »Zeitwörter«: »Koordination« ist, genauer betrachtet, ein zu koordinierender *Prozeß*, in dem einzelne Handlungsschritte *gleichzeitig* erfolgen. Das reicht vom einfachen »Hier, nimm den Ball!« bis zu komplexen Netzplänen in Betriebsorganisationen. Beim Gespräch ist diese Handlungsgemeinschaft fast ganz in unseren Geist, in unsere Vorstellung verlegt.

Im Gespräch wird also »Gesellschaft« nicht erst erzeugt, sie ist vielmehr je schon vorausgesetzt. Beim Sprechen haben wir nur das Handeln »ins Denken« verlegt. Jedes verstandene Wort evoziert unsere gesamte »soziale Geschichte«. Man kann *ver-einsamen*, niemals treten aber isolierte, einsame Menschen zusammen und »machen« so etwas wie Gesellschaft. Daraus folgt für die Kreativität eine wichtige Einsicht: Jedes isolierte Nachdenken eines »Genies« ist nichts anderes als die *Sammlung*, die Konzentration seiner *sozialen* Geschichte in eine Vorstellung. Ein

Individuum ist eigentlich in seiner Selbstinterpretation, in seinem Selbstbild die Fokussierung der Geschichte erlebter Situationen, die *in sich gemeinsame*, soziale Situationen waren. Die Quelle der »Ideen« ist die Vielfalt der Erfahrungen, die wir in gemeinsamen Situationen sammeln. Beispiele hierfür finden sich bei gemeinsamen Produkten, die, ohne die Leistung herausragender Personen zu verkennen, in Kunst, Wissenschaft und Technik hervorgebracht wurden (⇒ Einleitung). Dies gilt von schwachen wechselseitigen Einflüssen bis hin zur engen Zusammenarbeit. Wir lernen die Produkte kreativer Leistungen der Vergangenheit als Formen kennen, die wir übernehmen und verändern können. Die bloße Tatsache, daß sich Kreativität immer als Veränderung *gegebener* Strukturen vollzieht, verweist auf ihre soziale Natur: Die Produkte der Vergangenheit »transportieren« durch ihre Form auch eine Offenheit, einen Spielraum, der, einmal entdeckt, zur kreativen Weitergestaltung anregt. Am offenkundigsten ist vielleicht die Entwicklung der Technik. Kaum eine neuere Erfindung kann man einer Person als »geniale« Leistung allein zuschreiben. Dies war, wie die nachfolgende Abbildung 27 belegt, auch in der Zeit der großen technischen Pioniere der Fall.[213]

Selbst Einsamkeit ist eine soziale Situation, denn getrennt von anderen Menschen sind diese uns dennoch gegenwärtig, in unserem Denken und unseren Gefühlen. Allerdings sind in Situationen nicht nur andere Menschen mit-präsent. Wir beziehen uns in der Modalität der Wahrnehmung auf eine ganze Welt. Jedes Wort, jeder Begriff fokussiert nicht nur Situationen mit anderen Menschen, sondern zugleich unsere Beziehung zur Welt, zu allen anderen Lebewesen und zur unbelebten Natur. Das *Ganze* der Situationen ist in jedem Wort immer mit-gegenwärtig, so daß auch das »Soziale« nur eine Struktur *innerhalb* dieser »Versammlung« des »Ganzen« ist.[214]

Statement oder kreativer Dialog?

Wenn wir Gespräche betrachten, so entdecken wir zwei Extreme. Das eine Extrem ist das *Statement*. Jeder sagt, was er für zutreffend hält und stellt es einfach *neben* das, was andere sagen. Die Achtsamkeit ist nur auf das eigene Sprechen gerichtet. Der soziale Modus des Statements ist die »Toleranz der anderen Meinung« und die öffentliche Rede. Im anderen Extrem, dem Streit, dem »Rededuell«, ist die Achtsamkeit ganz

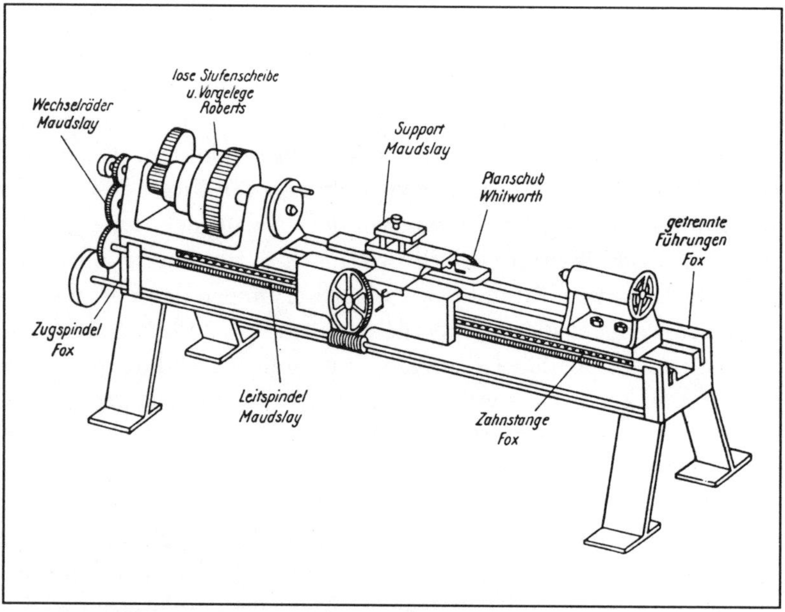

Abb. 27 Erfindung des mechanischen Supportes durch Maudslay mit den Hauptbeteiligten [Quelle: Troitzsch-Weber 1987]

darauf gerichtet, das, was der andere sagt, nach irgendwelchen Kriterien zu »vernichten«, zu »widerlegen«, »zurückzuweisen«, zu »verneinen«. Solange der Streit auf Worte beschränkt bleibt, kann man auch hier noch von Toleranz sprechen. »Toleranz« ist der soziale Modus, in dem unkreative Gespräche geführt werden. Weder Statements noch ein Streit führen in der Regel zu irgendeiner *Einsicht.* Die Struktur dieser beiden Gesprächtypen (Statement, Streit) ist absurd: Jeder der »Dialogpartner« geht davon aus, daß seine Gedanken *privat* seien, daß sie aus der Einsamkeit seines Geistes (oder der Gruppe, Partei etc., der er sich zurechnet) hervorgegangen sind. Ich sagte »absurd«, denn wir konnten gerade sehen, daß jedes Sprechen eine soziale Fokussierung ist. Der Streit und das Statement gründen auf einer stillschweigend wirkenden Täuschung, die man als »Ich«, »Ego«, »Selbst« bezeichnet. Statement und Streit grenzen ab und verbauen nicht nur eine kreative Offenheit, sie wecken auch unabtrennbar Gefühle und Bewegungsmuster, die für die Dialogpartner höchst unangenehm sind. Auf einer Konferenz der Statements langweilen wir uns zu Tode, bei »lebendigen Streitgesprächen« sind wir vielleicht hinterher erregt, zornig und setzen den Streit innerlich fort, *klüger* sind wir kaum geworden. Ich »be-streite« nicht, daß ein Streit Anregung sein kann, neue Ideen zu entwickeln. Doch erstens ist dies erst dann möglich, wenn die Emotionen sich gelegt haben und ein freier Blick wieder möglich ist, zweitens neigen die Gedanken, die wir angeregt durch einen Streit entwickeln, immer dazu, bloße Waffen zu sein. Wir bauen Schutzburgen um uns auf mit Argumenten, die die Grenzen nur dichter und enger machen. Eine Waffe mag *zufällig* auch nützlicher Anwendung fähig sein; strukturell ist dies aber nur ein Zufall.

Der *kreative Dialog*, das kreative Gespräch ist ein völlig anderer Gesprächtypus als das Statement und der Streit. Ich kann für diesen Typus des Gesprächs zwei Vorbilder entdecken: den *Platonischen Dialog* und die *indische Kunst der Debatte* (tradiert vor allem im tibetischen Buddhismus). Platons Gesprächspartner betrachten sich als *Freunde*; zwischen Ihnen herrscht eine Atmosphäre der Offenheit und Bereitschaft, alles zur Sprache bringen zu können. Die verwendeten Denkmodelle sind keine Waffen, denen Gehorsam zu leisten ist oder die einfach nur »toleriert« (d. h. ignoriert) werden. Es geht den Dialogpartnern um Einsicht, sie sind geprägt von einer Liebe zur Weisheit (»Philo-sophie«). Jeder ist bereit, die Position des anderen wenigstens vorläufig zu übernehmen. Und am Ende ergeben sich zwar viele Gedanken (darunter auch nützliche Denkmodelle), nicht aber *eine* Wahrheit. Viele der platonischen Dialoge haben eigentlich kein Ergebnis; ihr Ergebnis ist der *Prozeß* des Denkens, der Schranken erkennt und die Grenzen von Gedanken, von Denkmodellen absteckt. Die in Tibet, fußend auf sehr alten Traditionen, verwendete Debattenform wird durch folgende Instruktionen gekennzeichnet: Zunächst sollte eine geeignete Motivation erweckt werden; eine an einer Debatte teilnehmende Person soll sowohl Respekt als auch Sympathie und Mitgefühl zeigen. Hierzu gehören auch genaue Anweisungen über Körperhaltungen und Gesten. Jede Körperhaltung, jede Geste löst Gefühle aus, die der Entfaltung der Einsicht hinderlich sein können. Der Teilnehmer an der Debatte soll immer wieder darauf achten, daß seine Motivation im Lächeln, in der Freundlichkeit des Tonfalls, im Tempo der Rede zum Ausdruck kommt; Klarheit, Ruhe und Langsamkeit (Verständlichkeit) sind die wichtigsten Merkmale. Man drückt dies durch drei Regeln aus: (1) »Sei nicht wie ein hungriger Geist (des Rechthabenwollens), d. h. verwende nichts, was auch dich verletzen würde; verwende dagegen Sätze, die auch dich inspirieren«. (2) »Nutze deine Fähigkeiten, um deine und die Beschränkungen (Täuschungen) der anderen zu entdekken«. (3) »Versuche klar die Bedeutung der verwendeten Wörter zu verstehen.«[215]

Ich kann diesen Formulierungen eigentlich nichts hinzufügen. Die Entfaltung der sozialen Kreativität gelingt in einem offen Raum. Dieser »Raum« wird eingeengt durch unbewußte Bewegungsmuster, durch Gefühle, Körperhaltungen und vor allem durch Denkmodelle. »Kreativität« heißt zuallererst, diese Muster zu *erkennen*. Alle »Techniken«, die wir kennengelernt haben, sind auch im kreativen Dialog anwendbar: das Ausweiten der Achtsamkeit, die Kunst der Frage, das Identifizieren von Denkmodellen, die Erprobung des Spielraumes eines Gedankens, die genaue Klärung des Denk*prozesses* und die Aufdeckung der »Leitbilder«. Kurz: Kreativität erwächst aus der Achtsamkeit auf alle situativen Modalitäten. Allein vollziehen wir den kreativen Prozeß gelegentlich schon so, als würden wir uns im Gespräch mit jemand befinden: beim Nachdenken, beim inneren Dialog. Der individuelle kreative Prozeß kann als *Vereinsamung* sozialer Kreativität beschrieben werden. Wenn es wirklich gelingt, die Atmosphäre eines kreativen Dialogs zu erzeugen, dann wird die Kraft der »vereinsamten Genies« multipliziert. Im Abendland zehren wir noch heute von den Resultaten dessen, was in Platons Kreis gedacht und gesagt wurde. Ohne das Platonische Denkmodell und seine Systematisierung durch Aristoteles wäre die Struktur unserer Sprache nicht so, wie sie ist. Wir haben schon erkennen können, daß »Metaphysik« kein abseitiges Geschäft ist, sondern jenes *grund-legende* Denkmodell, das vor allem in der Sprache wirksam wird.[216] Die von uns in der abendländischen Neuzeit praktizierten Kreativitätstechniken sind eigentlich *vereinsamte platonische Dialoge.*

Wie das Beispiel der indischen (tibetischen) Debattenführung zeigt, sind Motivation und Struktur des Gesprächs *erlernbar*. Wir erlernen die Struktur, die wir praktizieren, als Denk- und Handlungsmuster. Dies leistet jede Form der *Erziehung*. Das »Vertreten eines Standpunktes« erscheint *uns* nicht als Selbstbeschränkung und Selbstversklavung, sondern als völlig »normale Sache«. Aggressivität im Gespräch praktizieren wir uns wechselseitig als Modell vor. Den *Streit* haben wir zu einem Evolutionsprinzip unseres Denkens gemacht, das andere Formen selektiert, und seine Anerkennung besitzt hohe soziale Resonanz. All diese, nüchtern betrachtet, ziemlich schmerzhaften und unsinnigen Begrenzungen unserer Möglichkeiten sind nicht etwas, das genetisch der Menschennatur vorgegeben ist. Es *gibt* Beispiele, die zeigen, daß das kreative Gespräch erlernbar ist. In jedem Gedanken versammeln wir eine ganze Geschichte von sozialen Situationen in einen Brennpunkt und gewinnen daraus Einsicht. Die *Zuneigung* (das Versammeln) ist die Quelle der Kreativität, nicht die *Abneigung* (das Zerstreuen). Die sozialen Muster zwingen uns oft dazu, das »Versammeln« allein zu vollziehen. Es besteht aber nicht der geringste Grund, dies nicht zu ändern. Ich möchte deshalb nicht irgendein Modell, eine Utopie, ein Programm zur Entwicklung sozialer Kreativität vorschlagen, das innerhalb von Situationen eine Wirkung hat. Niemand kann den unbewußten Schatz der Erfahrung zahlloser Lebewesen durch *seinen* Gedanken ersetzen. Dies zu glauben ist ebenso der Irrtum sozialer Utopien wie des Geniekults. Das kreative Gespräch ist die Form, in der wir diesen gemeinsamen Schatz heben können. Sollte es nicht möglich sein zu erkennen, daß Streit, die Abgrenzung eines Ego, Aggressionen, verletzende Worte, etc. *Untugenden* sind, nicht ein Motor der Kreativität?

Soziale Veränderungen, so man nicht mit Gewalt Modelle als Gesetz realisiert, vollziehen sich durch »soziale Resonanz«. Das, was als Leitmodell funktioniert, ergibt sich wie eine Interferenz aus zahllosen Einzelstrukturen. Die Probleme, die wir heute gerne beklagen, haben meist *wir* selbst gemacht, nicht ein böser Gott, nicht eine böse Natur, die in unseren Genen fortwirken. Also können wir das auch wieder ändern. Und »ändern« heißt: kreativ denken und handeln. Ohne Liebe, Mitgefühl und Offenheit werden wir nur unseren Gewohnheiten einen neuen Anstrich geben. Ich weiß, das, was ich hier sage, ist der Ton der Sonntagsreden, der Predigten. Doch daß wir dies *als* Sonntagsrede »hören« und nur als *dies*, das ist eben auch nur ein Denkmuster, das man ändern kann. *Nur* zu »ändern« ist leicht; das Chaos ist ebenso einfach und dumm wie die Gewalt. Es kommt nicht darauf an, »die Welt« zu »verändern«, es kommt darauf an, *uns* zu verändern; und das heißt zunächst, »die Welt« so zu interpretieren, daß wir uns darin wohl fühlen. »Gesellschaft« ist nur eine Interpretation, die in sozialer Resonanz objektiven Charakter erhält. Wir sind uns wechselseitig ein Spiegel.

Wenn man etwas mit Zorn und Gewalt ändert, dann hat man vielleicht Altes zerstört, zugleich aber das Gewohnheitsmuster des Zorns und der Gewalt *reproduziert*. Das ist das bittere Geheimnis allen sozialen Wandels der »hart erstrittenen Errungenschaften«. In unserer Welt werden nachts und sonntags die Träume geträumt, die man tagsüber belächelt. »Gesellschaft« ist als Interpretation das Wirken jener Denkmodelle, die uns als Archetypen vorgaukeln, es *müsse* so sein, wie es ist. Wir erkennen leicht, daß andere von *anderen* Denkmodellen beherrscht werden, die sie für absolute Wahrheiten halten. Diesen Unterschied können wir nur deshalb entdecken, weil wir *unser* Denkmodell (die Dämonen, die unsere Köpfe behexen) vergessen und für unser Selbst halten. Der »Kampf der Dämonen«, die »Schlacht der Götter auf dem Olymp«, der »rächende und zürnende Vatergott« (Figuren, von denen unsere Mythen und heiligen Schriften erfüllt sind) wird nicht beendet durch einen neuen Dämon, einen neuen Gott, der nur vorübergehend stärker ist. Wir können aber aus dem Alptraum *aufwachen*. Der Zauberspruch zur Vertreibung der Dämonen in unserem Geist heißt: Liebe und Achtsamkeit, das Herz der Kreativität.

ANMERKUNGEN

1. Unter »traditioneller Theorie der Kreativität« wird hier vor allem jener Teil der empirischen Psychologie verstanden, der Kreativität als besondere Leistung des Intellekts beschreibt und zu messen versucht (Guilford, Lowenfeld, Getzels, Jackson u. a.). Zum Kreativitätsmodell der kognitiven Psychologie vgl. Kapitel 3. Neben der funktionalen Beschreibung findet sich in der Kreativitätsforschung immer noch das Genie-Modell, vor allem in der psychoanalytischen Literatur. »Nur eine entsprechende Persönlichkeit kann das vollziehen«, sagt P. Matussek, Kreativität als Chance, München 1979, S. 21f., von schöperischen Leistungen.
2. Vgl. hierzu die Faktoren in Guilfords Kreativitätsmodell, Note 14. Traditionelle Kreativitätstechniken sehen den »kreativen Menschen« durch »kreativitätshemmende Faktoren« eingeschränkt, Majaro, S., Erfolgsfaktor Kreativität, London et. al. 1993, S. 86.
3. Wenn Weisberg mit Anschluß an Piaget sagt: »Akzeptiert man als Grundprinzip, daß sich die Umwelt stets verändert, so ist das Rätsel um die Kreativität mit einem Schlage weitgehend gelöst« R. W. Weisberg, Kreativität und Begabung, Heidelberg 1989, S. 194, so wird verkannt, daß die »Umwelt« jeweils eine erkannte und interpretierte Umwelt ist, deren *Bedeutung* sich mitunter drastisch wandeln kann - gerade darin zeigt sich aber Kreativität, im Beachten der Bedeutungsänderungen. »Veränderung der Umwelt« ist nicht einfach ein objektiver, kausaler, sondern ein kognitiver Prozeß.
4. Vielfach gelten in solchen Tests Routineaufgaben schon als »kreative Leistungen«, oder es handelt sich um die Lösung *vorgegebener* Probleme. Wenn ein Experimentator feststellt, daß Gruppenleistungen beim Brainstorming »zwar insgesamt mehr Ideen produzierten, allerdings keineswegs mehr gute Ideen vorweisen konnten«, R. W. Weisberg, Kreativität und Begabung, aaO., S. 92, so wäre zu fragen, nach welchem Maßstab »gut« und »schlecht« beurteilt werden. Wenn Beethoven in seinen Skizzenbüchern zahllose Ideen *verworfen* hat, so war *er* es, nicht ein messender Experimentator. Derartige Tests besagen deshalb über das Wesen der Kreativität sehr wenig; sie geben nur die Vorannahmen wieder, die einem Experiment zugrundeliegen. Vgl. zur Vertauschung der Perspektiven von Beobachter und Beobachtetem: K.-H. Brodbeck, Transrationalität, München 1986, S. 6ff.
5. Vgl. L. Wittgenstein, Schriften Bd. 1, S. 487ff.
6. Am deutlichsten formuliert diese Kausalitätsvorstellung de Bono: »Laterales Denken *erzeugt* neue Ideen.« E. de Bono, Laterales Denken, Düsseldorf-Wien-New York 1989, S. 13. Andere Bezeichnungen für diese außerordentlichen Denkleistungen sind »divergentes Denken« (Guilford) oder »synektisches Denken« (Gorden). Weitere »Fähigkeiten« oder »intellektuelle Faktoren«, die dem kreativen Denken zugeschrieben werden sind: Flüssigkeit der Ideen, Flexibilität, Originalität, Neudefinierungsfähigkeit u. a. Die Definitionen dieser Fähigkeiten sind tautologisch; z. B.: »Kreative kommen auf originellere Gedanken und überraschende Einfälle als Unkreative.« P. Matussek, Kreativität als Chance, l. c., S. 25. Wer aber ist ein »Kreativer«? Wer originellere Gedanken hat.
7. N (= neuro) L (=linguistic) P (programming) wurde von Bandler, Grinder, Dilts und anderen zunächst als neue Technik der Psychotherapie entwickelt. NLP-Techniken werden inzwischen allerdings auf viele andere Bereiche übertragen. Vor allem Dilts hat versucht, »geniale« Denkstrukturen zu beschreiben und zu verallgemeinern; vgl. R. B. Dilts, Einstein. Geniale Denkstrukturen & Neurolinguistisches Programmieren, Paderborn 1992. Das Verfahren, Einsteins Denkstrukturen als Kreativitätstechnik zu isolieren und zu übertragen, wäre erst dann überzeugend, wenn dadurch eine neue physikalische Theorie zustandekäme oder andere kreative Leistungen erbracht würden.

8. »Kreativität ist zum Modewort geworden, nicht nur im künstlerischen Bereich oder in der Werbebranche, bei der NASA oder in der Energieforschung, nicht nur in Psychologie und Erziehung, sondern auch im öffentlichen Bewußtsein«, S. Preiser, Kreativitätsforschung, Darmstadt 1976, S. 1.
9. R. Eisler, Handwörterbuch der Philosophie, Berlin 1913.
10. J. Hoffmeister, Wörterbuch der philosophischen Begriffe, (2. Auflage), Hamburg 1955.
11. Paris 1907, deutsch: Schöpferische Entwicklung, Jena 1912.
12. New York 1929; deutsch: Prozeß und Realität, Frankfurt 1984.
13. E. Landau, Kreatives Erleben (3. Auflage), München-Basel, S. 13. Vgl.: »Modern organizations may not survive unless they are able to innovate«, Ch. Argyris, Organization and Innovation, Homewood, Ill, 1965, S. 1.
14. Vgl. Preiser, Kreativitätsforschung, Darmstadt 1976, S. 54-66; Landau, Kreatives Erleben, München-Basel 1984, S. 22-30. Guilfords »Würfel« gibt die Struktur des Intellekts in einer 100fältigen Struktur wieder und wurde vielfach vorgestellt und diskutiert; J. P. Guilford, The Structure of Intellect, Psych. Bull. 1956, Vol. 53, S. 267-294. Der Würfel kann wie folgt wiedergegeben werden; vgl. Landau, l. c., S. 23:

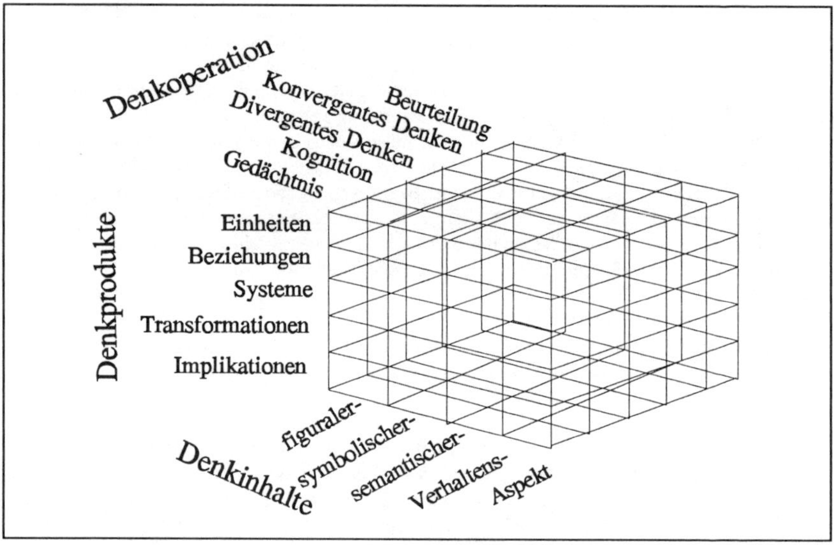

15. Erschienen 1945.
16. Es mag Sprechsituationen geben, worin ein »Er kreiert« sinnvoll ist: Wenn man die Frau eines Komponisten fragt: »Was macht ihr Mann gerade?«, so mag ein »Er kreiert.« zwar schlechter Stil, gleichwohl aber ein sinnvoller Satz sein. Die Art seines Kreierens ist durch die Situation verbürgt. In dieser merkwürdigen Unbestimmtheit ist »kreativ« mit dem Verb »sein« oder der Kopula »ist« verwandt.
17. H. Rohracher, Einführung in die Psychologie, (10. Auflage), Wien-München-Berlin 1971, S. 377.
18. J. P. Eckermann, Gespräche mit Goethe, drei Bände, Leipzig o.J. (Reclam-Ausgabe), S. 161.
19. Ibid. S. 162.

20. Ibid. S. 160.
21. Ibid. S. 161.
22. Ibid. S. 160.
23. Ibid.
24. Ibid. S. 162.
25. Ibid.S. 166.
26. Ibid. S. 167.
27. Ibid.
28. Ibid. S. 168.
29. Ibid. S. 169.
30. J. W. Goethes Briefe in kleiner Auswahl, hrg. v. W. Bode, zwei Bände, Hamburg-Großborstel 1906, Bd. 2, S. 144f.
31. F. Nietzsche, Werke, hrsg. v. K. Schlechta, (6. Auflage), München 1969, Bd. II, S. 1084.
32. Ibid. S. 1085.
33. R. Schumann, Gesammelte Schriften über Musik und Musiker, Leipzig 1974, S. 238.
34. Schumann, l. c. S. 220.
35. Ibid. S. 235.
36. Ibid. S. 234.
37. Ibid. S. 234.
38. Ibid.
39. Briefe l. c. S. 194f.
40. Schumann, l. c. S. 220.
41. Ibid. S. 235.
42. C. Debussy, Einsame Gespräche mit Monsieur Croche, Leipzig 1975, S. 120.
43. M. Wagner, Bruckner. Leben-Werke-Dokumente, München 1983, S. 279.
44. Er hielt sich bescheiden zugute, entdeckt zu haben, was der »Menschengeist« »seit mehr als 2000 Jahren vergeblich zu ergründen gesucht« hat, K. Marx, Das Kapital, Marx-Engels-Werke Bd. 23, Berlin 1970, S. 12.
45. Ibid. S. 27.
46. P. Cézanne, Über die Kunst, Mittenwald 1980, S. 23.
47. C. Debussy, l. c., S. 115.
48. F. Nietzsche, l. c., Bd. II, S. 1100.
49. A. Shapiro, N. Hentoff, Jazz erzählt. Von New Orleans bis West Coast, München 1962, S. 227.
50. P. Cézanne, l. c., S. 22.
51. Ibid. S. 12.
52. Ibid. S. 45.
53. Ibid. S. 12.
54. Ibid. S. 13.
55. F. Nietzsche, l. c. Bd. II, S. 580.
56. A. Schindler, Biographie von Ludwig van Beethoven, Leipzig 1973, S. 424f.
57. H. Rohracher, l. c. S. 376.
58. Ibid. S. 377.
59. Ibid.
60. A. Koestler, Der göttliche Funke. Der schöpferische Akt in Kunst und Wissenschaft, Bern-München-Wien 1966.
61. H. Gruber, Kreativität: Arbeit zum Vergnügen; in: Redaktion Psychologie Heute (Hrg.), Wenn Du denkst..., Weinheim-Basel 1987, S. 109-125.
62. W. Lange-Eichbaum, Genie - Irrsinn und Ruhm, München 1928.
63. K. Jaspers, Allgemeinen Psychopathologie, Berlin-Heidelberg 1948, S. 345.

64. Rohracher, l. c., S. 376.
65. U. Fülleborn, M. Engel (Hrg.), Materialien zu Rainer Maria Rilkes ›Duineser Elegien‹, Frankfurt 1980, S. 236.
66. Angelus Silesius, Sämtliche poetische Werke, hrsg. v. H. L. Held, Band 1, München 1924, S. 313.
67. Zitiert nach U. Roedl, Stifter, Reinbek bei Hamburg 1965, S. 38.
68. E. A. Poe, Das Gesammte Werk in zehn Bänden, hrg. v. K. Schumann und H. D. Müller, Olten-Freiburg 1976, Bd. IV, S. 534.
69. Ibid. S. 532.
70. E. A. Poe, l.c. Bd. I, S. 727.
71. E. Freitag, Schönberg, Reinbek bei Hamburg 1973, S. 101.
72. Ibid. S. 122.
73. Ibid. S. 123.
74. Ibid. S. 131.
75. Ibid. S. 130.
76. T. W. Adorno, Philosophie der neuen Musik, Frankfurt 1972, S. 65.
77. Ibid. S. 59.
78. Ibid.
79. R. Stephan, Neue Musik, Göttingen 1958, S. 58ff.
80. Eine formale Beschreibung dieses Verhältnisses von Rationalität und Transrationalität habe ich an anderer Stelle versucht; vgl. K.-H. Brodbeck, Transrationalität. Prozeßstrukturen wirtschaftlichen Handelns, Münchener Wirtschaftswissenschaftliche Beiträge, hrsg. v. d. Volkswirtschaftlichen Fakultät der Universität München, Nr. 86-09, München 1986, S. 1-49.
81. W. Lange-Eichbaum, W. Kurth, Genie - Irrsinn und Ruhm, Bd. 2, S. 131.
82. E. Freitag, l. c. S. 155.
83. Ibid.
84. Vgl. G. W. F. Hegel, Werke Bd. 1, S. 419-427; F. Hölderlin, Werke, München 1969, S. 556-558; M. Frank, G. Kurz (Hrg.), Materialien zu Schellings philosophischen Anfängen, Frankfurt 1975, S. 110-113.
85. Vgl. R. Dawkins, Das egoistische Gen, Berlin-Heidelberg-New York 1978.
86. C. Darwin, Die Entstehung der Arten durch natürliche Zuchtwahl, Stuttgart 1967, S. 27 und 103.
87. H. de Balzac, Das ungekannte Meisterwerk. Erzählungen, Zürich 1983.
88. Vgl. den Nachdruck der ältesten von der Hand Quesnays herrührenden Skizze des Tableau économique in: A. Oncken, Geschichte der Nationalökonomie, erster Teil, Leipzig 1902, S. 324.
89. W. I. Lenin, Staat und Revolution, Ausgewählte Werke Bd. II, Berlin 1970, S. 359.
90. M. Wagner, l. c. S. 294.
91. Ironie verwende ich hier ganz in dem Sinn, in dem Rorty davon spricht, »daß für uns Ironiker die Theorie ein Mittel zur privaten Vervollkommnung« geworden ist; R. Rorty, Kontingenz, Ironie und Solidarität, Frankfurt 1989, S. 162.
92. Leonardo da Vinci, Tagebücher und Aufzeichnungen, Leipzig 1940.
93. P. Valéry, Zur Theorie der Dichtkunst, Frankfurt 1975, S. 28.
94. F. Hölderlin, l. c. S. 377.
95. G. Benn, Der Dichter über sein Werk, München 1976, S. 318.
96. Ibid. S. 316.
97. P. Celan, Ausgewählte Gedichte, Frankfurt 1979, S. 144.
98. W. Höllerer (Hrg.), Theorie der modernen Lyrik, Reinbek bei Hamburg 1966, S. 393.
99. L. Wittgenstein, Vermischte Bemerkungen, Frankfurt 1977, S. 120f.

100. Ob diese Leitbilder, diese »Archetypen«, wie C. G. Jung sagt, aus dem »kollektiven Unbewußten« kommen, göttliche Eingebungen sind oder als Zufallsmuster der neuronalen Struktur unseres Gehirns interpretiert werden, spielt für ihre *lenkende* Funktion keine Rolle; vgl. C. G. Jung, Gesammelte Werke Bd. 8, S. 155ff., wo der Begriff des Archetypus erstmals auftaucht.
101. M. Baxandall, Die Wirklichkeit der Bilder, Frankfurt 1987, S. 119.
102. »Modalitäten« sind Seinsweisen, die Art und Weise, wie etwas ist.
103. Vgl. vor allem die Ausführungen in Kapitel 4. Die »Acht« (im Sinne von Aufmerksamkeit) stammt vom gotischen Wort »aha« (= Sinn, Verstand) ab; »achtsam« als »aufmerksam, fürsorglich« findet sich, negativ ausgedrückt, im mittelhochdeutschen Wort »unahtsam«, aber auch in »beahten« (mhd.) oder »biahton« (ahd.). Das Paliwort »sati« hat auch die Bedeutung »Gedächtnis«, meint aber vorwiegend »die auf die Gegenwart gerichtete wache Aufmerksamkeit, die klare Bewußtheit und Besonnenheit«, Nyanaponika, Geistestraining durch Achtsamkeit, Konstanz 1979, S. 23. In diesem mehrfachen Sinne von »sati« verwende ich »Achtsamkeit«, werde allerdings - wie der nachfolgende Text zeigt - diese Bedeutung in mehrfacher Hinsicht vertiefen. Vgl. zur Abgrenzung von traditionellen und neueren Interpretation des Bewußtseinsbegriffs: K.-H. Brodbeck, Wirtschaft als autopoietisches System?, Zeitschrift für Politik, 38, 1991, S. 318 und 325. Stark beeinflußt ist mein Begriff der Achtsamkeit auch durch die Dzogchen-Tradition und den dort verwendeten Terminus »rigpa«; vgl. Manjusrimitra, Primordial Experience, hrsg. v. Namkhai Norbu und Kennard Lipman, Boston-London 1987.
104. In der Entscheidungs*theorie* unterscheidet man Entscheidungen unter Sicherheit, Risiko und unter Ungewißheit. Entscheidungen unter Sicherheit und Risiko setzen die vollständige Kenntnis der möglichen Alternativen einer Entscheidung voraus. Bei vollständiger Ungewißheit sind diese Alternativen unbekannt; es ist dann nicht mehr möglich, formale Entscheidungskriterien zu finden. Die formale Entscheidungstheorie ist deshalb für die meisten *tatsächlichen* Entscheidungen irrelevant.
105. Vgl. S. P. Springer, G. Deutsch, Linkes Rechtes Gehirn. Funktionelle Asymmetrien, Heidelberg 1987, S. 214 und Kapitel 5.
106. Die Phänomenologie wurde von Edmund Husserl begründet und anderen vertieft. Neben Maurice Meleau-Ponty, Eugen Fink, u. a. möchte ich vor allem auf Martin Heidegger hinweisen.
107. Vgl. K.-H. Brodbeck, Transrationalität, Münchener Wirtschaftswissenschaftliche Beiträge 86-09 (1986), S. 10. Zum verwandten Problem der vollkommenen Voraussicht vgl. G. L. S. Shackle, Time and Thought, The British Journal for the Philosophy of Science Vol. IX, 36 (1959), S. 294; G. Gäfgen, Theorie der Wirtschaftlichen Entscheidung, Tübingen 1968, S. 34f.; O. Morgenstern, Vollkommene Voraussicht und wirtschaftliches Gleichgewicht, Zeitschrift für Nationalökonomie 6 (1935), S. 337ff.
108. P. Langley, H. A. Simon, G. L. Bradshaw, J. M. Zytkow, Scientific Discovery, London 1987, S. 339.
109. Die Kritiker der Kreativitätstechniken auf der Seite der kognitiven Psychologie bemängeln die empirische Fundierung solcher Methoden. So kritisiert Robert W. Weisberg am Brainstorming den Mangel an empirischer Untersuchung. Tatsächlich haben einige Experimente ergeben, daß Brainstorminggruppen keineswegs mehr neue Ideen produzieren als Einzelpersonen, die als Vergleichsgruppe herangezogen wurden; vgl. R. W. Weisberg, Kreativität und Begabung, Heidelberg 1989, S. 75ff. Diese Kritik ist ebenso »empirisch fundiert« wie unzutreffend: Die Brainstormingbewegung hat einen Anstoß gegeben, *überhaupt* neue Ideen zu entwickeln und Kreativität in die Unternehmen als bewußte Technik getragen. Der Vergleich mit *einzelnen* kreativen Leistungen ist deshalb unzulässig, denn sie werden unter anderen Bedingungen (weder im Unternehmen, noch

außerhalb) gar nicht erbracht; vgl. auch Note 3 und 4. Zudem hat Weisberg *positive* experimentelle Befunde merkwürdigerweise ausgeklammert, vgl. z. B. A. Meadow, S. Parnes, Evaluation of Training in Creative Problemsolving, Journal of Applied Psychology 43 (1959), S. 189-194; vgl. Matussek, Kreativität als Chance, l. c., S. 322ff.

110. J. P. Sartre, Entwurf einer Theorie der Emotionen; in: Die Transzendenz des Ego, Reinbek bei Hamburg 1965, S. 186. Sartre sagt weiter: »eine Emotion verweist auf das, was sie bedeutet. Und sie bedeutet die Gesamtheit der Beziehungen des Daseins zur Welt. Der Übergang in die Emotion ist eine vollständige Veränderung des ›In-der-Welt-Seins‹ nach den ganz speziellen Gesetzen der Magie.« [S. 194]

111. In der traditionellen Psychologie wird der Begriff »Aufmerksamkeit« als besondere Funktion der Seele (bzw. anderer Denkmodelle des Psychischen) beschrieben; z. B. bei Rohracher, wo »sich die Aufmerksamkeit als die bewußte Aktivierung der psychischen Funktionen« darstellt; H. Rohracher, Einführung in die Psychologie, Wien-München-Berlin 1971, S. 532. Wie Rohracher sagt, gibt es zahlreiche Theorien der Aufmerksamkeit, jedoch nur wenige Beschreibungen des Aufmerksamkeits*erlebens*, das Rohracher als Erleben des »Aktivitätsgrades« der psychischen Funktionen beschreibt. Descartes machte hierfür die Hirndrüse verantwortlich: »Wenn man jedoch seine Aufmerksamkeit einige Zeit bei der Betrachtung desselben Objekts festhalten will, hält dieser Wille die Hirndrüse während dieser Zeit in der gleichen Richtung geneigt.« [R. Descartes, Die Leidenschaften der Seele, Hamburg 1984, S. 71] Als Leistung der Informationsverarbeitung wird die Aufmerksamkeit in der Kognitiven Psychologie beschrieben: »Aufmerksamkeit ist eng mit der Aneignung und Speicherung von Informationen verknüpft.« [M. G. Wessells, Kognitive Psychologie, New York 1984, S. 88] Insbesondere ist Aufmerksamkeit hierbei nach dem »Modell der Verteilung kognitiver Ressourcen« [S. 89] beschrieben. Gemeinsam ist diesen Denkmodellen, daß sie Aufmerksamkeit als eine *Funktion* der Psyche (des Gehirns) beschreiben. Um den Unterschied hierzu deutlich zu machen, verwende ich den Begriff »Achtsamkeit«.

112. E. Rubin, Die Nichtexistenz der Aufmerksamkeit. Ber. IX. Kongr. Exp. Psychol. München 1925, Jena, 1926, S. 211-212; vgl. M. Merleau-Ponty, Phänomenologie der Wahrnehmung, Berlin 1966, S. 50f.: »Die Aufmerksamkeit als allgemeine und formale Aktivität ist (...) inexistent.« Die Aufmerksamkeit ist nicht als besondere *Funktion* nachweisbar, doch dies ist kein Nicht-Sein. Die Seinsweise der Achtsamkeit ist z. B. dem Raum und der Zeit vergleichbar, die auch nicht *als* etwas Vorhandenes »nachweisbar« sind.

113. Ich verzichte an dieser Stelle auf die Darstellung der zahlreichen Theorien zum Aufmerksamkeits*umfang*, den *Schwankungen* der Aufmerksamkeit usw. Vor allem die Aufmerksamkeitsschwankungen sind in der empirischen Psychologie mehrfach untersucht worden. Dies hat zu wertvollen Einsichten geführt; vgl. P. R. Hofstätter, Psychologie, Frankfurt/M. 1957, S. 33-39; R. Meili, H. Rohracher, Lehrbuch der experimentellen Psychologie, Bern-Wien 1963, S. 88f., 354f.; L. J. Pongratz, Problemgeschichte der Psychologie, München 1984[2], zweites Kapitel, S. 85-175; H. Rohracher, Einführung in die Psychologie, Wien-München-Berlin 1971, S. 534f. Der Grund für diesen Verzicht ist vor allem in der grundlegenden Differenz zwischen *Aufmerksamkeit* als »Aktivitätsgrad psychischer Funktionen« oder als »Verteilung kognitiver Ressourcen« und *Achtsamkeit* als innersituativer Perspektive zu suchen.

114. J. J. Gibson spricht von unseren fünf Sinnen als von »fünf nach außen gerichteten Formen der Aufmerksamkeit«; J. J. Gibson, Die Sinne und der Prozeß der Wahrnehmung, Bern et. al. 1982[2], S. 76f.

115. I. Kant, Kritik der reinen Vernunft, B 38. »A priori« nennt Kant jene Formen, die dem Bewußtsein einwohnen, auch ohne Beziehung auf einen bestimmten Gegenstand der Wahrnehmung. Besonders Raum und Zeit seien solche Formen a priori, in denen wir je schon die sinnlichen Gegenstände anschauen.
116. »Die Kerndoktrin der cartesianischen Linguistik besteht darin, daß die generellen Merkmale grammatischer Struktur allen Sprachen gemeinsam sind und gewisse fundamentale Eigenschaften des Geistes widerspiegeln. (...) Es gibt demnach bestimmte sprachliche Universalien, die der Vielfalt der menschlichen Sprache Grenzen setzen.« [N. Chomsky, Cartesianische Linguistik, Tübingen 1971, S. 79]
117. »Alles, was wir Menschen über die reale Welt wissen, in der wir leben, verdanken wir stammesgeschichtlich entstandenen, Relevantes vermeldenden Apparaten des Informationsgewinns«, K. Lorenz, Die Rückseite des Spiegels, München 1973, S. 18. Lorenz beschreibt »das Leben als Erkenntnisvorgang«, Anpassung als »ein Anwachsen der zwischen dem Organismus und seiner Umwelt bestehenden Transinformation« [a.a.O., S. 39]. Dieser Gedanke wurde bereits von Nietzsche weitgehend formuliert, vgl. F. Nietzsche, Der Wille zur Macht, Stuttgart 1964, S. 343ff.
118. Fechners Gesetz besagt, daß »der Reizzuwachs, welcher nötig ist, um einen gegebenen Empfindungszuwachs zu erzeugen, oder die Empfindung immer um gleichviel zu steigern, nicht gleich bleibt, je nachdem er zu einem schwächeren oder stärkeren Reiz erfolgt, sondern mit wachsendem Reize selbst wächst«; zit. nach: G. F. Lipps, Grundriß der Psychophysik, Leipzig 1914, S. 49; »ein ›Weber-Fechnersches Gesetz‹ gibt es nicht!«, P. R. Hofstätter, Psychologie, Frankfurt/M.1965, S. 239. Tatsächlich wurde dieses Gesetz, das G. Th. Fechner E. H. Weber zuschrieb, schon von Daniel Bernoulli bei seinen Untersuchungen über das Glücksspiel entdeckt und mathematisch formuliert; D. Benoulli, Specimen theoriae novae de mensura sortis, Commentarii Academiae Scientarium Imperialis Petropolitanae, Tomus V, 1738, S. 175-192.
119. G. A. Miller, The magical number seven, plus or minus two: Some limits on our capacity for processing information, Psychological Review 63 (1956), S. 81-97.
120. »Bei Zen- und Yoga-Meditationsübenden, die dieses seit Jahren praktizierten, fand man jedoch bei häufiger Reizdarbietung, daß das Desynchronisationsphänomen immer dann eintrat, wenn ein Lichtsignal erschien: es fand keine ›Gewöhnung‹ statt«; M. Petzold, Indische Psychologie, München-Weinheim 1986, S. 265; vgl. auch: M. Murphy, S. Donovan, The Physical and Psychological Effect of Meditation, Esalen Institute 1988.
121. Martin Heidegger sagt hierzu in einer Anmerkung zu einer Vorlesung über Logik: »Das ›als‹ hat die Funktion des Entdeckens von etwas - aus etwas her - etwas als, d. h. als das - die Struktur von Verständnis überhaupt. (...) Die Struktur des ›als‹ demnach die hermeneutische Grundstruktur des Seins des Seienden, das wir Dasein nennen (menschliches Leben).« [M. Heidegger, Gesamtausgabe Bd. 21, S. 150]
122. P. Cézanne, l. c. S. 16, 12 und 22.
123. In der bekannten Sammlung mit Zen-Geschichten »Bi-Yän-Lu« heißt es: »Wu-Di von Liang fragte den Großmeister Bodhidharma: Welches ist der höchste Sinn der Heiligen Wahrheit? Bodhidharma sagte: Offene Weite - nichts von heilig.« [Bi-Yän-Lu, Bd. 1, hrsg. v. W. Gundert, München 1960, S. 37] Martin Heidegger sagt in einem Seminar in Le Thor: »Worauf gründet sich das Gesehenhaben allen Bewußtseins? Auf die für das Menschenwesen grundlegende Möglichkeit, eine offene Weite zu durchgehen, um bis zu den Dingen zu gelangen.« [M. Heidegger, Vier Seminare, Frankfurt 1977, S. 118] Diese offene Weite ist die Achtsamkeit.
124. Selbst ein Physiker ersetzt in der theoretischen Physik konkrete Zahlen durch algebraische *Variablen*; sie sind der »Spiel-Raum«, den die Experimentalphysik durch Messungen ausfüllt; ähnliches gilt für andere Wissenschaften.

125. Die Achtsamkeit »selbst« wird übrigens nicht müde; wir hören nur auf achtsam zu sein, wenn unsere Wahrnehmungen aufhören; ohne Inhalt ist die Achtsamkeit nichts, leer - wir sind ganz einfach an »Inhalte« gewohnt und halten nur das Beachtete für *etwas*, die Achtsamkeit für *nichts*.
126. W. Kandinsky, Über das Geistige in der Kunst, Bern 1952, S. 90.
127. Ibid. S. 94.
128. P. Cézanne, l. c. S. 24.
129. Der »horror vacui« besagt, daß ein Vakuum unmöglich ist.
130. Leonardo da Vinci, Tagebücher, l. c. S. 5.
131. Ibid. S. 673.
132. Leonardo da Vinci, Traktat von der Malerei, Jena 1909, S. 4.
133. P. Cézanne, l. c. S. 15.
134. Ibid. S. 15.
135. Ibid. S. 17.
136. Ibid. S. 90.
137. Ibid. S. 91.
138. Ibid. S. 90.
139. W. Kandinsky, Über das Geistige in der Kunst, l. c. S. 61.
140. Ibid. S. 68.
141. Vgl. zum Begriff der musikalischen Information: K.-H. Brodbeck u.a., Musikwirtschaft, München 1991, S. 10f.
142. Münchner Philharmoniker, Zehn Jahre mit Sergiu Celibidache, Teil 2, Philharmonische Blätter 88/89, 4, 10 (1989), S. 6.
143. Bei zu viel Musikgenuß sieht Platon eine Gefahr für den Mut: »Also, wenn einer sich der Musik dazu hingibt, sich die Seele durch die Ohren wie durch einen Trichter anzufüllen und vollgießen zu lassen von den (...) süßlichen und weichlichen und kläglichen Melodien, und dann winselnd und jubelnd unter solchem Gesang sein ganzes Leben hinbringt, der wird zuerst zwar, was er Mutiges an sich hatte, wie Eisen geschmeidig und brauchbar machen, da es zuvor unbrauchbar und spröde war; wenn er aber anhaltend nicht nachläßt, sondern immer mehr sänftigt, dann schmilzt er es wirklich und bringt es in Fluß, bis er sich den Mut ausgeschmolzen und wie die Sehnen der Seele ausgeschnitten hat und sich weichlich gemacht in der Schlacht.« [Platon, Politeia 411a f.]
144. Die Physik z. B. Raum, Zeit, Masse, Energie, Teilchen, Welle, usw.; die Volkswirtschaftslehre Gütermenge, Preis, Präferenzen, Technologie, Ressourcen, usw.
145. Vgl. auch den Rollentausch beim Psychodrama von J. L. Moreno, Gruppenpsychotherapie und Psychorama, Stuttgart 1959.
146. Eine andere Möglichkeit besteht darin, *verschiedenen* Menschen (erfundene) *Briefe* zu schreiben.
147. »Denn ob eine gegebene Aussage wahr oder falsch, sinnvoll oder sinnlos ist, hängt davon ab, welche Frage sie zu beantworten sucht. Und jeder, der wissen will, ob eine gegebene Aussage wahr oder falsch, sinnvoll oder sinnlos ist, muß erst herausfinden, für welche Frage sie gedacht war.« R. C. Collingwood, Denken, Stuttgart 1955, S. 39.
148. K. R. Popper, J. C. Eccles, Das Ich und sein Gehirn, München 1982, S. 134; meine Hervorhebung.
149. K. Rahner, Geist in Welt, München 1964, S. 71.
150. Rahner begeht diesen Fehlschluß durch die Gleichsetzung von »Ablehnen einer Frage« = »etwas in Zweifel ziehen« = »Infragestellen«. Das sind aber drei verschiedene Sachverhalte. Man kann eine Frage auch *nicht* fragen; das Nicht-Fragen als Akt ist keine Frage.

151. »Satori« ist die im Irgend-Nebel ebenso gegenwärtige wie versteckte Wachheit und Achtsamkeit.
152. Huang Po, Der Geist des Zen, Bern-München 1983, S. 93.
153. R. Schumann, l. c. S. 238.
154. K. Lang, »Lieber Herr Celibidache...«, Zürich-St. Gallen 1988, S. 218.
155. Auch hier möchte ich nur auf unsere Erfahrung, auf das innersituative Phänomen hinweisen und keine »Theorie« des Gedächtnisses formulieren.
156. Hierüber gibt es einen bekannten Streit zwischen Chomsky und Skinner, an den die moderne Kognitionspsychologie anknüpft. Allerdings bleibt auch die Kognitionspsychologie noch bei einem technischen Begriff der Bedeutung stehen.
157. Man findet in sehr bekannten Textbüchern der Sprachwissenschaft solch irreführenden Abbildungen: Ein Kreis ist durch einen horizontalen Strich halbiert; im unteren Halbkreis steht ein »Wort« und im oberen »Vorstellung« oder eine Zeichnung. Vgl. die Abbildung F. de Saussure, Grundfragen der Allgemeinen Sprachwissenschaft, Berlin 1967[2], S. 78:

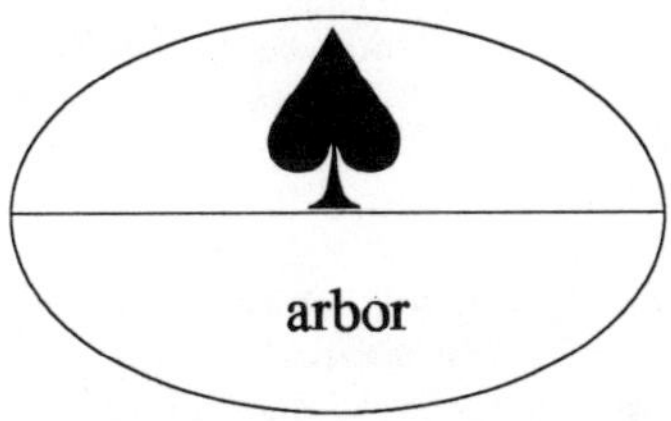

158. »Die ersten Worte sind also ursprünglich Befehle. Das Wort ist zunächst an eine Handlung gebunden - es ist Bestandteil der Handlung. Später kann es allein die Handlung auslösen.« J. Piaget, Sprechen und Denken des Kindes, Düsseldort 1976, S. 16f.
159. «Logos«, das griechische Wort für »Begriff«, rührt her von einem Wortstamm, der soviel wie »sammeln« bedeutet. »Thing« (= Ding) war ursprünglich der Name für die germanische Stammesver*sammlung*.
160. Das in einer Situation erscheinende Neue und Alte erscheint *als* neu oder alt. Eigentlich erscheint das Alte nur *als* alt in Differenz zum Neuen. Die Erscheinungen einer Situationen sind *insgesamt* immer »neu«. Alt und neu ist auch nur ein Denkmodell; die Kreativität reduziert sich in ihrem innersten Wesen nicht auf diesen Unterschied. An der Differenz zwischen alt und neu erscheint nur die Fähigkeit der Achtsamkeit, Unterschiede zu »gewahren«, d. h. Situationen in ihrer Bedeutung, ihrem »als« zu entwerfen.
161. G. W. F. Hegel, WW 20, S. 331.
162. Der amerikanische Philosoph Willard van Orman Quine hat hierzu einige sehr lehrreichen Anmerkungen gemacht.
163. Wittgenstein, Philosophische Untersuchungen, § 116.
164. L. Wittgenstein, Schriften 1, S. 184 und 188.
165. Dasselbe Beispiel hat bereits lange vor Whorf Nietzsche erwähnt: »Wenn ich sage ›der Blitz leuchtet‹, so habe ich das Leuchten einmal als Tätigkeit und das andere Mal als Subjekt gesetzt: also zum Geschehen ein Sein supponiert, welches mit dem Geschehen nicht eins ist, vielmehr *bleibt*, *ist*, und nicht ›wird‹. - *Das Geschehen als Wirken anzusetzen: und die Wirkung als Sein:* das ist der *doppelte* Irrtum, oder *Interpolation*, deren wir uns schuldig machen.« [F. Nietzsche, Der Wille zur Macht, Stuttgart 1964, S. 365] (Diesen Hinweis verdanke ich Wolfgang Ullrich). Vgl. dagegen Wilhelm von Humboldt,

der sagt: »Alle übrigen Wörter des Satzes sind gleichsam todt daliegender, zu verbindender Stoff, das Verbum allein ist der, Leben enthaltende und Leben verbreitende Mittelpunkt. Durch einen und ebendenselben synthetischen Act knüpft es durch das Seyn das Praedicat mit dem Subjecte zusammen (...). Man denkt nicht bloss den einschlagenen Blitz, sondern der Blitz ist es selbst, der herniederfährt«. [W. von Humboldt, Schriften zur Sprachphilosophie, Werke Bd. III, Darmstadt 1988, S. 608/609]

166. G. W. F. Hegel, WW 2, S. 541.
167. Anstelle von Kreisen kann man auch wie in der Algebra andere Zeichen verwenden; der deutsche Philosoph Gottlob Frege (1848-1925) hat dies in die Logik unter dem Namen »Begriffsschrift« eingeführt. Russell, Whitehead, Wittgenstein, Carnap u.a. haben diese Methode dann verallgemeinert und zur modernen formalen Logik weiterentwickelt.
168. A. Einstein, Über spezielle und allgemeinen Relativitätstheorie, Berlin 1969, S. 8.
169. Wenn Russell in seiner bekannten Paradoxie »die Menge aller Mengen, die sich nicht selbst als Element enthalten« eben diesen Satz formuliert, dann ist dieser Satz, seine Bedeutung, die Operationsvorschrift und Handlungsanleitung, die er enthält, nicht aus einer Situation herauszunehmen.
170. Der Nachweis G. Cantors von der »Gleichmächtigkeit« der natürlichen und der ganzen Zahlen ist einfach der Hinweis, daß man bei beiden Zahlen das *Zählen* nicht unterscheiden kann. In beiden Fällen ist die *Tätigkeit* ununterscheidbar; man zählt niemals bis »unendlich«. Die Tätigkeit des Zählens bleibt aber monoton dieselbe, wieweit man immer auch schon gezählt hat.
171. Frankfurt/M. 1973, S. 217.
172. Adorno, der Thomas Mann für diesen Roman beraten hat, hätte vielleicht in diesem Satz ein Moment bürgerlichen Denkens »dechiffriert«.
173. Dies ist übrigens keineswegs eine »Trivialisierung« des Seins. Im Gegenteil. Nur wenn das Situative der vielen Situationen erahnt wird, die darin sich zusprechende Bedeutung, der Spiel-Raum der Achtsamkeit, dann wird das *Geheimnis* des Seins, das sich im »ist« verbirgt, wieder sichtbar.
174. Auch im Griechischen: energeia (= »Wirklichkeit«) ⇒ ergon (= »Werk«), oder Lateinischen »act«.
175. Es gibt hier allerdings einen verwirrenden Streit in der Philosophie um den Satz vom zureichenden Grund, den ich ausklammern muß.
176. Speziell für mathematisch geschulte Leser die Frage: »Könnte die zufällige Erscheinung auch durch einen Algorithmus für deterministisches Chaos beschrieben werden?«
177. Physik II,7, 198a.
178. Populär war das Ich-Du-Es-Modell in der »dialogischen Bewegung«, eine philosophische Schule, deren wichtigste Vertreter F. Ebner, M. Buber u.a. waren.
179. Der englische Nationalökonom Adam Smith (1723-1790) verfaßte eine Geschichte der Astronomie, in der er den Begriff »System« als gedanklich konstruierte Maschine definierte, die man auf den Himmel übertrug.
180. H. J. Flechtner verwendet z. B. diese Definition.
181. Der Leser mag hier eine Skepsis gegen den Kantschen kategorischen Imperativ heraushören; es wäre kein Zufall.
182. Eine sehr nützliche Darstellungstechnik ist hier das Mind-Mapping. Um einen zentralen Begriff, der in der Mitte eines Blattes notiert wird (in Großbuchstaben, um auch ein bildhaftes Erfassen zu gewährleisten), zieht man alle möglichen Assoziationen anderer Begriffe in Linien und Kreisen, nach Art eine Geflechts oder Netzes. Dies verhindert eine starre, digitale Wahrnehmung der Begriffe und erlaubt ein ganzheitliches Erfassen. Vgl. M. Kirckhoff, Mind Mapping. Die Synthese von sprachlichem und bildhaftem Denken, Berlin 1988

183. Die Übertragung dieser Denkform auf die Natur - die Atomtheorie oder die Theorie der Elementarteilchen - ist z. B. immer wieder durch die Entdeckung seltsamer Phänomene erschüttert worden: Felder, Schwerkraft, Symmetrien, usw.
184. WW 2, S. 550.
185. Shunryu Suzuki, Zen-Geist Anfänger-Geist, Zürich 1970, S. 21.
186. Der Gedanke eines Produktions*umwegs* wurde in der Nationalökonomie später besonders durch Eugen von Böhm-Bawerk populär gemacht, der Kapitalbildung dadurch erklärt, »daß die auf den Umwegen der indirekten Produktionsmethoden entstehenden Zwischenprodukte das sozialwirtschaftliche Kapital darstellen«; E. von Böhm-Bawerk, Kapital und Kapitalzins, Bd. II, 1, Jena 1921, S. 111.
187. «Menschliche Bedürfnisse«, die nur »auf Umwegen« befriedigt werden, können die Bedürfnisse von Menschen sehr unangenehm tangieren: Ein Atomkraftwerk kann »menschliche Bedürfnisse« auf Umwegen befriedigen, während es ohne Umweg Schaden zufügt.
188. Vgl. hierzu M. Boss, Psychoanalyse und Daseinsanalytik, München 1980.
189. G. W. F. Hegel, Die Wissenschaft der Logik I, WW 5, S. 44.
190. »Leeres Anschauen« ist übrigens eine Form der Kontemplation, die von der Heiligen Teresa von Avila (1515-1582) als »stilles Gebet« oder von den Quietisten als mystische Übung gepflegt wurde.
191. Ibid. S.100.
192. Zitiert nach der deutschen Ausgabe hrsg. v. J. V. Carus, Darmstadt 1992, S. 134.
193. J. M. Keynes, The General Theory of Employment, Interest and Money, London 1936, S. 180.
194. Lorentz/Einstein/Minkowski, l. c. S. 87.
195. C. Darwin, l. c. S. 164.
196. Konrad Lorenz hat dasselbe Denkmodell des Stammbaumes auch auf das tierische Verhalten übertragen.
197. Ibid. S. 241.
198. Die Bedeutung von Abbildungen für die Wissenschaft wurde vor allem in der Geologie erkannt; vgl. M. J. S. Rudwick, The emergence of a visual language for geological science, 1760-1840, History of Science 14, S. 149-195; S. J. Gould, Die Entdeckung der Tiefenzeit, München-Wien 1990, S. 37 und an zahlreichen anderen Stellen.
199. Neuere Formen der Therapie versuchen diese Position allerdings zu überwinden.
200. Dies wiederum heißt ganz und gar nicht, daß die Methoden der traditionellen Medizin sakrosankt wären.
201. Ich verkenne nicht, daß es Aufgaben gibt, die, wie immer sie erledigt werden, für unser Wohlbefinden alles andere als zuträglich sind. Die Arbeit in einem Stahlwerk ist, wie immer ausgeführt, eine »Maloche«. In solchen Fällen kann durch *individuelle* Änderung der Handlungsmuster nur sehr wenig erreicht werden.
202. Vgl. H. V. Guenther, Tantra als Lebensanschauung, Bern-München 1974.
203. NLP = Neuro-Linguistisches Programmieren; »rational-emotive Therapie«; Trancetherapien usw. Vgl. Note 7.
204. Vgl. Sogyal Rinpoche, The Tibetan Book of Living an Dying, Harper San Francisco 1992. Auch die große Philosophie kennt diesen Gedanken. »Also wäre es ja«, sagt Platon, »lächerlich, wenn ein Mann, der sich in seinem ganzen Leben darauf eingerichtet hätte, so nahe als möglich an dem Gestorbensein zu leben, hernach, wenn eben dieses kommt, sich ungebärdig stellen wollte. Wäre das nicht lächerlich?« - »In der Tat also«, sagt Sokrates zu Simmias, »trachten die richtig Philosophierenden danach zu sterben, und tot zu sein, ist ihnen unter allen Menschen am wenisten furchtbar.« [Phaidon 67e] Auch Michel de Montaigne sagt im Anschluß an Cicero, »daß Philosophieren zu sterben

lernen heißt«; Versuche, Berlin 1907, Kapitel XX. Vor allem die Einstellung beim Sterben betont Thomas von Aquin: »Welches letzte Ziel auch immer die Seele sich im Augenblick des Todes gesetzt habe, in diesem Ziele wird sie für immer verbleiben, da sie es als höchstes Gut angestrebt hat, mag es nun gut oder böse sein.« [Comp. Theol. 1.174 § 536]

205. Man kann nicht den Tod »abschaffen«, wie Adorno einmal gegen Heidegger ernsthaft als Einwand vorbrachte, wohl aber die Angst davor. Die »durchschnittliche Alltäglichkeit« dagegen mag zwar von stabilen Gewohnheiten geprägt sein; sie ist aber keine selbstseiende Struktur, der wir zu gehorchen hätten.

206. Vgl. hierzu das ausgezeichnete Buch von Israel Rosenfield, Das Fremde, das Vertraute und das Vergessene. Anatomie des Bewußtseins, Frankfurt/M. 1992.

207. Moshe Feldenkrais hat aus der Kenntnis der anatomischen und *kinetischen* Strukturen des menschlichen Körpers eine Methode entwickelt, die einschränkende Wirkung von Bewegungsmustern zu entdecken und zu verändern hilft. Seine Methode (»Feldenkrais-Methode«) kann als »Kreativitätsmethode« für unseren Körper bezeichnet werden. Ich kann an dieser Stelle leider nur darauf hinweisen.

208. Abbildung 25 ist die einzige überlieferte Zeichnung, mit der Heidegger seine Philosophie des menschlichen »Daseins« illustriert hat. Sie soll deutlich machen, daß »menschliches Existieren« nie ein nur vorhandener Gegenstand ist. Quelle: M. Boss (Hrsg.), Martin Heidegger, Zollikoner Seminare, Frankfurt 1987, S. 3.

209. Meist mit der stillschweigenden Überlagerung: privat = zufällig, öffentlich = notwendig.

210. »Hierarchie« vom griech. »hieros« = »heilig« und »arche« = »Herrschaft«. Früher nannte man »Gott« das oberste Ziel, den letzten Zweck aller Dinge; heute spricht man eher von »Gemeinwohl«, »sozialer Wohlfahrt«, »Sozialprodukt« und anderen Oberzielen.

211. So sprach Max Weber z. B. davon, daß in modernen Marktwirtschaften der Typus der »Kaufmannsseele« dominiere, in dem das Verhalten mit der Umwelt »nach den Grundsätzen kaufmännischer Buchführung, also in diesem Sinn ›rational‹ gestaltet« wird; vgl. M. Weber, Gesammelte Aufsätze zur Wissenschaftslehre, Tübingen 1968[3], S. 394.

212. R. Wisser, Das Fernseh-Interview, in: G. Neske (Hrsg.), Erinnerung an Martin Heidegger, S. 286.

213. Die Erfindung des mechanischen Supportes durch Henry Maudslay (1771-1831) hat eine Entwicklung eingeleitet, an der viele Techniker und Ingenieure beteiligt waren. So ist auch die moderne Drehbank nicht die Erfindung eines einsamen Genies, sondern ein Produkt sozialer Kreativität. Die Abbildung 27 zeigt die Hauptbeteiligten dieser Entwicklung. Quelle: U. Troitzsch, W. Weber, Die Technik. Von den Anfängen bis zur Gegenwart, Stuttgart 1987, S. 252.

214. Vielleicht ist es dies, was Herklit im Fragment B 2 sagen möchte: »Obgleich der Logos allen gemeinsam ist, leben die Vielen, als hätten sie ein Denken für sich.«

215. Vgl. Geshe Lobsang Tharchin, The Logic and Debate Tradition of India, Tibet, And Mongolia, Howell 1979, S. 274ff.

216. Zurecht nannte A. N. Whitehead die abendländische Philosophiegeschichte »eine Reihe von Fußnoten zu Platon«; A. N. Whitehead, Prozeß und Realität, Frankfurt 1984, S. 91. [»The safest general characterization of the European philosophical tradition is that it consist of a series of footnotes to Plato.« Process and Reality, London 1979, S. 39]

Literaturhinweise

Einleitung

»Kreativität« (Wort und Begriff):

Berdiajew, N.: Der Sinn des Schaffens, Tübingen 1927

Bergson, H.: Schöpferische Entwicklung, Jena 1912

Brodbeck, K.-H.: Transrationalität, Münchener Wirtschaftswissenschaftliche Beiträge Nr. 86-09, München 1986

Duden, Fremdwörterbuch, Der Große Duden Band 5, (2. Auflage) Mannheim 1966

Eisler, R.: Handwörterbuch der Philosophie, Berlin 1913)

Guilford, P. J.: Creativity, American Psychologist 5 (1950), S. 444-454

Hoffmeister, J.: Wörterbuch der philosophischen Begriffe, (2. Auflage) Hamburg 1955

Landau, E.: Kreatives Erleben, (3. Auflage) München-Basel 1984

Lange-Eichbaum, W.: Genie - Irrsinn und Ruhm, München 1928

Lange-Eichbaum, W., W. Kurth: Genie - Irrsinn und Ruhm, Bd.1-3, (7. Auflage) München-Basel 1986

Lotz, J. B.: Martin Heidegger und Thomas von Aquin, Pfullingen 1975 (S. 180-206)

Preiser, S.: Kreativitätsforschung, (2. Auflage) Darmstadt 1976

Rapp, F., R. Wiehl (Hrsg.): Whiteheads Metaphysik der Kreativität, München 1986

Ulmann, G.: Kreativität, Weinheim-Berlin-Basel 1968

Weisberg, R. W., Kreativität und Begabung, Heidelberg 1989

Wertheimer, M.: Productive Thinking, New York-London 1945 (deutsch: Produktives Denken, Frankfurt 1957)

Whitehead, A. N.: Prozeß und Realität, (2. Auflage) Frankfurt 1984 (Kapitel III)

Whitehead, A. N.: Abenteuer der Ideen, Frankfurt 1971 (IX, § 10)

Whitehead, A. N.: Wie entsteht Religion?, Frankfurt 1985 (S. 70ff.)

Selbstzeugnisse und Quellen:

Adorno, T. W.: Philosophie der neuen Musik, Frankfurt 1972

Balzac, H. de: Das ungekannte Meisterwerk. Erzählungen, Zürich 1983

Benn, G.: Der Dichter über sein Werk, München 1976

Bergler, H.: Lehrbuch der Chemie, (10. Auflage), Bamberg 1967

Celan, P.: Ausgewählte Gedichte, Frankfurt 1979

Cézanne, P.: Über die Kunst, Mittenwald 1980

Darwin, Ch.: Die Entstehung der Arten durch natürliche Zuchtwahl, hrsg. v. C. W. Neumann, Stuttgart 1967

Dawkins, R.: Das egoistische Gen, Berlin-Heidelberg-New York 1978

Debussy, C.: Einsame Gespräche mit Monsieur Croche, Leipzig 1975

Dürr, H.-P. (Hrsg.): Physik und Transzendenz, München 1986

Eckermann, J. P.: Gespräche mit Goethe, drei Bände, Leipzig o. J. (Reclam)

Freitag, E.: Schönberg, Reinbek bei Hamburg 1973

Freud, S.: Der Witz und seine Beziehung zum Unbewußten (1905), Studienausgabe Bd. IV, Psychologische Schriften, Frankfurt 1982, S. 9-219

Fülleborn, U., M. Engel (Hrsg.): Materialien zu Rainer Maria Rilkes ›Duineser Elegien‹, Frankfurt 1980

Goethe, J. W.: Goethes Briefe in kleiner Auswahl, hrsg. v. W. Bode, zwei Bände, Hamburg-Großborstel 1906

Gregory R. L. (ed.): The Oxford Companion to The Mind, Oxford-New York 1987 (S. 171-172)
Gruber, H.: Kreativität: Arbeit zum Vergnügen, in: Redaktion Psychologie Heute (Hrsg.), Wenn Du denkst..., Weinheim-Basel 1987, S. 109-125
Hegel, G. W. F.: (Systemfragment von 1800), Werke Bd. 1, Frankfurt 1971, S. 419-427
Hölderlin, F.: Werke-Briefe-Dokumente, hrsg. v. F. Beißner, München 1963
Höllerer, W. (Hrsg.): Theorie der modernen Lyrik. Dokumente zur Poetik I, Reinbek bei Hamburg 1966
Jaspers, K.: Allgemeine Psychopathologie, (5. Auflage) Berlin-Heidelberg 1948
Koestler, A.: Der göttliche Funke. Der schöpferische Akt in Kunst und Wissenschaft, Bern-München-Wien 1966
Leisegang, H.: Die Gnosis, Leipzig o. J. (Kröners Taschenbuch Bd. 32)
Lenin, W. I.: Staat und Revolution, in: Ausgewählte Werke Bd. II, Berlin (Ost) 1970 (S. 359)
Marx, K.: Das Kapital, Marx-Engels-Werke Bd. 23, Berlin (Ost) 1970
Nietzsche, F.: Werke, hrsg. v. K. Schlechta, (6. Auflage) München 1969
Poe, E. A.: Das Gesamte Werk in zehn Bänden, hrsg. v. K. Schumann und H. D. Müller, (2. Auflage) Olten-Freiburg 1976
Recktenwald, H. C.: Geschichte der Politischen Ökonomie, Stuttgart 1971 (Francois Quesnay 1694-1774, S. 28-54)
Rohracher, H.: Einführung in die Psychologie, (10. Auflage), Wien-München-Berlin 1971
Schumann, R.: Gesammelte Schriften über Musik und Musiker, Leipzig 1974
Schindler, A.: Biographie von Ludwig van Beethoven, Leipzig 1973
Shapiro, N., N. Hentoff: Jazz erzählt. Von New Orleans bis West Coast, München 1962
Stephan, R.: Neue Musik, Göttingen 1958
Valéry, P.: Zur Theorie der Dichtkunst, Frankfurt 1975
da Vinci, Leonardo: Tagebücher und Aufzeichnungen, Leipzig 1940
Wagner, M.: Bruckner. Leben-Werke-Dokumente, München 1983
Wilhelm, R.: I Ging, Köln 1956

1 Was ist Kreativität?

allgemeine Literaturangaben:

Brander, S., A. Kompa, U. Peltzer: Denken und Problemlösen, Opladen 1985 (2. Kapitel)
Facaoaru, C.: Kreativität in Wissenschaft und Technik, Bern-Stuttgart-Toronto 1985
Gruber, H.: Kreativität: Arbeit zum Vergügen; in: ›Wenn Du denkst...‹, hrsg. von der Redaktion ›Psychologie Heute‹, Weinheim-Basel 1987, S. 109-125
Langley, P., H. A. Simon, G. L. Bradshaw, J. M. Zytkow: Scientific Discovery. Computational Explorations of the Creative Processes, Cambridge/Mass.- London 1987
Matussek, P.: Kreativität als Chance, München-Zürich, 1979 (3. Auflage)
Oerter, R.: Psychologie des Denkens, (6. Auflage) Donauwörth 1980 (3. Kapitel)
Stocker, T.: Die Kreativität und das Schöpferische, Frankfurt 1988
Whitehead, A. N.: Process and Reality. An Essay in Cosmology, (Corrected Edition) New York-London 1978

Das Beispiel des »Affen«:

Lorenz, K.: Von den Voraussetzungen der Menschwerdung, Rundfunkvortrag 1978
Lorenz, K.: Vergleichende Verhaltensforschung. Grundlagen der Ethologie, München 1982 (S. 267 f.)

Weitere Angaben:

Chomsky, N.: Cartesianische Linguistik, Tübingen 1971 (S. 5-44)
Schönburg, W. C.: Portrait von Hans Otte, Rundfunksendung Bayerischer Rundfunk 1988

2 Die Struktur der kreativen Situation

Zur Situation und ihren Modalitäten:

Anacker, S.: Seven Works of Vasubandhu, Delhi et.al. 1986 (Kapitel IV)
Bollnow, F. O.: Existenzphilosophie Stuttgart et.al. 1955 (Kapitel VII)
Conze, E.: Buddhistisches Denken, Frankfurt 1988 (Erster Teil, Kapitel 8)
Guenther, H. V.: Philosophy & Psychology in the Abhidharma, Berkeley-London 1976
Hartmann, N.: Ethik, Berlin-Leipzig 1935 (2. Auflage), (Kapitel 37)
Hartmann, N.: Zur Grundlegung der Ontologie, Berlin 1965 (4. Auflage), (Kapitel 32)
Heidegger, M.: Sein und Zeit, Tübingen 1972 (12. Auflage) (§§ 12-13; 60)
Husserl, E.: Die Krisis der europäischen Wissenschaften und die transzendentale Phänomenologie, Hamburg 1982
Jaspers, K.: Psychologie der Weltanschauungen, (3. Auflage), Berlin 1925 (S. 229-280)
Sartre, J. P. : Situationen, Hamburg 1965
Wittgenstein, L.: Philosophische Untersuchungen, Schriften 1, Frankfurt 1980

Zu den »Rätseln«, der Regeldetri und den Rechentechniken:

Baxandall, M.: Die Wirklichkeit der Bilder. Malerei und Erfahrung im Italien des 15. Jahrhunderts, Frankfurt 1987
Juschkewitsch, A. P.: Geschichte der Mathematik im Mittelalter, Leipzig 1964
Morris, S.: Rätsel für Denker und Tüftler, Köln 1988

»Streßsituationen«:

Cooper, G. L.: Streßbewältigung, München et.al. 1987
Heidegger, M.: Zollikoner Seminare, hrsg. v. M. Boss, Frankfurt 1987
Hinde, R. A.: Das Verhalten der Tiere, zwei Bände, Frankfurt 1973 (II, Kapitel 22)
Schmidtke M. (Hrsg.): Lehrbuch der Ergonomie, München-Wien 1981 (Kapitel 3.6)

Zur Gestaltwahrnehmung:

Ehrenstein, W.: Einführung in die Ganzheitspsychologie, Leipzig 1934
Metzger, W.: Figural-Wahrnehmung, in: W. Metzger (Hrsg.), Allgemeine Psychologie, Bd. 1.1, Göttingen 1966, 18. Kapitel
Pöppel, E.: Grenzen des Bewußtseins, Stuttgart 1985 (S. 57 und 59)
Wertheimer, M.: Drei Abhandlungen zur Gestalttheorie, Darmstadt 1963

Gehirn und Neurophysiologie:

Blakeslee, T. R.: Das Rechte Gehirn. Das Unbewußte und seine schöpferischen Kräfte, Freiburg 1982
Eccles, J. C., H. Zeier: Gehirn und Geist, München-Zürich 1980
Edelman, G. M., Unser Gehirn - Ein dynamisches System, München 1993

Gardner, H.: Dem Denken auf der Spur, Stuttgart 1989 (bes. S. 290-296)
Lurija, A. R., Das Gehirn in Aktion. Einführung in die Neurophysiologie, Reinbek bei Hamburg 1993
Popper, K. R., J. C. Eccles, Das Ich und sein Gehirn, München 1982 (Kapitel E 5)
Pribram, K. H.: Worum geht es beim holographischen Paradigma?; in: K. Wilber (Hrsg.), Das holographisches Weltbild, Bern-München-Wien 1986, S. 27-36
Rosenfield, I., Das Fremde, das Vertraute und das Vergessene. Anatomie des Bewußtseins, Frankfurt/M. 1992.
Spektrum der Wissenschaft: Gehirn und Nervensystem, Heidelberg 1985
Schwartz, S.: Wie Pawlow auf den Hund kam... Die 15 klassischen Experimente der Psychologie, Weinheim-Basel 1988 (Kapitel 2)

3 »Kreativitätstechniken«

Alter, U., H. Geschka, G. R. Schaude, H. Schlicksupp: Methoden und Organisation der Ideenfindung, unveröffentlichter Forschungsbericht des Battelle-Instituts e. V., Frankfurt 1972
Bono, E. de: Laterales Denken, Düsseldorf-Wien-New York 1989
Gordon, W. J. J.: Synectics, the devolopment of creative capacity, New York-Evanston-London 1961
Hoffmann, H.: Kreativitätstechniken für Manager, (2. Auflage) Landsberg 1987
Hollinger-Uebersax, von H.: Kreatives Denken, Technische Rundschau 24 (1988), S. 8-15
Jaspers, K.: Psychologie der Weltanschauungen, (3. Auflage), Berlin 1925 (S. 76-84)
Langley, P., H. A. Simon, G. L. Bradshaw, J. M. Zytkow: Scientific Discovery. Computational Explorations of the Creative Processes, Cambridge/Mass.- London 1987
Majaro, S.: Erfolgsfaktor Kreativität, London et. al. 1993
Meadow, A., S. Parnes: Evaluation of Training in Creative Problemsolving, Journal of Applied Psychology 43 (1959), S. 189-194
Osborn, A. F.: How to »think up«, New York 1942
Osborn, A. F.: Wake up your mind, New York 1952
o. V.: Kinder an die Macht, manager magazin 4 (1993), S. 213-251
Preiser, S.: Kreativitätsforschung, Darmstadt 1976 (Kapitel X)
Schlicksupp, H.: Kreative Ideenfindung in der Unternehmung, Berlin-New York 1977
Uebele, H.: Zur Praxis der Kreativitätstechniken - Anwendungserfahrungen bei der Produktinnovation, DBW 38 (1988), S. 777-785
VDI: Systematische Produktplanung. Leitfaden und Arbeitshilfen, Düsseldorf 1983
Weisberg, R. W.: Kreativität und Begabung. Was wir mit Mozart, Einstein und Picasso gemeinsam haben, Heidelberg 1989
Yates, F. A.: Gedächtnis und Erinnern. Mnemonik von Aristoteles bis Shakespeare, Weinheim 1991
Zinker, J.: Gestalttherapie als kreativer Prozeß, Paderborn 1984
Zwicky, F.: Entdecken, Erfinden, Forschen im morphologischen Weltbild, München 1971

»Künstliche Intelligenz« - »Kognitive Psychologie«:

Ash, B.: The Visual Encyclopedia of Science Fiction, London-Sidney 1977 (Kapitel 2.14)
Bentz, H. J.: Ein Gehirn für den PC, in: c't, Magazin für Computer Technik, (1988), 10, S. 84-92
Brodbeck, K.-H.: Transrationalität, Münchener Wirtschaftswissenschaftliche Beiträge Nr. 86-09, München 1986

Gardner, H.: Dem Denken auf der Spur, Stuttgart 1989
Lycan, W. G. (ed.): Mind and Cognition, Cambridge/Mass. 1990
Putnam, H.: Repräsentation und Realität, Frankfurt 1991 (bes. Kapitel 5)
Searle, J. S.: Geist, Hirn und Wissenschaft, Frankfurt 1986
Spektrum der Wissenschaft: Sonderheft 6, Die nächste Computer Revolution, 1988
von Neumann, J.: Die Rechenmaschine und das Gehirn, München 1965
Werntges, H., R. Eckmiller: Neuronale Computer, in: c't, Magazin für Computer Technik, (1988), 10, S. 70-82
Wessells, M. G.: Kognitive Psychologie, New York 1984
Wiener, N.: Mensch und Menschmaschine, Frankfurt 1958

Prognosen, Zukunft und Unsicherheit:

Brodbeck, K.-H.: Autopoesis der Wirtschaft?, Zeitschrift für Politik 38 (1991), S. 317-236
Brodbeck, K.-H.: Autopoietische Systeme und ökonomische Systeme. Anmkerungen zur Entgegnung von Niklas Luhmann, Zeitschrift für Politik 39 (1992), S. 436-439
Knight, F. H.: Risk, Uncertainty and Profit, (1921), Reprint: Chicago-London 1971 (Kapitel VII)
Luhmann, N.: Die Wirtschaft der Gesellschaft, Frankfurt 1988 (S. 128f.)
Luhmann, N.: Wirtschaft als autopoietisches System. Bemerkungen zur Kritik von Karl-Heinz Brodbeck, Zeitschrift für Politik 39 (1992), S. 191-194

Emotionen, Stimmungen:

Bollnow, O. F.: Das Wesen der Stimmungen, Frankfurt 1980 (6. Auflage)
Heidegger, M.: Die Grundbegriffe der Metaphysik: Welt - Endlichkeit - Einsamkeit, Gesamtausgabe Bd. 29/30, Frankfurt 1983 (§§ 16-38)
Maslow, A. H.: Emotional blocks to creativity, The Humanist 18 (1958), S. 325-332
Sartre, J. P.: Entwurf einer Theorie der Emotionen; in: Die Transzendenz des Ego, Reinbeck 1964 (S. 189f.)
Ulich, D.: Das Gefühl. Über die Psychologie der Emotionen, München et.al. 1982

4 Achtsamkeit

Einen Überblick über den Stand der psychologischen Forschung gibt:

Gregory, R. L. (ed.): The Oxford Companion to The Mind, Oxford 1987

Weitere psychologische Literatur:

Gibson, J. J.: Die Sinne und der Prozeß der Wahrnehmung, Bern-Stuttgart-Wien 1973
Graumann, C. F.: Bewußtsein und Bewußtheit. Probleme und Befunde der psychologischen Bewußtseinsforschung, in: W. Metzger (Hrsg.), Allgemeine Psychologie, Bd. 1.1, Göttingen 1966, Kapitel 3
Miller, G. A., E. Galanter, K. Pribram: Strategien des Handelns. Pläne und Strukturen des Verhaltens, Stuttgart 1973
Naranjo, C. R. E. Ornstein, Psychologie der Meditation, Frankfurt/M. 1988
Pöppel, E.: Grenzen des Bewußtseins, Stuttgart 1985
Rohracher, H.: Einführung in die Psychologie, (10. Auflage) Wien-München-Berlin 1971 (S. 531-538)

Sacks, O.: Der Mann, der seine Frau mit einem Hut verwechselte, Reinbek bei Hamburg 1990
Shapiro, D. H.: Meditationstechniken in der Klinischen Psychologie, Eschborn bei Frankfurt 1987
Werth, R.: Bewußtsein, Heidelberg-New York-Tokyo 1983 (S. 47-63)
Wessells, M. G.: Kognitive Psychologie, New York 1984,
Wundt, W.: Grundriss der Psychologie, (15. Auflage) Leipzig 1922 (§ 15)

weitere Literatur:

Husserl, E.: Ideen zu einer reinen Phänomenologie und phänomenologischen Philosophie, (4. Auflage) Tübingen 1980
Manjusrimitra: Primordial Experience, Boston-London 1987
Merleau-Ponty, M.: Phänomenologie der Wahrnehmung, Berlin 1966 (Einleitung §§ 10-13)
Popper, K. R., J. C. Eccles: Das Ich und sein Gehirn, München 1982 (§ 51)
Reininger, R.: Metaphysik der Wirklichkeit, (2. Auflage) München-Basel 1970 (Kapitel 1, 2)
Rinbochay, L.: E. Napper, Mind in Tibetan Buddhism, New York 1980
Rickert, H.: Der Gegenstand der Erkenntnis, Tübingen-Leipzig 1904 (1, IV)
Sogyal Rinpoche: View, Meditation & Action, London 1982
Windelband, W.: Einleitung in die Philosophie, Tübingen 1923 (§ 12)

5 Die Kunst der Wahrnehmung

Grundlagen:

Heidegger, M.: Sein und Zeit, Tübingen 1972 (12. Auflage) (§§ 13, 43)
Heidegger, M.: Zollikoner Seminare, hrsg. v. M. Boss, Frankfurt 1987 (S. 195-226)
Hochberg, J. E.: Wahrnehmung, Einführung in die Psychologie 2, Wiesbaden et.al. 1977
Metzger, W. (Hrsg.): Der Aufbau des Erkennens, 1. Halbband: Wahrnehmung und Bewußtsein, Allgemeine Psychologie, Bd. 1.1, Göttingen 1966
Merleau-Ponty, M. :Phänomenologie der Wahrnehmung, Berlin 1966

Weitere Hinweise und Quellen:

Cézanne, P.: Über die Kunst, Mittenwald 1980 (S. 16, 12 und 22)
Illies, J.: Anthropologie des Tieres, München 1973
Koenig, O.: Urmotiv Auge, München-Zürich 1975
Lorenz, K.: Die Rückseite des Spiegels. Versuch einer Naturgeschichte menschlichen Erkennens, München 1977 (Kapitel VII)
Lorenz, K.: Vom Weltbild des Verhaltensforschers, München 1968 (S. 97-149)
March, J. G., H. A. Simon: Organisation und Individuum, Wiesbaden 1976 (6. Kapitel)
Pawlow, I. P.: Die bedingten Reflexe, München 1972 (bes. S. 203ff.)
Piaget, J.: Psychologie der Intelligenz, Olten-Freiburg 1971 (Kapitel III-V)
Piaget, J.: Einführung in die genetische Erkenntnistheorie, Frankfurt 1973
Piaget, J.: Sprechen und Denken des Kindes, Frankfurt-Berlin-Wien 1976 (bes. S. 15ff.)
K. H. Pribram: Die Struktur des Gedächtnisses, in: O. W. Haseloff, Struktur und Dynamik des menschlichen Verhaltens, Stuttgart et.al. 1970, S. 25-42
Schwartz, S.: Wie Pawlow auf den Hund kam... Die 15 klassischen Experimente der Psychologie, Weinheim-Basel 1988 (Kapitel 1)
Vernon, M. D.: Wahrnehmung und Erfahrung, München 1977

Winson, J.: Auf dem Boden der Träume. Die Biologie des Unbewußten, Weinheim/Basel 1986

»Habituation«:

Gregory (ed.), R. L.: The Oxford Companion to The Mind, Oxford 1987 (S. 299)
Petzold, M.: Indische Psychologie, München-Weinheim 1986 (S. 265f.)

Vgl. auch die Literaturhinweise zu Kapitel 2

6 Submodalitäten des kreativen Prozesses

Zu den Beispielen aus der Malerei:

Adriani, G.: Paul Cézanne. Zeichnungen, Köln 1978
Badt, K.: Die Farbenlehre van Goghs, Köln 1981
Bürgi (Hrsg.), B.: Rot Gelb Blau. Die Primärfarben in der Kunst des 20. Jahrhunderts, Stuttgart 1988
Cézanne, P.: Über die Kunst, Mittenwald 1980
Düchting, H.: Cézanne, 1839-1906, Natur wird Kunst, Köln 1989
Flocon, A., A. Barre: Die Kurvenlineare Perspektive vom gesehenen Raum zum konstruierten Bild, Berlin-Wien 1983
Goethe, J. W.: Geschichte der Farbenlehre, zwei Teile, dtv Gesamtausgabe Bd. 41/42, München 1971/72
Izutsu, T. und T.: Die Theorie des Schönen in Japan, Köln 1988
Kandinsky, W.: über das Geistige in der Kunst, Bern 1952
Kandinsky, W.: Punkt und Linie zu Fläche, (7. Auflage) Bern-Bümpliz 1973
Leonardo da Vinci, Traktat von der Malerei, Jena 1909
Ostwald, W.: Einführung in die Farbenlehre, Leipzig 1919
Pawlik, J.: Theorie der Farbe, Köln 1979
Rilke, R. M.: Briefe über Cézanne, Frankfurt 1983
Schöne, W.: Über das Licht in der Malerei, (6. Auflage), Berlin 1983
Volboudt, P.: Die Zeichnungen Wassily Kandinskys, Schauburg 1974

Zu den Submodalitäten in der Musik:

Albersheim, G.: Zur Musikpsychologie, Hamburg-Locarno-Amsterdam 1974
Ansermet, E.: Die Grundlagen der Musik im menschlichen Bewußtsein, München-Zürich 1985
Brodbeck, K.-H., M. Hummel, M. Breitenacher, W. Meyerhöfer: Musikwirtschaft, München 1991
Dahlhaus (Hrsg.), C.: Einführung in die systematische Musikwissenschaft, Laaber 1988
Fischer-Holland-Rzehulka: Gehörgrenzgänge, München 1986
Grabner, H.: Allgemeine Musiklehre, (11. Auflage) Basel-Paris-London 1974
Hausswald, G.: Musikalische Stilkunde, Wilhelmshaven 1979
Jelinek, H.: Anleitung zur Zwölftonkomposition, Erster Teil, Wien 1952
Motte-Haber, H. de la: Handbuch der Musikpsychologie, Laaber 1985
Münchner Philharmoniker: Zehn Jahre mit Sergiu Celibidache, Teil 2, Philharmonische Blätter 88/89, 4,10 (1989) (S. 6)
Prajnanananda, S.: A Historical Study of Indian Music, Calcutta 1955
Wellek, A.: Musikpsychologie und Musikästhetik, (3. Auflage) Bonn 1982

Chaostheorie:

Peitgen, H.-O., P. H. Richter: The Beauty of Fractals, Berlin et.al. 1986
Peitgen, H.-O., H. Jürgens, D. Saupe: Bausteine des Chaos. Fraktale, Berlin et. al. 1992
Liestl, O., I. Betz: Chaostheorie, München-Wien 1993
Mandelbrot, B. B.: Die fraktale Geometrie der Natur, Basel-Boston-Berlin 1991
Schuster, H. G.: Determinstic Chaos. An Introduction, Weinheim 1984

7 Denkprozesse

Zum »Unterscheiden«:

Bateson, G.: Ökologie des Geistes, Frankfurt 1985 (S. 355; 580-597)
Derrida, J.: Rundgänge der Philosophie, Frankfurt/M.-Berlin-Wien 1976 (S. 6-37)
Hegel, G. W. F.: Wissenschaft der Logik, Werke Bd. 6, Frankfurt 1969 (I, 2, B)
Heidegger, M.: Identität und Differenz, Pfullingen 1957
Heidegger, M.: Zollikoner Seminare, hrsg. v. M. Boss, Frankfurt 1987 (S. 99, 175)

»klar und distinkt«:

Descartes, R.: Die Prinzipien der Philosophie, hrsg. v. A. Buchenau, Hamburg 1955 (Teil I)
Spinoza, B. de: Abhandlungen über die Verbesserung des Verstandes, hrsg. v. C. Gebherdt, Hamburg 1977 (§§ 50-90)

Zum »göttlichen Denken«:

Scheeben, M. J.: Handbuch der Katholischen Dogmatik, zweites Buch, Freiburg 1948 (§ 94)
Thomas von Aquin: Summa Theologica I, 14-15; deutsche Thomas-Ausgabe Bd. 2, Salzburg-Leipzig 1934 (S. 3-76)

weitere Hinweise:

Eckhart, Meister: Quasi stelle matutiana; Deutsche Predigten und Traktate, hrsg. v. J. Quint, Predigt 10 (5. Auflage) München 1978 (S. 195-200)
Longchenpa: Kindly Bent to Ease Us, Part One: Mind, übers. v. H. V. Guenther, Dharma-Publishing 1975 (Kapitel 11)
Pico della Mironadola, G.: Über die Vorstellung, München 1984

»Repräsentation« und Kritik an NLP:

Danzer-Kahan, U.: Psycholinguistik oder Pseudolinguistik als theoretische Grundlage des Neuro-Linguistic Programming, Hypnose und Kognition, 2.2 (1985), S. 36-43
Landgrebe, L.: Philosophie der Gegenwart, Frankfurt-Berlin 1961 (S. 58ff.)
Reverstorf, D.: Kritik der ›Struktur der Magie‹; in: B. Peter (Hrsg.), Hypnose und Hynotherapie nach Milton H. Erickson, München 1985, 238-270

8 Die Kunst des Fragens

»Hoffnung«:

Bloch, E.: Das Prinzip Hoffnung, Bd.1, Frankfurt 1973 (Vorwort; Kapitel 15)
Pieper, J.: Über die Hoffnung, (4. Auflage) Olten 1948

Zur »Frage«:

Collingwood, R. G.: Denken. Eine Autobiographie, Stuttgart 1955 (S. 33ff.)
Gadamer, H. G.: Wahrheit und Methode, (4. Auflage) Tügingen 1975 (S. 283; 344-360)
Heidegger, M.: Sein und Zeit, Tübingen 1972 (12. Auflage) (§ 2))
Huang-Po: Der Geist des Zen, hrsg. v. J. Blofeld, O. W. Barth 1983
Popper, K. R., J. C. Eccles: Das Ich und sein Gehirn, München 1982 (S. 134)
Rahner, K.: Geist in Welt, (3. Auflage), München 1964 (S. 71-78)

9 Ideen und Denkprozeß

Halluzinationen, Visionen, Visualisierung:

Gelpke, R.: Drogen und Seelenerweiterung, (4. Auflage) München 1975
Huxley, A.: Die Pforten der Wahrnehmung. Himmel und Hölle, (12. Auflage) München-Zürich 1986
Jaspers, K.: Allgemeine Psychopathologie, (5. Auflage) Berlin-Heidelberg 1948
Schumann, R.: Gesammelte Schriften über Musik und Musiker, Leipzig 1974
Tarthang Tulku: Der verborgene Geist der Freiheit, Basel 1985 (bes. S. 101-107)

Platon; Ideenlehre; Nominalismus; Universalienstreit:

Descartes, R.: Die Prinzipien der Philosophie, hrsg. v. A. Buchenau, Hamburg 1955 (I, § 45)
Platon: Theaitetos, Sämtliche Werke 4, hrsg. v. W. F. Otto et.al., Hamburg 1958
Platon: Staat, Sämtliche Werke 3, hrsg. v. W. F. Otto et.al., Hamburg 1958 (Buch VII, S. 514ff. und 224-228 »Höhlengleichnis«)
Heidegger, M.: Wegmarken (2. Auflage) Frankfurt 1978 (175-236)
Huber, C. E.: Anamnesis bei Plato, München 1964
Schilling, K.: Platon. Einführung in seine Philosophie, Wurzach 1948 (III, A,2)
Stegmüller, W.: Das Universalienproblem einst und jetzt, Archiv für Philosophie 6 (1956), 192-225; 7 (1957), S. 45-81

»Innerer Dialog«:

Bandler, R., J. Grinder: Neue Wege der Kurzzeit-Therapie, Paderborn 1985
Castaneda, C.: Reise nach Ixtlan. Die Lehre des Don Juan, Frankfurt 1976
Ellis, A.: Die rational-emotive Therapie. Das innere Selbstgespräch bei seelischen Problemen und seine Veränderung, (2. Auflage) München 1978
Eschenröder, C. T.: Wie rational ist die rational-emotive Therapie?, Hypnose und Kognition, 2.2 (1985), S. 57-68

Sprache und Zeichen:

Aristoteles: Lehre vom Satz, hrsg. v. E. Rolfes, Hamburg 1925 (I; S. 95)
Chomsky, N.: A Review of B. F. Skinners ›Verbal Behavior‹, Language 35,1 (1959), 26-58; deutsch in: H. Holzer, K. Steinbacher (Hrsg.), Sprache und Gesellschaft, Hamburg 1972, S. 60-85
Husserl, E.: Logische Untersuchungen, II/1, (5. Auflage) Tübingen 1968 (I, 1)
Piaget, J.: Sprechen und Denken des Kindes, Frankfurt-Berlin-Wien 1976 (bes. S. 15f.)
Saussure, F. de: Grundfragen der Allgemeinen Sprachwissenschaft, (2. Auflage) Berlin 1967 (Teil I, Kapitel 1)
Skinner, B. F.: Verbal Behavior, New York 1957 (S. 1-12; Kapitel 13)
Watzlawick, P., J. H. Beavin, D. D. Jackson: Menschliche Kommunikation, (7. Auflage) Bern et.al. 1985

»Evokation«:

Jamblichus: Über die Geheimlehren, Schwarzenburg 1978 (V 26; VI 5; V II 2-5)
Jung, C. G.: Von den Wurzeln des Bewußtseins, Zürich 1954 (S. 564f.)
Lévi, E.: Geschichte der Magie, zwei Teile, Basel 1978

Hypnose:

Erickson, M. H., E. L. und S. L. Rossi: Hypnose, München 1978
Erickson, M. H.: Meine Stimme begleitet Sie überallhin. Ein Lehrseminar mit Milton H. Erickson, hrsg. v. J. K. Zeug, Stuttgart 1985
Grinder, J., R. Bandler: Therapie in Trance, Stuttgart 1984
Meinhold, W. J.: Spektrum der Hypnose, Genf 1980

»Newtons Apfel«

Hawking, S. W.: Eine kurze Geschichte der Zeit. Die Suche nach der Urkraft des Universums, Reinbek bei Hamburg 1988 (S. 17f.)

»Täuschung«:

Hegel, G. W. F.: Phänomenologie des Geistes, Werke Bd. 3, Frankfurt 1970 (A, II)
Longchenpa: Kindly Bent ot Ease Us, Part 3: Wonderment, übers. v. H. V. Guenther, Dharma-Publishing 1975
Metzger (Hrsg.), W. I.: Der Aufbau des Erkennens, 1. Halbband: Wahrnehmung und Bewußtsein, Allgemeine Psychologie, Bd. 1.1, Göttingen 1966, (20. Kapitel)

Vgl. auch die Literaturhinweise zu Kapitel 4 und 5

10 Schranken des Denkens

Sprache, Grammatik:

Chomsky, N.: Aspekte der Syntax-Theorie, Frankfurt 1973 (1, §§ 1-2)
Duden: Grammatik, Duden Band 4 (3. Auflage), Mannheim-Wien-Zürich 1973
Heidegger, M.: Unterwegs zur Sprache, Frankfurt 1959

Helbig, G.: Geschichte der neueren Sprachwissenschaft, Reinbek bei Hamburg 1974
Humboldt, W. von: Schriften zur Sprachphilosophie, Werke Bd. III, Darmstadt 1988
Klaus, G.: Die Macht des Wortes, (6. Auflage), Berlin 1972
Kraus, K.: Magie der Sprache. Ein Lesebuch, Frankfurt 1975
Quine, W. V.: Ontologische Relativität und andere Schriften, Stuttgart 1975 (S. 41-66)
Sapir, E.: Die Sprache. Eine Einführung in das Wesen der Sprache, München 1972
Sternberger, D., G. Storz, W. E. Süskind: Aus dem Wörterbuch des Unmenschen, (3. Auflage) Hamburg-Düsseldorf 1968
Weisgerber, L.: Zweimal Sprache, Düsseldorf 1973 (S. 149-161)
Whorf, B. L.: Sprache - Denken - Wirklichkeit, Reinbek bei Hamburg 1963
Wittgenstein, L.: Schriften 1, Frankfurt 1980

Begriffe, Logik:

Berka, K., L. Kreiser: Logik-Texte. Kommentierte Auswahl zur Geschichte der modernen Logik, (3. Auflage), Darmstad 1983
Bochenski, J. M.: Formale Logik, (2. Auflage) Freiburg-München 1962
Bothe, H.-H.: Fuzzy Logic, Berlin-Heidelberg-New York 1993
Frege, G.: Logische Untersuchungen, Göttingen 1966
Frege, G.: Funktion, Begriff, Bedeutung, (3. Auflage), Göttingen 1969 (S. 18-39)
Hegel, G. W. F.: Aphorismen aus Hegels Wastebook (1803-06), Werke Bd. 2, Frankfurt 1970
Meschkowski, H.: Hundert Jahre Mengenlehre, München 1973
Quine, W. V.: Philosophie der Logik, Stuttgart et.al. 1973
Schopenhauer, A.: Theorie des gesammten Vorstellens, Denkens und Erkennens. Aus dem handschriftlichen Nachlaß, hrsg. v. V. Spierling, München 1986 (S. 286-301)
Stcherbatsky, F. T.: Buddhist Logic, zwei Bände, Reprint New-Delhi 1984

»Gelten«, Gesetze und Naturgesetze:

Clausewitz, C. von: Vom Kriege, Frankfurt-Berlin-Wien 1980 (1. Kapitel)
Einstein, A.: Über spezielle und allgemeine Relativitätstheorie, Berlin(Ost) 1969
Farkas, V.: Unerklärliche Phänomene jenseits des Begreifens, Frankfurt 1988
Guardini, R.: ›Wunder und Naturgesetz‹, Rundfunkvortrag (1958)
Hegel, G. W. F.: Vorlesungen über die Geschichte der Philosophie, Teil III, Werke Bd. 20, Frankfurt 1971
Heisenberg, W.: Physik und Philosophie, Frankfurt-Berlin-Wien 1973 (Kapitel II,III und X)
Kant, I.: Schriften zur Naturphilosophie, Werke Bd. IX (hrsg. v. W. Weischedel), Frankfurt 1977 (S. 11-24)
Kant, I.: Prolegomena zu einer jeden künftigen Metaphysik, Werke Bd. V (hrsg. v. W. Weischedel), Wiesbaden 1958 (§§ 14-38)
Montesquieu: Der Geist der Gesetze, übers. v. A. Fortmann, Leipzig 1891 (I, 1-3)
Schrödinger, E.: Was ist ein Naturgesetz? (3. Auflage) Münche-Wien 1079
Weizäcker, C. F. von: Der Garten des Menschlichen, München-Wien 1977 (S. 427-431)

Genie und Irrsinn:

Lange-Eichbaum, W.: Genie - Irrsinn und Ruhm, München 1928
Lombroso, C.: Genie und Irrsinn; übers. v. A. Courth, Leipzig o. J. (Reclam)

»Wirklichkeit«:

Aristoteles: Metaphysik, hrsg. v. F. F. Schwarz, Stuttgart 1970 (S. 235)
Eucken, R.: Geschichte der philosophischen Terminologie, Leipzig 1879 (Reprint Hildesheim 1965) (S. 120, 156)
Heidegger, M.: Die Grundprobleme der Phänomenologie, Gesamtausgabe Band 24, Frankfurt 1975 (§ 11)
Wittgenstein, L.: Tagebücher 1914-1916, Schriften 1, Frankfurt 1980

»Widerspruch«:

Eckermann, J. P.: Gespräche mit Goethe, drei Bände, hrsg. v. G. Modelhauer, Bd. III, Leipzig o. J. (18. Oktober 1827; S. 157)
Grelling, K., L. Nelson: Bemerkungen zu den Paradoxien von Russell und Burali-Forti; in: K. Berka, L. Kreiser, Logik-Texte. Kommentierte Auswahl zur Geschichte der modernen Logik, (3. Auflage), Darmstad 1983 (S. 382-383)
Hofstadter, D. R.: Gödel, Escher, Bach - ein Endloses Geflochtenes Band, Stuttgart 1987
Lindtner, C.: Nagarjuniana, Studies in the Writings and Philosophy of Nagarjuna, Copenhagen 1982
Nagarjuna: Madhyamika-Sastra, Weisheit des alten Indien, hrsg. v. J. Mehlig, Bd. 2, München 1987, 450-609
Walleser, M.: Die Mittlere Lehre des Nagarjuna, Heidelberg 1912
Sextus Empiricus: Grundrisse der Phyrrhonischen Skepsis, übers. v. M. Hossenfelder, Frankfurt 1968
Sprung, M.: Lucid Exposition of the Middle Way. the Essential Chapters from the Prasannapada of Candrakirti, Boulder Colorado 1979
Varela, F.: Der kreative Zirkel, in: P. Watzlawick (Hrsg.), Die Erfundene Wirklichkeit, (3. Auflage) München-Zürich 1985, 294-309
Whitehead, A. N., B. Russell: Principia Mathematica (to *56), Cambridge 1970 (Introduction I und VIII; S. 37f. und 60ff.)

Vgl. auch K. Gödels Arbeiten in: K. Berka, L. Kreiser: Logik-Texte. Kommentierte Auswahl zur Geschichte der modernen Logik, (3. Auflage), Darmstad 1983, S. 305-315; S. 346-370

11 Denkmodelle

Allgemeine Hinweise:

Eisler, R.: Handwörterbuch der Philosophie, Berlin 1913
Flechtner, H.-J.: Grundbegriffe der Kybernetik, (5. Auflage) Stuttgart 1970
Frenzel, E.: Motive der Weltliteratur, (3. Auflage) Stuttgart 1988
Feyerabend, P.: Wider den Methodenzwang. Skizze einer anarchistischen Erkenntnistheorie, Frankfurt 1976
Hoffmeister, J.: Wörterbuch der philosophischen Begriffe, (2. Auflage) Hamburg 1955
Hoerster (Hrsg.), N.: Recht und Moral. Texte zur Rechtsphilosophie, München 1977
Klaus (Hrsg.), G.: Wörterbuch der Kybernetik, Berlin (Ost) 1968
Stoeckle (Hrsg.), B.: Wörterbuch Christlicher Ethik, Freiburg 1975
Wiener, N.: Mensch und Menschmaschine, Berlin 1958
Wiener, N.: Kybernetik, Hamburg 1968

Hinweise zu den einzelnen Modellen:

Adorno, T. W.: Marginalien zu Theorie und Praxis, in: Stichworte, Frankfurt 1969
Arendt, H.: Vita Activa oder: Vom tätigen Leben, Stuttgart 1960
Aristoteles: Metaphysik, hrsg. v. F. F. Schwartz, Stuttgart 1970 (I, 3; IX, 3-6)
Aristoteles: ›Physikalische Vorlesungen‹, hrsg. v. P. Gohlke, Paderborn 1956 (II,3; II,7)
Beckermann (Hrsg.), A.: Analytische Handlungstheorie, Bd. 2, Handlungserklärungen Frankfurt 1985
Bergson, H.: Schöpferische Entwicklung, Jena 1912 (S. 93-103),
Blumenberg, H.: Die Sorge geht über den Fluß, Frankfurt 1987 (S. 1-41)
Brodbeck, K.-H.: Theorie der Arbeit, München 1979
Brodbeck, K.-H.: Transrationalität, Münchener Wirtschaftswissenschaftliche Beiträge, 86-09, München 1986
Driesch, H.: Philosophie des Organischen, (4. Auflage), Leipzig 1928
Driesch, H.: Die Überwindung des Materialismus, Zürich 1935
Faust, A.: Der Möglichkeitsgedanke, Zwei Bände, Heidelberg 1932
Frenzel, E.: Motive der Weltliteratur, (3. Auflage) Stuttgart 1988 (S. 113-127)
Hartmann, N.: Möglichkeit und Wirklichkeit, (3. Auflage), Berlin 1966 (I, 1-4)
Heidegger, M.: Nietzsche, Erster Band, (3. Auflage) Pfullingen 1961 (S. 177-189; 203)
Heidegger, M.: Die Frage nach dem Ding, (2. Auflage) Tübingen 1975
Heidegger, M.: Sein und Zeit, Tübingen 1972 (12. Auflage)
Heidegger, M.: Aristoteles, Metaphysik 1-3, Gesamtausgabe Bd. 33, Frankfurt 1981 (S. 208-213)
Heidegger, M.: Hegels Phänomenologie des Geistes, Gesamtausgaben Bd. 32, Frankfurt 1980 (S. 144)
Hegel, G. W. F.: Enzyklopädie der philosophischen Wissenschaften I, Werke Bd. 8, Frankfurt 1970
Hegel, G. W. F.: Enzyklopädie der philosophischen Wissenschaften II, Werke Bd. 9, Frankfurt 1970 (S. 49)
Hessen, J.: Das Kausalprinzip, (2. Auflage), München-Basel 1958
Hofstadter, D. R.: Gödel, Escher, Bach - ein Endloses Geflochtenes Band, Stuttgart 1987
Kepler, J.: Mysterium Cosmographicum, übers. v. M. Caspar, Augsburg 1923
Kirckhoff, M., Mind Mapping. Die Synthese von sprachlichem und bildhaftem Denken, Berlin 1988
Luhmann, N.: Soziale Systeme, Frankfurt 1984 (Kapitel 1)
Marx, K.: Zur Kritik der Politischen Ökonomie, MEW 13, Berlin 1972 (S. 9)
Meggle (Hrsg.), G.: Analytische Handlungstheorie, Bd. 1, Handlungsbeschreibungen, Frankfurt 1985
Michelitsch, A.: Illustrierte Geschichte der Philosophie, Bd.1, Graz 1933 (S. 82-90)
Noll, A.: Die ›Lebenskraft‹ in den Schriften der Vitalisten und ihrer Gegner, Leizig o. J. (1910)
Platon: Politeia, Sämtliche Werke 3, hrsg. v. W. F. Otto et.al., Hamburg 1958
Rorty, R.: Contingency, Irony, and Solidarity, Cambridge 1989; deutsch: Kontingenz, Ironie und Solidarität, Frankfurt 1989
Sheldrake, R.: Das schöpferische Universum, (2. Auflage), München 1985
Stöckl, A.: Grundzüge der Philosophie, Mainz 1892 (§§ 148-150)
Theunissen, M.: Der Andere, (2. Auflage), Berlin-New York 1981
Varela, F.: Der kreative Zirkel, in: P. Watzlawick (Hrsg.), Die Erfundene Wirklichkeit, (3. Auflage) München-Zürich 1985, 294-309
Windelband, W.: Einleitung in die Philosophie, Tübingen 1923

Zwicky, F.: Entdecken, Erfinden, forschen im morphologischen Weltbild, München 1971

12 Anwendung von Denkmodellen: Beispiele

Beispiel 3:

Bavink, B.: Weltschöpfung, München-Basel 1950
Die Bibel: Einheitsübersetzung der Heiligen Schrift, Aschaffenburg 1980
Notter, V.: Biblischer Schöpfungsbericht und ägyptische Schöpfungsmythen, Stuttgart 1974
Popol Vuh: Das Buch des Rates, hrsg. v. W. Cordan, Düsseldorf-Köln 1972
Westermann, C.: Genesis 1-11, Darmstadt 1976

Beispiel 4:

Böhm-Bawerk, E. von: Zum Abschluß des Marxschen Systems; in: F. Eberle (Hrsg.), Aspekte der Marxschen Theorie 1, Frankfurt 1973, S. 25-129
Brodbeck, K.-H.: Wertsubstanz, Exploitation und tendentieller Fall der Profitrate. Zu einigen Resultaten der Marxschen Ökonomie, Jahrbuch der Wirtschaft Osteuropas, 9.1, München-Wien 1980, S. 35-60
Brodbeck, K.-H.: Arbeit, Arbeitsteilung, Technologie, Osteuropa-Wirtschaft 28 (1983), 52-61
Marx, K.: Das Kapital, Marx-Engels-Werke Bd. 23, Berlin (Ost) 1970
Marx, K.: Das Kapital (1. Auflage), hrsg. v. F. E. Schrader, (Hamburg 1869), Reprint Hildesheim 1980

Beispiel 5:

Bartley III, W. W.: Wittgenstein, ein Leben, München 1983
Fann, K. T.: Die Philosophie Ludwig Wittgensteins, München 1971
Janik, A.: S. Toulmin, Wittgensteins Wien, München 1984 (Kapitel VI)
Schulz, W.: Wittgenstein. Die Negation der Philosophie, Stuttgart 1967
Stegmüller, W.: Probleme und Resultate der Wissenschaftstheorie und Analytischen Philosophie, Band II, Berlin et.al. 1970 (Kapitel I,1)
Wittgenstein, L.: Schriften 1, Frankfurt 1980
Wuchterl, K., A. Hübner: Wittgenstein, Reinbek bei Hamburg 1979 (S. 54-83)

Beispiel 6

Bernheim, H.: Die Suggestion und ihre Heilwirkungen, autorisierte deutsche Ausgabe von Dr. S. Freud, Leipzig-Wien 1888, Reprint Tübingen 1985
Boss, M.: Psychoanalyse und Daseinsanalytik, Hamburg 1980 (S. 19-35)
Freud, S.: Das Ich und das Es, in: Gesammelte Werke Bd. 13, (7. Auflage) Frankfurt 1972, S. 235-289
Freud, S.: Kurzer Abriss der Psychoanalyse, in: l. c. S. 405-427
Heidegger, M.: Zollikoner Seminare, hrsg. v. M. Boss, Frankfurt 1987 (S. 212; 217f.; 2-28f.; 260)
Jones, E.: Sigmund Freud. Leben und Werk, drei Bände, München 1984
Jung, C. G.: Die Beziehungen zwischen dem Ich und dem Unbewußten, Olten-Freiburg 1971
Jung, C. G.: Die Dynamik des Unbewußten, Gesammelte Werke, 8. Band, (2. Auflage) Olten-Freiburg 1976 (S. 13-78)
Winson, J.: Auf dem Boden der Träume. Die Biologie des Unbewußten, WeinheimBasel 1986

Beispiel 7:

Hegel, G. W. F.: Die Wissenschaft der Logik I, Werke Bd. 5, Frankfurt 1969
Hegel, G. W. F.: Enzyklopädie der philosophischen Wissenschaften I, Werke Bd. 8, Frankfurt 1970 (§ 86)
Hegel, G. W. F.: Nürnberger und Heidelberger Schriften 1808-1817, Werke Bd. 4, Frankfurt 1970 (S. 13,166f.)
Hegel, G. W. F.: Berliner Schriften, 1818-1831, Werke Bd. 11, Frankfurt 1970, (S. 183ff.)
Hegel, G. W. F.: Vorlesungen über die Philosophie der Religion I, Werke Bd. 16, Frankfurt 1969 (S. 376ff.)
Hegel, G. W. F.: Vorlesungen über die Geschichte der Philosophie I, Werke Bd. 18, Frankfurt 1971 (S. 323ff.)
Lati Rinbochay, Denma Lochö Rinbochay, L. Zahler, J. Hopkins: Metative States, London 1983
Theresa von Avila: Das Leben der heiligen Theresia von Jesu, Sämtliche Schriften Bd. 1, hrsg. v. A. Alkofer, (4. Auflage) München-Kempten 1973 (15. Hauptstück)
Scaramelli, G. B.: Anleitung in der mystischen Theologie, Reprint Hildesheim-New York 1973

Beispiel 8

Darwin, C.: Die Entstehung der Arten durch natürliche Zuchtwahl, übers. v. C. W. Neumann, Stuttgart 1967
Einstein, A.: Die Grundlage der allgemeinen Relativitätstheorie, Annalen der Physik 49 (1916); wiederabdruck in: H. A. Lorentz, A. Einstein, H. Minkowski, Das Relativitätsprinzip, (7. Auflage) Darmstadt 1974, S. 81-124
Keynes, J. M.: The General Theory of Employment, Interest and Money, The Collected Writings of John Maynard Keynes, Vol. VII, Royal Economic Society 1973 (1. Auflage London-Basingstoke 1936)

13 Körper, Denken Gefühl

Vgl. die Literaturhinweise zu Kapitel 2, 5, 7

»Körper, Medizin«:

Adorno, T. W.: Jargon der Eigentlichkeit. Zur deutschen Ideologie, (6. Auflage), Frankfurt 1971
Dürckheim, K. Graf: Vom Leib der man ist in pragmatischer und initiatischer Sicht; in: H. Petzold (Hrsg.), Psychotherapie & Körperdynamik, (4. Auflage) Paderborn 1981, S. 11-27
Heidegger, M.: Zollikoner Seminare, hrsg. v. M. Boss, Frankfurt 1987 (S. 292ff.)
Mollier, S.: Plastische Anatomie, (2. Auflage) München 1967
Silbernagl, S., A.: Despopoulos: dtv-Atlas der Physiologie, (2. Auflage), Stuttgart 1983
Tittel, K.: Beschreibende und funktionelle Anatomie des Menschen, (10. Auflage) Stuttgart 1985

Psychosomatik:

Boss, M.: Psychoanalyse und Daseinsanalytik, München 1980

Weizäcker, V. von: Natur und Geist, München 1964
Weizäcker, V. von: Soziale Krankheit und soziale Gesundung; in: Gesammelte Schriften 8, Frankfurt 1986, 31-95

Feldenkrais-Methode:

Feldenkrais, M.: Bewußtheit durch Bewegung, Frankfurt 1978
Feldenkrais, M.: Bewegungserziehung zur Verbindung von Körper und Geist; in: H. Petzold (Hrsg.), Psychotherapie & Körperdynamik, (4. Auflage) Paderborn 1981, 176-194
Feldenkrais, M.: The Potent Self. A Guide to Spontaneity, San Francisco 1985
Feldenkrais, M.: Die Entdeckung des Selbstverständlichen, Frankfurt 1985
Rywerant, Y.: Die Feldenkrais-Methode. Lehren durch die Hände, München 1989

»Körpertherapien«:

Petzold (Hrsg.), H.: Psychotherapie & Körperdynamik, (4. Auflage) Paderborn 1981
Petzold (Hrsg.), H.: Die neuen Körpertherapien, (3. Auflage), Paderborn 1983

Andere Therapien:

Bandler, R., J. Grinder: Neue Wege der Kurzzeit-Therapie. Neurolinguistische Programme Paderborn 1985
Bandler, R., J. Grinder: Refraiming, Paderborn 1985
Bandler, R.: Veränderung des subjektiven Erlebens. Fortgeschrittene Methoden des NLP, Paderborn 1987
Danzer-Kahan, U.: Psycholinguistik oder Pseudolinguistik als theoretische Grundlage des Neuro-Linguistic Programming, Hypnose und Kognition, 2.2 (1985), S. 36-43
Dilts, R., R. Bandler, J. Grinder u.a.: Strukturen subjektiver Erfahrung, Paderborn 1985
Erickson, M. E., E. L. Rossi: Hypnotherapie, München 1981
Gordon, D.: Therapeutische Metaphern, Paderborn 1985
Haley, J.: Die Psychotherapie Milton H. Ericksons, München 1978
Perls, F. S.: Das Ich, der Hunger und die Aggression, (3. Auflage), Stuttgart 1985
Reverstorf, D.: Kritik der ›Struktur der Magie‹; in: B. Peter (Hrsg.), Hypnose und Hynotherapie nach Milton H. Erickson. Grundlagen und Anwendungsfelder, München 1985, S. 238-270
Schultz, I. H.: Das autogene Training. Konzentrative Selbstentspannung, (18. Auflage), Stuttgart-New York 1987

Körper, Gefühl und Sprache:

Argyle, M.: Körpersprache & Kommunikation, Paderborn 1985
Ellis, A.: Die rational-emotive Therapie. Das innere Selbstgespräch bei seelischen Problemen und seine Veränderung, (2. Auflage) München 1978
Gordon, D., M. Meyers-Anderson: Phoenix. Therapeutische Strategien von Milton H. Erickson, Hamburg o. J.
Joachim, J., A. Moser (Hrsg.): Beethoven. Sämtliche Streichquartette, Bd. IV, Leizig o. J.
Lacan, J.: Funktion und Feld des Sprechens und der Sprache in der Psychoanalyse; in: Schriften 1, Frankfurt 1975, S. 71-169
Lynch, J. J.: Die Sprache des Herzens. Wie unser Körper im Gespräch reagiert, Paderborn 1987

Mahoney, M. J.: Kognitive Verhaltenstherapie. (2. Auflage) München 1979
Rosen, S.: Die Lehrgeschichten von Milton H. Erickson, hrsg. v. S. Rosen, Hamburg 1985
Voss-Herrlinger: Taschenbuch der Anatomie, Bd. 1, (17. Auflage), Stuttgart 1983

Traditionelle Methoden:

Marc Aurel: Selbstbetrachtungen, Stuttgart 1967
Montaigne, Michel de: Versuche, Berlin 1907
Gracian, B.: Handorakel und Kunst der Weltklugheit, Deutsch von A. Schopenhauer, Stuttgart 1978
Dürckheim, K. Graf: Der Weg, die Wahrheit, das Leben, (3. Auflage) Bern-München 1984
Guenther, H. V.: Tantra als Lebensanschauung. Seinserfahrung durch die Einheit von Körper und Geist, Düsseldorf 1989
Heiler, F.: Das Gebet, (5. Auflage), München 1923
Lao Tse: Tao Te King, übers.v. Gia-Fu Fenge & J. English, (2. Auflage) Haldenwang 1978
Longchenpa: The Four Themed Precious Garland, Dharamsala 1979
Namkhai Norbu: The Crystal and the Way of Light. Sutra, Tantra and Dzogchen, New York-London 1986
Nyanaponika: Geistestraining durch Achtsamkeit, Konstanz 1979
Nyanaponika: Kommentar zur Lehrrede von den Grundlagen der Achtsamkeit (Satipatthana), Konstanz 1973
Petzold (Hrsg.), H.: Psychotherapie. Meditation. Gestalt, Paderborn 1984
Rabbow, P.: Seelenführung. Methodik der Exerzitien in der Antike, München 1954
Schopenhauer, A.: Aphorismen zur Lebensweisheit; Parerga und Paralipomena, Werke Bd. VIII, Zürich 1977
Sherab Gyaltsen Amipa: Geistesschulung im tibetischen Buddhismus, Interlaken 1986
Sogyal Rinpoche: The Tibetan Book of Living an Dying, Harper San Francisco 1992
Wiplinger, F.: Der personal verstandene Tod, München 1970

14 Soziale Kreativität

Sprache, Kommunikation, Gesellschaft:

Boss (Hrsg.), M.: Martin Heidegger, Zollikoner Seminare, Frankfurt 1987 (S. 3)
Brodbeck, K.-H.: Theorie der Arbeit, München 1979 (Kapitel 1.3)
Brodbeck, K.-H.: Autopoesis der Wirtschaft?, Zeitschrift für Politik, 38, 1991, S. 317-326
Brodbeck, K.-H.: Autopoietische Systeme und ökonomische Systeme. Anmerkungen zur Entgegnung von Niklas Luhmann, Zeitschrift für Politik, 39, 1992
Habermas, J.: Theorie des kommunikativen Handelns, zwei Bände, Frankfurt 1981 (1,III; 2,VI)
Haferkamp, H.: Soziologie als Handlungstheorie, (3. Auflage) Opladen 1975
Held, K.: Kommunikationsforschung - Wissenschaft oder Ideologie?, München 1973
Jaspers, K.: Die geistige Situation der Zeit, (2. Auflage) Berlin-Leipzig 1931
Luhmann, N.: Soziale Systeme, Frankfurt 1984 (Kapitel 2, 4)
Luhmann, N.: Wirtschaft als autopoietisches System. Bemerkungen zur Kritik von Karl-Heinz Brodbeck, Zeitschrift für Politik 39, 1992, S. 191-194
Maturana, H., F. Varela: Der Baum der Erkenntnis, Bern-München-Wien 1987 (9. Kapitel)
Mead, G. H.: Geist, Identität und Gesellschaft, Frankfurt 1975 (Teil IV)
Sternberger, D., G. Storz, W. E. Süskind: Aus dem Wörterbuch des Unmenschen, Frankfurt 1986

Watzlawick, P., J. H. Beavin, D. D. Jackson: Menschliche Kommunikation, (7. Auflage) Bern-Stuttgart-Wien 1985 (3. Kapitel)
Watzlawick, P.: Wie wirklich ist die Wirklichkeit?, München 1977
Weisgerber, L.: Die sprachliche Gestaltung der Welt, (4. Auflage) Düsseldorf 1973

Zwecke, Organisation:

Brodbeck, K.-H.: Theorie der Arbeit, München 1979 (Kapitel 1.2; 3.1)
Brodbeck, K.-H.: Transrationalität, Münchener Wirtschaftswissenschaftliche Beiträge, 86-09, München 1986, (Kapitel 3, 4)
Kosiol, E.: Organisation der Unternehmung, Wiesbaden 1962
March, J. G., H. A. Simon: Organisation und Individuum, Wiesbaden 1976
Witte, E., A. L. Thimm (Hrsg.): Entscheidungstheorie. Texte und Analysen, Wiesbaden 1977

»Soziale Evolution«:

Hayek, F. A.: The Constitution of Liberty, London-Henley 1960
Hayek, F. A.: Notes on the Evolution of Systems of Rules of Conduct; in: Studies in Philosophy, Politics and Economics, London-Henley 1967, Chapter 6
Luhmann, N.: Soziale Systeme, Frankfurt 1984 (10, VIII)
Maturana, H., F. Varela: Der Baum der Erkenntnis, Bern-München-Wien 1987 (8. Kapitel)

»Gesellschaft als Interpretation« - »kreativer Dialog«:

Adorno, T. W.: Jargon der Eigentlichkeit. Zur deutschen Ideologie, Frankfurt 1971
Cioran, E. M.: Ein Gespräch (1984), Tübingen o. J.
Cioran, E. M.: im Gespräch mit L. Reinisch (Bayrischer Rundfunk 1985)
Dilts, R., R. Bandler, J. Grinder u.a.: Strukturen subjektiver Erfahrung, Paderborn 1985
Ebner, F.: Fragmente. Aufsätze. Aphorismen, München 1963 (S. 645-661)
Eckermann, J. P.: Gespräche mit Goethe, drei Bände, Leipzig o. J. (Reclam)
Erickson, M. E., E. L. Rossi: Hypnotherapie, München 1981
Geshe Lobsang Tharching: The Logic and Debate Tradition of India, Tibet, and Mongolia, Howell 1979
Gordon, D.: Therapeutische Metaphern, Paderborn 1985
Heraklit: Fragmente, hrsg. v. B. Snell, München 1979
Huber, C. E.: Anamnesis bei Plato, München 1964
Izutsi, T.: Philosophie des Zen-Buddhismus, Reinbek bei Hamburg 1979 (II.1-3)
Platon: Sämtliche Werke, hrsg. v. W. F. Otto et. al, Hamburg 1957 (Bd. I-VI)
Rabbow, P.: Seelenführung. Methodik der Exerzitien in der Antike, München 1954 (S. 260-279)
Ramana Maharshi: Gespräche des Weisen vom Berge Arunachala, Interlaken 1984
Weber, M.: Gesammelte Aufsätze zur Wissenschaftslehre, (3. Auflage) Tübingen 1968 (S. 394f.)
Wisser, R.: Martin Heidegger im Gespräch, Freiburg-München 1970 (S. 68f.)
Whitehead, A. N.: Prozeß und Realität, (2. Auflage) Frankfurt 1984 (S. 91)

Namen- und Sachregister

(Namen sind kursiv gedruckt)

A

B

C

D

E

F

P

Q

R

S

T

U

X, Y

Z

Denkmodelle

Kreativitätstechniken